KB265171

근세교회사

●김명혁 지음●

합동신학대학원출판부

Modern Church History

by

Rev. Myung Hyuk Kim, Th.M., Ph.D.
Professor of Historical Theology
Hapdong Theological Seminary

2002

Hapdong Theological Seminary Press
Suwon, Korea

저자의 말

　　역사는 우리들의 삶의 모습을 가장 정직하게 비추어 보여 주는 거울과 같은 역할을 한다. 교회의 역사야말로 우리 신자들의 삶의 모습을 가장 진솔하게 보여 주는 거울과 같다. 교회의 역사는 우리 신자들이 좌우로 또는 아래로 치우칠 수밖에 없는 별 수 없는 지극히 부족한 존재들임을 정확하게 보여주며 동시에 그럼에도 불구하고 잘못을 뉘우치며 다시 일어나 새로운 역사를 이루어 나아가는 창조적 존재들임을 보여주고 있다. 따라서 역사의 거울에 자신을 비추어 볼 수 없는 사람은 자신의 모습을 결코 바로 볼 수도 없고 바로 뉘우칠 수도 없고 새로운 삶을 다시 시작할 수도 없다.

　　근세교회사는 종교개혁이후 교회가 세속화의 영향으로 힘을 잃었을 때 다시 각성운동을 일으켜 교회를 부흥 발전시킨 역사이며 또 다시 자연신교와 합리주의의 영향으로 교회가 힘을 잃어 갈 때 근본주의적 복음주의 운동을 일으켜 기독교의 복음을 되 찾아간 역사이다. 결국 기독교의 역사는 개혁의 반복과 각성의 반복을 거듭하는 가운데 교회의 중요한 사명인 선교와 사회 봉사를 추구해 간 역사이다. 마지막 부분에 실린 한국 교회의 역사는 이와 같은 개혁과 각성 운동의 산물로 태어난 역사이다. 필자의 부족한 글들이 읽는 이들에게 우리 자신을 바로 보게 하고 바로 뉘우치게 하며 새로운 삶을 시작하게 하는 작은 지침이 되기를 바란다.

2002년 3월

김명혁 교수

차 례

독일 경건주의운동 소고

신앙(또는 신학)의 원리와 본질을 어디에 두느냐에 따라 다양한 신앙운동과 신학사조가 일어나곤 했다. 신앙의 원리와 본질을 교회의 의식이나 제도에 둘 때 로마 카톨릭 교회와 같은 의식주의가 나타났고, 신앙의 원리와 본질을 인간의 이성에 둘 때 자연신교와 같은 합리주의가 일어났으며, 신앙의 본질을 인간의 감정에 둘 때 경건주의나 신비주의 같은 감정체험주의가 나타났고, 교리와 사변에 둘 때 스콜라주의나 죽은 정통주의가 일어났으며, 신앙의 본질을 인간의 의지에 둘 때 놀만 빈센트 필이나 로버트 슐러가 제창한 적극적 사고 및 인위적 확신주의가 나타났다.

개혁주의 신앙은 위에 열거한 요소들을 무시하지는 않되 무엇보다 먼저 하나님의 말씀인 성경을 신앙의 원리와 본질로 삼는다. 개혁주의 신앙의 원리와 본질의 특성을 정확히 이해하기 위해서는 위에서 지적한 다양한 신앙운동과 신학사조들을 역사신학적으로 고찰하는 것이 필요하다고 하겠다. 필자는 이하에서 감정적 체험과 경건생활을 신앙의 본질로 간주했던 독일 경건주의 운동이 일어나게 된 배경과 발전과정 및 그 이념과 특성을 간단히 고찰하고자 한다.

1. 경건주의 운동의 배경

종교개혁자 마틴 루터(1483~1546)가 죽은지 100여 년이 지난 17세기 중엽의 독일 루터교회는 생명력을 잃은 사변적 기독교로 전락하게 되었다.

30년 전쟁(1618~1648)이 끝나던 17세기 중엽 독일은 300여 개 이상의 지역으로 나뉘어져 있었고, 매 지역은 각기 그 지역의 군주나 통치자에 의해 다스려졌는데, 군주들은 절대적인 통치권을 행사하고 있었다. 루터는 종교개혁 초기 독일의 통치자들을 교회의 주요 회원들로 간주했고 군주들이 종교개혁 운동에 적극 참여할 것을 호소했었다. 이와 같은 정교의 밀접한 관계는 시간이 감에 따라 더욱 확고하게 되었는데, 많은 군주들이 명목상의 교인들이었음에도 불구하고 교회법을 제정하든가 성직자를 임명하는 일에 있어 절대적인 권한을 행사하게 되었다. 정권이 교권을 지배하는 정치체제는 필연적으로 교회의 타락을 초래했다.

한편 성직자들은 사변적 교리논쟁에 관심을 기울인 나머지, 성경주석이나 목회에는 별 관심을 나타내지 않았고 신조를 가르치는 것으로 족하게 생각했다. 교인들이 이해하지 못하는 사변적 설교를 라틴어를 사용해 가면서 길게 하곤 했다. 과거에 대한 역사의식도 결하게 되어 결국 신조나 신학적 진술을 비시간적 진리로 이해하게 되었고, 기독교의 신앙을 하나의 지적인 고백이나 진술로 간주하게 되었다.

많은 사람들이 주일 예배에 참석은 했으나(어떤 사람은 한 달에 한 번, 어떤 사람은 석 달에 한 번, 또 어떤 사람은 일 년에 한 번) 형식에 그치고 있었다. 따라서 교회는 기도와 찬송 때에 교인들이 왕래하고 이야기하는 것을 금하는 법을 만들게까지 되었다. 설교 때에 잠자는 것은 보통이었다. 그 당시의 유명한 신학자 존 게르하르트(John Gerhard, 1582~1637)의 장례식 때 그에 대한 조사 가운데 그는 교회에서 한 번도 잠잔 일이 없었다고 지적되었을 정도였다.[1]

설상가상으로 독일은 30년 전쟁의 피해를 입어 물질적 내지 영적 황폐를 경험하게 되었는데, 교회는 별 반응을 보이지 못했고 위로나

---

1) See Theodore G. Tappert, ed., *Pia Desideria* (Philadelphia: Fortress Press, 1964), p. 7.

구제의 손길도 펴지 못했다. 한 마디로 17세기 중엽 독일 루터교회는 활력을 잃고 있었고 본연의 사명을 다하지 못하고 있었다.

2. 필립 야곱 슈페너(Philipp Jacob Spener)

독일 경건주의 운동의 창시자요, 사도라고 불리우는 슈페너(1635~1705)는 1635년 1월 13일 독일 스트라스버그(Strasbourg)에서 가까운 라폴슈타인(Rappolstein)이란 마을에 태어나서 비교적 고요한 소년 시절을 보냈다. 어머니와 할머니로부터 신앙의 감화를 받았고 특히 라폴슈타인 마을의 루터교회 목사 요아킴 슈톨(Joachim Stoll)의 감화와 지도를 받았다.2) 『슈페너의 생애』(1740)를 저술한 칸슈타인 백작이 슈페너가 소년시절에 나쁜 짓을 한 일이 있었느냐고 물어본 일이 있었다. 한 번 나쁜 짓을 한 일이 있었다고 다음과 같이 대답했다. "예, 제가 12살 때 사람들이 댄스하는 것을 보고 댄스에 참예한 일이 있었는데 그것은 참으로 나쁜 짓이었습니다. 그러나 춤을 추려고 했을 때 나는 깊은 불안과 고민에 싸이게 되어 댄스파티에서 뛰쳐나왔고 그 후에는 한 번도 댄스를 하지 않았습니다."3) 이와 같은 이야기는 소년 슈페너의 수줍고 순진한 성격과 엄격한 생활의 일면을 잘 나타내 주고 있다.

슈페너는 16세 되던 1651년 스트라스버그 대학에 입학하여 철학, 역사 및 어학을 연구하며 근엄하고 학구열이 강한 대학생활을 보냈다. 금욕적인 은둔생활을 했으니 술잔치나 댄스파티에 참석하지 않았고 이성과의 교제도 피했으며 소수의 친구들과만 사귀었다. 얼마동안 일주일에 한 번씩은 저녁 식사를 하지 않았고, 주일에는 신학연구도 하지

---

2) See *ibid.*, pp. 8ff.; John T. McNeill, *Modern Christian Movements* (Phila.: Westminster Press, 1954), pp. 50ff.
3) Carl Hildebrand von Constein, *Ausführliche Beschreibung der Lebensgeschichte … des seligen Herrn D. Philipp Jacob Speners, in Speners Kleine Geistliche Schriften*, ed., J. A. Steinmetz (Magdeberg, 1741), I, 16, Quoted by Tappert, *op. cit.*, p. 10.

않고 예배 후 경건 서적을 읽고 토의하며 지냈다. 1653년에는 석사학위를 획득했고 그 후 얼마동안 신학을 계속 연구하며 대학에서는 역사를 가르쳤다.4)

스트라스버그 대학 시절을 전후하여 슈페너에게 미친 사상적 영향들을 다음과 같이 지적할 수 있다. 신학교수 단하우어(J. C. Dannhauer)는 그에게 깊은 종교적 감화를 주었는데 그로 하여금 루터의 저서들을 읽게 했다. 루터 신학의 감화를 받은 결과 슈페너는 평생 열렬한 루터주의자로 활동했으며, 당대의 어떤 루터주의 신학자보다 루터를 더욱 가까이 느끼게 되었다. 슈페너에게 보다 깊은 감화를 끼친 사람은 독일의 루터주의 신비주의자 존 안트(John Arndt, 1555~1621)였다. 안트는 그의 저서 『진정한 기독교』(Vom wahren Christentum, 1606년에 출판됨)에서 신학적 논쟁과 생명이 없는 사색이나 이론보다 신앙과 경건의 실천이 중요함을 강조했고 순수한 교리와 아울러 거룩한 생활의 열매가 필요하다고 역설했는데 이는 슈페너의 사상에 깊은 영향을 미쳤다. 안트는 당시 정통신학의 약점을 지적하며 중세적 신비주의의 이념을 내 세웠다. 특히 그는 성령의 사역에 의한 중생의 실재를 생생하게 묘사했는데,5) 이와 같은 중생에 대한 개념은 슈페너에게 깊은 영향을 미쳤다. 극단적인 신비주의자 뵈메(Jacob Böhme, 1575~1624)의 저술도 관심을 가지고 읽어보았으나, 무질서하고 마음에 들지 않는다고 판단했다.

슈페너는 또한 영국 퓨리탄들의 저술을 읽고 감화를 받아 실천적 경건생활의 지침들을 그의 저술에서 인용했으니, 베일리(Lewis Bayly)

---

4) See Tappert, *op. cit.*, pp. 10f.

5) "중생은 하나님 곧 성령의 사역인데, 진노와 저주의 자식이 축복의 자식이 되는 일이요, 죄인이 믿음과 말씀과 성례에 의해 의롭게 되는 일이요, 또한 우리의 가슴과 감각과 마음과 이해와 의지와 애정이 새롭게 되고 조명되고 거룩하게 되어…… 예수 그리스도 안에서 그리고 예수 그리스도에 따라 하나의 새로운 피조물이 되는 일이다"(*Vom wahren Christentum,* I,V, Quoted by McNeill, *op. cit.*, p. 52).

의 저서『경건의 연습』(*The Practice of Piety*, 1610년 영국에서 출판되었고, 1629년 Zürich에서 독일어로 출판됨)과 손탐(Emanuel Sontham)의『하나님의 자녀들의 황금보화』(*Golden Treasure of the Children of God*)를 애독했으며, 후에 목회 생활을 하는 동안에는 박스터(Richard Baxter)의『자기 부정에 관한 논설』(*Treatise on Self-Denial*, 1659년 영국에서 출판되었고, 1665년 Hamburg에서 독일어로 출판됨)을 읽고 헌신과 경건 생활의 필요성을 강조하는 데 많은 감명을 받았다.6)

스트라스버그에서 1659년 여름까지 신학연구를 하다가 그 후 2년 동안 슈페너는 스위스(Basel, Bern, Lausanne, Geneva), 불란서(Lyons, Montbéliard), 그리고 독일(Freiburg, Tübingen) 등지를 여행하며 학문연구를 계속하게 되는데, 제네바에서 머무는 동안 칼빈주의와 접하게 되며 특히 정열적인 불란서 개혁주의 설교자 라바디(Jean de Labadie, 1610~1674)의 감화를 받게 된다. 라바디는 본래 로마 카톨릭의 제수잇(Jesuit) 교단에 속했던 사람인데 개신교로 전향한 후 제네바에서 회개와 중생을 역설하며 열렬하게 설교하고 있었다. 그는 중생한 참신자들로 구성된 새 교회를 세워 초대 교회의 이상을 실현하려고 했는데, 슈페너는 라바디의 교회에 출석하면서 그로부터 "참신자들로 구성된 작은 교회"의 개념을 배웠다고 하겠다.7)

위에서 지적한대로 슈페너에게 영향을 미친 사상적 조류들을 요약하면 루터의 신학, 안트의 온건한 신비주의 사상, 영국 퓨리탄의 실천적 경건의 이념 및 라바디의 개혁 이념 등을 들 수 있다. 슈페너는 평생 루터를 존경했다. 그럼에도 불구하고 그는 루터의 개혁 운동이 완성되지 못했다고 주장하며, 지금이야말로 찌꺼기들을 청소하는 일이 필요하다고 역설했다. 그는 또한 루터의 권위가 최종적이 아님을 지적하면서 루터는 사도들보다 훨씬 못한 유오한 인간이었다고 주장했다. 슈페너는 칼빈주의의 몇 가지 입장에 대해 비판적인 태도를 취했음에도 불

---

6) See McNeill, *op. cit.*, pp. 53f; Tappert, *op. cit.*, p. 9.
7) See McNeill, *op. cit.*, p. 51; Tappert, *op. cit.*, p. 11.

구하고[8] 당시 루터주의자들이 취한 악의에 찬 반(反) 칼빈주의적 논쟁을 반대했다. 그는 일생에 걸쳐 칼빈주의를 정죄하는 발언을 몇 번 했는데 임종시 그것을 뉘우쳤다고 한다.[9]

여행을 마치고 스트라스버그로 돌아온 슈페너는 그 곳에서 얼마동안 교수의 일을 하다가 1663년 3월부터 목회를 시작했다. 1664년 5월에는 어머니의 권유로 한 유망한 시민의 딸과 결혼했고, 같은 해 6월에는 논문을 써서 신학박사 학위를 받았다. 1666년에는 프랑크푸르트(Frankfurt am Main)로 옮겨 그곳에서 19년 동안(1666~1685) 성공적인 목회를 하게 되는데 바로 이곳에서 슈페너의 경건주의 운동이 구체적으로 태동했다.

프랑크푸르트 시민의 불신앙과 비종교성을 통감한 나머지 슈페너는 사치와 불경건을 책망하여 설교와 교육을 통한 개혁을 단행하기 시작했다. 그는 강단에서 정해진 부분의 성경 이상을 봉독했고 자기가 원하는 본문을 마음대로 선택하여 설교하기 시작했다. 금식일과 기도의 날을 정했다. 그러나 무절제한 프랑크푸르트 시민들의 생활에는 별다른 변화가 일어나지 않았다. 그러던 중 1670년 어느 날 슈페너는 마태복음 5:20~26을 본문으로 하여 철저한 회개와 산 믿음의 필요성을 역설하는 설교를 했는데 놀라운 반응을 일으켰다.[10] 각성한 사람들이 주일과 수요일마다 슈페너의 집에 모여 베일리의 서적과 신약성경을 공부하기 시작했다. 남자들과 여자들이 따로 앉아서 공부했는데 남자들만이 말하는 것이 허락되었다. 모임은 기도로 시작되었고 주일 설교에 대한 토론이 있었으며, 경건서적을 읽은 후 그 교훈을 배웠고, 그 후에 성경

---

8) "이점에 있어서 나는 개혁주의의 입장을 중심으로부터 거절한다. 그들은 빵과 술 안에서, 빵과 술과 더불어, 그리고 빵과 술 밑에서 우리가 받는 구원의 보증을 부인하기 때문이다. 그들은 빵과 술의 능력을 약화시키고 외적인 것만을 보며 영적으로 먹고 마시는 것으로 간주하기 때문이다"(*Pia Desideria*, Part I Defeets in the Common People, Tappert, *op. cit.*, p. 63).

9) See McNeill, *op. cit.*, p. 55.

10) See *ibid.*, pp. 55f.

의 일부를 읽고 그것을 함께 공부했다. 이와 같은 경건의 수련을 위한 모임(Collegia Pietatis)은 경건주의 운동의 주목할 만한 특징이 되었다.[11]

3. 『피아 데시데리아』

　1674년 슈페너는 프랑크푸르트의 한 출판사로부터 새로 출판되는 안트의 『진정한 기독교』에 서문을 써 달라는 부탁을 받았다. 슈페너는 서문을 쓰면서 자기가 오랫동안 생각해 오던 경건주의의 이념을 피력했는데, 그 서문이 바로 경건주의 운동의 헌장이 된 『피아 데시데리아』(*Pia Desideria*)(경건한 소원)였다. 이 글은 1675년에 출판되었는데, 1675년을 경건주의시대의 시작으로 잡는다.

　『피아 데시데리아』는 매우 대담한 작은 책으로 교회와 사회에 대한 솔직한 비판과 아울러 교회에 활력을 불어넣을 수 있는 개혁의 방법을 제시했다. 그러므로 슈페너는 『피아 데시데리아』의 부제를 "하나님이 기뻐하시는 개혁을 위한 참된 복음주의 교회의 경건한 소원"이라고 부쳤다. 책 서두에서 슈페너는 다음과 같이 그의 간절한 심정을 피력했다.

> 우리들이 탄식하는 바 비참한 형편들은 세상이 다 아는 바이다. 눈물 흘리는 것을 금하는 사람은 아무도 없다. …… 고통과 질병을 보게 될 때 치료의 방법을 강구하는 것은 당연하다. 그리스도의 보배로운 영적 몸이 지금 고통과 질병으로 괴로움을 당하고 있다. …… 우리들은 모두 몸의 지체들이므로 몸 안에 있는 괴로움을 우리와 상관없는 것으로 볼 수 없다. 치료에 필요한 약을 구하여 처방하는 것이 우리들의 의무이다.[12] ……
> 내가 내 자신의 판단에만 의존하다가 오히려 교회에 해를 가져오게 하지 않기 위해, 나의 글을 나의 동료 교역자들에게 보인다[13] ……
> 마지막 심판 때 우리가 얼마나 많이 배웠었고, 우리의 지식을 세상

---

11) See Tappert, *op. cit.*, p. 14.
12) *Pia Desideria*, Salutation and Circumstances of Writing. Tappert, *op. cit.*, p. 31.
13) *Ibid.*, p. 33.

앞에 얼마나 많이 드러내 놓았었느냐에 대해 질문을 받지 않을 것이다. 사람들의 칭송을 얼마나 많이 받았고, 얼마나 높은 명예를 얻었고, 얼마나 위대한 명성을 세상에 남겼느냐에 대해 질문을 받지 않을 것이다. 얼마나 많은 세상의 보화들을 우리의 자녀들을 위해 쌓아 두었냐에 대해서도 질문을 받지 않을 것이다.
그 대신 우리가 질문을 받을 것은 우리가 얼마나 충실히 그리고 얼마나 순수하고 경건한 가르침과 얼마나 훌륭한 본을 보여줌으로 성도들을 가르쳤는가 하는 것이며, 세상의 멸시 가운데서도 자기를 부인하고 십자가를 지면서 우리 주님을 본받았는가 하는 것이다. ······ 그러므로 우리는 우리의 실수와 교회의 실수가 무엇인지를 깊이 살피면서 우리의 질병이 무엇인지를 알아내야 할 것이며 그리고 나서 성령의 조명을 위한 뜨거운 기도를 하나님께 드리면서 치료의 방법을 찾아야 할 것이다.14) ······
손을 써서 일을 시작하지도 않고 모든 희망을 포기하지 말자. ······ 사람에게 불가능한 것이 하나님께는 언제나 가능하다. 우리가 기다리기만 하면 결국 하나님의 시간이 오고야 말 것이다. ······ 하나님께서 일의 결과를 속히 보는 기쁨을 주시지 않는다면 아마 우리가 너무 교만해 질까 봐서 일부러 그것을 숨기시는 것일 것이다. 우리는 일을 계속하면서, 모든 일을 우리의 하늘 아버지께 맡기고 뜨겁게 기도하자. 그리고 일의 성공을 보여 주실 것을 바라보고 기뻐하자. ······ 하나님께서 여기 저기서 그의 말씀을 향한 문을 여시고, 우리가 그리스도의 신비를 충실히 선포하게 하시고, ······ 그리고 우리가 우리의 가르침과 생활과 고난을 통해 하나님의 이름을 영화롭게 하게 하기 위해 다함께 열심히 기도하자.15)

슈페너는『피아 데시데리아』의 제 1부에서 교회의 비참한 영적 빈곤의 모습과 통치자들의 타락상 그리고 성직자들의 부패와 불신앙을 여지없이 드러내어 공격했다. 그리고 마지막 부분에서는 일반 평민들의 부도덕과 불신앙을 지적했다.

불쌍한 교회의 영적 비참상이, 비록 사람들의 눈에는 쉽게 드러나지

---

14) *Ibid.*, pp. 36f.
15) *Ibid.*, p. 38.

않는다 하더라도, 너무나도 심각하고, 위태로운 형편이다.16) ……
대부분의 정치가들은 죄와 방탕 가운데서 살고 있고 통치자들은 자
신들의 유익만을 추구하고 있다. 그들 중 대부분은 기독교인이 아닐
뿐 아니라 기독교가 무엇인지도 알지 못하는 기막힌 형편이다.17)
……

성직자들의 생활은, 세상풍습에 익숙한 눈으로 볼 때는 흠이 없는
것처럼 보일지라도, 실제로는 세속적 풍습에 빠져 있으니 육체적 쾌
락과 안목의 정욕을 추구하며 교만한 태도를 드러내고 있다. 그들은
기독교의 첫째 실천원리가 되는 자기 부정의 과정을 결코 거치지 않
았다. 좋은 자리만을 찾아 이 교회에서 저 교회로 옮기고 갖가지 음
모만을 꾸미고 있지 않은가! ……
그들이 신앙이라고 생각하고 가르치는 것은 실제로는 하나님의 말씀
과 성령의 조명과 증거 및 인침으로 일어나는 진정한 신앙이 아니다.
그것은 인위적 공상에 불과하다. 이들 설교자들은 성령의 사역에 의
하지 않고 그들 자신의 인간적 노력에 의해서 성경의 문자들만 조금
배웠고 옳은 교리를 이해하고 받아들였으며 그리고 설교하는 것까지
도 배워서 알지만 그러나 참된 하늘의 빛과 신앙의 생활이 무엇인지
를 도무지 알지 못하고 있다.18)

그리고 끝으로 일반평민들의 부도덕과 불신앙을 지적했는데, 특히
술 취함이 죄인 것을 길게 강조했고, 법적 소송이 옳지 않음과 그리스
도인들이 물건을 서로 통용하는 것이 기독교의 사랑의 원리와 일치한
다고 했다. 그리고 믿음의 중요성을 강조하면서 "우리는 오직 믿음을
통해서만 구원을 얻게 되며 우리의 선행이나 경건 생활은 구원 얻는데
아무런 도움도 주지 않는다"고 했다.19) 또한 말씀의 중요성을 강조하
면서 다음과 같이 권면했다.

---

16) *Pia Desideria*, Part, I Conspectus of Corrupt Conditions in the Church.
　　Tappert. *op. cit.*, p. 40.
17) *Pia Desideria*, Part. I Defects in Civil Authorities. Tappert, *op. cit.*, p. 43.
18) *Pia Desideria*, Part I Defects in the Clergy. Tappert, *op. cit.*, pp. 45f.
19) *Pia Desideria*, Part I Defects in the Common People. Tappert, *op. cit.*, p. 63.

하나님의 말씀을 들으시오. 이것은 좋은 일이오. 그러나 귀로만 듣는
것은 부족하오. 말씀이 가슴속으로 침투하게 하여 하늘의 음식이 그
곳에서 소화되게 하시오. 그렇게 함으로 당신들은 말씀의 활력과 능
력을 믿게 됩니다.[20]

제 2부에서는 교회개혁의 가능성을 제시했다. 절망은 용납되지 않는
다. 성경에 나타난 하나님의 약속들과 초대교회의 실례들은 교회개혁
을 얼마든지 기대할 수 있게 한다고 역설했다. "하나님의 축복을 의지
하고 그리고 교회를 위해 무엇을 하는 것이 가장 좋은 일인지 아는 사
람들이 개혁의 과업을 자원해서 수행해 나아간다면 우리의 전 교회는
하나님의 은혜로 말미암아 영광스러운 상태로 회복될 것이라고 나는
감히 생각하지 않을 수밖에 없다."[21]
『피아 데시데리아』의 제 3부에서는 개혁을 이룩할 수 있는 구체적인
방안 여섯 가지를 제시했다. ① 보다 광범한 성경공부, ② 영적 제사장
직의 수립과 활용, ③ 신앙의 지식보다 실천을 강조, ④ 논쟁을 피하고
오류에 빠진 자들을 사랑으로 권면할 것, ⑤ 신학교육의 개혁 및, ⑥ 설교
의 개혁 등을 제안했는데 그 내용을 간추려 소개하면 다음과 같다.

첫째 제안, 하나님의 말씀이 보다 광범하게 사용되도록 할 것이다.
우리 속에 선한 것이라곤 아무 것도 없음을 알고 있다. 선한 것이
있게 되려면 하나님께서 가져다 주셔야 한다. 하나님의 말씀은 이
목적을 이루기 위한 강한 수단이 된다. 신앙은 복음에 의해 불붙여지
기 때문이다. …… 우리가 필요한 선물을 다 받으려면 모든 성경을
다 알아야 한다. ……
설교를 통한 방법 이외에 성경을 사람들에게 소개할 수 있는 좋은
방법이 있는지를 연구해 보아야 할 것이다. 무엇보다 먼저 성경 특히
신약 성경을 열심히 읽는 방법이 있다. …… 둘째로, 성경을 예배 시
공적으로 읽는 방법이 있다. …… 셋째로, 초대교회 사도식의 모임을

---

20) *Ibid.*, p. 66.
21) *Pia Desideria*, Part II The Possibility of Better Condition in the Church.
　　Tappert, *op. cit.*, p. 86.

소개하는 방법이 있다. 평상 예배 이외에 다른 모임을 바울이 고린도 전서 14:20~40에서 묘사한 대로 가질 수 있다.

한 사람이 일어나서 설교하지 않고, 은사와 지식의 복을 받은 다른 사람들이 그들의 경건한 의견을 말로 표현할 수 있다. 물론 무질서와 논쟁은 피해야 한다. 목사들과 함께 공부하던가 또는 목사의 지도를 받아 공부하므로 그렇게 할 수 있을 것이다. 성경을 택해서 크게 읽고 한 절씩 친밀하게 토론하면서 그 뜻이 무엇이며 모든 사람들에게 주는 유익한 교훈이 무엇인지를 찾아 볼 것이다. 만족하게 이해하지 못하는 사람은 누구나 자기의 의심을 표현하게 하고 충분한 설명을 듣게 할 것이다. ……

이와 같은 모임을 마련함으로 많은 유익을 얻을 수 있으니, 설교자들은 교인들의 약점과 아울러 성장의 상태를 잘 알 수 있게 되어 신뢰의 결속이 이루어지게 되며, …… 교인들은 하나님의 말씀에 대한 질문과 대답을 하며 열심히 공부할 수 있는 기회를 가지게 될 것이다.22)

둘째 제안은 영적 제사장직의 수립과 철저한 활용이다. 루터의 글을 주의 깊게 읽는 사람은 누구나 그 성자가 얼마나 진지하게 영적 제사장직을 주창했는지를 쉽게 발견할 것이다. ……

이와 같은 모든 영적 기능을 단지 성직자들에게만 부여하게 만든 것은 저주받은 마귀의 특별한 술책이었다. 평신도들이 그들의 이웃을 가르치고 권면하고 책망하고 위로하는 것은 물론 주님의 말씀을 열심히 공부하는 것까지 적당하지 않은 일로 간주하여 평신도들로부터 영적 기능을 제외시켜 버린 것도 마귀가 만들어내는 것이다. …… 이와 같은 제사장적 기능을 적당히 활용하므로 목회는 손해를 본 것이 아니라 도움을 얻게 되는 것이다.23)

셋째 제안은 기독교 신앙의 지식을 가지는 것은 결코 충분하지 않다는 것을 사람들이 믿어야 한다는 것이다. 왜냐하면 기독교의 본질이 실천에 있기 때문이다. …… 제롬이 증거하는 대로 연로한 사도 요한은 제자들에게 "자녀들아 서로 사랑하라"는 말 이외에는 별로 하지 않았다는 것이다. 제자들이 귀찮게 여기며 물었다. 왜 항상 같은 말만 합니까? 그가 답하기를 "이것이 주님의 명령이기 때문이다. 그리고

---

22) *Pia Desideria*, Part III Proposals to Correct Conditions in the Church, Tappert, *op. cit.*, pp. 87~90.
23) *Ibid.*, pp. 92~94.

이것을 행하면 충분하다"고 했다.24)

넷째 제안은 불신자 또는 이단들과의 종교적 논쟁을 할 때 우리가 어떤 태도를 취해야 할 지 알아야 한다는 것이다. 먼저 우리 자신과 우리 친구들 그리고 다른 신자들이 진리 안에 확고히 서도록 힘써야 하고 어떤 종류의 미혹에도 빠지지 않도록 보호해야 할 것이다. …… 다음으로 그들에게 좋은 본을 보여주고 그들의 마음에 상처를 주지 않도록 할 것이다. ……

그리고 모든 불신자들과 이단들에 대한 가슴 중심으로부터의 사랑을 실천해야 할 것이다. 우리들이 그들의 불신앙을 싫어할 뿐 아니라 철저히 반대하고 있다는 사실을 알려야 하지만, 그러나 그들의 인간 즉 생명에 관한 한 그 사람들을 우리의 이웃으로 간주하고 있다는 사실을 나타내어야 할 것이다.25)

다섯째 제안은 교회의 개혁을 위해서는 적절한 사람들 곧 참 신자들만이 성직의 직분을 맡아야 한다는 것이다. 소명의 전 과정을 통해 하나님의 영광만이 고려되어야 할 것이다. 편의나 우정이나 선물 등어 관련되는 육체적 방법들이 배제되어야 할 것이다. …… 적절한 사람들이 성역에 종사해야 한다면, 그와 같은 사람들이 있어야 하는데 그와 같은 사람들은 우리 학교와 대학에서 훈련을 받아야 할 것이다. 신학교수들은 이를 인식하고, 학생들과 교수들 가운데 편만한 기득교적 학풍을 억제하고 개혁해 나아가야 할 것이다. 그래서 학교는 교회의 양육장과 성령의 작업장으로 인정되어야 할 것이지 세속의 장소나 마시고 떠들고 시끄럽게 싸우는 마귀의 곳이 되어서는 안 될 것이다.

교수들은 본을 보이므로 이 목적을 달성할 수 있을 것이다. 사실 이것이 없이는 개혁을 기대하기 힘들다. 교수들은 세상에 대해서는 죽고 만사에 있어 자신의 영광과 유익과 즐거움을 추구할 것이 아니라 하나님의 영광과 사람들의 구원을 추구해야 할 것이다. 그러면 학생들은 산 본을 보고 그들의 생활을 견제하게 될 것이다.26)

나는 교회가 개량될 수 있는 여섯째 제안을 첨가한다. 즉 설교는 신앙과 열매를 맺게 하는 목적이 듣는 자들 가운데서 최대한도로 성취되도록 준비되어야 할 것이다. …… 어떤 설교자들은 지식을 과시하

---

24) *Ibid.*, pp. 95f.
25) *Ibid.*, pp. 97~99.
26) *Ibid.*, pp. 103f.

는 것들로 그들의 설교를 가득 채우지만 듣는 자들은 아무 것도 이해
하지 못하는 형편이다. ……
　강단은 사람의 재주를 나타내는 곳이 아니다. 강단은 주님의 말씀을
단순하고 능력 있게 전파하는 곳이다. …… 몇몇 지식인들보다는 신
도들의 대부분을 이루고 있는 일반 평민들을 늘 생각하며 설교를 해
야한다.27)

4. 슈페너의 후기활동

　『피아 데시데리아』가 하나의 단행본으로 출판되자 독일 안에는 이
에 대한 즉각적이고 열광적인 반응이 일어났다. 슈페너는 300통 이상
의 편지를 받았는데 대부분이 그의 제안을 지지하는 편지였다. 튜빙겐
대학의 신학교수들은 슈페너가 제안한 교육방안을 공적으로 찬양하며
지지하기까지 했다.28)

　그러나 시간이 감에 따라 이에 대한 불만과 비판의 소리가 일어나기
시작했다. 평신도들의 지위가 향상되어 감에 따라 성직자들은 위협을
느끼기 시작했다. 신학교수들은 자기들의 전문분야에 문외한들이 침범
해 들어오는 것을 못마땅하게 생각했다. 안일주의자들은 잘못된 것들
을 개선하자는 구호를 귀찮게 여기게 되었다.29)

　해가 감에 따라 슈페너는 참신자들로 구성된 작은 모임들의 중요성
을 더욱 강조하게 되었고, 따라서 독일 각 곳에 "교회 안의 작은 교회
들"(*ecclesiolae in ecclesia*)이라고 불리우는 모임들이 생기게 되었는
데 이와 같은 개인적 모임들은 차츰 분파주의적 경향을 나타내게 되었
다. 이런 모임에 참석하는 회원들 중 어떤 사람들은 교회를 "바벨"이라
고 부르며 비난하기 시작했고, 목사들은 "거듭나지 못한자들"이라고
단정하여 멸시했고, 교회의 예배는 "은혜스럽지 못하다"고 생각하여
참석하기를 거부했으며, "합당하지 못한" 목사들이 베푸는 성찬에 참

---

27) *Ibid.*
28) See *ibid.,* p. 18.
29) See *ibid.,* p. 19.

예하는 것도 금하게 되었다. 분파주의적 내지 배타적 색채가 짙어짐에 따라 이들 모임들에 대한 악의에 찬 소문들이 퍼지게 되었다. 아내들은 맛있는 음식을 이 모임에서 알게 된 친구들에게 가져다줌으로 집에 있는 남편들은 굶주리고 있는 형편이라는 소문과 아울러 남녀들은 서로 모여 아직까지 자기들이 육체적 욕망에 사로 잡혀 있는가를 시험해 보기 위해 상대방 앞에서 옷을 홀딱 벗어버리곤 한다는 소문들이 퍼지기도 했다.[30]

슈페너는 프랑크푸르트에서 20여 년간의 목회 및 저술 사역을 마친 후 1686년 드레스덴(Dresden)의 궁정 목사로 초대되어 간다. 드레스덴에 머무는 동안 슈페너는 젊은 교사 아우그스트 헤르만 프랑케(August Herman Francke)를 만나게 되는데, 프랑케는 다른 두 동료들과 함께 라이프찌히 대학 안에서 Collegium Philobiblicum이라는 모임을 통해 기도와 성경공부를 하며 경건주의 운동을 전개해 나아갔다. 슈페너는 또한 쾌락을 즐기는 삭손의 군주 존 조지 3세(John George III)의 부도덕을 책망한 일로 인해 1691년 드레스덴을 떠나게 되는데 브란덴부르그의 선제후(후에 프러시아의 프레데릭 1세가 됨)의 초청을 받아 베를린(Berlin)으로 옮겨갔다. 그곳에서 14년간 목회와 저술에 종사하는 동안 많은 논쟁에 관여하게 되었는데 비텐베르그 대학의 신학교수단은 284가지 이단의 조목을 들어 슈페너의 경건주의 운동을 정죄하기도 했다. 논쟁에 시달림을 받으면서도 그는 끝까지 그의 이념을 내세우며 목회에 종사하다가 1705년 2월 6일 베를린에서 별세했다.[31]

5. 아우그스트 헤르만 프랑케(August Herman Francke)

슈페너의 후계자로 독일 경건주의 운동을 이끌어간 프랑케(1663~1727)는 1663년 Lübeck에서 법학박사의 아들로 태어났다. 16세 때 에

---

30) See *ibid.*, pp. 19f.

31) See McNeill. *Modern Christian Movement,* pp. 58f.; Tappert, *Pia Deside-ria,* pp. 21~23.

르프르트(Erfurt)에 가서 대학공부를 시작했으나 곧 키일(Kiel)대학으로 옮겨가서 그곳에서 5년 동안 공부했다. 프랑케는 소년 때부터 매우 종교적이었으나 대학을 졸업하면서 종교에 무관심하게 되었고 깊은 종교적 고민과 갈등을 경험하게 되었다. 2년 동안은 깊은 종교적 회의에 빠져서 하나님의 존재까지 의심했다. "오 하나님이시여, 당신이 존재하신다면 나에게 보여 주시옵소서"라고 기도하기도 했다. 그러나 그는 고백하기를 "내 자신을 구원하려고 애쓰면 애쓸수록 나는 더 깊은 불안과 회의 속에 빠져 들어갔다."고 했다.32)

그러던 어느 날 신약성경을 펴들고 있는 프랑케를 향해서 그의 기숙사 사감선생이 다음과 같이 말했다. "그렇다, 이 책 속에 우리는 놀라운 보배를 소유하고 있다." 바로 그 때 프랑케의 눈은 고린도후서 4:7("우리가 이 보배를 질그릇에 가졌으니")을 읽고 있었는데, 프랑케는 그와 같은 "섭리적인 일치"에 놀라움을 금할 수 없었고 자기의 허물과 죄악을 돌이켜 보게 되었다고 고백했다. 프랑케는 또한 1687년 요한복음 20:31에 근거한 자기 설교에 감화를 받아 회의와 절망으로부터 벗어나 영혼의 평안을 체험했다고 했다. 1688년에는 슈페너를 방문하여 수개월동안 그와 함께 드레스덴에 머물다가 1689년 초 다시 라이프찌히로 돌아가 성경공부 반을 지도하며(Collegium Philobiblicum을 통해) 경건주의 운동을 발전시켜 나아갔다.33)

그러나 경건주의에 대한 비판의 소리가 높아짐에 따라 프랑케와 그의 동료들은 결국 라이프찌히 대학을 떠날 수밖에 없게 됐으며, 그 후 에르푸르트에 가서 얼마동안 목회를 했으나 그곳에서도 반대에 부딪쳐 쫓겨나게 되었다. 슈페너는 이 때 곤경에 처해 있는 프랑케에게 도움의 손길을 폈다. 즉 브란덴부르그 선제후에게 부탁하여 프랑케를 할레(Halle)대학(당시 갓 시작한 아주 작은 대학)에 초청하게 했다. 1692년 프랑케는 할레대학에 가서 무보수로 강의를 시작했는데 후에 희랍어와

---

32) See McNeill, *Modern Christian Movement*, p. 59.
33) See *ibid.*, p. 60.

동양어 교수가 되었다. 그리고 그 이후 10여년 동안 그는 할레대학에서 놀라운 업적을 이룩했다.

할레대학에서의 그의 업적은 가난과 부도덕의 생활에 빠져 있던 소외된 대중들에게 교육과 자선의 손길을 뻗친 것이었다. 가난하고 버림받은 아이들을 위한 학교를 시작했다. 운영을 위한 자금이 필요했는데, 그는 전적으로 하나님을 의지하는 신앙과 희사금으로 운영하기 시작했다. 또한일서 3:17을 기록한 구제함을 만들어 비치했는데, 들어오는 희사금으로 교사를 채용하고 도서를 구입했다. 모든 희사금은 들어오는 즉시 사용되었다. 그는 일생을 통해 많은 교육 및 자선 사업을 했는데, 자금을 요청하는 편지를 쓴 일이 없고 협조자를 의지하지도 않고 오직 하나님만을 의지했다고 했다.34)

프랑케는 또한 고아들을 돌보기 시작했다. 처음에는 적당한 가정에 소개해 주다가 1696년에는 고아들을 위한 집을 마련하여 그들을 한데 모아놓고 엄격한 교육을 실시했다. 1698년에는 과부들을 위한 "과부의 집'을 세워 그들을 돌볼 뿐 아니라 그들로 하여금 도시와 국가와 통치자와 전 교회를 위해 대언의 기도를 하도록 가르쳤다. 1701년에는 병원을 세워 병자들을 돌보았고, 또한 미혼여성을 위한 "여자의 방"도 마련했다. 1704년에는 교사양성 학원을 설립했고, 또한 성경 보급소를 세워 성경을 각국어로 출판하여 싼값으로 보급했다. 프랑케의 주요 관심은 언제나 종교적이었으나, 그의 종교적 관심은 필연적으로 가난과 비참을 제거하는 사회봉사의 결과를 초래했다.35)

프랑케의 또 하나의 중요한 공헌은 윌리암 캐리 보다 100여 년 전에 이미 세계선교의 환상을 불러일으킨 점이다. 1705년 프랑케의 제자 두 사람(Bartholomew Ziegenbalg와 Heinrich Plütschau)이 덴마크의 프레드릭 4세의 요청을 받아 할레를 떠나 인도의 트랑퀘바(Tranquebar)에 가서 선교를 했는데, 프랑케의 지도를 받아 수행된 그들의 선교는

---

34) See *ibid.*, p. 61.
35) See *ibid.*, pp. 61~63.

괄목할 만한 열매를 거두었다. 여기서 보는 대로 경건주의가 현대 선교에 미친 영향은 지대하다고 하겠다.

6. 니콜라스 루드빅히 진젠돌프

모라비아 경건주의 운동의 지도자인 진젠돌프(Nicholas Ludwig Count von Zinzendorf, 1700~1760)는 할레 학교에서 우수한 학생으로 소년 시절을 보내면서(1710~1716) 프랑케로부터 깊은 감화를 받았다. 그는 감수성이 예민하고 조숙한 소년이었는데, 14세 때 "제자씨 단"이라는 소년단체를 조직하여 사랑의 실천을 힘썼다. 이 소년들은 선배 선교사들(Ziegenbalg와 Plütschau)의 방문으로 인해 선교에도 큰 관심을 가지고 "전 인류를 사랑할 것을" 서약하고 헌신 봉사를 다짐하고 있었다. 진젠돌프는 또한 일찍이 슈페너의 감화도 받았으니 그가 4살 때(1704년) 슈페너가 그의 머리에 손을 얹고 축복해 준 일이 있었다. 그는 열심이 있고 동정심이 많은 편이었고 감정적이고 성격이 급한 편이었다. 또한 정력을 다 바쳐 목적을 이루어 나아가는 꾸준한 성품을 소유했다.[36]

진젠돌프가 이룩한 괄목할 만한 업적은 모라비아 교회를 설립하여 발전시킨 것이다. 로마 카톨릭 교회와 보헤미아 국가 교회의 박해를 피해 헤른후트(Herrnhut)로 피난 온, 형제단(The Unity of the Brethren)이라고 불리우던 모라비아의 후스파(Hussites) 개신교도들이 진젠돌프의 지도하에 기독교 공동체를 발전시켜 나아갔는데 이 공동체가 모라비아 파라고 불리워졌다.[37] 우드(Wood) 박사는 그의 저서 『18세기의 영적 갱신과 전진』에서 모라비아 교회의 획기적인 출발을 1727년 8월 12일로 잡는데 그날의 광경을 다음과 같이 묘사했다.

---

36) See *ibid.*, p. 65.
37) See A. Skevington Wood, *The Inextinguishable Blaze: Spiritual Renewal and Advance in the Eighteenth Century* (Grand Rapids: Eerdmans Publishing Company, 1960), pp. 68f.

이 "법규, 명령, 금지령"이 헤른후트 공동체의 모든 회원들에 의해서
서명된 날이 바로 1727년 8월 12일이었다. 다음날 오후 베텔스돌프에
있는 교회에서 모두가 한마음이 되어 성찬에 참여했다. 그때에 무슨
일이 일어났는지를 정확히 서술할 수 있는 사람은 아무도 없었다.
그들은 성령의 능력의 참된 오순절을 체험했다. 주님의 불이 떨어졌
그 그들은 놀라움과 사랑과 찬양에 휩싸이게 되었다. 그들이 하나님
의 집을 나섰을 때 "그들이 땅에 속했는지 또는 이미 하늘에 가 있는
지를 분간할 수가 없었다." 진젠돌프 자신이 수년 후에 설명한 설명
이 그때의 상황과 분위기를 설명하는 데 도움이 될 것이다. "……
그들은 서로 판단하는 것을 멈추었다. 왜냐하면 하나님 앞에서 자신
의 무가치를 확신하게 되었고, 모두가 칭찬을 받으며 거룩하신 주님
의 얼굴 앞에서 자신들을 느꼈기 때문이다. 상처로 충만하신 주님의
머리, 고통과 멸시로 충만하신 주님, 이 슬픔과 비애의 사람 앞에 섰
을 때 그들의 가슴은 그들에게 이렇게 말했다. 그 분은 그들의 주님
이시요 제사장이신데, 그들의 눈물을 기쁨의 기름으로 바꾸시고 그
들의 비참을 행복으로 바꾸신다고……"38)

진젠돌프는 참교회의 개념을 "성령 안에 있는 하나님의 교회"(the
Church of God in the Spirit)로 표현했는데 이와 같은 교회 개념 때문
에 그는 교파 관계에 있어 매우 자유로운 입장을 취했다.39) 그는 루터
파 교회와도 관련을 맺고 있으면서도 후스파의 예배 형식도 받아들였
기 때문에 차츰 의심을 받게 되고 비판을 받게도 되었다.

진젠돌프의 모라비아 경건주의의 괄목할 만한 첫째 특징은 소위 "그
리스도 체험 신비주의"(Christ mysticism) 또는 "수난 체험주의"(Passion
mysticism)라고 할 수 있다. 그리스도의 수난을 병적으로 골몰하게 흠
도하여 무절제하고 혐오를 일으키는 방종을 유발하기도 했다. 그들이
사용한 찬송가의 가사나 언어들이 선정적이고 감상적이었으니, 피, 상
처, 못자국이라는 말을 많이 썼고 그리스도와의 관계도 에로틱하게 생
각하여 신랑, 신부란 말과 달콤한 말들을 사용했다.40)

---

38) *Ibid.*, pp. 69f.
39) See McNeill, *op. cit.*, p. 66.

모라비아 경건주의는 모라비아 형제들로 구성된 독특한 공동체를 형성했다. 그들은 서로 발을 씻어주고, 애찬을 나누며, 평화의 키스를 교환했다. 또한 그들은 그들의 고유한 옷을 입었고, 그들의 언어를 사용했으며, 피차 형제라고 불렀다. 그리스도를 형제단의 "맏형"이라고 불렀으며, 성직자 임명이나 결혼이나 선교사 임명 등의 문제를 결정할 때는 제비를 뽑는 형식을 취하여, 맏형으로 하여금 결정하게 했다.41)

진젠돌프의 신학적 입장에도 문제가 있었다. 그는 삼위일체의 개념을 아버지와 어머니와 아들로 표현했는데 이는 많은 사람들로 하여금 경악을 금치 못하게 했다. 물론 그가 종속주의적 삼위일체론을 내세운 것은 아니라고 했으나, 결국 진젠돌프에 있어서 성부는 마치 할아버지처럼 뒷전에 숨어버리게 되었고 그리스도에 대한 헌신을 강조하는 성자중심 사상이 형성되었다고 하겠다.42) 그는 또한 인간의 자유의지를 강조했다. 진젠돌프의 후예들 중에는 극단적 감정주의와 체험주의에 빠진 자들이 있었으니, 신비적 계시를 받는 자들, 환상 중에 그리스도와 대화하는 자들, 종교적 황홀경에 들어가 영국에서 모스크바까지 여행하는 자들, 그리고 이상한 교리들을 만들어 내세운 자들도 있었다고 한다.43)

그러나 모라비아 경건주의가 현대선교에 미친 적극적 공헌은 괄목할 만 했다. 모라비아 교도들은 독일을 비롯하여 화란, 영국, 아일랜드, 덴마크, 노르웨이, 그리고 북미 대륙에까지 그들의 종교적 이념을 정열적으로 전파했다. 특히 영국 복음주의 각성운동의 주 역할을 한 요한 웨슬리에게 미친 복음적 감화는 지대했다.

---

40) See James Hastings Nichols, *History of Christianity (1650~1950)*(New York: Ronald Press Company, 1956), p. 85.
41) See *ibid.*
42) See McNeill, *op. cit.*, p. 68.
43) See *ibid.*, p. 70.

7. 경건주의의 특징과 그 평가

미국 템플 대학교의 스토플러(F. Ernest Stoeffler) 교수는 그의 저서 『복음적 경건주의의 발생』(*The Rise of Evangelical Pietism*)에서 "기독교 역사에서 올바로 이해되지 못한 운동들 중의 하나가 경건주의였다."[44]고 지적하면서 경건주의 운동에 대한 적극적인 평가를 시도했다.

스토플러 교수는 경건주의가 미친 적극적인 공헌과 의의를 다음과 같이 요약하여 지적했다. 첫째, 경건주의는 찬송학에 큰 공헌을 미쳤으니, 미국의 여러 교파들이 사용하는 찬송가에서 그들의 가사를 뺀다면 남는 것이 별로 없을 것이라고 했다. 둘째, 설교에 큰 공헌을 미쳤으니 생동하는 설교가 되살아 난 것은 경건주의의 영향이었다고 했다. 따라서 독회가 활발해졌고 문답식 교리교육, 가정심방 및 교인들의 영적 및 도덕적 문제에 대한 관심과 상담이 생기게 되었다고 했다. 셋째, 경건 서적들을 산출하는 데 공헌했고, 넷째, 현대 선교운동이 일어나게 된 것도 경건주의 운동의 영향이었다고 지적했다. 다섯째, 교회가 사회적 관심을 가지고 사회개혁에 손을 뻗치게 된 것도 경건주의의 영향이었다고 했다. 여섯째, 성경을 대중화시키고, 평신도 운동을 발전시킨 것도 경건주의의 영향이었고, 일곱째 현대 에큐메니칼 이념을 태동시킨 것도 경건주의의 영향이었다고 강조하여 지적했다.[45]

스토플러 교수가 지적한대로 경건주의가 이상과 같은 여러 분야에 있어 지대한 영향을 미친 것은 사실이다. 그러나 동시에 경건주의 이념이 내포하고 있었던 약점들과 후세에 미친 부정적 영향들이 있었음을 부인하기는 힘들다. 이하에서 경건주의 이념의 특성을 몇 가지를 비판적으로 분석해 보고자 한다.

경건주의는 첫째로, 니콜스 교수가 지적한대로 신앙의 개인화와 내면화(indivisualization and internalization)를 그 본질로 삼기 때문에

---

44) F. Ernest Stoeffler, *The Rise of Evangelical Pietism* (Leiden: E. J. Brill, 1971), p. 1.
45) See *ibid.*, pp. 3~5.

주관적인 종교적 체험(subjective religious "experience")를 강조했
다.46) 경건주의는 "스콜라적 경향들과는 달리 기독교적 체험에 있어서
감정의 우위(the primacy of feeling in Christiem experience)를 주장했
다."47) 그러므로 슈페너는 개인적인 종교체험과 직접적으로 관련되는
교리들만을 중요하게 보았고 결국 다른 교리들은 불필요한 것들로 간
주되어 신학적인 "혁명"을 초래하게 되었다.48) 슈페너는 객관적인 신
앙(fides quaecreditur)보다 주관적인 신앙(fides qua creditur)을 강조
했고, 예정론 같은 칼빈주의 교리를 "흉악한" 가르침이라고 배격했
다.49) 이와 같은 주관적 체험주의는 슐라이어마허(Schleiermacher)의
주관적 자유주의 신학을 태동케 했고 한편으로는 사랑과 기쁨과 구원
의 확신을 강조하는 이원론적 복음운동들 및 신비주의를 발생케 했다.
　이와 같은 주관적 체험주의는 둘째로, 배타적 분파주의 내지는 반제
도 및 반전통주의를 낳았다. 그들은 구원과 사죄의 체험을 체험할 뿐
아니라 이를 다른 사람들에게 선포하는데 힘썼는데 "그들 자신들은 남
을 용서하는 훌륭한 모범이 되지 못하는 경우가 많았다." "그들은 그리
스도의 임재가 뜨거움과 감격을 생활에 가져다준다고 주장은 하면서도
잘못된 길로 빠진 자들에 대해서는 결코 용납하는 태도를 취하지 않았
다. 그러므로 경건주의는 인격적이면서도 비인격적이라고 하겠다."50)
"그리스도 안에 있다는 것은 그리스도에게 속하지 않은 것을 거절하고
그것과 상관하지 않는 것을 의미했는데, 이는 필연적으로 이와 같은
신념에 동의하지 않는 사람들을 권면하기보다는 비판하는 결과를 초래
했다"51) 경건주의는 또한 모든 형식이나 교회제도 및 전통을 무시하면

---

46) See Nichols, *History of Christianity*, p. 80.
47) Williston Walker, *A History of the Christian Church*, 3rd ed. (New York:
　　Charles Scribner's Sons, 1970), p. 445.
48) See Tappert, *op. cit.*, p. 26.
49) See *ibid.*
50) John Dillenberger and Clava Welch, *Protestant Christianity* (New York:
　　Charles Seribner's Sons, 1954), pp. 124f.

서 종교적 진리의 개인적 적용을 강조했기 때문에 반교회적 분파주의 이념을 초래했다고 하겠다. 트뢸치가 지적한대로 "일반적으로 말해서 경건주의는 교회 안에 나타난 분파적 이념(sect-ideal)을 표현하고 있다"고 말해도 지나치게 잘못되지는 않을 것이다.[52] 트뢸치는 계속하여 "경건주의의 특성은 항상 신약의 도덕율과 하나님 왕국의 개념을 강조하여 동시에 교회 성례제도 속에 있는 모든 외형주의를 반대했다"고 지적하며 "이와 같은 관점에서 볼 때 경건주의는, 분파주의 이념 자체가 그렇듯이, 모든 교회에 속해 있다"고 했다.[53]

경건주의의 주관적 체험주의는 셋째로, 현세도피적 부정적 문화관을 초래했다. 니콜스 교수가 지적한대로 경건주의에 있어서 "교회와 국가 또는 문화와의 관계가 무시되었으니, 때로는 재림에 대한 기대 때문이었거나 또는 종교적 중립주의 때문이었다." "경건주의는 고유한 종교적 생활영역을 분리해 놓고 그것에 몰두했다."[54] 폴 틸리히는 경건주의의 반문화적 개인주의를 다음과 같이 지적했다.

> 순전히 내적 생활만을 관계하는 종교[경건주의]는 개인을 고립시키고 그리고 하나님과 세상과의 관계를 하나님과 영혼의 관계로 제한시킨다. 이 결과 세상적 활동들은 종교의 영역에서 제외된다. 사회적 영역보다 내면적 생활이 하나님과 사람이 서로 관계를 맺는 곳이 된다. 말하자면 개개인이 하늘과 직통하는 선을 가지게 되는 것이다. 하나님의 왕국은 개인의 영혼이 도달하기를 소망하는 하늘의 영역이 된다.
> 이리하여 초대교회의 미래 지향적 종말론적 열심(the forward-looking eschatological fervor)이 마비되고, 세상을 변혁시키는 (world-transforming) 하나님 왕국의 사상이 사라진다. 사회적 영역은 개인에게 있어서 유기의 장소가 된다. 이 세상에서의 활동은 궁극적인 목적을

---

51) *Ibid.*, p. 125.
52) Ernest Troeltsch, *The Social Teaching of the Christian Church*, Vol. 2 (New York: Harper & Row, 1960), p. 714.
53) See *ibid.*, pp. 714f.
54) Nichols, *History of Christianity*, pp. 80f.

위한 아무런 본질적 의의를 가지지 않게 된다.55)

경건주의의 네 번째 특징은 경건의 실천과 사회봉사를 강조한 점이다. 경건주의 운동은 그 초기부터 인도주의적 사업에 힘을 기울였다. 특히 프랑케의 괄목할 만한 업적은 고아와 과부와 병자와 거지와 도둑과 같은 사람들을 위한 인도주의적 봉사의 사역이었다고 할 수 있으며 진젠돌프 역시 피난민을 영접하고 가난한 자들을 도왔다. 그 다음 시대에 빅커른(Johann Wichern)은 독일에서 내지 선교부(Innere Mission)를 세우고 절름발이, 불구자, 소경, 간질환자, 나환자, 사생아, 미혼모, 광인 그리고 그의 몸과 마음에 이상이 있는 모든 자들을 돌보았다.

경건주의가 내포하고 있던 위와 같은 인도주의적 및 사회적 관심은 결국 20세기 초 미국의 독일 침례교회 목사 라우쉔 부쉬(Walter Rauscherbusch)에 의해 두드러지게 나타나 사회복음주의운동을 초래하게 되었다고 할 수 있다.

맺는 말

기독교의 역사는 기독교의 본질이 옳게 파악되고 실천되지 못할 때, 이를 옳게 파악하고 실천하기 위해 몸부림치는 역사라고 할 수 있다.

경건주의 운동도 이와 같은 교회사의 전체적 흐름의 맥락 속에서 이해될 수 있다. 우리는 경건주의적 몸부림 속에서 오늘날 우리들에게 주는 적극적인 복음적 교훈들을 발견하는 동시에, 주관적 체험주의가 내포하고 있는 필연적인 약점들도 아울러 발견하게 된다. 경건주의적 몸부림은 오늘날 우리 속에서도 찾아 볼 수 있다. 아니 필자가 이해하는 대로 오늘날 한국 교회 특히 많은 "복음운동들"의 특징을 이루고 있는 것이 바로 경건주의적 자질이라고 할 수 있을 것이다.

우리는 과거 교회사에 나타난 다양한 운동들의 장단점을 옳게 파악

---

55) Paul Tillich, *The Protestant Era* (Chicago: University of Chicago Press, 1948), pp. 177f.

하고 그리고 그 장단점들에 비추어 오늘날 우리들의 모습을 옳게 비판하고 정립하므로 하나님 중심 및 말씀 중심적 개혁주의 신앙 원리를 보다 정확히 파악하고 실천할 수 있게 될 것이다.

개신교 선교의 선구자
유스티니안 벨츠의 비극

개신교 선교의 선구자요, 최초의 예언자라고 할 수 있는 유스티니안 벨츠(Justinian Welz)는 "현대선교의 아버지"라고 불리우는 윌리암 캐리(William Carey)보다 140년 전인 1621년 오스트리아(Austria) 땅에서 태어났다.[1] 유럽을 혼란과 폐허 속으로 몰고 간 30년 전쟁이 계속되는 동안 루터교 신자들인 벨츠 가족은 종교의 자유를 찾아 구교의 나라인 오스트리아를 떠나 1628년 독일 삭소니 지방으로 이주했다. 벨츠가 9살 되던 해 아버지를 여의게 되지만 그는 비교적 평온한 소년시절을 보냈다.

그가 20세 되던 1641년 화란 라이덴(Leiden)으로 유학의 길을 떠나게 되는데 3년 동안 그곳에 머물면서 연구와 저술에 종사했다. 벨츠는 그의 첫 논문 『독재에 관한 소고』(*Tractatus De Tyrannide*)를 발표하여 사회정의의 실현과 정치개혁의 필요성을 강조하며, 그 당시 종교적인 명목 하에 시민들의 재산을 몰수한 몇몇 통치자들을 공격했다. 벨츠는 통치자들의 독재야말로 기독교 몰락의 원인이 된다고 공박하면서 정의의 실현을 촉구했다.

---

1) See James A. Scherer, "The Life of Justinian Welz," in *Justinian Welz: Essays by an Early Prophet of Mission* (Grand Rapids: Eerdmans Publishing Co., 1969), pp. 13~23.

화란에서의 유학생활을 마치고 독일로 돌아온 이후 벨츠는 얼마동안 방탕의 생활에 빠졌다. 그러나 성경연구와 순교자들의 이야기와 신비주의자들의 글을 읽으면서 자기의 죄를 뉘우친 다음 세상을 등지고 전적으로 성경과 교회사 연구에 십 수년을 바치게 됐다. 이 기간동안 그에게 큰 감화를 준 인물들로는 유세비우스(Eusebius), 어거스틴(Augustine), 토마스 아 켐피스(Thomas á Kempis), 루터(Luther) 및 존 아안트(Johann Arndt)였다. 심각한 내적 변화를 체험한 결과 벨츠는 일종의 "복음주의적 금욕주의자"로 나타나게 되었다. 그가 42세가 되었을 때 그의 삶의 가치와 목표는 완전히 뒤바뀌게 되어 세계선교에 대한 환상에 사로잡히게 되었다.2)

벨츠는 1663년과 1664년 사이에 5, 6종류의 소책자를 출판하여 당시 루터 교회가 사랑을 잃어버린 것을 통박하며 영적 개혁의 필요성과 아울러 세계선교의 긴급성을 역설했다. 1663년 벨츠는 그의 종교선언서라고 할 수 있는 『하나님의 말씀에 의한 은자의 생활』(*De Vita Solitaria*)을 출판하여 참된 기독자상을 제시했다. 참된 크리스챤은 세상에서 떠난 구별된 생활을 해야 하는데, 육체를 부정하는데 그치는 것보다는 그의 의지와 영혼을 모두 헌신하여 하나님의 영광과 이웃의 유익을 위해 살아야 한다고 했다. 그리고 영적 훈련을 위해서 성경을 규칙적으로 읽어야 하며, 죽음, 최후심판, 지옥의 고통, 택자가 누릴 영광에 대해 명상해야 한다고 했다.3)

1663년 말에는 『아우그스부르그 신조를 고백하는 정통주의 크리스챤들이 새로운 선교단체를 조직하여야 하는 방법에 대한 간단한 보고』(*A Brief Report on How a New Society Is To Be Established Among Orthodox Christians of the Augusburg Confession*)라는 글을 발표하여 세계선교의 필요성을 다음과 같이 역설했다.

---

2) See *ibid.*, p. 14.
3) See *ibid.*, p. 15.

오늘날 사도 바울이 이 땅에 다시 돌아올 수 있다면, 그리고 자기가 생명을 다 바쳐 복음을 전하던 곳곳을 다시 돌아볼 수 있다면, 그리고 그 곳곳에서 정통주의 크리스챤을 발견하지 못하고 오히려 마호 멧 교도들과 이교도들을 발견한다면, 그는 얼마나 깊은 탄식에 사로 잡힐 것인가? 그가 이루어 놓았던 교회들의 친교가 완전히 파괴된 적을 보았을 때 그는 얼마나 아픈 비탄에 빠질 것인가? 이때 누군가 가 사도 바울에게 이렇게 말할 수 있을 것이다. 하나님에 대한 참된 신앙을 희랍이니 이태리에서는 찾아볼 수 없지만 하나님을 경외하는 루터의 열심으로 인하여 이제 독일 사람들이 신앙을 갖게 되었다고, 사도 바울은 이 말에 용기를 되찾아 독일의 곳곳을 돌아볼 것이다. 그리고 빗텐베르그, 튜빙겐, 슈트라스버그 등지에서 복음이 전파된 사실을 들었을 때 바울의 사기는 더 높아졌을 것이다. 그러나 그가 멋진 옷을 입은 젊은이들을 보았을 때, 또한 그 멋쟁이들이 다른 사 람들이 아닌 철학과 의학과 신학을 공부하는 학생들인데 특히 신학 생들은 1, 2년을 대학에서 공부한 후 다시 집에 돌아가서 목사나 감 독의 자리가 생길 때까지 2년, 3년, 4년 혹은 10년까지 기다리고 있는 녀석들이란 것을 알았을 때, 사도 바울은 더 이상 참을 수 없어 이렇 게 외쳤을 것이다. 어째서 저 게으름뱅이들이 독일 땅 안의 일자리만 바라보며 그렇게 오래 기다려야 한다는 말인가? 다른 곳의 그리스도 의 포도원에서는 일할 수 없다는 말인가? 그리스도께서는 마태복음 28장에서 복음이 땅 끝까지 전파되어야 한다고 분명히 명령했는데 왜 저들은 세계에 흩어져 있는 불신자들에 대한 사랑과 동정을 베풀 기를 거절하고 있다는 말인가?라고.[4]

벨츠는 이 글에서 젊은이들이 세계선교에 헌신할 것을 역설하며 선 교단체 조직의 필요성을 강조했다. 그는 또한 당시 루터교회의 부정적 선교관의 잘못을 지적하며 적극적 선교관을 내세웠다. 당시 정통파 루 터교회의 선교관을 빗텐베르그 대학 교수단이 1651년에 "견해"(Opinion) 라는 제목으로 발표했는데 그 내용이 다음과 같았다. ① 사도직은 사도 들의 개인적 특권인 바 현대 선교 사역에 적용될 수 없다. ② 믿지 않는

---

4) "A Brief Report On How A New Society Is To Be Established Among Orthodox Christians of The Augusburg Confession," in James A. Scherer, *Justinian Welz*, pp. 49f.

자들은 복음을 거절한 것으로 간주할 수 있는 바 하나님께서 그들에게 한 번 더 기회를 주셔야할 의무가 없다. 유럽의 크리스챤들은 이교도들의 멸망에 대한 책임을 질 필요가 없다. ③ 통치자들은 복음을 자기 영토 안에서 전파할 권리와 의무가 있다.5) 벨츠는 특히 당시 루터교회가 마태복음 28장의 선교 대위임령이 사도들에게 해당된다고 가르쳐 온 것이 대해 다음과 같이 주장했다.

> 그리스도의 말씀 중 "가서 모든 족속을 가르치라"는 말씀을 구별하여 특수한 명령[사도들에게만 해당되는]으로 만드는 것은 옳지 않다고 생각한다. 그 다음에 계속되는 세례에 대한 말씀은 보편적인 말씀으로 받아 모든 교회들이 실천하면서 "가서……"라는 말씀을 보편적인 말씀으로 받지 않는 것은 타당하지 않다.………
> 마태복음 28장과 마가복음 16장에서 그리스도는 모든 성직자들에게 복음을 땅 끝까지 전해야 한다고 분명히 명령했다. 그러나 만약 이 말씀이 사도들에게만 해당된다고 생각한다면 마태복음 24장에 있는 말씀에 귀를 기울여야 할 것이다. "이 천국복음이 모든 민족에게 증거 되기 위하여 온 세상에 전파되리니 그제야 끝이 오리라" 들을 귀가 있는 자는 들을 것이다.6)

벨츠는 이 글에서 선교단체 조직의 필요성을 강조하면서 동시에 자기는 교회 안에 평화와 통일이 유지되기를 무엇보다 힘쓴다고 지적했다. 왜냐하면 분열된 왕국은 존재할 수 없기 때문이라고 했다.7)

1664년 봄에 벨츠는 다른 하나의 긴 논문을 발표했다. "아우그스버르그 신조를 고백하는 정통주의 크리스챤들에게 복음주의 신앙을 세계에 전파하기 위한 선교단체를 설립하는 일에 관한 기독교적인 진지한

---

5) See "Wittenberg Opinion," in W. Groessel, *Die Mission und die evangelische Kirche im 17. Jahrhundert* (Gotha: F. A. Perthes, 1897), pp. 85ff. cited in James A. Scherer, *Justinian Welz*, p. 28.
6) "A Brief Report…," in *Justinian Welz*, pp. 50f.
7) See *ibid.*, p. 51.

권면"(*A Christian and Sincere Admonition to All Orthodox Christians of the Augsburg Confession Concerning a Special Society Through Which with the Help of God Our Evangelical Religion May Be Spread*)이라는 제목의 논문이었다. 벨츠는 이 글에서 당시 교회가 사랑을 잃고 냉냉해진 것을 슬퍼했다.

> 주님께서 "불법이 성하므로 많은 사람들의 사랑이 식어지리라"(마 24:12)고 예언하신 말씀이 오늘날 성취되어지고 있습니다. 세상 만사에 불법이 성행하고 있으며 사람들은 자기의 이익을 찾아 이리 저리 헤매고 있습니다.…… 많은 사람들의 마음속에는 사랑이 식어져 가고 있습니다. 그리스도는 입으로만 사랑하고 세상은 마음으로 사랑하고 있습니다.…… 복음주의적 크리스챤들도 사랑을 점점 잃어가고 있습니다. 그리스도의 왕국을 독일 밖으로 전파하는 일에 아무런 관심도 기울이지 않게 되었으니 말입니다.…… 처음 사도들을 생각해 보십시오. 세계 곳곳을 여행하면서 복음을 전했습니다. 사도들이 죽은 후 그들의 신앙을 계승한 전도자들도 먼 곳을 여행하며 그리스도의 양무리를 보살폈습니다. 그런데 지금에 와서는 아무도 먼 곳에 있는 사람들은 고사하고 국경 가까이 있는 사람들에게 복음을 전하는 것조차 귀찮게 여기게 되었습니다. 백년 전 루터의 마음속에 불붙던 복음에 대한 사랑이 그렇게도 다 냉정하게 식어졌다는 말입니까? 요한 후스의 인내는 어디로 가고 말았습니까? 순수한 복음 진리를 전파하는데 불붙던 루터의 열심은 어디로 갔단 말입니까? 불은 거의 꺼져 버렸습니다. 사랑은 냉랭하게 식어져 버렸습니다.[8]

벨츠는 계속하여 복음을 세계에 전파하지 않고는 견딜 수 없는 동기와 이유 4가지를 제 2장에서 제시했다. 첫째 디모데전서 2:4에, "하나님은 모든 사람이 구원을 받으며 진리를 아는 데 이르기를 원하시느니라"고 기록되어 있는 대로 세계선교는 하나님이 원하시는 일이요, "하나님

---

8) "A Christian and Sincere Admonition To All Orthodox Christians of the Augsburg Confession Concerning a Special Society Through Which with the Help of God Our Evangelical Religion May be Spread," in James A Scherer, *Justinian Welz*, pp. 57f.

의 뜻"이라는 것을 알 때, 그리고 하나님을 아는 지식, 곧 믿음은 복음 전파에서 오는 것(롬 10:18)을 알 때 복음을 세계에 전하지 않고는 견딜 수 없다고 지적했다. 둘째, 교회사에 나타난 수많은 경건한 전도자들이 생명을 무릅쓰고 곳곳으로 복음을 전파하다가 쓰러진 "장한 모습"을 생각할 때 복음을 세계에 전하지 않고는 견딜 수 없다고 지적했다. 셋째, 우리가 습관적으로 교회에서 "죄인들이 돌아오고 하나님의 나라가 확장되기 위하여"라고 입으로만 기도하고 실제로 이방인들을 전도하는 일에 무관심한 것은 용납할 수 없는 일이므로 복음을 세계에 전하지 않고는 견딜 수 없다고 지적했다. 넷째, 로마 카톨릭의 교황 숭배자들이 거짓 신앙을 전파하는 데도 대단한 열심을 내고 있는 것을 볼 때 우리는 복음을 세계에 전할 수밖에 없다고 지적했다.9)

제 3장에서는 선교단체 조직의 필요성과 그 방법을 제시했다. 세계 선교를 수행하기 위해서는 선교사 양성 및 파송 기관이 절대로 필요함을 역설했다. "예수사랑 선교회"(Jesus-Loving Society)라는 이름의 일반 선교회(Societas Generalis)를 조직하여 모든 선교업무를 관할하게 할 것을 제안하면서 그 선교회 안에 국내선교 및 교회개혁의 문제를 관할하는 분과와 세계선교를 관할하는 특수 분과(Societas Specialis)를 두어야 한다고 했다. 그리고 세계선교 특수분과는 다음과 같은 세 종류의 회원들로 구성되어야 한다고 했다. ① 후원자(promoters): 선교회를 재정적으로 지원하고 선교회의 관리자 또는 총무를 유지 관할하는 선교후원자(왕이나 영주같은 부유한 자들로 구성). ② 관리자(conservators): 선교회를 관리 발전시키며 젊은이들을 외국에 파송하는 일과 아울러 외국에도 그와 같은 선교회를 조직하도록 돕는 책임을 가지고 후원자들에게 모든 상황을 보고하며 선교에 전무하는 학문이 있는 사람. ③ 선교사(missionary): 학생 자발 선교사를 말하는데 올바른 스명을 받아 안수를 받은 후 선교훈련과정을 거쳐 파송을 받은 후

---

9) See *ibid.*, pp. 59~62.

외국의 비 기독교인들에게 순회전도를 하도록 해야 한다고 했다.10)

> 첫째, 자기가 다른 사람을 가르칠 수 있도록 충분히 교육을 받았는지를 시험해 보아야 한다.
> 둘째, 자기가 여행을 좋아하는지 살펴보아야 한다.
> 셋째, 자기가 여행에 견딜만한 건강한 몸을 소유하고 있는지를 고려해 보아야 한다.
> 넷째, 자기가 받은 재능이 이미 하나님의 영광과 이웃의 유익을 위해 충분히 사용되어졌는지를 시험해 보아야 한다.
> 다섯째, 2, 3년 국내에 머물며 성직자들과 함께 지내는 것보다 외국에서 2, 3년 지내는 것이 더 낫지 않은지를 숙고해 보아야 한다.
> 여섯째, 여비나 추천서(통치자나 성직자들로부터의) 등 필요한 여건들이 갖추어 졌는지 물어보아야 한다.
> 일곱째, 선교지의 언어를 적어도 기초만이라도 독일 땅에서 배우도록 힘써야 한다.
> 여덟째, 언급되지 않은 문제에 대해서는 성직자나 경험이 있는 사람들에게서 충고를 받아야 한다.11)

그리고 끝으로 세계선교의 과업이 수행될 수 있기를 주님께 간절히 기도하면서 벨츠는 그의 글을 끝마치었다.

> 오 예수여, 나는 지금 당신에게 향하나이다. 이 선교단체를 조직하려는 것은 오직 당신을 높이기 위해서입니다. 이 귀한 일에 주님이 내 옆에 계시기를 간구합니다. 당신 없이 내가 무엇을 할 수 있으리이까? 나는 아무 것도 가지지 않은 가련한 존재가 아닙니까? 오 예수여, 나를 도우소서. 이 영적 선교단체의 기초를 놓을 수 있도록 영광스런 시작을 하게 하시옵소서. 나와 같은 소원을 가진 협조자들을 허락하셔서 열심히 일하게 하시옵소서. 만약 나를 이 비참한 삶에서 곧 하늘 처소로 데려가는 것이 당신의 뜻일진대, 오 예수여, 당신에 대한 같은 사랑으로 불붙는 하나님을 두려워하는 다른 사람들의 가슴을 일깨워 당신의 영광만을 추구하게 만드시옵소서. …… 나는 나의 약

---

10) *See ibid.*, pp. 62~67.
11) *Ibid.*, pp. 68f.

함을 압니다. 나의 제한성을 압니다. 내가 아무 것도 아님을 성경이
말해주고 있습니다. 그러므로 이 선교단체가 나의 이름을 따지 않고
오직 사랑하는 주님 당신의 이름을 따르기를 바랍니다. 당신의 이름
여수, 그리고 모든 경건한 그리스도인들이 당신을 향해 가지는 사랑,
두 단어를 따라 "예수 사랑 선교회"(Jesus Loving Society)라고 부르
겠습니다. 모든 선한 일을 이루시고 완성하시는 분인 당신 예수여
디 선교단체가 속히 시작되게 하시고 날마다 성장하게 하소서. 진정
한 연합을 유지하게 하시고 때가 될 때 많은 열매를 맺게 하소서.
오 예수여 나의 말을 들으소서! 오 예수여 나의 소원을 이루시옵소
서! 아멘, 아멘.12)

벨츠는 선교단체 조직의 필요성을 독일 각 지역의 개신교 통치자들
에게 호소하기 위해 "신성 로마 제국 의회의 복음주의 협의회"(Corpus
Evangelicorum of the Imperial Diet of the Holy Roman Empire)가
개최되고 있는 레겐버르그(Regenburg)로 갔다. 자기의 사재 12,000탈
러(thaler)를 뉴른베르그와 프랑크프르트 은행에 저금하여 선교단체
설립을 위해 사용할 것을 분명히 했다. 벨츠는 레겐버르그에서 열광적
청년 요한 긱텔(Johann Georg Gichtel)을 만났는데 긱텔은 벨츠의 적
극적 후원자가 되었다. 긱텔 자신도 사재를 바쳐 도합 30,000달러의 선
교 기금이 마련되었다. 두 사람은 제국의회에 참석한 대표들과 교회
지도자들을 만나 선교단체 설립 제안에 대한 저들의 의견을 청취한 결
과 부정적인 태도를 가지고 있음을 발견했다. 그와 같은 제안을 의회에
제출하지 말라는 충고도 들었다. 그러나 벨츠는 낙심하지 않고 선교단
체 설립을 위한 제안을 제국의회에 제출하기로 결심했다.13)
벨츠는 또 하나의 논문을 저술하여 두 논문을 의회에 제출했는데
둘째 논문은 "다가오는 대 잔치에의 초대와 기독교의 개선 및 이방 세
계의 개종을 취급하는 기독교 예수 선교회를 위한 제안"(*An Invitation
to the Approaching Great Supper and a Proposal for an Edifying*

---

12) *Ibid.*, pp. 78f
13) See James A. Scherer, *Justinian Welz*, pp. 17f.

Christian Jesus-Society Dealing with the Betterment of Christendom and the Conversion of Heathendom)이라는 제목의 논문이었다. 이 글에서 벨츠는 재림에 대한 준비의 필요성을 강조했고 진정한 그리스도인들은 국내의 영적 부흥의 과업과 해외의 복음전파의 과업을 함께 수행해 나아가야 할 것을 역설했다. 그리고 세계 선교의 이유와 근거로서 그리스도에 대한 사랑과 죽어 가는 인류에 대한 사랑을 내세웠다.

> 초대교회의 공동체는 여러 자격이 있는 제자들을 파송하여 복음을 전파하게 하므로 선교의 과업을 수행했는데(행 8:14; 11:30; 13:2; 15:22; 18:27), 이와 같은 복음전파의 일은 그들의 주님 예수 그리스도에 대한 뜨거운 사랑과 보지 못하는 불쌍한 이방인들에 대한 가슴으로부터 우러나는 뜨거운 애정으로부터 시작되었던 것이다.14)

벨츠는 끝으로 하늘로부터 구름을 타고 재림하시는 주님에게서 칭찬의 말을 들을 수 있도록 충성된 종으로서의 과업을 다해야 할 것을 권면하면서 글을 마쳤다.15)

벨츠와 긱텔은 두 논문을 제국의회에 제출했다. 대표들의 반응은 너무나 냉담했다. 벨츠와 긱텔의 용기는 높이 평가하면서도 아무도 그들에게 협조의 손길은 뻗치지 않았다. 교회 지도자들은 벨츠의 주장이 비현실적이라고 일소에 부쳤다. 빗텐베르그 교수단과 특히 당시 루터교 정통신학의 지도자였던 요한 우르시누스(Johann Heinrich Ursinus, 1608~1667)는 벨츠의 입장을 비난까지 하기에 이르렀다. 벨츠는 낙심하지 않고 독일 각지의 복음주의 통치자들에게 협조를 호소했다. 그러나 별 반응이 없었다. 부르템버르그의 에베르하르트 공작은 몇 가지 실제적인 이유를 들어 협조를 거부했다. 자금이 부족하다는 이유, 터키

---

14) "An Invitation to the Approaching Great Sapper and a Proposal…," in James A. Scherer, *Justinian Welz*, p. 87.
15) See *ibid.*, p. 90.

에서 기독교로 개종하는 자는 생명의 위협을 당한다는 이유, 젊은 학생 지원자들이 과업수행에 부적당하며 2, 3년간의 순회전도가 불충분하다는 이유 등을 내세웠다. 다른 지역의 기독교 통치자들도 마찬가지로 부정적인 반응을 보였다.16)

벨츠의 호소는 전적으로 허사였다. 깊은 좌절에 빠진 벨츠는 이방선교에 관해서 다시는 성직자들이나 통치자들과 이야기하지 않기로 결심했다. 그리고 깊은 명상과 영적 훈련에 들어갔다. 깊은 명상과 영적 체험을 통해 벨츠는 새로운 확신을 가지게 됐다. 요나의 사건으로부터 영감을 받은 벨츠는 하나님께서 아직도 그의 말씀을 통해 회개와 변화를 일으키는 능력을 소유하고 계시다는 확신을 가지게 되었다.

1664년 말 벨츠는 성직자들과 귀족에게 보내는 마지막 호소와 도전의 글을 썼다. "불신 백성의 개종을 수행하여야 할 의무에 대한 반복되는 성실하고 진지한 충고와 권면"(*A Repeated Loyal and Earnest Reminder and Admonition To Undertake the Conversion of Unbelieving Peoples*)이라는 제목의 글이었다. 벨츠는 이 글에서 당시 교회지도자들과 통치자들의 냉담한 태도를 맹렬히 공격했다. 벨츠는 루터 교회의 냉담과 자기에 대한 비난을 이겨낼 만한 인내력과 겸손이 부족했던 것 같다. 벨츠는 이 글에서 당시 성직자들과 학자들과 통치자들에 대한 저주의 선언까지 서슴지 않았다.

> 인쇄된 나의 권면이 읽혀졌지만 단지 호기심으로 읽혀졌을 뿐이었다. 그것을 높이 평가했지만 오직 내 앞에서 뿐이었다. …… 나는 이 교도들이 먼 곳에 있는 것으로 상상했는데 바로 저들 가운데 있는 것을 발견했다. 나는 성직자들에게 도움을 구했는데 그들은 통치자들에게 도움을 구해보라고 했다. 한편 통치자들은 성직자들의 냉담을 지적하며 도움의 손을 펴지 않았다. …… 마치 저들이 오래 전에 복음전파의 일을 돕지 말자고 약속이나 한 듯이. ……
> 그대들 학자들이여, 하나님의 공정한 심판 앞에서 말 좀 해 보시오.

---

16) See James A. Scherer, *Justinian Welz*, pp. 18f.

신령하다고 자처하면서 선교에 대한 일은 해보려고 힘쓰지도 않고 비현실적이라고 일소에 붙이는 것이 도대체 옳다는 말이요? 이방선교를 시도해 보지도 않고서 그저 비현실적이라고 우겨대는 것은 무슨 이유입니까? 그대들 위선자들이여, 성경 어디에서 "비 현실적"이라는 단어를 찾을 수 있다는 말이요? 그리스도의 제자들과 사도들이 보냄을 받았을 때 "주여 이 일은 오늘날 합당치 않습니다"라고 반문했었는지를 생각해 보시오. 그리스도의 제자들은 자기들을 반대하는 자들에게까지 가서 복음을 전한 것을 그대들은 모르고 있다는 말이요? 오, 세상이 얼마나 바뀌어 졌는가! 하나님의 말씀과 양심을 거역하는 그대들 성직자들이여, 저주를 받을지어다! 하나님의 왕국이 온 세상에 전파되는 일에 아무 것도 돕기를 원치 않는 그대들이여, 저주를 받고 다시 저주를 받을지어다! 나는 그대들을 정죄하고 싶지 않고. 그대들이 이 후에라도 불신 국가들을 개종하는 일에 힘쓰게 되기를 바랄 뿐이요. 그러나 그대들 성직자들이여, 만약 그대들이 교만과 자부심으로 인해 진지한 권면을 멸시하고 이방인들에 대한 연민과 사랑을 표시하기를 거절한다면…… 그리고 그것을 회개하지 않는다면 그대들과 그대들 자손들 위에 시편 109편에 기록된 저주들이 임할 것이다.17)

이 글에 대한 즉각적인 반응이 루터 교회의 정통주의 신학자 우르시누스(Ursinus)로부터 1664년 말에 나타났다. "이교의 개종과 기독교 개선을 위한 유스티니안의 제안에 대한 진지하고 신실한 권면"(*A Sincere, Faithful, and Earnest Admonition to Justinian Concerning His Proposals For the Conversion of Heathenism and the Improvement of Christendom*)이라는 글이었다. 우르시누스는 정치적, 문화적, 경제적, 언어적 이유를 들어 벨츠가 주장하는 세계선교는 비현실적이요, 성공의 가능성이 희박하다고 지적했다. 우르시누스는 심지어 이방을 구원하는 것이 하나님의 뜻인지를 의심하기도 했다. 이방들도 이미 복음을 들을 기회가 주어졌는데 그들이 하나님의 은혜를 거절했기 때문에 그

---

17) "A Repeated Loyal and Earnest Reminder and Admonition To Undertake the Conversion of Unbelieving People," in James A. Scherer, *Justinian Welz*, pp. 91f., 93, 95f.

들은 멸망을 받아 마땅하다고 주장하며 하나님의 진주와 거룩한 것을
개와 돼지에게 던지는 것이 합당하지 못하다고 했다. 그는 계속 그리스
도인의 사명은 선한 사마리아인과 같이 이웃을 돕는 것이지 잃어버린
자를 찾아 멀리 가는데 있는 것이 아니라고 했다.

> 유스티니안 형제여, 그대만이 열심히 있다고 생각하지 마시요. ……
> 당신만이 예수를 사랑한다는 말이요? 도대체 어디서부터 선교를 시
> 작하겠다는 말이요? 전 이교세계에 동시에 시작하겠다는 말이요? ……
> 당신이 얼마나 부끄러운 꿈을 꾸고 있다는 사실을 알지 못하시요?
> …… 도대체 어디로 가겠다는 말이요? 일본으로 갈 것이요? 이미 30
> 년 전에 일본은 기독교를 뿌리 뽑아 버렸고 지금은 상인조차 입국을
> 금하고 있지 않소. 중국으로 가겠다는 말이요? 최근에 중국에서 기독
> 교인들과 설교자들이 무참하게 학살당한 것을 모르시요? 아프리카
> 에 가겠다는 말이요? 그렇다면 화란, 영국, 포르투칼, 불란서보다 더
> 튼튼한 배가 있어야 하는데 우리는 그런 배를 가지고 있지 않지 않소?
> …… 그러면 미국으로 가겠다는 말이요? 그곳은 너무 멀고 그리고
> 그곳에 사는 사람들은 너무 야만스럽지 않소? 유스티니안 형제여,
> 제발 그 꿈을 버리시오. 그런 꿈을 꾸다가는 사탄의 꼬임에 빠질 것이요.
> …… 먼데 갈 생각 말고 당신의 이웃이나 도울 생각을 하시오. 선한
> 사마리아인의 본을 따라 행하시요.18)

> 당신만이 예수를 사랑한다고 생각하는가? 파렴치한 증오심 뿐이요.
> …… 그대는 우리를 무시하고 저주했소. …… 그리스도의 영이 있는
> 자는 축복을 하지 저주는 하지 않는 법이요. 하나님의 교회를 저주하
> 고 자신들만 생각하는 자들은 저주를 자처하게 될 것이요. ……
> 당신이 추구하는 예수 선교회(Jesus-Society)가 외모는 아름다우나
> 실상은 비기독교적이고, 명분도, 약속도, 세례도 갖고 있지 않음을
> 모르시요. 그것은 분명히 하나님과 우리 주 예수를 반대하는 것이요.
> …… 오, 유스티니안 형제여! 주 하나님이 우리를 그대의 예수회에서

---

13) Johann Heinrich Ursinus, "A Sincere, Faithful, and Earnest Admonition To
Justinian Concerning His Proposals for the Conversion of Heathenism and
the Improvement of Christendom," in James A Scherer, *Justinian Welz*, pp.
100~102.

보호하시기를 바라오. 예수를 참으로 사랑하는 자들은 사탄이 어디
에 역사하고 있는지를 이미 잘 알고 있소. …… 예수를 사랑한다고
가장하는 무리들의 제안을 우리는 받아들일 수 없소. 왜냐하면 그
제안들은 멸망으로 인도하기 때문이요.19)

결국 우르시누스는 벨츠가 사탄의 미혹에 빠져있다고 공박하며 그
의 제안을 정죄(anathema)했고 모든 그리스도인들은 그의 소리에 미
혹되지 않아야 한다고 경고했다. 벨츠와 독일 루터교회와의 화해는 이
제는 완전히 불가능하게 되었다.

벨츠는 독일을 떠나 화란으로 갔다. 한편 긱텔(Gichtel)은 독일 레겐
스버르그에 남아서 계속 활동하다가 투옥되었고 후에는 도시에서 추방
됐다. 벨츠는 화란에서 루터교 목사 브레클링(Friedrich Breckling)을
만나게 되는데 그의 격려와 지원을 받게된다. 브레클링은 과격파에 속
한 사람으로 정통주의 루터교의 입장을 비판한 사람이었는데 그는 이
제 벨츠의 입장을 열광적으로 지지하는 논문들을 발표했다. 브레클링
은 우르시누스를 비판하면서 그를 바리새파의 대제사장으로 묘사했고
성경의 권위대신 인간의 지혜를 대치하며 사도들의 가르침을 파괴하는
자라고 지적했다.20)

벨츠는 이제 스스로 선교사가 되어 선교지로 떠나기로 결심했다. 화
란의 서인도 회사가 활동하고 있는 남미 북단의 서리난(Surinam)으로
가기로 했다. 자기를 안수하여 파송해 줄 교회를 찾지 못해 결국 벨츠
는 브레클링 목사에 의해 "이방을 위한 사도"로 안수를 받았다. 몇몇
친구들과 함께 엄숙한 안수 및 파송 예배를 드리는 가운데 벨츠는 자기
의 남작의 칭호를 버리면서 "유스티니안의 자기 부정"(Justinian's De-
nial of Himself)이라는 고별인사를 했다. 벨츠는 이 인사에서 자기자신

---

19) *Ibid.*, pp. 104~108.
20) See James A. Scherer, *Justinian Welz*, p. 21.

과 자기의 주장과 그의 친구들을 주님의 보호하심에 의탁한다고 했다.

벨츠는 서리남으로 떠나기 전 오스트리아의 비엔나에 잠시 들러 재산 문제를 정리했는데 거기서 추방당한 긱텔(Gichtel)을 만났다. 그리고 벨츠는 거기서도 자발적 선교단체의 조직을 위해 다시 한번 노력을 기울였으나 성과는 없었다. 벨츠는 긱텔과 함께 암스텔담에 도착하여 선교지원자들을 모집하는 마지막 노력을 기울였다. 독일 대학의 신학자들에게 편지도 썼다. 화란 귀족들에게 재정적 지원을 요청하기도 했다. 화란 정부는 모든 지원을 거절했고 호소하는 일 자체를 금했다. 긱텔만이 벨츠와 함께 선교지로 가기를 원했다. 벨츠는 이를 허락지 않았고 긱텔은 유럽에 남아서 선교사 모집하는 일을 계속해야 한다고 했다.[21]

1666년, 드디어 벨츠는 평생의 소원과 야심을 이루게 됐다. 배를 타고 남미 북해안의 서리남(Surinam)에 도착했다. 본국의 아무런 원조도 없이 2년간 갖은 고생과 역경의 선교활동을 하다가 1668년 서리남에서 그의 생을 마쳤다. 경건주의 창시자 야콥 슈페너(Jacob Spener)는 그가 야수에 찢기어 죽었다고 기록했다. 혹자는 그가 말라리아 병으로 죽었을 것이라고 말했다. 벨츠의 저술을 편집한 그뢰쎌(Groessel)은 다음과 같이 논평했다. “유스티니안 벨츠는 외롭게 버림받은 채 죽었다. 자기 스스로 선택한 소명을 위한 희생의 죽음이었고, 그리스도의 일을 위해서는 자기 목숨까지도 바치고자 하는 신실한 용기와 기쁨에 넘친 각오를 보여준 표본의 죽음이었다.[22]

교회개혁과 세계선교를 부르짖다가 외롭게 죽은 벨츠의 생애는 허무한 생애였는가? 그가 죽은지 7년 후 슈페너는 1675년에 독일교회의 영적부흥과 개혁을 부르짖는 경건주의 운동의 헌장이라고 할 수 있는 『피아 데시데리아』(Pia Desideria)를 발표했다. 1706년에는 프랑케(Fran-

---

21) See *ibid.*, pp. 21f.
22) See *Ibid.*, p. 22.

cke)의 지도하에 할레대학에서 훈련받은 선교사 지겐발그(Ziegenbalg)와 풀루챠우(Plütschau)가 인도의 트랑퀘바(Tranquebar)에 가서 선교활동을 시작했다. 1732년에는 최초의 모라비아 선교사들이 서인도제도(West Indies), 버진군도(Virgin Islands)의 Saint Thomas로 향했고, 1735년에는 모라비아 교도들이 벨츠의 순교지 서리남까지 도착하게 됐다. 벨츠의 외로운 부르짖음은 그 당시 멸시와 조소를 당했지만 결코 허무한 것은 아니었다. 벨츠의 생애와 사역은 결국 경건주의운동과 세계선교운동을 태동시킨 예언이었다고 할 수 있을 것이다.

그러나 우리는 벨츠의 생애에서 두 가지 비극을 보게 된다. 첫째, 독일 정통신학자들이 세계선교의 필요성을 인식하지 못하고 선교의 환상을 무참히 짓밟아버린 비극을 본다. 선교의 필요를 부르짖는 벨츠의 성경적, 신학적 및 역사적 논증에 귀를 기울이려고 하지도 않았고, 교회의 확장과 안정을 도모하는 일에만 관심을 기울이면서 정치적, 문화적, 경제적, 언어적 이유들을 들어 세계선교의 비현실성을 내세우기만 했다. 잃어버린 영혼들에 대한 안타까운 사랑의 심정은 갖지 못하면서 이교도들의 멸망은 오히려 당연한 것이라고 주장하기도 했다.

우리는 벨츠의 생애를 통해 또 하나의 비극을 보게된다. 개신교 선교의 최초의 예언자라고 할 수있는 벨츠에게 인내력과 겸손이 부족했고 당시의 냉담했던 정통주의 루터교회에 대해 지나치게 도전적이었고, 부정적이었던 결점을 보게된다. 벨츠는 개인적으로 종교적 열광주의에 기울어졌고 이단으로 지목받은 긱텔과 브레클링과 깊이 사귀면서 독일 루터교회와 정면 충돌한 것은 불행한 일이었다고 하겠다.

오늘날도 세계 선교의 비현실성을 내세우는 사람들을 많이 찾아볼 수 있는 반면, 벨츠에게서 발견할 수 있는 결점과 과오를 반복하는 사람들도 아울러 찾아보게 된다. 한국 교회는 315년 전 정통 루터교회와 벨츠가 범했던 두 가지 오류를 범하는 비극의 길을 되풀이하지 않아야 할 것이다.

요나단 에드워즈의 생애와 설교

1. 요나단 에드워즈의 생애

요나단 에드워즈(Jonathan Edwards)는 미국이 낳은 가장 위대한 청교도적 칼빈주의 신학자의 한 사람이요, 목회와 선교와 부흥운동에 진력한 가장 위대한 설교자의 한 사람이었다. 미국의 교회사가 스위트(W. W. Sweet)는 지적하기를 "요나단 에드워즈는 미국이 낳은 가장 위대한 지식인 중의 하나"[1]라고 했고 예일대학교의 미국 교회사가 올스트롬(Sydney E. Ahlstrom)은 평하기를 "요나단 에드워즈는 16세기의 존 칼빈과 20세기의 칼 바르트 사이에서 개혁주의 신학전통 형성에 가장 괄목할 만한 공헌을 끼친 신학자"[2]였다고 했다. 에드워즈는 무엇보다 영적 침체기에 접어든 18세기 초기 미국 교회에 영적 활력소를 제공한 대각성운동의 주역의 한 사람이었다는 점에서 교회사적으로 차지하는 비중이 크다고 하겠으며 하나님의 주권과 구원의 체험을 겸하여 강조하는 청교도적 칼빈주의 신학 전통을 수립하는 데 공헌했다는 점에서 신학사적으로 차지하는 비중이 크다고 하겠다. 그는 또 미국 식민지시대에 활동했던 가장 위대한 설교자였다고 하겠다.

요나단 에드워즈는 요한 웨슬레가 출생하던 해인 1703년 뉴잉글랜

---

1) W. W. Sweet, *The Story of Religion in America* (Grand Rapids: Baker Book House, 1975), p. 128.
2) Sydney E. Ahlstrom, *Theology in America* (Indianapolis: Boffs Merrill Co., 1967), p. 151.

드의 코네티컷 주 원조 팜즈(Windsor Farms)에서 목사의 가문에서 태어났다. 그의 아버지 디모데 에드워즈는 학문과 신앙을 겸비한 회중교회 목사였고 그의 어머니는 회중교회 목사 솔로몬 스토다드(Solomon Stoddard)의 딸로 신앙과 경건이 뛰어난 여인이었다. 즉 아버지와 외할아버지를 목사로 가지고 태어난 에드워즈는 어려서부터 신앙의 가문에서 뛰어난 신앙교육을 받았다. 에드워즈는 6세 때부터 신앙의 아버지에게서 라틴어를 배우기 시작했고, 13세 때에는 라틴어와 희랍어와 히브리어를 구사할 수 있었다. 12세 때 예일대학에 들어갔고, 17세 때 예일대학을 최우등으로 졸업했다. 대학 재학 당시 존 로크(John Locke)의 『인간오성론』(Human Understanding)을 읽고 깊은 영향을 받았으며 그가 졸업하던 해인 1720년에는 성경을 읽는 가운데 하나님의 임재를 느끼는 깊은 종교적 체험을 경험했다. 그 신비한 체험이 그의 생애를 완전히 뒤집어 놓았으며 그의 생애에 깊은 영향을 미쳤다. 에드워즈는 이제 하나님과 자신의 영혼이 연합할 수 있다는 확신을 가지게 되었고 하나님의 주권을 절대적으로 높이는 칼빈주의 교리를 받아들이게 되었다.

17세 때 경험한 각성의 체험을 에드워즈는 후에 다음과 같이 기록했다. 이 기록은 에드워즈가 40여 세 되었을 때 20여 년 전의 체험을 회상하며 기록한 것이다.

"내가 하나님을 서술할 때 절대 주권(absolute sovereignty)이란 말로 서술하고 싶다. 처음에는 그것을 확신하지 못했다. 내가 처음으로 하나님을 내적으로 깊이 즐거워하게 되었던 경험은 디모데전서 1:17을 읽었을 때 가진 경험이었다. '만세의 왕 곧 썩지 아니하고 보이지 아니하고 홀로 하나이신 하나님께 존귀와 영광이 세세토록 있어지이다 아멘' 그때부터 나는 그리스도에 대해 새로운 이해를 가지기 시작했고 그리스도로 말미암은 구속과 영광스런 구원의 사역에 대해 새로운 이해를 가지기 시작했다. 이것들에 대한 내적인 달콤한 느낌이 때로 나의 가슴에 와 닿곤 했다. 그래서 내 영혼은 즐거움에 넘쳐 그것들을 명상하곤 했다. 그리고 나는 많은 시간을 드려 그리스도를 읽고 그리스도를 명상했다. 그리스도의 인격의 아름다움과 우월함 그리고 그 안에 넘치는 은혜로 말미암은 구원의 아름다움을 명상하며 시간을 보내곤 했다. 나는 그와 같은 구원의 주제들을 다룬 글들을 읽는 것보다 더 큰 즐거움을 어디에서도 발견하지 못했다. 아가서 2:1같은 '나는 샤론의 수선화요 골짜기의 백합화로구나'라는 말씀이 나의 가슴에 가득 차게 되었다.

내가 이와 같은 경험을 한 후 나는 내 마음에 일어나는 생각들을 나의 아버지에게 말씀드렸다. 나는 아버지와의 대화를 통해 많은 것을 배웠다. 그리고 대화 후 홀로 걸으며 명상에 잠겼다. 나는 걸으면서 하늘과 구름을 쳐다보았다. 그때 내 마음속으로 하나님의 영광스런 엄위와 은혜에 대한 달콤한 느낌이 쏟아져 들어왔는데 그것을 말로는 표현하기 힘들다. 나는 엄위하심과 은혜로우심을 동시에 보는 듯 했다. 달콤하고 부드럽고 거룩한 엄위하심과 엄위하신 온유함, 두려운 달콤함, 그리고 높고 위대하고 거룩한 부드러움이 아름답게 조화를 이루고 있었다.

이와 같은 경험 후 하나님에 관한 나의 인식은 점점 증가되고 더욱더 생생해졌다. 하나님 인식에 대한 내적 달콤함이 점점 더해갔다. 사물의 모습이 모두 바뀌어졌다. 모든 사물 안에 하나님의 영광의 고요함과 달콤함이 나타나 보이는 듯 했다. 하나님의 위대하심과 지혜와 순결과 사랑이 만물 안에 나타나 보이는 듯했다. 나는 가끔 앉아서 달을 쳐다보곤 했고 낮에는 구름과 하늘을 쳐다보며 많은 시간을 보내곤 했다. 거기에 나타난 하나님의 달콤한 영광을 바라보기 위해서였다. 그리고 낮은 목소리로 노래를 부르며 창조주와 구속주를 명상하곤 했다."3)

에드워즈가 17세 때 경험한 종교적 체험은 설교자와 신학자로서의

---

3) Personal Narrative, I, 15~17. Quoted by S. Ahlstrom, *Theology in America*, pp. 177~179.

에드워즈의 특성을 이미 규정했다고 하겠다. 즉 하나님 의식에 사로잡힌 설교자로, 하나님의 주권을 높이는 칼빈주의 신학자로 평생을 활동하게 되었다.

에드워즈는 17세 때 예일대학을 졸업한 후 2년간 예일대학에서 연구를 계속하다가 19세 되던 해인 1722년부터 2년간 뉴욕시의 한 장로교회에서 목회에 종사했다. 에드워즈가 장로교회에 초빙된 이유는 칼빈주의에 대한 그의 강한 신념 때문이었을 것이다. 에드워즈는 사실 장로교인은 아니었고 그의 여생을 회중교회 목사로 봉사했다.

에드워즈는 21세 되던 해인 1724년에 예일대학으로 돌아와 2년 동안 강사생활을 했는데 그는 학문활동을 매우 즐겼으며 이때 뉴헤이븐의 한 돗사의 딸인 사라 피어폰트(Sarah Pierpont)를 만나 사귀기 시작했다. 에드워즈가 24세 되던 해인 1727년 그는 사라와 결혼하여 행복한 결혼생활을 시작했는데 3남 8녀와 75명의 손자녀들을 두게 되었다.

1727년 에드워즈는 그의 외조부 솔로몬 스토다드(Solomon Stod-dard)가 55년 동안 목회하던 매사츄셋츠 주 노드햄턴(Northampton)의 회중교회에서 부목사가 되어 2년간 봉사하다가 1729년 외조부가 세상을 떠나자 그 교회의 담임목사가 되어 평생을 목회와 설교와 저술에 종사했다. 에드워즈의 목회활동은 뛰어난 것이었다. 열정적인 학구파로 그는 오랜 시간을 설교준비로 보냈다. 그는 스스로 대화에 부적격하다고 느꼈으며 심방도 많이 하지 않았다. 물론 가끔 상담을 하기는 했다. 무엇보다 그의 강점은 그의 설교였다. 그는 조만간 뉴잉글랜드 전역에서 설교자로서의 명성을 떨치게 되었다.

에드워즈가 노드햄턴에서 목회활동을 시작하던 1729년 당시는 100여 년 전에 불붙던 청교도적 신앙운동이 극도로 침체된 때였다. 에드워즈는 마을 청년들 가운데 널리 유행하던 방종함을 목격하고 마음에 큰 고민을 느꼈다. 그는 그 당시 마을의 형편을 다음과 같이 기술했다.

"외조부의 사망 후 경건은 극도로 침체했다. 마을의 젊은이들 가운데 수년간 방탕이 크게 유행했다. 많은 젊은이들이 밤거리를 헤매며 걸어다녔고 술집을 드나들며 음탕한 행위를 자행했다. 어떤 사람은 음탕한 행위를 나타내 보이므로 다른 사람들을 타락하게 만들었다. 그들은 자주자주 남녀들이 함께 모여 주연과 환락에 빠지곤 했다. 그리고 그것을 유쾌한 모임이라고 불렀다. 그들은 그곳에서 밤을 새우며 지냈으며 따라서 가정의 질서를 생각지도 않았다. 마을의 가정질서는 바로 세워지지 못했다."4)

에드워즈는 가정마다 젊은이들을 찾아다니며 그들을 권면하기 시작했다. 그들은 차츰 에드워즈의 권면에 반응을 보이기 시작했으며 젊은이들 가운데 변화가 일어나기 시작했다. 1733년에는 에드워즈가 지적한대로 공식 예배에 참석하는 젊은이들의 수가 증가하기 시작했다.5)

한편 이때 뉴잉글랜드에는 알미니안주의가 교회에 침투하여 인간의 능력을 고조하기 시작했다. 에드워즈는 알미니안주의야말로 기독교 신앙의 기초를 파괴하는 이단이라고 확신하며 알미니안주의의 위협을 대항하기 위해 1734년 "믿음으로만 말미암는 칭의"(Justification by Faith alone)란 제목으로 다섯 번의 설교를 했는데 이 설교를 통해 놀라운 각성운동이 일어나기 시작했다. 1734년에 일어난 각성운동이야말로 1740년부터 일어나기 시작한 제 1차 대각성운동(The First Great Awakening)의 도화선이었다. 하나님이 죄인을 의롭다고 칭하실 때 죄인속에 있는 어떤 선함이나 경건함도 칭의의 조건이 될 수 없다고 에드워즈는 설교했다. 그것은 마치 그리스도가 소경을 보게 했을 때 소경 안에 있는 시력이 그리스도의 자비의 행위의 조건이나 근거가 될 수 없음과 같다고 지적했다. 죄책과 형벌로부터 자유함을 받고 의와 영생을 소유하게 되는 하나님의 칭의는 죄인 속에 있는 어떤 선함이나 의로움이 근거가 될 수 없고 오직 자기 피를 값으로 지불하고 죄인들을 대신하여 의를 사신 그리스도의 대속의 행위를 받아들이는 믿음만이 근거와 수

---

4) E. Hickman, ed. *The works of Jonathan Edwards* (Edinburgh:Banner of Truth, 1976), I, p. 347(이하 *Works*라 한다).
5) *Works*, p. 347.

단과 도구가 된다고 설교했다.

에드워즈의 설교가 유창한 웅변적 설교는 아니었다. 그의 다른 설교도 그렇듯이 "믿음으로만 말미암는 칭의"는 로마서 4:5 한 절을 가지고 한마디 한마디를 조직신학적으로 그리고 성경신학적으로 깊이 그 의미를 파헤치는 교리적 및 강해적 설교였다. 다른 성구들을 많이 연결시켜 중심사상을 깊이 설명해 나아가는 설교였는데 일상 생활과 관련된 예화는 거의 찾아 볼 수 없었다. 그는 논리 정연한 설교를 거의 읽어 내려가는 식으로 설교했다. 그런데 그의 설교 한마디 한마디는 청중들의 심장을 꿰뚫는 힘이 있었다.

에드워즈 자신이 지적한대로 1734년의 "이신득의"의 설교는 "때에 맞게 선포된 말씀이 되었고 마을 사람들의 영혼 위에 하늘의 축복이 놀랍게 쏟아지게 한 설교였다."[6] 마을에서 이름난 젊은 여자가 에드워즈를 찾아와 상담하는 가운데 가슴이 깨어져 변화를 받는 일이 일어났다. 그와 같은 변화가 젊은이들 가운데 계속 일어나기 시작했다. 이와 같은 부흥운동은 1735년 여름까지 계속 강력하게 일어났다. "이와 같은 하나님의 사역으로 참된 성도들의 수가 증가되었고 마을 안에 영광스러운 변화가 일어났다. 그래서 1735년 봄과 여름에는 마을이 하나님의 임재로 충만한 것 같이 보였다. 전에 볼 수 없었던 사랑으로 충만했고 기쁨으로 충만했으며 동시에 통회로 충만했다. 매 가정마다 하나님이 임재하신 뚜렷한 표적이 나타났다. 가정마다 그들 위에 임한 구원으로 기쁨을 누리는 때였다. 부모들은 새로 태어난 자녀들로 인해 즐거워했고 남편들은 아내들로 인해, 아내들은 남편들로 인해 즐거워했다. 하나님의 행차가 그의 성소에도 나타났으니 하나님의 날은 기쁨의 날이 되었고 그의 성소는 사랑의 처소가 되었다."[7]

1734년부터 일어나기 시작한 에드워즈의 각성운동은 코네티컷 주 전역에 널리 확산되었고, 1734년과 35년에 일어난 각성운동을 기술한

---

6) *Works*, I, pp. 347f.
7) *Works*, I, p. 348.

에드워즈의 저술인 『하나님의 놀라운 사역에 대한 진실한 진술』(*Faithful Narrative of the Surprising Work of God in the Conversion of Many Hundred Souls in Northampton*)이 1737년 런던에서 출판되자 요한 웨슬레와 조지 휫필드를 비롯한 많은 사람들의 마음에 깊은 영향을 미쳤다.

에드워즈는 그의 "진실한 진술"에서 지적한대로 노드햄턴에서 일어난 각성운동이 인간의 노력이나 인간적 기교에 의해서 일어난 운동이 아니라 전적으로 하나님 은혜와 성령의 사역으로 말미암은 하나님의 주권적 사역임을 강조했다. 그의 『진실한 진술』가운데 "하나님의 사역"(the Work of God), "하나님의 영을 쏟아 부으심," "하나님의 축복의 소나기"란 표현을 거듭하며 각성운동이 하나님에 의해 일어난 것임을 강조했다. 에드워즈에게 있어서 1934년의 각성운동은 기대 밖의 "놀라운" 하나님의 사역이었다. 청교도적 칼빈주의 신학적 전통에 선 에드워즈에게 있어서 하나님의 법에 불순종하며 방종한 생활을 하는 뉴잉글랜드인들은 저주를 받아 마땅함에도 불구하고 그들 위에 하나님의 용서와 구원의 역사가 임한 것은 참으로 "놀라운" 하나님의 주권적 사역이었다. 1737년에 노드햄턴에서 부흥운동이 갑자기 중단되었는데 에드워즈는 그것 역시 하나님의 주권적 사역의 증거라고 해석했다. 하나님께서 주권적으로 그의 영을 부으시기도 하고 또는 거두시기도 하므로 "위대한 각성운동이 전적으로 그리고 직접적으로 그 자신의 사역이며, 인간은 아무 것도 할 수 없고 인간의 큰일들이 그의 도움이 없이는 아무 영향도 미치지 못한다는 사실을 분명히 보여주시는 것 뿐이라"고 지적했다.[8]

부흥 각성운동에 대한 에드워즈의 이와 같은 이해는 2차 대각성운동의 주역의 한 사람인 찰스 피니(Charles G. Finney, 1792~1875)의 이해와 대조를 이룬다고 하겠다. 에드워즈가 부흥운동이 전적으로 하나

---

8) Quoted by Edwin S. Gausted, *The Great Awakening in New England* (N. Y.: Times Books, 1957), p. 22.

님의 주권적 사역이라고 확신한데 비해, 찰스 피니는 부흥운동이 인간의 노력에 의해 기계적으로 준비될 수 있다고 확신했다. 피니는 지적하기를 "부흥은 이적이 아니다. 그것은 전적으로 자연의 능력을 올바로 사용하는데서 일어난다. 부흥을 위한 방법을 올바로 사용하는 것과 부흥과의 관계는 곡식을 얻기 위한 방법을 올바로 사용하는 것과 농작물과의 관계와 꼭 같다"고 했다.9)

에드워즈는 1740~1741년에 두 번째의 영적 각성운동 즉, 제 1차 대각성운동을 경험했다. 에드워즈가 1741년 매사츄셋츠 주의 엔필드(Enfield)에서 그의 가장 유명한 설교인 "진노하시는 하나님의 손안에 있는 죄인들"(Sinners in the hands of an angry God)이란 제목의 설교를 했을 때 영적으로 무감각한 상태에 있던 엔필드 마을의 형식적 신자들은 그들의 가슴에 폭탄이 터지는 듯한 충격을 받았다.

에드워즈의 설교는 "이신득의"의 설교와 마찬가지로 신명기 32:35 한 절을 가지고 한마디 한마디를 깊이 파헤치는 논리적이고도 조직적인 설교였다. 그의 몸은 허약했고 그의 목소리는 연약했다. 그의 시력은 밝지도 못했다. 그는 원고를 눈에 가까이 대고 설교를 읽어 내려가는 정도였다. 그의 동작은 거의 수동적이었고 제스처도 거의 없었다. 그러나 설교를 듣는 청중의 반응은 너무도 엄청났다. 청중은 하나님의 무서운 심판 선고에 무서워 떨며 탄식했으며 흐느끼기 시작했다. 에드워즈는 설교 도중 청중들에게 조용히 하라고 지시하기까지 했다. 설교를 듣던 어떤 목사는 마음의 고통을 더 이상 참을 수 없어서 "에드워즈 목사님, 에드워즈 목사님, 하나님은 자비하신 분은 아니십니까?"라고 부르짖기도 했다.

1740~1741에 일어난 두 번째의 각성운동 즉, 제 1차 대각성운동으로 많은 사람들이 하나님께로 돌아오게 되었고 그들의 관심을 하나님과 그의 뜻에 기울이게 되었다. 이와 같은 각성운동이 흐느끼고 소리지

---

9) 필자의 논문, "부흥은 인위적 산물인가," 「신학정론」, 5(1985. 5): 159f. 참조.

르고 떨며 기절하는 감정적 기현상을 동반하기도 했는데 에드워즈는 한편으로 부흥운동을 반대하는 자들을 향해서는 부흥운동을 변호했고 다른 한편으로, 지나친 열광주의적 부흥운동을 주장하는 자들을 향해서는 감정적 열광주의를 비판했다.

에드워즈의 말년에 나타난 교회 문제의 하나는 교인자격에 관한 문제였다. 뉴잉글랜드 식민지 초기의 청교도들은 신앙심이 깊은 사람들이었다. 그러나 제 2, 제 3세대의 후손들은 신앙심을 점차 상실하게 되었고 형식적인 교회 중심적 생활을 할뿐이었다. 그래서 많은 사람들이 신앙적 체험이나 확신이 없으면서도 교회의 일원이 되었고 성찬에 참예하도록 허용되었다. 에드워즈는 교인자격에 대한 이와 같은 무질서와 무관심을 용납할 수 없었다. 그는 진정한 크리스찬만이 성찬에 참예할 수 있도록 해야 한다고 주장했다. 그리고 크리스찬의 종교적 체험을 강조했다. 그러나 노드햄턴 교회는 에드워즈의 주장을 받아들이지 않았다. 전통적 형식주의를 그대로 내세우며 에드워즈 목사로 하여금 교회를 사임하게 했다. 에드워즈가 노드햄턴 교회에서 목회를 시작한지 23년이 되는 1750년 그가 47세 되던 해였다.

에드워즈는 그 이듬해인 1751년부터 매사츄셋츠 주의 스톡브리지(Stockbridge)에서 목사로 목회를 하며 아울러 그 근처 인디언들을 위한 선교사역을 수행했다. 그가 말년에 선교에 관심을 기울이게 된 것은 인디언들을 위해 젊음을 불사른 미국의 개신교 선교의 선구자 브레이너드(David Brainerd, 1718~1747)로부터 받은 감화 때문이었을 것이다. 에드워즈는 미국 인디언들이 백인들로부터 받는 착취를 목격하고 인디언 착취를 강력히 반대했다. 스톡브리지는 노드햄턴보다 작은 마을이었다. 그는 그곳에서 목회와 선교에 종사하며 많은 시간을 저술에 바쳤다. 에드워즈는 그때 여러 가지 작품을 저술했는데 그 당시 저술한 가장 유명한 저서는 『의지의 자유』(*Freedom of Will*)였다. 그는 이 저서에서 칼빈주의 입장에 서서 알미니안주의를 반박하며 하나님의 절대주권을 천명하면서 인간의 자유의지를 변호했다.

에드워즈는 그가 55세 되던 해인 1758년 새로 설립된 프린스톤 대학의 총장으로 선출됐다. 처음에는 스톡브리지의 사역지를 떠나기를 주저했다. 사색과 저술활동에 가장 적절한 곳이기 때문이었다. 그러나 총장으로 있으면서 젊은 목회자에게 끼칠 수 있는 영향력이 매우 크다고 생각하여 결국 총장취임을 수락했다. 그런데 그 당시 천연두가 유행하고 있었는데 우두(牛痘)의 부작용으로 총장취임 후 수주만에 세상을 떠났다. 그의 향년이 55세였다.

2. 에드워즈의 인물과 사상

에드워즈는 무엇보다 하나님 의식에 사로잡힌 설교자로 하나님의 절대주권을 높이는 칼빈주의적 신학자로 평생을 살았다. 17세에 경험한 그의 신비한 종교체험이 이미 이와 같은 에드워즈의 인물과 사상을 특징지었는데 이와 같은 그의 하나님 중심적 특성은 그 이후 그의 생애와 사역에 계속 나타났다. "이신득의"의 설교에서 에드워즈는 칭의는 인간의 어떤 선행이나 의에 근거하는 것이 아니라 하나님의 은혜와 그리스도의 대속의 사역을 바라보고 받아들이는 믿음의 수단을 통해 이루어진다고 강조했다. "하나님의 놀라운 사역에 대한 진실한 진술"에서 에드워즈는 각성운동이 전적으로 하나님의 주권적 사역에 의해서 이루어진다고 진술했다. 따라서 부흥에 있어서 인간적 기교를 사용할 것이 아니라 하나님의 주권만 바라보며 기도에 힘써야 한다고 했다. 에드워즈의 교리적이고 논리적인 긴 설교가 그렇게도 강력한 감화력을 나타냈던 비결도 그가 하나님 의식에 전적으로 사로잡혀 설교를 했기 때문이었을 것이다. 에드워즈의 철저한 하나님 중심사상은 그의 영향을 받은 David Brainerd에게서도 분명히 나타났다고 하겠다.

에드워즈는 마치 칼빈과 같이 몸이 매우 허약한 인물이었다. 그는 신체적으로 강건하지 못했으며 자주 병에 걸렸는데 그의 허약한 신체는 그의 사역에도 영향을 미쳤다. 에드워즈는 허약한 몸 때문에 그의 활동이 제약을 받았으나 오히려 그것 때문에 많은 시간을 사색과 연구에 보낼 수 있었고 깊은 종교적 및 철학적 작품을 저술할 수 있었다. 그의 허약한 육체는 그의 설교를 더욱더 감명 깊게 하는 효과를 나타내기도 했다. 패티슨(Harwood Pattison)은 그의 『기독교 설교사』[*History of Christian Preaching*(Phila.: American Baptist Publishing Society, 1903), p. 356]에서 에드워즈의 설교가 깊은 감명을 불러 일으켰던 이유 중의 하나는 죄책에 사로잡혀 고민하여 흐느끼는 청중들 앞에 선 설교자가 허약한 모습과 연약한 목소리로 설교하는 것이 마치 지옥문에서부터 들려오는 소리같이 들렸기 때문이었다고 지적했다. David Brainerd 역시 극도로 허약한 육체를 가졌는데 그에게도 놀라운 하나님의 역사가 나타났던 것을 본다. 그러나 누구보다도 이 역설적인 진리를 먼저 발견하고 체험한 사람은 바울 자신이었다(고후 4:7; 12:10).

에드워즈는 학문과 신앙적 정열을 겸비한 사람이었다. 에드워즈의 생애는 깊고 날카로운 지성적 능력이 뜨거운 가슴과 평행할 수 있음을 보여주는 증거로 나타났다. 그는 깊은 사색과 교리적 성경 연구가 뜨거운 신앙 각성운동에 방해되는 것이 아니라 오히려 필수적 근거가 되는 것을 보여주었고 뜨거운 신앙운동이 깊은 학문활동을 부인하는 것이 아니라 오히려 격려하는 것임을 실제로 보여주었다. 에드워즈의 저술은 방대하고 다양하다. 그는 수많은 설교와 주석적 연구들을 비롯하여 논쟁적 저술들과 교리적 저술들 그리고 철학적 수필들과 일기와 메모들을 남겼다.

에드워즈는 또한 당대의 교리적, 교회적 및 사회적 문제들에 민감한 반응을 보이며 그와 같은 문제들과 씨름한 실제적인 인물이었다. 그는 알미니안주의의 오류를 지적하는 논쟁적 글을 썼고 교인의 자격과 성찬 참여 자격에 관한 그의 교리적 입장을 나타내는 교리적 글을 쓰기도 했다. 각성운동에 대한 찬반론에 부딪칠 때 에드워즈는 극단적인 견해들을 함께 비판하면서 각성운동을 변호하는 글을 쓰기도 했다. 그리고 그의 말년에는 인디언들에 대한 백인들의 착취를 공박하는 글을 썼으며 불의한 사업과 부도덕과 부정직을 공박하는 글을 쓰기도 했다. 그는 영적인 문제와 아울러 실제적 생활에도 깊은 관심을 나타냈으며 복음 전파와 아울러 당대의 사회적 문제에 대해서도 깊은 관심을 나타냈다.

3. 에드워즈의 설교

요나단 에드워즈는 설교자이기보다 신학자로 간주되어 왔다. 그러나 그는 무엇보다 먼저 설교자로 간주되어야 할 것이고 그 후에 신학자로 간주해야 할 것이다. 히치코크(Orwlle A. Hitcheock)는 에드워즈를 설교자로 묘사하며 다음과 같이 지적했다. "에드워즈는 무엇보다 먼저 설교자였고 그후에 저술가였다. 그는 대부분의 시간을 설교 준비와 설교하는데 보냈다. 그의 생애에서 가장 중요한 것들은 이와 같은 종교적 연설들이었다. 그리고 그것들을 위해서 그는 그의 정력의 대부분을 바쳤다."[10]

1) "믿음으로 말미암는 칭의"

1737년의 각성운동을 가져온 에드워즈의 설교 "믿음으로 말미암는 칭의'(Justification by Faith)의 구성과 내용을 살펴보면 다음과 같다. 이 설교는 로마서 4:5 "일을 아니할지라도 경건치 아니한 자를 의롭다 하시는 이를 믿는 자에게는 그의 믿음을 의로 여기시나니"를 본문으로 삼고 한마디 한마디의 의미를 깊이 파헤치는 교리적 및 강해적 설교였다. 에드워즈는 본문 한 절을 근거로 한 다섯 편의 설교를 하기에 앞서 이 한 절에서 주목할 만한 사실 4가지를 지적했다.

첫째, 칭의는 인간을 경건치 않은 자로 간주한다는 사실이다. 그 사실은 '경건치 아니한 자를 의롭다 하시는'이란 말에 분명히 나타나 있다. 즉 하나님은 칭의의 행위에 있어서 의롭다함을 받는 사람 안에 있

---

10) William N. Brigance, ed. *A History and Criticism of American Public Address*, Vol. 1(N.Y.: Russell & Russell, 1943), p. 214.

는 어떤 경건이나 선행도 고려하지 않는다는 것이 너무도 분명하다. 하나님께서는 칭의의 행위 바로 전에 사람을 단지 불경건한 피조물로 보신다는 것이다. 하나님께서 불경건한 자를 의롭다고 하실 때 우리의 경건이나 선행이 칭의의 근거가 된다고 생각하는 것은 합당치 않다.

둘째, '일을 아니하는 자'는 단순히 의식법을 따르지 않는 자만을 의미하지는 않는 것 같다. 왜냐하면 '일하지 아니하는 자'와 '경건치 아니한 자'를 분명히 동의어로 사용했기 때문이다. 이 문맥이 분명히 보여주는 것은 복음의 은혜로 하나님께서 우리를 의롭다고 여기실 때 우리의 어떤 경건도 고려하지 않는다는 사실이다. …… 여기서 가장 분명한 것은 '일하지 아니하는 자'와 '경건치 아니한 자'는 같은 사람을 의미하는데, 칭의의 행위에 있어서는 의식법의 사역이 제외될 뿐만 아니라 도덕과 경건의 사역도 제외된다는 사실이다.

셋째, 여기 언급된 의롭다함을 받는 수단으로서의 믿음은 순종의 과정이나 칭의의 과정을 의미하는 것은 아니다. 왜냐하면 여기 지적된 믿음은 '경건치 아니한 자를 의롭다하시는 이를 믿는' 믿음(believing)이기 때문이다. …… 칭의자로서의 하나님을 믿는 것과 율법 제정자로서의 하나님에게 복종하는 것은 분명히 다르다. 더욱이 불의한 자를 의롭다고 하시며 율법 제정자를 거역한 반역자를 의롭다고 하시는 분을 믿는 것은 분명히 다르다.

넷째, 칭의의 대상은 그 자신 안에 아무런 의를 소유하고 있지 않음이 분명하다. '의로 여기시나니'의 구절이 그것을 분명히 가리킨다. 이 구절이 분명히 의미하는 것은 하나님께서 그의 주권적 은혜로 죄인들을 취급하실 때 의가 없는 자를 취급하셔서 마치 의가 있는 것처럼 간주하시기를 기뻐하신다는 사실이다.

에드워즈는 이상과 같은 4가지 사실을 서론적으로 지적한 다음 다음과 같은 다섯 가지 주제를 가지고 다섯 번의 설교를 할 것을 밝혔다.

첫째, 설교에서는 믿음으로 말미암아 의롭다함을 얻는다는 교리가 무엇을 의미하며 그와 같은 주장을 에드워즈 자신이 어떻게 이해하는지 보여주겠다고 했고, 둘째 설교에서는 이신득의의 진리에 대한 증거를 고려하겠다고 했으며, 셋째 설교에서는 칭의의 사건에서 복음적 순종이 어떻게 관계되는지를 보여주겠다고 했으며, 넷째 설교에서는 반대 견해들에 대한 답변을 제시하겠다고 했으며, 다섯째 설교에서는 칭의의 교리의 중요성을 다시금 고려하겠다고 했다.

첫째 설교의 구성과 내용을 살펴보면 다음과 같다. 나는 이제 그 교리의 의미를 설명하겠다. 또는 내가 어떤 의미로 그 교리를 주장하는지를 말하겠고 그 교리의 진리성을 나타내 보이려 한다. 우선 다음과 같은 두 가지 질문에 대한 대답을 시도하겠다. 첫째, 의롭다 함을 받는다는 것은 무엇을 의미하는가? 둘째, '우리자신의 덕이나 선행 없이 믿음으로만'이란 말이 무엇을 의미하는가?

첫째로, 나는 칭의가 무엇인지를 보이겠다. 즉 성경에서 의롭다 함을 받는다는 말이 무엇을 의미하는지를 보이겠다. 어떤 사람이 죄책과 형벌로부터 자유함을 받았다고 하나님으로부터 인정을 받고 그에게 속한 의를 소유하므로 영생을 누리게 되었다고 하나님으로부터 인정을 받았을 때 그는 의롭다 함을 받았다고 할 수 있다. 그 말을 이와 같은 의미로 사용하고 그 말을 재판관이 한 사람을 부정적이며 동시에 긍정적인 의를 소유한 것으로 간주하고 그래서 그가 형벌의 의무로부터 자유함을 얻었을 뿐 아니라 그가 옳고 의로우며 적극적인 상을 받을 자격이 있는 것으로 간주하는 것은 그 말의 어원과 자연적 의미에 부합할 뿐 아니라 성경에 사용된 그 말의 뜻과 너무나 잘 맞는다.

어떤 사람은 성경에서 칭의는 죄사함을 의미하는 것뿐이라고 한다. 그렇다면 그것은 참으로 이상하다. 성경에서 의롭다함을 받거나 정죄함을 받았다고 했을 때 그것은 분명히 하나님의 통치나 율법과 관련하여 언급한다. …… 한 사람을 의롭다고 할 때 그것은 그가 율법과 관련하여 올바른 상태에 있음을 인정하는 것이다 ……

우리의 둘째 보증이신 그리스도(그의 칭의 안에서 우리가 모두 의롭다함을 받는데)께서 성부가 그에게 맡기신 일을 이루고 그에게 명하는 일을 이루기까지는 의롭다하심을 얻지 못했다. 그가 그와 같은 일을 이루시고 부활했을 때 의롭다 하심을 받았다. 그가 육체로 죽음을 당하고 영으로 살리심을 입었을 때(벧전 3:18) 육체 안에 나타났던 것이 영 안에서 의롭다하심을 받았다(딤전 3:16). 하나님께서 그를 죽은 자 가운데서 살리심으로 그를 의롭다고 했을 때 단지 그를 죄에 대한 굴종으로부터 벗어나게 하신 것이 아니라 그를 영원 불멸한 생명으로 들어가게 하신 것이다. 실로 신자가 의롭다함을 받는 것은 모든 신자의 머리와 보증이 되시는 그리스도의 칭의에 참예함을 의미한다 ……..

신자가 의롭다함을 받는 것이 죄사함을 받고 진노에서 면제됨을 의미할 뿐 아니라 의의 대가인 영광의 칭호를 받는 것을 의미함을 성경이 분명히 가르치고 있다. 특히 로마서 5:1, 2에서 사도는 이 둘이 칭의에서 함께 얻어지는 혜택임을 언급했다. "그러므로 우리가 믿음으로 의롭다하심을 얻었은즉 우리가 주 예수 그리스도로 말미암아 하나님으로 더불어 화평을 누리자 또한 그로 말미암아 우리가 믿음으로 서 있는 이 은혜에 들어감을 얻었으며 하나님의 영광을 바라고 즐거워하느니라." 즉 죄사함과 아울러 성도와 함께 누리는 기업이 그리스도를 믿음으로 함께 얻어지는 혜택임을 사도행전 26:18도 언급한다. "죄사함과 나를 믿어 거룩케 된 무리 가운데서 기업을 얻게 하리라." 그리스도도 믿음의 열매로 얻어지는 것이 사망에서 생명으로 옮겨지는 이 두 가지임을 분명히 언급했다. 요한복음 5:24 "내가 진실로 진실로 너희에게 이르노니 내 말을 듣고 또 나 보내신 이를 믿는 자는 영생을 얻었고 심판에 이르지 아니하나니 사망에서 생명으로 옮겼느니라."

둘째로, 칭의가 믿음으로만 이루어지고 우리 자신의 어떤 덕이나 선으로 이루어지지 않는다는 말이 무엇을 의미하는지를 보이겠다. 먼저 믿음으로 말미암는다는 것이 무엇을 의미하고 그 다음 믿음으로만 말미암는다는 것이 무엇을 의미하는지를 보이겠다. 믿음으로 말미암아 의롭다함을 얻는다고 했을 때 '말미암아'(by)라는 전치사의 의미가 무엇이며, 칭의의 사건에서 믿음이 어떤 영향을 미치는가 하는 것이 큰 문제로 등장한다. 여기서 나에게 분명하게 보이는 의미를 솔직히 표현하면 믿음이 실로 칭의의 조건이긴 하지만 믿음이 칭의의 조건이라고 언급했을 때 그것이 무엇을 의미하는지를 분명하고 충분히 설명하지 않는다는 것이다. 그것은 그 말의 뜻이 일상용어에서나 성경에서 분명치 않기 때문이다.

어떤 의미에서 그리스도만이 우리의 칭의와 구원의 조건을 성취(perform)하신다고 하겠다. 다른 의미에서는 믿음이 칭의의 조건이 된다. 또 다른 의미에서는 다른 자격들과 행위들이 구원과 칭의의 조건이 된다고 하겠다.

이와 같은 의미에서 믿음이 구원이나 칭의의 유일한 조건이 되지는 않는다. 믿음과 동반하여 믿음으로부터 흘러나오는 것이 많기 때문이다. 하나님을 향한 사랑과 형제에 대한 사랑 그리고 사람의 잘못을 용서하며 선을 행하는 것들이 그와 같은 것들이다 …….

그래서 어떤 사람들은 믿음을 칭의의 도구라고 생각했다. 믿음이 칭의의 도구라고 할 때 그것은 우리가 칭의를 받아들이는 도구라기보다는 그리스도를 받아들이는 도구라고 하겠다 …….

단약 그리스도가 세상에 와서 죽으시므로 의를 사지 않으셨다면, 우리 속에 있는 어떠한 선함도 우리를 의롭게 만들기는 적절하지 못했을 것이다. 그러나 그리스도께서 불경건한 피조물들을 대신하여 자기 자신의 피를 흘리시므로 의를 사셨기 때문에, 피조물이 대속주와 그의 공로와 관련을 가지고 값을 치르고 사신 의의 혜택에 관심을 가지므로 의롭다 하심을 받을 수 있는 근거를 가지게 되었다 …….

다시 말해서 의롭다 하심을 받는다는 것은 하나님에 의해 용서의 대상으로 인정을 받고 영생을 얻는 것을 의미하며, 우리가 믿음으로 의롭다하심을 얻는다는 것은 바로 그것을 도구로 하나님의 인정을 받는 것을 의미한다.

....

우리는 위의 고찰로부터 어떤 의미에서 믿음이 칭의와 구원의 유일한 조건이 됨을 배웠다.

신앙은 그리스도를 주님으로 받아들이고 그와 연합하는 모든 행위를 포함한다.

성경에서 신앙이라고 했을 때 그것은 영혼이 그리스도와 연합하는 적극적 행위를 의미하며, 그리스도에게 나아가는 행위를 의미하며, 그리스도를 받아들이는 행위를 의미한다.

2) "진노하시는 하나님의 손안에 있는 죄인들"

에드워즈의 설교 중 가장 유명한 설교는 "진노하시는 하나님의 손안에 있는 죄인들"(Sinners in the hands of an angry God)이었다. 에드워즈는 신명기 32:35 "그들의 실족할 그 때에(그들의 발이 미끄러질 그 때에) 내가 갚으리로다"를 본문으로 삼고 하나님께 불순종하는 불신자들에게 임할 하나님의 진노의 심판을 무섭게 묘사했다. 1741년 매사츄셋츠 주 엔필드(Enfield) 주변 사람들이 영적 무감각과 침체상태에 빠져 있음을 목격한 에드워즈는 그들을 각성시키기 위해 불신자들 위에 임할 하나님의 진노의 심판을 무섭도록 반복하여 묘사했다. 그 설교는 매우 엄격한 퓨리탄적 설교로 진노의 하나님의 모습을 너무 지나치게 묘사하므로 사랑의 하나님의 모습이 거의 가려진 듯 했다. 그의 설교는 청중들의 가슴에 폭탄이 터지는 듯한 무서운 충격을 가져다주었고 죄책에 못 이겨 신음하며 흐느끼는 사람들이 여기저기 일어났다. 에드워즈는 분명히 거역하는 불신자들 위에 임할 무서운 하나님의 심판을 확신하며 하나님의 진노를 선언했지만 그의 주된 관심은 거역하는 불신자들을 격려하여 하나님의 긍휼을 받게 하는데 있었다. 그래서 그는 설교의 마지막 부분에서 그리스도께서 자비의 문을 여시고 큰 소리로 죄인들을 부르신다고 설교했다. 에드워즈는 죄인들 위에 임할 하나님의 심판과 죄인들을 부르시는 그리스도의 부르심을 설교하면서 눈물을 흘리곤 했다. 이 설교의 특징은 다른 설교들에 비해 표현이 생생하고 단순하고 직설적이고 강력한 것이었다.

이 설교의 구성과 내용은 다음과 같다. 첫 부분에서 신명기 32:25 중 "그들의 발이 미끄러질 때에"의 의미를 청중들에게 직접 적용하며 강력하게 호소했다.

"그들의 발이 미끄러질 때에" 이 구절에 믿지 않는 포악한 이스라엘 백성들에 대한 하나님의 진노와 위협이 나타나 있다. 그들은 형식적으로는 하나님의 백성이었고 하나님의 은혜 가운데서 살았지만, 그들에 대한 하나님의 놀라운 사역에도 불구하고, 그들은 하나님의 말씀을 듣지 않았고 이해하지도 않았다. 하늘의 축복아래서 그들은 쓰고 독한 열매를 맺을 뿐이었다. 본문의 말씀으로 택한 '정한 때에 그들의 발이 미끄러질 것이라'는 말씀은 다음과 같은 것들 즉 이 포악한 이스라엘 백성에게 임할 형벌과 파멸을 의미한다.

첫째, 그들은 항상 멸망을 당할 처지에 있었다. 그것은 마치 미끄러운 곳에 서 있는 사람이 항상 넘어질 형편에 있는 것과 같다. 시편 73:18 말씀과 같다.

둘째, 그들은 항상 갑자기 임하는 기대치 않은 멸망을 당할 처지에 있다. 그것은 마치 미끄러운 곳을 걸어가는 사람이 매 순간 넘어질 수 있는 순간이 되는 것과 같다. 시편 73:18~19 말씀과 같다.

셋째, 그들은 스스로 넘어질 형편에 처해 있음을 의미한다. 그것은 마치 미끄러운 곳에 서 있거나 걸어가는 사람이 자기의 몸무게에 의해 넘어질 형편에 처해 있는 것과 같다.

넷째, 그들이 벌써 넘어지지 않았고 지금도 넘어지지 않는 것은 오직 하나님의 정한 때가 오지 않았기 때문이다. 하나님의 정한 때가 되면 그들의 발이 미끄러질 것이라고 했다. 이와 같은 관찰로부터 내가 주장할 수 있는 것은 악한 사람들을 한 순간이라도 지옥에 떨어지지 않게 하는 것은 오로지 하나님의 기뻐하시는 뜻(mere pleasure of God)이라는 것이다. 오로지 하나님의 기뻐하시는 뜻이란 그의 주권적 뜻, 아무 것도 얽매이지 않는 하나님의 독단적 뜻을 의미한다. 이와 같은 관찰은 다음과 같은 생각들로 나타난다.

① 하나님에게는 악인들을 어느 순간에라도 지옥에 던질 수 있는 능력이 부족하지 않다. 하나님이 일어나실 때 인간의 힘은 무력하다. 이 땅의 군주는 때로 반역자를 진압하는데 어려움을 당한다. 하나님은 그렇지 않다. 하나님의 능력으로부터 자신을 보호할 수 있는 어떤 성곽도 있을 수 없다. 인간들은 바람에 날리는 겨와 같고 불에 탈 건초더미와 같고 짓밟히는 벌레와 같다.

② 그들은 지옥에 던져지기에 마땅한 존재들이다. 공의는 그들에 대한 영원한 형벌을 부르짖는다.

③ 그들은 이미 지옥의 저주 심판아래 있다. 그들은 지옥에 던져지기에 마땅한 존재들일 뿐 아니라 영원하고 불변하는 하나님의 공의의 심판이 이미 고정되었고 그들에게 선고되었다.

④ 그들은 지금 지옥의 고통으로 묘사된 하나님의 분노와 진노의 대상이 되고 있다. 그런데 그들이 매 순간 지옥에 떨어지지 않는 이유는 하나님께서 그들에게 크게 진노하시지 않기 때문이 아니다. 하나님은 지금 지옥에서 고통 당하고 있는 수많은 비참한 피조물들을 향해 진노하시고 있는 것보다 더 크게 지금 지상에 있는 많은 사람들을 향해 진노하시고 있다. 그렇다. 지금 이 회중 가운데 있는 많은 사람들을 향해 하나님은 진노하시고 있다. 하나님의 진노는 그들을 향해 지금 불붙고 있다. 그들의 저주는 잠자고 있지 않다. 구덩이는 이미 파졌고 불은 준비되었다. 용광로는 지금 뜨겁게 불타는데 그들을 받을 준비가 되었다. 불길은 맹렬히 타고 있다.

⑤ 마귀는 지금 하나님이 허락하시는 순간에 그들을 덮쳐 잡으려고 일어서 있다. 마귀는 배고픈 사자들처럼 그들을 잡아먹으려고 기다리

고 있다.

⑥ 악한 사람들의 영혼 속에는 지옥의 원리가 지배하고 있다. 육적 인간의 성품 속에는 지옥의 고통의 기초가 놓여져 있다. 타락한 원리들이 그들을 지배하고 있는데 그것들은 바로 지옥불의 씨앗이다.

⑦ 악한 사람들에게 눈에 보이는 죽음이 도래하지 않는다 해도 그것이 그들에게 한 순간도 안전을 보장하지는 않는다. 자연적 인간이 건강하다 해도 그것이 그들에게 안전을 보장하는 것은 아니다. 중생하지 않은 사람은 지옥의 구덩이 위를 썩은 덮개위로 걸어가는 것과 같다.

⑧ 자연적 인간이 자기 생명을 보전하기 위해 염려하고 근신해도 그것이 그들을 한 순간도 보전하지 못한다. 인간 자신의 지혜는 그들을 죽음으로부터 보전하지 못한다.

⑨ 악한 사람들이 지옥을 피하기 위해 고통과 탄식의 수단을 사용할지라도 그들이 그리스도를 계속 거절하고 악한 사람들로 머물러 있는 한 그것이 한 순간도 그들을 지옥에서 보전하지 못한다. 그러나 어리석은 인간들은 스스로 노력하며 스스로 속고 있다. 자기 자신의 힘과 지혜를 의지하지만 실상은 그림자를 의지하는 것과 같다.

⑩ 하나님은 어떤 자연적 인간도 지옥으로부터 건져내어야 할 의무에 얽매어 있지도 않고 그렇게 약속하지도 않았다.

결국 자연적 인간은 하나님의 손안에 붙잡혀 있으며 지옥의 구덩이 위에 놓여 있다. 그들은 불붙는 구덩이에 가도록 되어 있으며 이미 그렇게 선고되었다. 하나님의 진노는 무섭게 자극되고 있으며 그의 분노는 지옥에서 그의 진노의 형벌을 실제로 당하고 있는 그들에게 향한 것만큼이나 크다. 마귀는 그들을 기다리고 있으며 지옥은 그들을 향해 입을 벌리고 있다.

적용

이와 같은 무서운 주제를 다루는 목적은 이 회중 가운데 있는 중생하지 못한 사람들을 각성시키기 위함이다. 지금까지 묘사한 것은 그리스도 밖에 있는 여러분들 자신의 처지이다. 바로 여러분들 밑에는 불타는 지옥의 무서운 세계가 펼쳐져 있다. 아마 여러분들은 그것을 깨닫지 못할 것이다. 당신의 악독함은 당신을 납덩이처럼 무겁게 만든다. 그리고 지옥으로 무겁게 떨어지게 한다. 만약 하나님이 당신을 떨어지게 하면 당신은 지금 당장 밑이 없는 깊은 구덩이로 신속히 떨어져 내려갈 것이다. 하나님의 주권적 기쁨의 섭리가 아니라면 지구는 한 순간도 당신들을 지탱하지 않을 것이다.

하나님의 진노는 세상을 심판하는 커다란 홍수와 같다. 물은 점점 많아지고 점점 높아진다. 당신의 악한 행위에 대한 하나님의 심판이 아직 시행되지는 않았다. 하나님의 진노의 홍수가 아직 억제되고 있지만 당신의 죄책은 계속해서 증가하고 있다. 물결은 점점 높아지고 점점 강해진다. 물결을 억제하고 있는 것은 오로지 하나님의 기쁨뿐이다. 하나님의 진노의 활은 휘어졌고 화살은 이미 당겨져서 당신의 가슴을 겨냥하고 있다. 화살이 이 순간에 날아가서 당신의 피를 마시지 못하도록 막는 것은 오로지 진노하시는 하나님의 기쁘신 뜻 이외에 다른 것이 아니다.

오 죄인이여! 당신이 무서운 위험가운데 있음을 생각해 보라. 그것은 커다란 진노의 용광로와 같은데 넓고 밑이 없으며 진노의 불이 활활 타고 있다. 이제 보다 구체적으로 생각해 보라. 첫째로, 그것이 누구의 진노인가를 생각해 보라. 그것이 무한하신 하나님의 진노이다. 둘째로, 당신이 받게될 진노의 무서움을 생각해 보라. 이사야 59:18; 63:3; 66:15; 요한계시록 19:15에 묘사된 진노의 무서움을 생각해 보라. 셋째로, 하나님이 마지막에 벌하실 그리고 당신이 받게될 진노의 비참함을 생각해 보라. 당신은 거룩한 천사들과 어린양 앞에서 고통을 당하게 될 것이다. 넷째로, 진노가 영원하다는 것을 생각해 보라.

그런데 지금 당신에게 특별한 기회가 주어졌다. 지금 하루동안 그리스도께서 자비의 문을 활짝 열고 불쌍한 죄인들을 향해 큰 소리로 부르짖으며 부르고 계신다. 하루동안 많은 사람들이 주님께로 달려가며 하나님의 나라로 들어간다. 많은 사람들이 날마다 동에서, 서에서, 남에서, 북어서 오고 있다. 바로 얼마 전까지도 당신과 같은 비참한 상태에 있던 많은 사람이 지금 행복한 상태에 있다.

세상에 오래 살았지만 오늘까지 중생하지 못한 사람들이 여기 많이 있지 않은가? 이스라엘 백성과는 상관이 없고 태어난 후부터 한 일이라고는 진노의 날을 위해 진노만 쌓아온 사람들이 많지 않은가 이제 그리스도에게 속한 자들은 노년이던 중년이던 젊었던 어리던 간에 지금 하나님의 말씀과 섭리의 커다란 부르심의 소리에 귀를 기울이라. 그리고 그리스도 밖에 있는 자들은 지금 모두 잠에서 깨어나 도래하는 진노에서 피하라. 전능하신 하나님의 진노가 지금 의심할 여지없이 이 회중의 대부분의 사람들 위에 임하고 있다. 모두 소돔에서 나오라.

기도의 사람 브레이너드와 그의 일기

데이빗 브레이너드(David Brainerd)는 교회 역사에 나타난 위대한 기도의 사람들 중의 한 사람이었다. 그는 굉장한 일을 한 사람은 아니다. 그리고 오래 살지도 못하였다. 그는 단지 수백 명의 인디언들에게 복음을 전하다가 29세라는 꽃다운 청춘에 폐결핵과 지나친 과로로 세상을 떠난 사람이다. 그러나 그는 기도로 일관된 삶을 살았다. 그는 기도로 숨쉬고 기도로 움직이다가 기도하면서 숨을 거두었다. 브레이너드는 1718년 미국 커네티컷주 해담이란 도시에서 태어났고, 그의 젊음을 미국 인디언들을 위해 몽땅 불태우다가 1747년 매사츄셋츠주 노스햄턴에서 폐결핵으로 세상을 떠났다. 그는 미국의 대각성 부흥운동을 일으킨 요나단 에드워즈(Jonathan Edwards)에게 깊은 감명을 주었다. 그는 또한 영국에 큰 부흥을 일으킨 요한 웨슬리(John Wesley)에게도 깊은 감명을 주었다. 그는 또한 윌리암 캐리, 헨리 마틴, 짐 엘리오트 같은 위대한 선교사들의 가슴을 움직이기도 했다. 미국의 위대한 교회 사가인 라토렛(K. S. Latourette) 박사는 "브레이너드는 수많은 사람의 가슴을 움직여 전도자와 선교사가 되도록 하였다"고 지적하였다.

무엇이 수많은 사람의 가슴을 움직이게 하였는가? 브레이너드의 유창한 설교였는가? 그의 굉장한 업적이었는가? 아니다. 기도에 파묻힌 그의 가슴으로부터 우러나온 그의 말들과 그의 삶이 사람들의 가슴을 움직일 수 있었다. 오늘날도 우리는 유창한 설교에 의해서 가슴이 움직이지 않는다. 우리는 목회자나 선교사의 굉장한 업적에 의해서 감동을 받지 않는다. 오늘날도 우리는 기도하는 사람의 가슴으로부터 우러나오는 고백을 들을 때 우리의 가슴이 움직인다. 참된 부흥은 기도하는 사람의 고백으로부터 시작되는 것이다.

오늘날 우리는 부흥운동이 흔히 "상업주의"와 "감정주의"로 변질되어 가는 현상들을 목격한다. 왜 그러한 현상이 일어나는가? 그것은 부흥운동이 참되게 기도하는 사람들에 의해서 일어나지 않고, 유창하게 설교하는 사람, 굉장한 업적을 이룬 사업적 전도자들에 의해서 일어나기 때문이다. 하나님께서 브레이너드의 가슴에 주셨던 그 간절하고 참된 기도를 우리에게 주시기를 바라는 간절한 소원을 가지게 된다.

브레이너드는 폐결핵으로 일찍 죽었다. 그러나 그의 죽음의 주 원인은 지나친 과로였다. 그는 자신의 건강을 완전히 희생하였다. 그 자신은 죽음에 이르러 그것이 자신의 "잘못"이었다고 말했지만, 그의 지나친 수고는 주님 앞에 섰을 때 그가 받은 최고의 훈장이었을 것이다.

브레이너드의 기도를 소개하기 전에 먼저 그의 생애의 특징을 3가지로 요약해 본다. 첫째로, 브레이너드는 하나님께 전적으로 헌신된 삶을 살았다. 많은 헌신자들이 세상과 타협하기도 한다. 그러나 브레이너드는 하나님께 전적으로, 절대적으로 헌신된 삶을 살았다. 둘째로, 참된 그리스도인의 체험이 무엇인지를 보여주었다. 오늘날 그리스도인의 체험이 지나치게 감정주의로 그리고 밖으로 나타나는 현상으로 치우치고 있다. 브레이너드는 주관적인 감정에 사로잡히는 대신 하나님의 영광에만 사로잡힌 하나님과의 끊임없는 교제로 일관된 경건된 삶의 모범을 보여 주었다. 셋째로, 브레이너드는 경건된 삶을 사는 것으로 그치지 않고 선교와 봉사의 삶을 사는 것으로 그의 생애를 마쳤다. 브레이너드는 소외되고 가난한 인디언들과 자신을 동일시하며 그들과 함께 기거하며 생활한 사랑의 삶을 살았다.

이게 브레이너드의 일기에 기록된 그의 기도하는 삶의 모습을 살펴보자. 브레이너드는 자기의 영적 생활을 일기로 기록하여 남겼다. 그는 숨을 거두기 전까지 일기를 썼다. 브레이너드는 21세가 되던 1739년에 개종의 체험을 하였다. 그는 한동안 하나님께 버림받았다는 절망에 빠져 있었다. 그는 절망적인 상태에서도, 금요일 아침부터 주일 저녁까지 기도하려고 애를 썼다고 하였다. 그는 기도를 제대로 할 수도 없었고 하나님의 영이 떠난 것 같은 절망을 느꼈다. 그런데 깊은 신음 가운데서 숲 속을 거닐고 있을 때 말로 표현할 수 없는 영광스런 경험을 하였다. 그의 영혼이 깊은 곳에서 하나님을 우러러보게 되었다. 그의 영혼은 기쁨에 넘쳤고 그는 하나님 안에 삼켜버린 듯한 기쁨을 체험했다.

이와 같은 개종의 체험 이후부터 브레이너드는 전적으로 기도에 파묻힌 삶을 살았다. 그는 자기의 기도의 삶을 다음과 같이 기록하였다. "나는 온종일 영혼의 평안을 누리며 지냈다. 특별히 저녁 기도시간에 하나님은 나에게 놀랍도록 새로운 힘을 부어주셨다. 오! 하나님과의 한 시간의 기도가 이 세상의 모든 쾌락과 기쁨을 능가하고도 남는구나!" 브레이너드는 24번째 생일을 맞는 1742년 4월 20일에 그의 기도생활을 다음과 같이 기록했다. 바로 이때는 그가 하나님께 온전히 헌신한 때였고 인디언 선교를 시작하려고 하던 때였다. "나는 이 하루를 금식과 기도로 바치기로 했다. 복음 사역을 위해서 준비하기 위해서였다. 아침에는 하나님의 임재를 간구했다. 정오에는 영혼들을 위한 중보 기도로 나의 영혼은 쏟아져 버렸다. 밤이 맞도록 원수와 싸우는 뜨거운 기도를 하였다. 하나님만을 위해 살기를 소원하는 간절한 소원을 이전에도 이렇게 간절히 가졌었는지는 잘 모르겠다. 나의 삶을 하나님께 온전히 헌신하기를 소원하였고 하나님의 일과 하나님의 영광을 위해 내 몸을 온전히 불사르기를 소원하였다."

다른 한 편의 일기는 브레이너드의 생활이 얼마나 뜨거운 기도에 파묻혀 있었는지를 잘 보여준다. "나는 일찍부터 기도하기 시작했다. 하나님께서는 내 영혼 속에 말로 표현할 수 없는 평안을 쏟아 부어주셨다. 그래서 나는 한동안 아무 것도 할 수 없었고 다만 '오! 나의 보배로우신 주님, 오! 나의 보배로우신 주님'이라고 반복해서 중얼거리기만 하였다. …… 두 시간 동안 깊은 기도에 빠졌다. 나는 하나님의 가슴에 안기는 것뿐이었다. 하나님께로 향한 갈망이 나의 영혼을 사로잡고 있었다. 하나님이 나에게 너무나 보배로웠기 때문에, 세상의 모든 쾌락이 추하게만 보여졌다. 세상의 모든 좋은 것들이 조약돌처럼 보여졌다."

브레이너드는 24세 되던 해인 1742년 여름부터 카우나우미크의 인디언들에게 선교하기 시작했다. 그리고 26세 되던 1744년 6월에는 뉴욕 장로회로부터 안수를 받고 델라웨어의 인디언들에게 파송되어 선교 사역을 시작하였다. 그의 선교 사역은 별로 성과를 거두지 못했다. 그러나 그의 기도 생활은 더욱 뜨거워졌다. "인디언 말을 배우기 시작했다. 그런데 기도 시간이 부족해서 애가 탔다. 나는 더 많은 시간을 기도하여 살기를 소원한다. 나는 집에 돌아와서 명상과 기도와 금식에 내 몸을 맡겼다. 밤이 맞도록 쉬지 않고 기도했다."

브레이너드는 날마다의 생활을 거의 기도에 파묻혀 보냈다. 새벽에, 저녁에, 밤에 그는 홀로 무릎을 꿇고 기도했고 때로는 그를 찾아오는 방문객들과 함께 기도했다. 그는 자신의 영적 교만을 자각할 때, 가슴이 찢어지는 듯한 아픔을 느끼며 회개의 기도를 하기도 했다. 때로는 하나님을 향해 부르짖기도 하였다. 어떤 때는 말을 타고 숲 속을 지나다가 말에서 내려 무릎을 꿇고 자신을 하나님께 다시 헌신하기도 하였다. "오! 주님 당신께 나를 드립니다. 나를 받으시고 영원토록 당신의 것으로 삼으시옵소서!" 그의 일기에는 다음과 같은 놀라운 기도가 기록되어 있다. "작년에는 영광의 세계를 사모하며 이 세상을 속히 떠나기를 바라고 있었다. 그러나 지금 나의 모든 관심은 이방인들의 개종뿐이다. 그 목적을 달성하기 위하여 나는 살기를 원한다."

브레이너드가 27세 되던 1745년은 "영혼의 깊은 밤"을 경험한 절망적인 해였다. 그의 몸은 극도로 쇠약해졌고 그의 설교는 아무런 성과를 가져오지 못했다. 폐결핵은 점점 악화되었고, 그의 온 몸은 극심한 고통을 경험하였다. 머리, 얼굴, 치아, 가슴, 등, 그리고 위(胃)에서 일어나는 고통이 너무 심해서 기도할 기력조차 없었다. 그래서 그는 더욱 조바심이 났다. 때로 하나님과 끊어진 듯한 영혼의 깊은 밤을 경험하기도

했다. 그는 선교사로서의 자신의 삶이 완전히 실패하였다고까지 느끼게 되었다.

바로 이와 같은 깊은 절망의 늪에 빠져 있을 때, 그는 새로운 부흥을 체험하게 되었다. "내가 절망에 빠졌을 때, 선교를 포기하려고 하였을 때, 하나님께서 자신의 사역을 시작하신 것은 놀라운 일이다. 내가 크로스윅성의 인디언을 방문했을 때 내 가슴은 절망 상태에 있었다. 그런데 바로 이와 같은 상태에서 하나님은 그의 영광스런 사역을 시작하셨다. 약함 중에서도 강하게 역사하셨다. 내가 인디언들에게 설교했을 때, 그들의 수는 65명 정도였는데, 그들의 얼굴에 뚜렷한 반응이 나타났다. 하나님의 능력이 강한 바람같이 임재하셨다. 모든 사람들을 사로잡는 그 능력에 나는 놀라서 그대로 서 있었다. 그 세력은 강한 소나기나 홍수의 물결 같았다. 모든 사람들은 무릎을 꿇었다. 모두가 하나님의 자비를 구하며 부르짖었다. 모두가 커다란 슬픔에 사로 잡혔다. 이와 같은 일을 전에는 경험하지 못했다. 이튿날 인디언들에게 설교를 했을 때 그들의 가슴은 놀랍도록 부드러웠다. 그들의 영혼을 향한 몇 마디 말에 모두 눈물을 흘리는 것이었다. 심지어 흐느끼며 신음하기도 하였다." 브레이너드는 이와 같은 "은혜의 소나기"가 1년 동안 계속 되었다고 했다. 하나님의 임재가 충만하였고 형제의 사랑이 넘쳤다고 하였다. 그리고 그의 가슴은 기도로 녹아졌다고 기록하였다.

브레이너드가 28세가 되던 1746년 가을부터 그가 죽게되는 1747년에 이르는 동안 그의 육신은 완전히 쇠약해지고 말았다. 그는 자신의 건강을 전혀 돌보지 않았다. 그리하여 그는 피를 토하며 온 몸에 극심한 고통을 느끼게 되었다. 그는 마지막 몇 달 동안 선교지를 떠나 노스햄톤에 있는 요나단 에드워즈의 집으로 돌아와서 그곳에 머물게 되었다. 그러나 그는 극심한 고통 중에 있었던 마지막 몇 달 동안도 그냥 누워서 지내지 않았다. 그는 숨을 거두는 마지막 순간까지 기도를 하였고 성경을 읽었으며 일기를 썼다.

그의 마지막 일기는 다음과 같다. "나는 지금 영원의 문턱에 서 있다.

나는 지금 죽어가고 있다. 마지막으로 그대에게 부탁하는 것은 그대 자신을 기도에 맡기라는 것이다. 그리고 하나님의 진리를 읽고 명상하라. 나는 지금 영광을 얻기 위해 천국으로 가는 것은 아니다. 내가 천국을 사모하는 것은 모든 영광과 찬양을 하나님께 돌리기 위해서이다. 이것만이 나의 부르짖음이요, 탄식이요, 소원이다. 하나님을 더욱 사랑하고 하나님을 더욱 찬양하는 것! 그리고 그를 영원토록 기쁘시게 하는 것! 오직 이것만이 내 영혼이 갈망하는 것이다.”

　브레이너드는 자신이 죽어가는 모습을 지켜보는 그의 약혼녀인 요나단 에드워즈의 딸 제루샤(Jerusha)에게 다음과 같이 속삭였다. “나는 그대와 차마 이별할 수 없소. 그러나 우리는 행복한 영원을 함께 누릴 것이요.” 그리고 그는 다음과 같은 마지막 말을 남겼다. “나의 영혼은 오늘 하나님의 품에 고이 안긴다. 나는 그와 함께 있기를 그렇게도 갈망해 왔었다. 나는 그의 영광을 바라보고 싶다. 오! 주 예수여 속히 오시옵소서.” 그는 1747년 10월 9일 29세를 일기로 숨을 거두었다. 요나단 에드워즈는 브레이너드에 관해 다음과 같은 말을 하였다. “브레이너드는 헌신된 삶이 무엇인지에 대한 본을 보여 주었다. 하나님께서 우리에게도 브레이너드에게 주셨던 기도의 삶을 주시기를 바란다. 또한 이와 같은 기도로 참된 부흥 운동과 선교의 운동이 일어나기를 기원한다.”

제 2차 대각성 운동 및
그 후의 부흥운동

1. 예일대학교 등 뉴잉글랜드에서 일어난 각성운동

18세기 말엽부터 미국, 뉴잉글랜드에서 소위 "두 번째 대각성 운동"(Second Great Awakening)이라고 불리우는 부흥운동이 일어났다. 요나단 에드워즈(Jonathan Edwards)의 외손자 디모데 드와이트(Timothy Dwight)가 1795년 예일 대학교의 총장이 되면서 예일 대학교 학생들 가운데 신앙의 각성이 일어나기 시작했다. 드와이트의 도전적인 복음적 설교가 학생들의 마음을 크게 감동하여 1802년에는 전교 학생의 1/3이 공중 앞에서 회개하며 그리스도에 대한 신앙을 고백했다.1)

1806년에는 윌리암스 대학교(Williams College)에서 괄목할만한 복음적 각성과 선교운동이 일어났다. 다섯 명의 학생이 단풍나무 숲에 모여 함께 기도하곤 했는데, 1806년 여름 어느 날 함께 모여 기도하던 중 갑자기 소나기가 내려 비를 피하기 위해 건초더미 밑으로 들어가게 되었다. 건초더미 밑에서 기도하는 가운데 5명의 학생이 선교에 대한 열정에 불붙게 되어, 이교 세계의 복음화를 위한 헌신을 서로 다짐하게 되었다. 이 건초더미 밑에서 일어난 기도와 선교의 불길은 그 후 계속

---

1) See J. Edwin Orr, *The Light of the Nations: Evangelical Renewal and Advance in the Nineteenth Century* (London: Paternoster Press, 1965), p. 22.

뉴잉글랜드의 여러 대학교 안에(Andover, Princeton, Washington, Amherst 등등) 복음의 각성과 선교운동을 불러 일으켰는데, 부흥운동 연구의 권위자인 오르(Orr) 박사는 지적하기를 "이 건초더미 확약(Haystack Compact)으로부터 현대 미국 선교운동이 태동되었다"고 강조해서 말했다.2)

2. 중남부 지역에서 일어난 각성운동

뉴잉글랜드에서 고요하고 진지한 부흥운동이 대학생들 가운데서 일어나던 무렵 알리게니(Allegheny) 산맥 서부의 개척지 즉 켄터키, 테네씨, 오하이오주 등 미국 중남부 지역에서는 보다 열광적인 부흥운동이 일어나고 있었다. 1797년 켄터키주 남부 지역에 모여 살던 불량배들이 스코틀랜드계 장로교 목사 매그리디(James McGready)의 도전적인 설교를 듣고 회개하면서 부흥운동이 일어나기 시작했다.3)

1799년에도 켄터키 주 남부에서 괄목할 만한 부흥운동이 다시 일어났는데 이 때에는 장로교, 감리교 및 침례교의 목사들이 매그리디 목사와 합세했다. 그리고 이 때의 부흥집회에서는 극심한 감정적 폭발현상이 동반했다. 1800년에는 곳곳에 천막집회가 열리게 되었고, 1801년에는 켄터키 주 동북부 케인 릿지(Cane Ridge)에서 대부흥운동이 일어났다. 1801년 8월에 열린 케인 릿지 천막집회는 한 주간 동안 계속되었는데 많이 모일 때에는 20,000여 명이 집회에 참석했다. 감정적인 흥분과 육체적 기현상이 동반되었는데 "죄책으로 말미암은 신음과 비명소리 그리고 기쁨에 사무친 고함소리가 뒤범벅되었으며" 대부분의 사람들이 감정에 북받쳐 "넘어지고"(falling) 또는 "진동"(jerking)했으며 어떤 사람들은 "소리내어 짖고"(barking), "달리고"(running), "뛰고"(jumping), 또는 "무아지경에 빠지기"(trancing)도 했다.4) 켄터키 주의 부흥

---

2) *Ibid.*
3) See *ibid.*, p. 25; Latourette, *The Great Century*, Vol. 4, p. 19.
4) See *ibid.*, p. 193.

운동은 테네씨 주, 서부 캐롤라이나 주, 조지아 주 및 오하이오 주에까지 계속 퍼져 나갔는데 이 부흥운동으로 인하여 서부의 교회들이 괄목할 만한 성장을 경험하게 되었다.

3. 영국에서 일어난 각성운동

19세기 초 미국 곳곳에서 일어난 천막집회와 부흥운동에 대한 소식이 영국에 전해지자 영국에서도 비슷한 부흥운동이 일어나기 시작했다. 젊은 감리교인 휴 번(Hugh Bourne)은 미국에서 일어난 부흥운동에 대한 소식을 듣고 크게 감동되어 1805년경부터 부흥 집회를 인도하기 시작했다.5) 1807년 감리교 총회가 옥외 천막집회를 금했음에도 불구하고 휴 번은 계속 옥외집회를 인도하며 부흥운동을 크게 일으켰는데 결국 감리교에서 출교를 당해 "원시 감리교단"(Society of Primitive Methodists)을 창설하게 되었다.

원시 감리교단은 급격히 성장하여 반세기 안에 15만 여명의 신도를 가지게 되었고 영국 교회와 사회에 깊은 영향을 미쳤다. 19세기 중엽 원시 감리교회에 의해 개종하여 위대한 설교자가 된 사람이 유명한 찰스 스펄젼(Charles H. Spurgeon)이었다. 그는 원시 감리교단에 머물러 있지 않고 침례교단에 가입하여 평생을 칼빈주의적 신학적 확신을 가지고 복음을 전하는 가운데 영국 교회에 큰 부흥을 가져왔다.6)

4. 피니의 각성운동

미국에서 일어난 "두 번째 대각성운동"의 제 1기를 18세기 말엽부터 1812년까지로 잡고, 제 2기를 1822년부터 1842년까지로 잡는데 제 2기의 부흥운동을 이끌어간 뛰어난 지도자가 찰스 피니(Charles G. Finney)였다.7)

---

5) See J. E. Orr, *The Light of the Nations*, pp. 29f.
6) See *ibid.*, p. 30.
7) See *ibid.*, p. 54.

피니는 1792년 코넥티컷 주에서 태어났으나 그의 가족이 뉴욕주 서부로 이사가게 되어 그곳에서 법률 교육을 받아 총명하고 유망한 청년으로 인정을 받게 되었다. 그는 홀로 성경을 연구하고 기도하다가 중생의 체험을 가지게 되었는데(29세 때) 1824년경부터는 전도집회를 인도하기 시작했다. 그의 설교는 능력이 있어 청중들로 하여금 죄를 뉘우치고 그리스도를 영접하게 만들었는데 1830년 뉴욕 주 롯체스터에서 가진 전도집회 때는 롯체스터 시민 10,000여 명의 1/10이 회개했고 1,200명이 교인으로 새로 등록하게 되었다. 뉴욕 주 서부에서 시작된 피니의 부흥운동은 보스턴, 뉴욕 시, 필라델피아 등 미국의 대도시에까지 널리 퍼지게 되었는데 1831년 한 해 동안에 십만 여 명의 새 신도가 생기게 되었다.8)

피니는 1836년 오벌린(Oberlin) 대학교의 신학교수가 되었고 1851년에는 학장이 되었는데 그는 계속 설교와 교수에 종사하며 여생을 보냈다. 피니가 사용했던 전도방법의 특징은 개인의 자의적 회개와 헌신을 강조하면서 전도를 위한 수단 방법을 최대한으로 이용하는 것을 정당화 한 점이다. 피니의 적극적이고 "인위적"인 "새로운 전도 방법"(New Measures)이 그 방법을 따르는 자들 중 성령에 사로잡힌 자들에게는 큰 성과를 가져오게 했지만, 수단 방법에만 지나친 관심을 기울인 직업적 전도자들에게는 전도를 한갓 감정주의와 사업주의로 전락시키는 결과를 초래하기도 했다.9)

5. 그 후에 일어난 부흥운동

1857년과 1858년에는 뉴욕시의 실업인들 가운데서 "기도회"를 통한 부흥운동이 일어났는데 이 부흥운동은 점차 미국 전역과 캐나다에까지 널리 퍼지게 되었다.10)

---

8) See *ibid.*, pp. 58f.
9) See *ibid.*, p. 60.
10) See *ibid.*, pp. 101~109.

19세기 후반기 부흥운동을 이끌어간 뛰어난 지도자는 디 엘 무디 (Dwight Lyman Moody)였다.[11] 피니가 훌륭한 교육을 받은 학자였음에 비해 무디는 무식한 구두 수선공이었으나, 전도에 대한 열의로 가득 찬 점에서 두 사람은 일치했다. 무디는 1857~1858년 시카고에서 일어난 부흥운동에 크게 감화를 받아 1858년 시카고에서 주일학교(Sunday School)를 시작하여 전도에 종사한 결과 큰 성과를 거두었다. 1860년에는 판매원 직업을 포기하고 전도운동에만 전적으로 헌신했고 YMCA 운동에 적극 참여했다(1865년에는 시카고 YMCA의 회장이 됨).

무디는 1867년에 영국에 가서 스펄젼, 뮐러 등의 복음주의 지도자들과 사귀는 가운데 1868년에는 무어하우스(Moorhouse)의 설교에 큰 감명을 받아 설교자로서의 획기적인 전환점을 가지게 되었다.[12] 1870년에는 쌩키(Ira Sankey)를 만나게 되는데 그는 무디의 전도집회 때마다 찬송을 불러 그의 전도사역을 도왔다. 1871년 뉴욕 집회 때 무디는 성령의 부으심을 강하게 체험했다. 1972년부터 1975년까지 두 번째 영국을 방문하여 영국을 비롯하여 스코틀랜드에 큰 부흥 운동을 일으켰다. 런던에서의 집회는 거의 20주간 계속되었는데 총 250여 만 명이 집회에 참석했다. 무디의 전도운동이 영국 사회에 미친 영향이 매우 심각했으니 공산주의 이론의 창시자의 한 사람이었던 엥겔스(Engels)는 당시의 전도운동을 평하여 영국의 중산계급이 무산대중을 지배하기 위해 미국의 부흥운동을 수입한 음모에 불과하다고 했다.[13] 스코틀랜드에서의 전도운동은 6개월 안에 "국내에서 가장 강한 종교세력"으로 발전했으며 에딘버러 대학생들에게 깊은 감화를 끼쳤는데 그 중 헨리드러먼드(Henry Drummond)는 그 후 영미 학생운동에 크게 공헌했다.[14]

무디는 1875년 미국에 돌아와 부르클린, 필라델피아, 뉴욕시 등 대도

---

11) See *ibid.*, pp. 190~199.
12) See *ibid.*, p. 191.
13) See *ibid.*, p. 192.
14) See Hogg, *Ecumenical Foundations*, p. 85.

시에서 전도집회를 개최했는데 수만 명이 참석하여 큰 성과를 이루었다. 1876년에는 시카고에서, 1877년에는 보스톤에서 집회를 인도했고 1880~1881년에는 태평양 연안에까지 전도집회를 인도했다.15)

무디는 1881년에서 1884년까지 세 번째 영국을 방문하여 에딘버러, 글라스고우, 캠브리지, 런던 등지에서 큰 부흥운동을 일으켰고, 1882년 캠브리지 방문시 스터드(C. T. Studd)를 비롯한 "캠브리지 7인"이 복음사역에 헌신했는데 이들은 영미 학생운동에 큰 공헌을 했다.16)

무디는 1885년부터 미국 각지에서 전도집회를 인도했고 특히 1886년에는 메사츄셋트의 헐몬산에서 두 주간 동안 대학생 집회를 가졌는데 이 집회에서 100여 명의 대학생들이 복음사역에 헌신했다.17)

무디는 1893년에 시카고에서 대전도집회를 개최했는데 200여 만 명이 집회에 참석했다. 1899년 11월 미조리주 켄사스시에서 무디는 그의 마지막 집회를 인도했는데 이때의 전도집회는 성공회, 침례교, 회중교, 감리교, 장로교 등 여러 교파의 대표들로 구성된 위원회에 의해 진행되었다. 피로에 지친 무디는 동료에게 "40여 년 동안 설교를 해 오는 동안 집회를 그만 두어야 했던 일은 이번밖에 없었다"고 이야기하고 집에 돌아가 잠시 머뭇거리다가 세상을 떠났다(1899년 12월 22일).18)

피니와 무디가 일으킨 부흥운동은 미국 및 영국 교회의 큰 각성과 발전을 초래했을 뿐 아니라 부흥운동의 감화를 받은 수 백여 명의 전도자들은 마치 13세기의 프랜시스칸이나 도미니칸 회원들처럼 세계 각곳에 흩어져 그리스도의 복음을 전파했다.19)

---

15) See Orr. *The Light of the Nations*, p. 193.
16) See Hogg, *Ecumenical Foundations*, p. 85.
17) See *ibid.*, p. 86.
18) See Orr, *The Light of the Nations*, p. 195.
19) See Latourette, *The Great Century*, vol. 4, p. 35.

한국 교회의 바람직한 영적 각성운동

범죄한 인류의 인간 역사 가운데 영적 각성운동이 시대마다 일어났던 사실을 우리는 발견한다. 기독교적 영적 각성 운동이란 본래 영적 존재로 지음 받은 인간이 범죄, 타락하여 "육체"가 된 상태에서 하나님의 사람들과 성령의 사역으로 말미암아 그의 영성이 소생, 회복되어 하나님과의 관계 및 인간과의 관계를 정상화하여 하나님의 임재 앞에서의 본래적 삶을 살게되는 것을 의미한다고 하겠다.

기독교 역사를 돌이켜 볼 때 시대마다 일어났던 영적 각성운동들은 개인 개인의 삶의 영역 뿐 아니라 사회 및 문화 일반의 광범한 삶의 영역에 지대한 영향을 미쳤던 것을 발견한다. 대화와 사회 정의 구현에 주 관심을 가지고 한국 교회와 사회에 큰 공헌을 끼쳐 온 "크리스찬 아카데미"가 뒤늦게나마 영적 각성운동의 중요성을 인식하며 25주년 기념강좌에서 영적 각성운동을 하나의 발제 주제로 선정하게 된 것은 소망스러운 일이라 아니할 수 없다. 앞으로 한국 교회는 "영적 각성이냐?" "사회정의 실현이냐?"의 극단적 이분법 도식을 지양하고, 양자간의 정당한 관계와 필연적 통일을 설정하고 정립하는 시대적 "복음화" 또는 "기독교화"의 과업을 힘있게 추진해 나가야 할 것이다.

필자는 본 장에서 성경 및 교회사에 나타난 영적 각성운동들의 특성들을 간략하게 기술한 후, "오늘의 한국 교회에 있어서 바람직한 영적 각성운동의 방향"을 모색해 보려고 한다.

1. 성경에 나타난 영적 각성운동

신·구약 성경에 나타난 대표적 영적 각성운동은 사도행전 2장에 기술된 "오순절 영적 각성운동"이라고 하겠고, 그것은 예표적으로 기술한 에스겔 37장의 "마른 뼈들의 소생 사건"이라고 하겠다. 이 두 사건들의 특징들을 기술하면 다음과 같다.

1) 영적 각성운동은 사람에 의해 계획되고 초래되는 것이 아니라 하나님 자신에 의해 계획되고 성취된다.

에스겔 37장에 보면 "내가 살리리라"라는 하나님의 말씀이 반복되어 있고 요엘서 2장에도 "내가 내 신을 부어 주리라"는 하나님의 약속의 말씀이 반복되어 기록되어 있다. 사도행전 1:4에서도 예수님이 수일 후에 도래할 오순절 영적 각성운동을 언급하면서 그것은 이미 아버지와 자신이 계획하시고 약속한 것이라고 밝혔다. 기독교적 영적 각성운동은 사람이 조작하는 것이 아니라 하나님이 만들어 내는 것이다.

2) 영적 각성운동은 하나님의 사람들에 의해서, 그리고 무엇보다 성령의 사역에 의해서 초래되고 성취된다.

성령의 사역은 하나님의 말씀 선포와 함께 나타난다. 에스겔 37장에 묘사된 마른 뼈의 소생 사건은 선지자 에스겔의 하나님의 말씀 선포 사역과 하나님의 신의 부어주심의 사역에 의하여 일어났다. 사도행전 2장에 묘사된 오순절 영적 각성운동도 사도 베드로의 하나님의 말씀 선포와 성령의 강림으로 일어났다. 영적 각성운동에 있어서 말씀과 성령은 필수적이다. 예수님은 요한복음 14장에서 양자간의 불가분적 관계를 분명하게 지적했다.

3) 영적 각성운동은 일반적으로 초자연적 및 영적 은사 현상을 수반한다.

에스겔 37장의 경우 아주 마른, 심히 많은 뼈 무더기가 소리를 내어 움직이며 이 뼈 저 뼈가 들어맞아서 힘줄이 생기고 살이 오르며 살아나 큰 군대를 이룬 것은 초자연적 사건들 중의 초자연적인 사건이요 생명을 공급하시는 영적 은사들 중의 은사라고 하겠다. 사도행전 2장의 경우, 다락방에 모였던 120여 명의 제자들이 하늘로부터 내려오는 급하고 강한 바람 같은 소리와 불의 혀같이 갈라지는 것에 사로잡혀 다른 방언으로 말하게 된 것은 초자연적 및 영적 은사 현상이었다고 하겠다.

4) 영적 각성운동은 무엇보다 먼저 죽었던 사람들이 살아나 하나님을 만나는 체험의 사건이라고 하겠다.

하나님으로부터 멀리 떠났던 인간들이 하나님께로 돌아가는 사건이요, 하나님에 대해서 무지했던 인간들이 하나님을 알게되는 사건이라고 하겠다. 에스겔 37장은 이 사건을 "너희가 살리라. 또 나를 여호와인 줄 알리라"고 묘사했고, 사도행전 2장은 이 사건을 "하나님의 큰 일을 말함을 듣는도다"라고 묘사했다. 베드로는 "하나님이 살리신지라," "하나님이 주와 그리스도가 되게 하셨느니라"고 고백하며 하나님이 하신 일을 힘있게 증거했다. 저들의 입에서 터져 나온 방언은 사람들 사이의 막혔던 담이 무너져 의사 소통이 자유롭게 이루어진 것을 말하는 동시에, 하나님과의 막혔던 담이 무너져 하나님을 향한 영혼의 고백과 기도와 찬양이 자유롭게 쏟아져 나온 것을 의미한다. 영적 각성운동으로 말미암아 하나님을 직접 볼 수는 없었지만 하나님의 임재와 일하심을 생생하게 체험하게 되었고 하나님과의 의사 소통이 친밀하게 이루어지게 되었다.

5) 영적 각성운동은 또한, 이미 위에서 지적한대로 사람과 사람이 새롭게 만나는 화목과 교제의 사건이라고 하겠다.

에스겔 37장의 경우 "이 뼈 저 뼈가 들어맞아서 뼈들이 서로 연락하더라"고 했는데 이는 죄와 미움으로 갈라졌던 형제와 동포들이 화목하여 연결되는 모습을 상징했고, 사도행전 2장의 경우 120여 명은 물론

3,000여 명의 새로운 신자들이 "서로 교제하며 떡을 떼고" "날마다 마음을 같이 하여 모이기를 힘썼다"고 묘사한 것은 시기와 교만과 미움으로 갈라졌던 유대인들과 지중해 지역 각 나라에서 온 이방 사람들이 하나가 되어 서로 친밀하게 만나게 된 것을 기술한 것이라고 하겠다.

6) 영적 각성운동은 신자들의 각성으로 교회가 부흥하고 갱신되는 것을 의미한다.

에스겔 37장의 경우 마른 뼈들이 큰 군대를 이루었다고 한 것은 하나님의 백성의 공동체 또는 교회의 부흥과 확립을 상징했고, 사도행전 2장의 경우 "저희가 사도의 가르침을 받아 서로 교제하며 떡을 떼며 기도하기를 전혀 힘썼고" "믿는 사람이 다함께 있어 모든 물건을 서로 통용하고 또 재산과 소유를 팔아 각 사람의 필요를 따라 나누어주었다"는 것은 참된 교회의 설립과 부흥과 갱신의 모습을 기술했다고 하겠다.

7) 영적 각성운동은 끝으로 개인의 중생과 교회 갱신의 결과 사회와 문화와 역사의 영역이 복음의 능력으로 변혁되어 그 가운데 하나님의 통치가 이루어지게 됨을 의미한다.

에스겔 37장의 경우 마른 뼈 소생과 큰 군대 형성의 영적 각성 사건은 결국 그 땅에 만연했던 우상숭배와 성적 부도덕과 불의와 착취 등의 죄악의 세력을 몰아내고 그 곳에 그 대신 하나님 경외와 도덕적 순결과 공의와 사랑의 새로운 가치관에 기초한 하나님 나라 건설을 지향하고 있었다. 사도행전 2장의 경우 예루살렘에서 시작한 영적 각성운동은 유대와 사마리아와 가이사랴와 안디옥과 소아시아와 마게도니아를 거쳐 로마에 이르면서, 희랍 로마인들의 이교적 사회 문화관을 뒤집어엎고 하나님 경외와 도덕적 순결과 공의와 사랑의 삶의 가치관에 기초한 새로운 기독교적 사회, 문화 및 역사관을 창조하는 것을 지향했고 또 그것을 실제로 실현했다고 하겠다. 크리스토퍼 도손이 지적한대로 기독교 발생 이후 처음 300여 년 동안 기독교는 희랍, 로마의 이교 문화를 변혁시켜 기독교 문화를 창달하는 데 성공했다고 하겠다.

2. 교회사에 나타난 영적 각성운동

2천 년 교회 역사를 돌이켜 볼 때 가장 괄목할만한 영적 각성운동은 1730년대 요나단 에드워즈(Jonathan Edwards)에 의해서 미국 뉴잉글랜드 지방에서 일어난 "대각성운동"(Great Awakening)과 1907년 길선주 목사 등에 의해 평양에서 일어난 "사경회 부흥운동"이라고 하겠다. 이 두 각성운동의 공통적 특성을 기술하면 다음과 같다.

1) 영적 각성운동은 하나님에 의해 초래되고 성취된다.

대각성운동의 주역이었던 요나단 에드워즈는 신비로운 경외감을 가지고 고백하기를 1734~1735년에 일어난 각성운동은 전적으로, 그리고 직접적으로 하나님에 의해서 주어졌고 전적으로 하나님의 주권에 의해서 갑자기 중단되었다고 했다. 에드워즈는 하나님의 주권에 사로잡혔던 사람이었다. 각성운동은 절대로 사람이 조작할 수 없고 하나님만이 주권적으로 이루시는 것이라고 그는 거듭 거듭 강조했다.

1907년 사경회 부흥운동의 경우도 마찬가지였다. 나라 잃은 조선의 교회 지도자들과 신자들이 한 곳에 모여 말씀을 경청하며 두 손들고 하늘을 우러러보았을 때, 블래어(Blair) 선교사가 기술한대로, 그들은 가장 비참하고 가장 무능한 사람들 이외에는 아무 것도 아니었다. 블래어 선교사가 지적한대로, 바로 그와 같은 비참하고 무능하고 깨어진 조선 사람들의 가슴 가슴에 하늘로부터 하나님의 도움의 손길이 강하게 임했던 것이었다. 도무지 기대할 수 없었고 상상할 수 없었던 놀라운 축복이 하늘로부터 임했다. 영적 각성운동은 사람이 만들어내는 것이 아니라 하나님이 주권적으로 거저 주시는 것이다.

2) 영적 각성운동은 하나님의 사람들에 의해서, 그리고 성령의 사역에 의해서 초래되고 성취된다.

요나단 에드워즈는 7살 때부터 기도하고 전도하는 일에 힘썼고 17살

때에는 하나님의 주권에 사로잡히는 신비로운 영적 체험을 가졌으며 그 후에도 그와 같은 체험을 계속했는데 결국 에드워즈의 사역과 그가 표현한대로 "하나님의 영을 쏟아 부으심" 또는 "하나님의 축복의 소나기"의 사역에 의해 1734년부터 영적 대각성운동이 폭발하여 퍼져나갔던 것이었다.

1907년 평양에서 일어났던 사경회 부흥운동도 이미 수년 전부터 새벽 기도에 열중하던 길선주 목사와 같은 기도의 사람들에 의해서 그리고 블래어 선교사가 기술한대로, "하늘로부터 큰 강물의 폭포와 같이 쏟아져 내린" 성령의 강력한 역사에 의해 이루어졌다고 하겠다.

3) 영적 각성운동은 초자연적 및 영적 은사 현상을 수반한다.

1734년부터 일어난 대각성운동에는 극단적인 신비 현상이 나타나지는 않았으나 에드워즈 자신이 기술한대로 그의 말씀을 경청한 신자들은 "그들의 가슴에 폭탄이 터지는 듯한 충격"을 받았고 하나님의 무서운 심판 선고에 "무서워 떨며 탄식하고 흐느끼기도" 했으며 "마을이 하나님의 임재로 충만한 것같이 보이는" 현상이 곳곳에서 일어났다. 그러나 1800년부터 일어난 제 2차 각성운동 때에는 "넘어지고 진동하고 소리내어 부르짖고 무아지경에 빠지는" 감정적인 흥분과 육체적 기현상이 동반되기도 했다. 1907년의 사경회 부흥운동도 극단적인 신비 현상이 수반되지는 않았지만 성령의 감동에 못이겨 마루바닥 위에 뒹굴고 마루를 치고 가슴을 치며 죄를 자복하는 통회 자복운동과, 시기와 미움으로 가득 찼던 교역자와 신자들의 마음속에 사랑과 기쁨과 겸손으로 채워지는 영적 변화가 수반된 운동이었다.

4) 영적 각성운동은 죽었던 사람들이 살아나 하나님을 만나는 체험의 사건이다.

1730년대의 대각성운동의 주된 특징은 통회 자복에 따른 구원과 하나님 만남의 체험이었다. 에드워즈가 기술한대로 각성운동이 일어난 곳곳의 마을들은 하나님의 임재 의식으로 충만했다. 1907년 사경회 부흥운동의 특징도 통회 자복에 따른 구원과 하나님 만남의 체험이었다고 하겠다. 부흥운동이 확산되는 곳마다 하나님 임재와 경외의식이 증진되었다.

5) 영적 각성운동은 사람과 사람이 새롭게 만나는 화목과 교제의 사건이라고 하겠다.

에드워즈가 기술한대로 대각성운동의 시기는 "가정마다 그들 위에 임한 기쁨을 누리는 때였다. 부모들은 새로 태어난 자녀들로 인해 즐거워했고 남편들은 아내들로 인해, 아내들은 남편들로 인해 즐거워했다." 1907년 사경회 부흥운동의 특징의 하나도 시기하고 미워하던 사람들이 자신들의 죄를 피차 자복하며 교제의 손을 서로 내어 밀고 붙잡은 화목의 사건이었다. 선교사들은 한국 목사들에게, 한국목사들은 서양 선교사들에게 교제의 손을 내어 밀었고, 집안의 일꾼들은 집주인에게 거짓과 미움의 잘못을 부르짖어 고백하며 용서와 용납을 요청하는 손을 내어 밀었다. 어떤 선교사가 기술한대로 사경회 부흥운동 이후 한국 교회는 화목과 사랑의 분위기로 바뀌어졌다.

6) 영적 각성운동은 교회가 부흥하고 갱신되는 것을 의미한다.

1, 2차 각성운동으로 뉴잉글랜드와 남부지역에는 교회 부흥과 교회 갱신운동이 괄목할만하게 일어났다. 그리고 한국 교회에 있어서 1907년의 영적 각성 운동은 교회 갱신과 교회성장의 출발과 기초가 되었다. 1907년 부흥운동 이후 10년 안에 한국 교회는 4배로 증가했다. 부흥운동은 한국 교회로 하여금 열심히 성경을 읽고 뜨겁게 기도하며 헌신적으로 전도 봉사하는 아름다운 교회의 모습을 갖추게 만들었다.

7) 영적 각성운동은 사회와 문화와 역사의 영역이 변혁되어 하나님의 통치와 기독교 문화를 실현하게 됨을 의미한다.

요나단 에드워즈의 각성운동은 1749년 이후에 인디언들의 인권과 복지를 향상하게 했고 그의 지성적 및 사회 문화적 활동은 미국 안에 기독교적 사회문화관을 형성하는 데 지대한 공헌을 했다. 한국의 경우 초기의 영적 각성운동은 구습을 개혁하고 미신을 타파하며 개화와 변혁을 가져오는 데 결정적인 역할을 했다. 구 한국의 개화는 기독교에 의해 비롯했다고 말해도 과언이 아니다.

3. 오늘의 한국 교회에 있어서 바람직한 영적 각성운동

1) 하나님에 의해 초래되고 성취되는 영적 각성운동

현대교회가 성령론과 영성에 대해 비상한 관심을 가지게 된 것은 당연하고 바람직한 일이라고 하겠다. 그러나 현대교회가 성령론과 영성을 한편으로는 지나치게 오순절파의 "은사현상"으로, 다른 한편으로는 보편주의적 "세계정신" 또는 "인간 정신의 현현"으로 이해하게 된 것은 문제점이라고 하겠다. 오순절파의 새로운 성령 이해가 침체된 현대 교회에 활력소를 제공하는 긍정적인 공헌을 한 반면, 현대의 오순절파 운동은 인위적인 노력과 추구로 누구나 원하기만 하면 성령의 세례와 은사들을 받을 수 있다는 인본주의적 입장을 격려하게 되었다.

희랍정교의 신학자 조지 코드(Gerge Khord) 대감독이 1971년 WCC 중앙위원회에서 행한 "다원세계 안에서의 기독교 – 성령의 경세"에서 보편주의적 성령론을 제창했는데, 코드는 타종교 안에서 역사하는 우주적 그리스도의 모습을 제시한 후 성령도 마찬가지로 세계역사 안에 보편적으로 역사한다고 주장했다. 코드는 주장하기를 "오순절의 결과로 모든 피조 세계는 이제 성령을 받을 수 있게 되었다. …… 그러므로 우리는 이제 비기독교적 종교들도 성령이 역사하시는 장소로 간주할 수 있게 되었다"(*Ecumenical Review*, xxii: 2, pp. 118~128.). 보편주의적 성령 및 영성 이해는 조지 코드, 사마르타(S. J. Samartha), 존 테일러(John Taylor) 등에 의해 현대 교회에 깊은 영향을 미쳤다. 그 결과 급진주의적 자유주의 교회는 물론 일부 행동적 복음주의 교회들도 성령과 영성을 세계와 역사 안에서 보편적으로 역사하는 것으로, 즉 인간의 필요에 대한 민감성을 증진시키는 행위와, 사회를 보다 의롭고 평화롭게 건설하는 행위와, 그리고 사람으로 하여금 보다 큰 자유를 누리며 살게 하는 행위 가운데 나타나는 것으로 이해하게 되었다. 김경재 교수도 이와 같은 맥락에서 영성 훈련을 범 종교주의적 문화신학에 기초한 인간화 내지 사회화로 정의했다. 즉 김 교수는 참된 영성은 "전인적인 것이요, 인간의 삶 전체 영역에 관한 것"이고 영성 훈련의 핵심은 "영성의 사회성"이라고 지적하면서 영성 신학은 전통적인 서구 기독교사의 한계에 머물지 말고 동서문화, 종교사상의 풍부한 자료를 동시에 연구 개발해야 한다고 강조했다. 그리고 그것은 구체적으로 선, 요가, 관상 등을 통한 필요하고 유익한 영성훈련 방법을 연구 개발하는 일이며, 전국의 사찰, 성당을 순례하며 카톨릭의 피정, 불교의 하안거를 모방하는 일이라고 했다(「크리스챤 신문」, 1984년 2월 18일 참조).

오늘의 한국 교회에 있어서 바람직한 영적 각성운동은 오순절파적 인위적 "은사현상"이나 보편주의적 "인간정신 현현"의 차원을 넘어서는 하나님에 의해 초래되고, 하나님에 의해 성취되는, 참된 영적 각성운동이어야 할 것이다. 따라서 하나님이 주시는 참된 영적 각성운동이 일어나기 위해서는 무엇보다 먼저 하늘을 바라보며 하늘로부터 주시는 아버지의 약속하신 성령의 은혜를 사모해야 할 것이다.

2) 하나님의 사람들과 성령에 의해 일어나는 영적 각성운동

현대 교회가 영성을 추구하면서도 한편으로는 감정적 체험을 통한 은사 현상을 추구하고 다른 한편으로는 중세 수도원이나 일부 타종교들이 채용하던 침묵, 묵상, 절제, 나눔, 공동체 생활 등 인위적 훈련이나 규율과 제도 등을 통한 인간성 개발을 추구하는 것은 문제라고 하겠다. 찰스 피니는 일찍이 부흥과 영적 각성이 인위적 노력과 방법으로 일어날 수 있다고 주장했고, 빈세트 필이나 로버트 슐러도 같은 입장을 내세웠다. 최근 WCC 계통의 급진주의 교회들이 그룹 다이나믹이나 문화

사회 공동체적 체험을 통한 인간의 심성 개발을 영성 개발과 동일시하며 이를 추구하는 것은 심각한 문제라고 하겠다. 영적 각성운동은 훈련된 조교나 짜여진 프로그램에 의해서 일어난다고 하기보다는 하나님의 사람들과 성령의 사역이라는 매개로 일어나는 것이라고 하겠다.

따라서 한국 교회가 추구해야 할 영적 각성운동은 무엇보다 먼저 하나님의 사람들에 의해서 야기되고 성령의 사역에 의해서 성취되는 참된 영적 각성운동이어야 할 것이다. 참된 영적 각성운동이 일어나려면 무엇보다 먼저 하나님의 사람들, 기도의 사람들이 일어나야 한다.

3) 균형 잡힌 영적 각성운동

현대 오순절파적 성령운동이 지나치게 초자연적 은사현상을 추구하는 것은 문제라고 할 수 있으나 그렇다고 영적 각성을 추구하면서 은사현상을 전면적으로 거부하고 배제하는 것도 성령의 사역을 나의 신학의 틀에 제한시키는 잘못을 범하는 것이라고 하겠다. 한국 교회는 영적 은사 위주의 영성 개발을 지양하여야 할 것이지만 동시에 방언, 치유, 환상 등의 은사 현상을 절제된 형태로 용납하고 포용하는 균형 잡힌 영적 각성운동을 추구하여야 할 것이다. 즉 모든 은사 현상이 성경의 가르침에서 벗어나거나 위배되지 않고, 은사 현상이 지나치게 치중되지 않을 때, 그것은 영적 각성운동의 하나의 건전한 요소가 될 수 있는 것이다.

4) 하나님 만남의 체험을 중심으로 삼는 영적 각성운동

한국 교회가 추구하여야 할 영적 각성은 무엇보다 먼저 하나님 만남의 체험과 하나님과의 교제를 중심으로 삼는 하나님 중심적 각성운동이 되어야 할 것이다. 현대인과 현대 교회의 근본적 문제는 하나님 상실과 하나님으로부터의 소외에 있다고 하겠다. 현대인은 물질적 부요와 현세적 쾌락을 획득한 데 비해 하나님을 상실하고 하나님으로부터 유리되었다고 하겠다. 현대 교회는 라오디게아 교회처럼 부요해졌고 교회의 조직과 사업이 전문화되었지만 하나님의 임재 앞에서 사는 경건 생활이 극히 빈약해졌다고 하겠다. 결국 현대 교회는 영적 체험을 추구하면서도 감정적 또는 심리적 체험을 얻는데 그리고 인격적 하나님을 만나고 그 분의 임재와 주권 아래서 사는 하나님 중심적 삶을 사는 데는 미치지 못하고 있다고 하겠다. 영적 각성운동을 통한 하나님 임재 의식의 회복이 요구된다.

5) 교제와 연합을 실현시키는 영적 각성운동

한국 교회의 가장 심각한 약점은 개인주의 및 이기주의라고 하겠다. 한국 교회는 영성을 추구하면서도 나와 하나님과의 수직적 관계 개발에만 치중하고 이웃과의 교제 개발에는 별로 관심을 기울이지 못했다. 최근 일부 급진주의 인사들은 구조변혁을 통한 사회의 영성을 말하면서 화해와 연합보다는 계층간의 갈등과 분열을 오히려 조장했다고 하겠다. 결국 한국 교회 안에는 개인주의와 개교회주의가 편만하게 되었고 분열과 분쟁이 극심하게 되었다.

한국 교회는 이제 개인주의와 개교회주의의 담을 무너뜨리고 교제와 연합을 실현시키는 균형 잡힌 본래적 영적 각성운동을 추구해야 할 것이다. 예루살렘 교회와 안디옥 교회가 영적 부흥으로 지역 및 인종간의 장벽을 무너뜨리고 그리스도 안에서의 성도의 교제를 실현시켰던 것처럼, 남북통일과 북한 복음화의 과업을 앞둔 한국 교회는 아직도 극복하고 해결하지 못한 지역감정, 계파감정 등을, 보다 철저한 영적 각성운동을 통해, 해소하고 승화시켜 교회와 국민 안에 화해와 연합을 이루어 나아가는 것이 시급하다.

6) 교회 부흥과 교회 갱신을 수반하는 영적 각성운동

오늘의 한국 교회가 필요로 하는 영적 각성운동은 교회 부흥과 교회 갱신을 수반하는 각성운동이 되어야 할 것이다. 개인의 이기적인 만족 추구와 영적 체험에 그쳐서는 안될 것이고 교회가 교회 되게 하며 그래서 순결과 하나됨과 평화로움을 되찾고 교회로서의 본래적 기능과 사명을 수행케 하는 교회 갱신적, 영적 각성운동이 요구되고 있는 것이다.

오늘의 한국 교회는 세속적 사치와 분파적 권위주의에 의해 극도로 타락하고 있다. 그리스도인으로서의 성결과 절제와 봉사와 희생과 사랑의 삶을 결하고 있으며 그 대신 탐욕과 더러움과 거짓과 분열과 갈등의 모습을 드러내며 따라서 사회와 소외 계층으로부터 불신과 비난을 받고 심지어는 정죄의 대상이 되기까지 했다. 사람들로부터 칭송을 받던 초대교회, 하나님의 충만한 임재 가운데서 말씀과 기도와 교제와 봉사에 전념했던 초대교회의 모습이 상실되고 말았다. 오늘 한국교회에 요청되는 각성운동은 교회를 개혁하는 교회 갱신적 각성운동이다.

7) 문화 변혁적 영적 각성운동

오늘의 한국 교회가 필요로 하는 각성운동은 사회와 문화와 역사적 삶의 영역을 변혁시키는 문화 변혁적 각성운동이 되어야 할 것이다. 처음 300년 동안의 초대 기독교는 그 영적 활력을 발휘하여 이교적 헬라, 로마 세계를 변혁시켜 기독교 문화를 창달하는 데 성공했고, 한국의 초대 기독교도 영적 각성운동의 여력으로 미신과 구습을 타파하고 개화와 기독교적 삶의 가치관을 가져오는 데 성공했다고 하겠다. 역사적으로 고찰해 볼 때 영적 각성운동은 반드시 사회와 문화의 변혁을 초래했다.

그런데 현대의 역사신학자들이 지적하는 대로 현대 기독교는 현대 문화를 변혁시킬만한 영적 능력을 상실했다. 오늘의 한국 교회도 한국의 사회를 변혁시킬만한 영적 능력을 상실했다. 오늘의 한국 교회도 한국의 사회를 변혁시킬만한 영적 능력을 상실해가고 있다고 하겠다. 너무나 세상과 동화되어 가고 있기 때문이다. 한국 교회 안에는 새로운 영적 각성운동이 일어나야만 한다. 그래서 사회를 변혁시키고 문화를 변혁시켜야만 한다. 검소와 절제와 봉사와 공의와 사랑에 기초한 기독교적 삶의 윤리관을 확립시킬 능력을 내포한 참된 영적 각성운동이 일어나야만 한다.

4. 영적 각성운동을 위한 구체적인 제안

위에서 거듭 지적한대로 영적 각성운동은 하나님이 주시는 것인 동시에 성령에 의해 움직이는 하나님의 사람들의 매개와 사역으로 이루어지는 것이라고 하겠다. 따라서 하늘을 바라보며 하나님의 신을 부어주시기를 간구하는 회개와 간구의 기도를 한국 교회가 연합하여 드려야함과 동시에 하나님의 사람과 하나님의 백성으로서의 영적 각성을 위한 준비와 훈련에도 진지한 관심을 기울여야 할 것이다.

1) 하나님의 종들은 감정적 흥분이나 인위적 확신에 의해 조작되어질 수 있는 "은사개발"이나, 그룹 다이나믹 또는 다문화 다종교적 영성훈련에 의해 초래되는 "인간정신 개발"에 빠지지 말아야 할 것이다. 그 대신 하나님의 신에 의해 붙잡히고, 하나님의 신에 의해 사용될 수 있도록, 그래서 하나님이 주시는 참된 영적 각성운동을 가져올 수 있도록, 성결과 겸손을 품고 하나님께 전적으로 매어 달리는 기도에 전념하여야 할 것이다.

2) 영적 각성을 사모하는 하나님의 백성들은 영적 각성운동이 우연히 또는 준비 없이 일어나는 것이 아니라, 준비되고 훈련된 자들에게 주어진다는 사실을 깨달아야 할 것이다. 예루살렘 다락방의 120여 명 제자들에게 영적 각성이 주어지기 전에 열흘 동안 함께 모여 준비하는 훈련의 기간이 있었다. 고넬료 집에 모였던 그의 친척과 친구들 위에 영적 각성이 주어지기 전에 저들이 모두 함께 모여 겸손한 마음으로 은혜를 사모하는 준비와 훈련의 기간이 있었다. 또한 새벽기도와 사경회를 통한 준비와 훈련의 기간이 있은 다음에 한국 교회에 1907년의 영적 각성이 주어졌다.

오늘의 한국 교회의 신자들은 준비하고 훈련받는 것을 귀찮아하고 싫어하게 되었다. 쉽게 믿고 쉽게 생활하는 것을 좋아하게 되었다. 물론 개인의 문제 해결과 개인의 영적 만족 또는 개교회의 경쟁적 발전을 위해서는 극성스러울 정도로 기도와 헌신과 봉사에 열중하는 것이 사실이다. 그러나 하나님의 보편적 교회의 부흥 갱신이나 하나님 나라의 보편적 확장이나 민족과 세계의 복음화를 염원하며 시간과 몸을 바쳐 준비하고 훈련하는 일에는 무관심하게 되었다고 하겠다. 한국 교회 신자들 하나 하나가 한국 교회 전체의 영적 각성을 위해 말씀 사모와 기도 실천과 공동체적 교제와 사랑의 실천을 구체적으로 실천하고 훈련하는 일이 필요하다.

3) 위의 두 가지 일을 보다 효과적으로 실천하기 위해서 한국 교회는 개교회 단위의 영적 각성훈련을 시도하는 한편, 목회자들을 위한 또는 평신도들을 위한 연합적 영적 각성 집회를 마련하고 준비와 훈련을 격려하는 것이 바람직하다. 그리고 영적 각성을 체험한 그리스도인들로 하여금 가정과 사회 안에서 어떻게 구체적으로 생활하여야 하는가에 대한 윤리실천 집회를 개최하는 것도 바람직하다고 하겠다. 1985년부터 한국에 도입된 "케직 사경회" 운동 같은 것은 교회 안에 영적 각성과 바른생활 운동을 격려하고 확장해나가는 데 공헌할 수 있는 바람직한 연합집회라고 하겠다.

4) 영적 각성운동이 감정적 체험에 머무르지 않고 일상 생활에 구체적으로 뿌리내리게 하기 위해 한국 교회는 구체적인 사랑의 실천운동 즉 "헌혈운동," "소년소녀가장 돕기 운동," "장애자 격려운동," "사랑의 쌀 나누기 운동," "결식아동 급식운동," "탈선자 선도운동," "세계난민 돕기 운동" 등을 구체적으로 마련하고 이에 한국 교회가 연합하여 적극적으로 참여케 하여야 할 것이다. 이는 영적 각성운동을 가져오는 데 이바지 할 뿐 아니라 영적 각성운동이 균형 잡힌 모습으로 이루어져 나아가게 하는 데 큰 도움이 될 것이다.

5) 영적 각성운동이 한국 교회 안에 지속적으로 퍼져나가게 하기 위해서는 신학교가 신학생들의 영적 자질 향상을 위한 실천 프로그램을 개발하고 시행하는 것이 중요하다고 하겠다. 신학교는 이론신학 편중의 신학교육 교과과정을 지양하고 기도훈련, 금식훈련, 공동체 생활 훈련, 경건 서적 읽기, 전도 및 봉사훈련 등을 포함하는 교과과정과 캠퍼스 생활지침을 마련하는 것이 중요하다.

6) 성령은 생명의 영과 사랑의 영인 동시에 선교의 영이다. 영적 각성운동이 일어날 때 생명의 운동과 사랑의 운동이 일어나는 동시에 선교의 운동이 일어난다. 영적 각성운동이 올바로 발전하고 성취되게 하기 위해 한국 교회는 그 여력을 선교에 기울이며 구체적인 선교사 훈련, 파송 및 관리 프로그램을 연합적으로 개발하고 운영하고 제공해야 할 것이다.

맺는 말

한국 교회는 백 년의 역사를 지나오면서 괄목할만한 발전과 성장을 이룩했다. 한국과 세계를 향한 선교와 봉사의 사명을 감당할 만한 저력을 갖추게도 되었다. 사실 한국 사회와 세계 교회는 한국 교회가 선교와 봉사사역을 감당해 줄 것을 기대하고 있다. 남북통일의 민족적 과업을 앞둔 한국 교회에 주어진 사명은 참으로 막중하다고 하겠다.

그러나 오늘의 한국 교회는 자체 성장과 자기성취에만 관심을 기울이는 개교회주의와 세속주의의 심각한 문제에 빠져있다. 전적으로 하나님을 의지하는 것보다 어느덧 교회의 저력을 의지하게 되었고, 섬기려는 겸손의 자세 대신 주장하려는 자만의 자세를 지니게 되었다. 사회로부터의 신뢰를 상실해 가고 있으며 비난과 정죄의 대상이 되기도 한다.

한국 교회가 교회로서의 참 모습을 되찾고 교회로서의 시대적 사명을 감당하기 위해서는 새로운 영적 각성과 부흥을 경험해야만 한다. 한국 교회 안에 영적 각성운동이 새롭게 일어나야만 한다. 각성운동과 부흥운동은 하나님이 주신다. 그러나 준비된 하나님의 사람들을 통해서 주어진다. "아들과 성령을 보내신 하나님 아버지, 우리에게 아들과 성령으로 말미암아 영적 각성과 부흥을 주시옵소서! 무엇보다 먼저 우리 자신을 준비시켜 주시옵소서! 깨어진 마음과 겸손한 마음 그리고 사모하는 마음을 주시옵소서! 그래서 하나님의 뜻을 이루게 하시옵소서!"

자연신교운동(Deism)

자연신교는 17, 18세기 영국에서 일어난 자연종교의 체계를 의미한다. 그 선구자들 중에는 차론(P. Charron), 보딘(J. Bodin), 허버트(Herbert of Cherbury) 등이 있는데 허버트는 모든 종교가 공유하고 있는 다섯 가지 진리를 제시하기도 했다. 존 로크(J. Locke)는 그의 저서 『기독교의 합리성』을 통해 자연신교를 발전시켰고, 존 톨란드(J. Toland)와 마튜 틴달(M. Tindal)은 각각 『신비롭지 않은 기독교』와 『창조만큼 오래된 기독교』를 통해 자연신교의 체계를 완성했다. 자연신교가 영국에서는 큰 영향을 미치지 못했으나 프랑스에서는 볼테르(Voltaire)나 루소(Rousseau) 등을 통해 그 영향을 널리 미쳤다.

자연신교가 창조주를 부인하므로 결국 모든 개인적 종교신앙을 침해하게 되자 심한 반발을 불러 일으켰는데 조셉 버틀러(J. Butler)는 『종교의 유비』를 통해 계시종교를 받아들이는 데 있어서 직면하는 난점이상의 난점이 자연종교를 받아들이는 데 있어서도 존재한다고 지적했다.

1. 배경

자연신교운동의 배경으로 영국의 중용적(via media) 및 합리주의(rational) 신학운동을 들 수 있다.

1) 리차드 후커(Richard Hooker, 1600)

후커는 엘리자베스 여왕 치세 말기 영국국교(Anglicanism)를 가장 유능하게 대변한 사람이었다. 청교도들을 반대하여 영국 교회의 감독 제도를 변호하면서 성경(Scripture)뿐 아니라 전통(tradition)과 이성(reason)의 권위를 아울러 내세웠다. 즉 감독정치는 1,500여 년 동안 지배적 형태의 교회정치였고(전통), 교회질서 유지에 가장 적절한 정치 형태이므로(합리적) 가장 좋은 형태라고 주장했다.

2) 캐롤라인 신학자들(Caroline Divines)

17세기 영국국교의 신학자들로 중용의 길을 취하며 후커와 마찬가지로 성경, 전통, 이성을 강조했다. 그들은 자신을 개신교도로도 로마 캐톨릭 교도로도 간주하지 않았다. 그러나 그들은 로마의 권위를 독재적이라고 판단하며 이를 부인했다. 그들은 또한 청교도들의 성경강조도 성경숭배(bibliolatry)라고 규정하며 이를 거부했다. 그들은 균형 잡힌 종교관(a balanced religious outlook)과 실제적 삶에 관심을 가졌다. 그들은 1625년부터 1700년까지 특히 찰스 1세(Charles I, 1625~1649) 치세 때에 크게 활약했다(L. Andrews, T. Barlow, W. Laud, R. Sanderson 등).

3) 캠브리지 플라토주의자들(Cambridge Platonists)

크롬웰 공화정과 스튜워드가의 왕정 복고(1660)시대 캠브리지 대학에서 활동한 신학자들(철학자들)로 극단적인 국교의 입장(Laudianism)과 극단적인 청교도 주의(Calvinism)를 모두 배격하고 중용의 길을 택하며 신앙의 합리성을 강조했다.

이성(reason)과 신앙(또는 계시)은 모순되지 않고 오히려 이성은 신앙을 강화하며, 철학은 신비주의(mysticism)를 견지하므로("The spirit in man is the candle of the Lord.") 편협한 합리주의를 극복했다. 그들은 또한 덕(Virtue)의 실천과 윤리생활을 강조했다. 즉 그들은 이성을 "신의 빛"(a divine light)으로 도덕(morality)을 "신앙 생활의 열매"(the fruit of a divine life)로 간주했다. B. Whichcote, N. Culverwel,

John Smith, R. Cudworth, H. More 등이 이 운동의 대표자들이었다.

4) 라티튜디나리안 자유주의자들(Latitudinarians)

17세기 말엽 영국 국교의 자유주의 신학자들을 가리키는데 이들은 캠브리지 플라토니스트들에게서 배운 그들의 후계자들이었다. 이들은 종교적 관용(tolerance)과 이성의 우위를 강조하며 이성에 근거한 신학은 계시종교와 결코 모순될 수 없다고 주장했다. 하나님의 존재는 이성에 의해 증명될 수 있고 하나님의 속성은 우주에 의해 제시될 수 있다고 했다. 캠브리지 플라토니스트들과 같이 이성(reason)을 강조하고 도덕(morality)을 높였으나 신비주의적 요소를 결했다. 이들은 이성과 신약과 전통의 권위를 내세웠다. 대표자들로는 Tillotson, Stillingfleet, Tenison, Burnet 등이 있었다.

2. 본격적인 자연신교 운동(The Authority of Reason Independent of Revelation)

17세기 말엽에 이르러 이성은 점점 그 지배력을 확장했고 신비적 요소는 신앙에서 배제되고 있었다. 계시보다는 이성과 자연과 도덕에 근거하는 자연신교 운동(Deism)이 전통적 기독교를 크게 위협하게 되었다. 아터베리(Atterbery) 감독은 자연신교를 가리켜 "기독교에 대한 가장 무서운 위협"이라고 비판했다. 자연신교도들은 이와 같은 비난에 대해서 그들의 목적은 오히려 기독교를 정화하고 강화하는 것이라고 맞섰다. 자연신교 운동에 크게 영향을 미친 사람은 틸러슨(John Tillotson, 1630~1694)이었는데 콜린스(Collins)는 그를 가리켜 "모든 성직자들 중 가장 경건하고 가장 합리적인 사람"이라고 예찬했고 틴달은 그를 가리켜 "누구와도 비교할 수 없는 대감독"이라고 극찬했다.

1) 췌베리의 허버트(Herbert of Cherbury, 1583~1648)

영국 자연신교 운동의 창시자로『진리에 관하여』(*De veritate*)(1642)

를 저술하여 5가지 보편적 종교원리를 내세웠다. 그것은 ① 신이 존재한다. ② 우리는 그를 예배할 의무가 있다. ③ 덕을 실천하는 것이 참 예배이다. ④ 우리는 죄를 뉘우쳐야 한다. ⑤ 사후에 상벌이 있다는 것이었다. 이 다섯 조항에 자연신교의 근본요소들이 나타나 있다. 그리고 이것은 계시의 도움 없이 이성의 능력으로 모든 종교에서 공통적으로 발견할 수 있는 보편적 종교 원리들이라고 주장했다.

이 사상을 존 로크가 더 구체화했고, 존 톨란드가 더 발전시켰고, 마튜 틴달이 극단적으로 발전시켰다.

2) 존 로크

로크(John Locke, 1632~1703)는 새시대의 장을 연 18세기의 대표적 사상가였다. 뉴톤(Newton)이 18세기의 물질세계의 개념을 형성했다면 로크는 정신세계의 형태를 형성했다. 그의 대표적인 저서로 『인간의 이해』(*Essay Concerning Human Understanding*)(1690)와 『기독교의 합리성』(*The Reasonableness of Christianity*)(1695)이 있다.

첫째, 그는 무엇보다 먼저 전통(tradition)의 권위를 배격했다.

둘째, 그는 종교에 있어서 이성(reason)의 역할을 재확인했고 이성의 권위를 높였다.[1]

셋째, 그는 하나님의 존재가 논증에 의해 증명될 수 있다고 했다.[2] 하나님의 존재를 증명하는데 있어서 그의 출발은 인간 자신이요 인간의 이성이었다. 그리고 그의 신은 하나의 전지전능한 존재였다.

넷째, 그러면서도 그는 계시를 부인하지 않았다.[3] 물론 계시도 이성

---

1) "Reason must be our last judge and judge in everything"(Essay, IV, 19).
2) "Thus from the consideration of ourselves, and what we infallibly find in our constitutions, our reason leads us to the knowledge of this certain and evident truth, that there is an eternal, most powerful, and most knowing Being"(Essay, IV, 10, 6).
3) "Christianity was a religion of both reason and revelation."

에 의해 이해되어진다고 했다.4)

그의 입장을 요약하면 다음과 같다. 하나님의 존재가 이성에 의해 논증될 수 있다. 이 진리는 계시에 의해 보충된다. 그러나 계시 자체는 이성의 판단을 받아야 한다. 결국 계시의 권위가 떨어지게 되었다.

다섯째, 그의 기독교는 처음부터 끝가지 지적 확신이었다. 신앙의 내용을 인간의 이성만이 발견, 이해, 해석할 수 있다. 신앙은 과학과 도무지 모순되지 않는다. 신앙체계와 과학체계는 똑같다. 신앙은 이성 위에 세운 집이다.

여섯째, 로크는 『기독교의 합리성』(*The Reasonableness of Christianity*)에서 기독교의 합리성과 아울러 기독교 진리의 단순성(simplicity)을 강조했다. 신앙의 내용이 복잡하고 추상적인 것이 아니라 분명하고(plain, clear), 직접적이고(direct) 단순한(simple) 것임을 거듭 강조했다. 사람이 구원을 얻기 위해서는 한 분 하나님을 믿어야 하며 예수가 메시아임을 믿어야 한다. 그리고 자기가 죄인임을 인정해야 하며 개선된 생활을 하여야 한다. 이와 같은 내용이야말로 얼마나 단순(simple)하고 합리적(reasonable)인가! 그래서 존 로크를 "상식의 사도"(apostle of common sense)라고 까지 부른다.

일곱째, 도덕의 중요성을 강조했다. 『기독교의 합리성』의 내용에 의하면, 아담의 범죄로 모든 사람이 영생과 행복을 잃게 되었고 죽게 되었다. 그러나 그리스도로 말미암아 영생이 회복되었다. 신앙의 법칙으로 말미암아 하나님께서 모든 사람에게 죄를 사해 주시는 은혜를 베푸셨다. 즉 예수가 메시아이심을 믿으므로 우리는 신앙의 법칙을 순종하는 것이 된다. 사람이 믿음을 갖게 하기 위해 예수는 이적을 행했다. 예수가 메시아임을 믿는 믿음은 회개와 아울러 선한 생활이 병행해야 한다. 신앙에는 행위가 따라야 한다. 이와 같은 합리적인 구원의 진리

---

4) "Revelation cannot be admitted against the clear evidence of reason"(Essay, IV, 18, 5). "Whether it be a divine revelation or no, reason must judge"(Essay, IV, 18, 10).

가 다른 자연종교에는 없는데 비해 기독교 안에 있는 것을 볼 때 기독교가 얼마나 계시적이고 단순하고 합리적인 것을 알 수 있다.

존 로크는 이 책을 쓰면서 그 당시의 일반 지성인들에게 기독교를 잘 이해시키기 위해 쓴다고 했다. 물론 그가 내세우는 권위는 성경이다. 그러나 성경은 이성에 근거해서 이해된다. 그는 성경의 계시에 대해서 계시의 단순성(simplicity)과 직접성(directness)을 거듭 지적했다.

3) 존 톨란드

톨란드(John Toland, 1670~1722)는 1696년『신비하지 않은 기독교』(Christianity Not Mysterious)를 저술했는데 이 책의 출판으로 자연신교운동은 본격적인 궤도에 올라갔다. "합리적(Reasonable)"이 "신비하지 않은(Not Mysterious)"으로 대치되었다. 신비적이라고 간주되는 것은 모두 제거해야 한다고 주장했다.

『신비하지 않은 기독교』의 서론에서 저자는 ① 참 종교는 필연적으로 합리적(reasonable)이고 지성적(intelligible)이어야 하고 ② 이와 같은 필수적 조건을 기독교에서 발견하며 ③ 따라서 기독교는 사람이 만든 종교가 아니라 하늘로부터 계시된 종교임을 지적했다. 이 책을 저술하는 목적이 기독교가 모든 면에서 이성의 법칙에 조화됨을 밝히는 데 있다고 했다.

첫째, 이성을 정의하기를 이성은 "분명치 않는 것을 분명하게(확실하게) 하는 영혼의 기능"이라고 했다. 분명히 알려진 것과 비교함으로써 즉 과학적 및 경험적 방법으로써 확실하게 된다고 했다. 즉 "이성이 모든 확실성의 유일한 근거이다."

둘째, 계시와 복음이 이성과 상치되지 않음을 지적했다. 그는 계시를 부인하지 않았으나 계시를 하나의 전달수단으로 보았으며 이성과 결코 모순될 수 없다고 했다. 계시가 하나님으로부터 온 것처럼 이성도 하나님께로부터 왔다. 이성은 모든 사람의 마음에 심겨진 촛불이요, 안내자요, 심판자이다(the candle, the guide, the judge).

셋째, 기독교가 신비롭지 않음을 주장했다. 기독교 안에는 신비로운 것이 설 땅이 없다. 하나님도, 영원도, 이적도 신비롭지 않다. 오히려 지적이다. 모든 기독교의 진리는 이성의 판단을 받아야 한다. 결국, 계시, 이적, 하나님의 의미를 바꾸어 버렸다. 성경을 보는 눈도 달라졌다. 이성의 안경으로 보게 되었다.

4) 마튜 틴달

틴달(Matthew Tindal, 1655~1733)은 그의 저서 『창조만큼 오래된 기독교』(*Christianity as Old as the Creation*)(1730)에서 기독교는 창조질서와 함께 시작된 즉 자연질서와 조화되는 종교임을 주장했다. 이 책은 자연신교의 입장을 가장 강하게, 동시에 자연신교의 약점을 가장 두드러지게 드러낸 책이었다.

첫째, 이성의 권위를 높였다. 신앙과 생활에 있어 이성이 표준이다. 기독교가 참된 종교가 되려면 합리적이어야 한다. "이성에 따라 사는 자는 누구나 신자이다"(Whoever live by reason are Christians). 논리적 심사를 통과하지 않는 것은 모두 버려라. 이성의 소리는 곧 하나님의 소리이다.

둘째, 자연종교를 내세웠다. "자연의 빛"(the light of nature)이 곧 "하나님 자신의 음성"(the voice of God himself)이라고 했다. 자연의 법칙은 완전하고 영원하고 불변하다. 창조 때 주어진 종교가 참 종교이다. 기독교는 창조 때 주어진 종교와 동일시 될 수밖에 없다. 즉 기독교=자연종교=참 종교이다. 복음은 태초에 주어진 자연종교를 재 천명한 것이다. 결국 이성과 자연의 권위가 한없이 높아졌고 계시의 권위와 정당성에 대한 도전이 가해졌다.

3. 자연신교에 대한 반발
1) 전통주의자 윌리암 로

정숙주의자 로(William Law, 1686~1761)는 그의 저서 『이성의 경우』(*The Case of Reason*)(1732)에서 틴달의 『창조만큼 오래된 기독교』(*Christianity as Old as Creation*)의 주장을 반박했다. 틴달이 "영적 교만은 가장 악독한 교만이다"라고 지적한 것을 반박하며 로는 "이성을 지나치게 과신하는 것이야말로 가장 악독한 교만이다"라고 지적했다. 이성의 능력은 죄로 말미암아 제한되어졌다." 이성은 죄의 결과에 대해 아무 것도 말해주지 못한다. 이성은 죄의 세력을 꺾지 못하며 죄인으로 하여금 하나님과의 교제를 회복시키지 못한다.

이성을 초월하는 것(예언, 이적)을 믿는 것은 이성을 부인하는 것이 아니다. 로는 이성의 기능을 완전히 부인하지는 않았고 계시와 이성의 조화를 유지하려고 했다.

2) 전통주의자 버클리

버클리(George Berkeley, 1685~1753)는 첫째, 하나님의 존재를 복잡한 논증에 의해 증명할 수 있다는 18세기 자연신교의 입장을 강력히 반박했다. 유신론증에 근거한 신앙은 무신론보다 나은 것이 별로 없다. 신앙이란 논리적 작업 이상의 것이다.

둘째, 자연종교와 계시종교와의 화해를 시도했다. 이성과 자연종교는 그것으로서의 정당한 위치를 차지하고 있다. 그리고 각기 자기의 정당한 기능을 가지고 있다. 자연종교와 계시종교의 근원을 다같이 하나님이다. 자연종교에 대한 참된 신앙은 필연적으로 계시종교를 받아들이게 한다. 자연종교는 계시종교에 의해 완성된다.

셋째, 계시종교를 변호했다. 유용성(utility of Christian faith)에 근거해서 계시종교는 우리에게 빛, 기쁨, 평화, 믿음, 소망, 사랑을 공급해주며 선행과 학문과 문명을 격려한다고 지적했다. 이런 운동력을 자연종교는 제공하지 못한다. 또한 기독교 신앙의 진리와 개연성(truth and probability of Christian faith)에 근거하여 계시와 영감이 비록 신비롭게 보일지 모르나 그렇다고 거짓을 말하는 것은 아니라고 했다. 계시의 형태와 방법은 비판을 불러일으킬 수 있어도 그 내용은 만족한 해답을 제공한다. 계시비판의 대부분의 이유는 하나님이 하시는 일(the divine economy)을 충분히 이해하지 못하기 때문이다. “개연의 논증은 신앙의 충분한 근거가 된다”5) 즉 버클리는 도덕적 증거와 자연적 논증에 근거하여 계시종교를 변호했다.

3) 전통주의자 조셉 버틀러

버틀러(Bishop Joseph Butler, 1692~1752)의 저서『종교의 유비』(*The Analogy of Religion, Natural and Revealed, to the Constitution and Course of Nature*)는 자연신교 논쟁을 종식시킨 저술이었다.

첫째, 이성의 기능과 위치를 인정했다. 이성은 “우리 속에 켜놓은 주님의 촛불”(the candle of the Lord within us)이라고 했다(cf. Cambridge Platonists). “이성은 계시의 의미와 증거를 판단할 수 있고 또 판단해야 한다.”

둘째, 이성의 기능의 제한성을 지적했다. “이성이 보여줄 수 없는 많은 진리들이 있다. 이성은 완전한 지식의 체계를 제증하지 못한다.” “이성은 기껏해야 개연적 결론을 제공한다”6) “이성은 덕을 유발하는 충분한 동기가 되지 못한다”7) 이성의 기능이 덕(실천적 원리)의 기능을 대치할 수 없다. 실천적 원리에 모순되게, 이성에 따라 행하는 자는 어리석은 자이다.

셋째, 계시의 도움이 필요하다. 인간의 지식은 불완전하다. 그러므로 도움이 필요하다. 자연의 빛 가운데 있는 인간은 실상은 어두움 가운데 있다. “자연의 빛 곧 이 어두움 가운데 계시가 들어왔다.”8) 특별계시가 주어졌다는 자체가 자연의 빛의 불충족성을 드러내고 있다.

넷째, 계시는 이성 및 자연종교와 모순되지 않고 일치한다. “자연의

---

5) “Probable arguments are a sufficient ground of faith.”
6) “It yields at best probable conclusions.”
7) “Reason alone is not a sufficient motive of virtue”.
8) In this darkness, or this light of nature, revelation comes in.

빛과 계시의 빛 사이에는 큰 유사성이 있다" 자연종교는 기독교의 기초
가 되고 계시는 기독교를 완성한다(cf. Thomas Aquinas).

다섯째, 계시의 독특성: 그럼에도 불구하고 계시의 요소들 가운데는
인간의 제한된 이해로서는 쉽게 파악할 수 없는 독특한 요소들이 있다.

평가: 첫째, 계시의 의미와 중요성을 강조했으나 계시의 절대성, 초
월성, 특수성을 충분히 강조하지 못했다. 자연종교가 해결하지 못하는
모호한 문제들을 계시 종교가 해결한다고 말을 하면서도 이 점을 충분
히 강조하지 못한 것은 그의 약점이었다. 그는 단지 계시종교에 대해
가해지는 반대가 자연종교에도 적용된다는 것을 지적하는 것으로 만족
했다. 둘째, 계시의 진리성의 근거를 계시내용의 개연성(probability)에
두었다. 셋째, 종교적 신념을 논증에 의해 얻어진 견해로 보고 전인격
적 확신이나 신앙의 행위로 이해하지 않았다.

4) 회의주의자 데이빗 흄

흄(David Hume, 1711~1776)은 자연신교와 합리주의의 오만함을
여지없이 무너뜨린 경험론적 회의주의 철학자였다. 그에 이르러 합리
주의는 몰락하고 새시대의 장이 열리게 되었다. 흄은 자연신교와 아울
러 정통신학을 동시에 공격했다. 그의 저서 중에는『인간성에 대한 연
구』(*A Treatise of Human Nature*),『종교의 자연적 역사』(*Natural
History of Religion*)『자연종교에 관한 대화』(*Dialogues Concerning
Natural Religion*) 등이 있다.

첫째, 자연신교 비판: 자연신교는 이성의 중요성을 지나치게 과장하
여 강조했다고 지적했다. "이성은 행동을 낳지도 못하고 방지하지도
못하며 욕정을 다스리지도 못한다. 이성은 결국 노예에 불과하다. 이성
의 기능은 제한되어 있다."

둘째, 경험(experience)이 유일한 근원이요 자료이다. 경험을 통해서
만 존재여부를 파악하며 옳고 그름을 판단한다. 흄은 경험과 아울러
감정(feeling, passion)의 중요성을 강조했으니 도덕적 특성은 이성에

서 비롯하지 않고 감정에서 비롯한다고 했다.

셋째, 엄격한 칼빈주의를 공격했다. 유신론의 배타적 주장은 오만하고 위험한 주장이라고 했다. 그는 이적의 실재를 부인했고 특별계시를 배제했다.

넷째, 결국 그는 종교에 대해서 하나의 중립적 관찰자(a neutral observer)의 자세를 취했다. 어떤 종교의 입장을 신종하는 것으로부터 초연해야 한다고 했다. 그래서 흄은 무신론자라는 비판을 받았다.

5) 복음주의자 웨슬리

단순한 종교논쟁이 근본적으로 무익하고 대중에게 아무런 도움을 주지 못한다는 확신이 증가하던 때에 웨슬리(John Wesley, 1703~1791)가 나타나 자연신교의 입장을 비판했다.

첫째, 그는 종교적 체험을 높였다. 그래서 그 당시의 교회 지도자들은 그를 가리켜 "위험스러운 열성파"라고 했다.

둘째, 그러나 그가 비록 종교적 정서(emotion)와 체험(experience)을 강조하긴 했지만 그는 역시 이성의 시대를 초월하지 못한 시대아(a child of his age)였다. 즉 이성의 역할을 무시하지 않았다. 웨슬리 자신도 지나친 체험주의자들을 비판했다. 그는 꿈과 상상을 하나님의 계시라고 하는 자들을 비판했다. "이성의 역할을 극소화하는 것은 이성의 역할을 극대화하는 것과 마찬가지로 어리석은 일이다." "이성을 거부하는 것은 종교를 거부하는 것과 같다. 종교와 이성은 손을 맞잡고 간다. 비이성적인 종교는 거짓 종교이다."9)

셋째, 이성의 한계와 계시의 필요성을 강조했다. 그는 "이성이 가는 데까지 이성을 사용하라. 그러나 이성이 할 수 없는 것들이 많다"10)고 말했다. 이성은 믿음, 소망, 덕을 주지 못하고 행복도 주지 못한다.

---

9) To renounce reason is to renounce religion, religion and reason go hand in hand, all irrational religion is false religion.
10) Employ it as far as it will go. Yet there is much that reason cannot do.

또한 그는 중생하지 못한 이성은 참된 종교지식을 공급하는데 필요한 자원이 되기에는 부족하다. 자연신학은 하나님에 대한 가능성도 제공하지 못한다. 하나님이 간섭하지 않으시면 하나님에 관해서 아무 것도 알지 못한다. 아마 우리는 이성으로 "하나님이 계신다"는 것 정도는 말할 수 있다. 그러나 더 중요한 문제인 "그분이 어떤 분인가?"에 대해서는 전혀 함구무언이다. 마치 우리 두 눈으로 그 분을 볼 수 없는 것처럼 우리의 이해(natural understanding)로는 그를 깨달을 수 없다. 그러므로 우리가 신적 진리를 얻기 위해서는 계시가 절대로 필요하다.

넷째, 성경의 권위를 강조했다. 그는 하나님이 자신을 여러 모양으로 계시하시지만 최고의 자기 계시는 성경 안에 나타나 있다고 했다. 웨슬리는 성경이 문자적으로 하나님의 말씀이며 성령의 영감으로 기록된 말씀임을 믿었다.11) 성경은 곧 계시이며 다른 모든 계시들을 판단하는 시금석(the touchstone)이라고 했다. 성경을 바로 이해하기 위해서는 성령의 조명이 필요하며 동시에 이성과 전통과 경험의 도움이 필요하다고 했다.

그의 입장을 종합하면 그는 경험을 강조하지만 체험의 자율적 권위를 내세우지 않았고 체험은 항상 성경의 증거와 이성의 판단에 의해 제지를 받아야 한다고 했다. 체험은 진리를 확증해주지만(verify) 진리의 근원(source)이 되지는 못한다고 했다. "우리는 감정에 의해 판단하면 안 되고 하나님의 말씀에 의해 판단해야 한다." 즉 웨슬리는 궁극적인 권위로 성경을 내세우는데 성경은 이성에 의해 해석되고 경험에 의해 확인된다고 했다.

4. 대륙의 계몽주의 운동(Enlightenment)
1) 프랑스의 계몽주의(또는 자연신교) 운동

볼테르(Voltaire, 1694~1778)가 1726~1729년 프랑스에서 추방되어

---

11) "My ground is the Bible … I follow it in all things both great and small."

영국에 머물고 있는 동안 그는 영국 자연신교의 영향을 받아 후에 이를 프랑스에 보급시켰다. 그는 특히 로크의 영향을 받아 그의 합리주의를 추종했다. 그는 당시의 카톨릭 교회를 맹렬히 공격했는데 그는 카톨릭 교회 안에서 미신, 승려의 착취, 거짓과 부패, 편협과 박해를 보았기 때문이었다. 그리고 그는 다음과 같이 고백했다. "나는 그리스도인이 아니다. 그것은 그리스도인이 되지 않고서도 하나님을 더 잘 사랑할 수 있기 때문이다." 그러나 그는 무신론을 내세우지는 않았다. 그는 자신을 유신론자라고 부르며 하나님의 존재와 개인의 영혼불멸을 인정했다.

2) 독일의 계몽주의(또는 자연신교)운동

계몽주의(Aufklärung, Enlightenment)는 18세기 독일에서 유행한 합리주의 운동으로 초자연적 종교를 배격하고 이성의 충족성을 내세우며 현세적 삶의 행복을 추구했다. 카톨릭 교회의 권위주의와 개신교의 정통주의를 배격하며 종교적 관용을 내세우며 인간의 선함과 낙관적 사회관을 주창했다.

(1) 크리스챤 볼프(Christian Wolff, 1679~1754)

『독일 계몽주의의 왕자』(*Prince of German Enlightenment*)란 책을 저술한 볼프는 독일에서 로크의 역할을 했다. 그는 이성의 역할을 크게 강조하며 계시와 이적의 합리성을 주장했다. 할레대학에서 수학과 자연과학을 가르치다가 그곳의 경건주의파의 반대를 받아 마르부르그로 망명했다.

(2) 모솨임(Lorentz von Mosheim, 1694~1755)

그는 교회사 서술에 있어서 새로운 전환점을 마련했다. 그는 교회사를 서술함에 있어서 이적이나 하나님의 간섭을 배제하고 일반역사와 같이 취급했다.

(3) 제믈러(J. S. Semler, 1725~1791)

그는 성령께서 그의 계시를 인간 저자의 심성과 능력에 맞도록 "적응"(Accomodate)했다고 주장하며 계시의 자연적 요소를 강조했다. 그는 성경본문 비판의 선구자가 되었다.

이 시대의 독일의 설교자들은 극단적인 합리주의자들로 전락했으니 이들은 성경의 가르침이 자연신학과 도덕이라고 강조했다. 설교는 교훈적 권면으로 변했고 성례와 치리의 중요성이 약화되었다. 기독교는 실용주의적 도덕종교(utilitarian ethical theism)로 변모했다. 프러시아의 프레데릭 2세(Frederick II of Prussia)가 볼테르(Voltaire)의 사상을 적극 장려하며 볼테르를 그의 포츠담 궁전에 초청하자 그곳에 "베를린의 불란서인들"(Berlin Frenchmen)이라는 써클이 생겼다. 1740년경에는 틴달의 『창조만큼 오래된 기독교』가 독일어로 번역되면서 자연신교 사상이 더욱 확산되었다.

(4) 라이마루스(Reimarus, 1694~1768)

그는 순수 이성의 종교를 주창한 계몽주의 신학자로 그의 저술이 그의 사후 레씽에 의해 『알려지지 않은 단편들』(*Fragments of an Unknown*)이라는 제목으로 1744~1748에 출판되었는데, 라이마루스는 이적과 계시를 부인했고, 성경저자들이 의식적으로 거짓과 모순과 광신을 범했다고 주장했다. 예수를 하나의 시끄러운 광신자로 묘사하므로 19세기 "역사적 예수" 추구의 선구의 역할을 했다. 볼프의 원리로 자연종교(natural religion)를 변호했다.

(5) 레씽(G. E. Lessing, 1729~81)

그는 라이마루스의 감화를 받아 그의 저술을 편찬했다. 그는 종교의 본질을 계시와 상관이 없는 인본주의적 도덕으로 간주했다. 기독교가 역사적 종교임을 배격하고 그리스도를 하나의 도덕적 선생으로 간주했다. 그는 개신교 자유주의의 기초를 놓았다.

(6) 임마누엘 칸트(Immamnuel Kant, 1724~1804)

칸트는 18세기 합리주의(rationalism)를 대변하는 동시에 흄과 더불어 합리주의의 한계를 넘어서서 직관과 도덕율에 기초하는 종교를 주창한 18세기의 사상가라고 할 수 있다. 그의 저서로는『순수이성 비판』(*Critique of Pure Reason*)(1781),『이성의 한계 안의 종교』(*Religion within the Limits of Reason Alone*)(1793),『실천이성 비판』(*Critique of practical Reason*)(1788),『인류학』(*Anthropology*)(1798) 등이 있다.

그는 선언하기를 그의 마음에 경외감을 불러일으키는 것 두 가지가 있다고 했다. 즉 별들이 반짝이는 하늘(the starry heavens)과 마음속에 존재하는 도덕율(the moral law within)이라고 했다. 그는 과학적 지식의 주장을 받아들이면서 동시에 도덕율의 요구를 인정했다. 그는 자연법칙에 의해 지배되는 자연계에 대한 지식을 소유하면서도 도덕율을 순종하는 자유를 경험했다.

칸트는 "현상적"(phenomenal) 실재의 영역과 아울러 "사유적" 존재(noumenal existence)의 영역을 인정하면서 후자의 정당성을 주장하기 위해 전자의 범위를 제한했다. 따라서 정확한 과학지식(scientific knowledge)보다 직관(insight)이 더 중요하다고 했고 도덕적 경험(또는 직관)(moral experience)은 현상계(phenomena)가 드러내는 진리 저 너머로 우리를 인도한다고 했다. "그러므로 나는 믿음을 위한 여지를 남겨두기 위해 지식을 부정할 필요성을 발견했다"12)라고 고백했다. 현상의 세계에서 사람은 자연법칙의 지배를 받지만 사유적 세계(noumenal world)에서는 자유를 누린다고 했다.

도덕율에 기초를 두는 칸트는 신학이 신과 자유와 영혼불멸(God,

---

12) "I have therefore found it necessary to deny knowledge in order to leave room for faith."

freedom, immortality)을 취급하는데 18세기의 합리주의의 유신논증의
방법으로는 하나님도 자유도 영혼불멸도 할 수 없다고 했다. 그것들은
자유의 기초가 되므로 그저 믿어야 한다고 했다.13)

---

13) C. R. Cragg, *The Church and the Age of Reason 1648~1789* (Harmonds-
worth: Penguin Books, 1960), pp. 250~253. Colin Brown, *Philosophy and the
Christian Faith* (London: Tyndale Publishing, 1968), pp. 90~106 참조.

독일 자유주의 신학

1. 슐라이어미허와 『기독교 신앙』

현대 자유주의 신학의 아버지라고 불리는 프리드리히 슐라이에르마허(Friedrich Schleiermacher,1768~1834) 는 독일 실레지아의 목사 가문에서 출생하여 어렸을 때부터 경건주의의 감화를 받았다. 즉 그의 아버지는 소년 쉴라이에르마허를 모라비아파 학교에 보내어 교육을 받게 했고 후에는 형제단 신학교에 보내어 교육을 받게 했다. 그는 경건주의적 교육에 반발을 나타냈는데 후에 자신을 묘사하면서 "보다 높은 수준의 모라비안교도일 뿐"이라고 했다.

그 후 할레대학에서 칸트와 희랍 철학을 연구하며 칸트의 영향을 받았고 베를린에 돌아와서는 자선 병원의 목사로 일하며 낭만주의 작가들(루소, 괴테, 쉴러 등)과 사귀면서 낭만주의의 영향을 받았다.

쉴라이에르마허는 베를린 대학에서 교수하던 때인 1799년『종교에 대하여』(*On Religion: Speeches to its Cultured Despisers*)를 출판하여 그의 신학 원리를 제시하기 시작했다. 그는 여기서 종교의 본질은 신학적인 체계도 형이상학적인 사색도 아니며(정통 신학 및 합리주의에 대한 반박), 예술도 윤리도 아니며(낭만주의 또는 칸트에 대한 반박), 또한 이 둘(형이상학과 윤리)을 합한 것도 아니라고 했다. 즉, 종교의 본질은 지식의 기능에서도 또는 행위에서도 발견할 수 없다고 했다.

종교는 좀더 깊고 독특하고 특수한 그 무엇인바, '직관(intuition)' 또는 '감정(feeling)'에 속한다고 했다. '감정'이란 근원적이고 직접적인 인식인데 그것은 일반적 지식이나 행위보다 더 근본적인 인간 경험의 독특한 요소라고 했다. 즉, 참 종교는 무한자를 직접적으로 이해하는 것이며 무한자를 느끼고 맛보는 것이라고 했다.

쉴라이에마허는 1821년과 1822년에 『기독교 신앙』(The Christian Faith, 1821~1822) 을 저술했는데 그는 여기서 종교와 신학에 대한 개념을 더욱 정확히 진술했다. 이 저서는 신학의 새로운 방향을 설정하고 자유주의 신학의 성격을 규정했는데, 칼빈의 『기독교 강요』와 맞먹을 정도의 획기적인 영향을 미친 중요한 책이 되었다.

그는 종교의 본질과 신학의 성격을 절대 의존의 감정으로 특징지어지는 종교적 자기 의식(religious self-consciousness)의 서술이라고 규정했다.

1) 신학의 특징

슐라이에르마허는 그의 조직신학 저서명을 신론(doctrine of God)이라고 하지 않고 『신앙론』(*Glaubenslehre*)이라고 했는데, 그 저서 명이 그의 신학의 특징을 어느 정도 나타내고 있다. 즉 그는 신학을 교회와 신자들에게 실제로 주어진 기독교 신앙을 기술하는 것으로 이해했다. 신학은 '크리스찬의 종교적 감정의 서술' 또는 '기독교 교회의 경험적 신앙의 서술'이다. 슐라이에르마허는 기독교의 진리와 비진리를 결정하고 나서 기독교의 진리를 논하는 대신 역사 안에 실제로 주어진 사실을 기독교 신앙으로 간주하고 그것을 서술했다. 사색의 대상인 하나님이 신학의 출발이 될 수 없고 신자들과 교회의 종교적 애정이나 신앙이 신학의 출발이 된다고 했다.

이는 중세 스콜라주의의 형이상학적 사색주의나 칼빈주의적 정통신학에 대한 도전인 동시에 합리주의적 자연신교에 대한 도전이었다.

칼빈은 하나님에 대한 참된 계시적 지식을 신학의 출발점으로 강조했다. 물론 칼빈이 이와 같은 신지식은 인간에 대한 불가분적으로 연관되어 있고 그와 같은 신지식이 "우리의 가슴에 확인되어지고 인(印)쳐진다"고 지적한 것이 사실이다(*Institues*, I, 1, 1; II, 2, 7). 즉, 칼빈이 성령의 조명에 의한 신지식의 이해와 신자의 역할을 결코 무시하지는 않았지만 그럼에도 불구하고 칼빈은 결국 하나님을 모든 신학의 근원으로 강조했다.

슐라이에르마허에 있어서는 그 강조의 방향이 바꾸어졌다. 양자가 공히 사색적 지식의 무용성을 지적했음에도 불구하고(*Inst.*, I, 5, 9), 슐라이에르마허는 인간 편으로 더 기울어졌다. 신학은 하나님으로부터 시작하지 않고 신자의 하나님 체험 또는 신자의 하나님과의 관계로부터 시작한다. 슐라이에르마허가 하나님의 속성들을 기술할 때 객관적 계시에 근거하지 않고 주관적 절대 의존의 감정에 의존해서 기술했다. "우리가 하나님에 대해서 서술하는 모든 속성들은 하나님 안에 있는 특수한 것들을 가리키는 것이 아니다. (우리의) 절대 의지의 감정이 하나님과 어떻게 특수하게 관련되어 있는가를 가리키는 것뿐이다." 슐라이에르마허에 있어서 하나님에 대한 객관적 지식은 하나님에 대한 주관적 체험에 전적으로 부속되었다. 즉, 슐라이에르마허에 있어서 신학 체계는 아가페적이라기보다는 에로스적이고, 계시적이라기보다는 신비주의적이라고 하겠다.

2) 신관

슐라이에르마허에 있어서 신(神)은 신현(theophany)에 의해 객관적으로 알려진 개념의 신이 아니다. 종교적 체험 밖의 다른 근원으로부터 얻어진 신 개념의 신이 아니다. 종교적 체험 밖의 다른 근원으로부터 얻어진 신의 개념은 이미 왜곡된 것이다. 슐라이에르마허는 절대 의존의 종교적 체험이 비롯하는 곳, 즉 '우리의 수동적 및 능동적 존재가 비롯하는 곳(the whence of our receptive and active existence)'을 '신'

이라고 불렀다. 신은 단순히 이와 같은 감정을 결정하는 요소이며 그와 같은 상태에 있는 '우리의 존재가 비롯하는 곳'이다. 신관에 있어서 중요성은 '우리'에게 있고 '신'에게 있지 않다. 우리가 절대 의지의 감정을 가질 때 신은 직접적으로 우리에게 주어진다. 즉, 슐라이에르마허의 신은 인격적 존재라기보다는 모든 현상 뒤에 작용하는 지배적인 힘이고 모든 사물의 기초이며 하나의 '영성'이다. 절대 의존의 감정 상태에서는 신에 대한 개념이 확실하고 완전하지만, 그 경험을 언어로 표현하기는 적절하지 않다. 신을 언어로 표현할 때 신은 이미 의인화된다.

3) 계시관

신을 의지하는 절대 의존의 감정을 "내면적 의식으로 그대로 머물지 않고 외면적으로 나타나게 되는데 …… 그래서 그것은 다른 사람들에게는 내면적인 것을 드러내는 계시가 된다." 슐라이에르마허가 계시(revelation)를 '종교적 공동체의 기원' 또는 '종교적 공동체의 기초'라고 말하고 '신적 전달 및 선포'라고 정의하며 계시의 주관적 해석을 부인하려 하지만 그는 여전히 계시의 주관적 특성을 강조했다. 강조점이 인간적 측면에서의 전달 또는 선포에 주어지고 신에게 주어지지 않았다. 그러므로 그는 말하기를 "그와 같은 공동체의 존재에 의해서 선포되는 것이 계시로 간주될 수 있다"고 했다. "계시의 개념은 종교적 공동체의 기초를 이루는 사건의 독창성을 의미한다. 이 사건은 공동체 안에서 발견되는 종교적 감정의 내용을 규정하는 것인바 그것에 선행되는 어떠한 역사적 사건들로 설명되어질 수 있는 것은 아니다."

슐라이에르마허는 심지어 계시와 종교적 자기 의식을 동일시하여 "신 의식은 …… 실로 계시라고 할 수 있다(A conscious of God … might be really a revelation)"고 까지 했다. 그래서 리차드 니버는 슐라이에르마허의 신학의 특성을 다음과 같이 지적했다. "슐라이에르마허의 개신교주의는 성경의 절대 권위에 기초한 개신교주의라기보다는 은혜만에 기초한 개신교주의라고 하겠다."[1)

4) 죄 및 은혜관

슐라이에르마허는 그의 저서에서 죄와 은혜의 관계에 의해 결정지어지는 종교적 자기 의식의 문제를 취급했다. 죄와 은혜는 서로 분리할 수 없는 밀접한 관계에 있다. 죄 의식은 은혜 의식보다 선행하는 것으로서 은혜 의식의 전제가 되고 죄 의식은 구원의 불가피성을 인식케 하고 구원을 기다린다.

죄 의식은 신 의식과 관련되어 있는바 죄란 자유로운 신 의식발전을 방해하므로 인간이 신 의식을 획득하지 못하게 한다. 슐라이에르마허는 죄와 육신을 구별했는데 육신은 죄가 아니지만 죄의 배아라고 보았다. 신 의식이 발달되지 못한 사람은 육신에 속한 사람인데 그는 육신을 야생적이며 무지한 것이라고 설명했다. 육신에 반대되는 개념인 영은 본래적 완전 인간에 속해 있는 것으로 사람의 신 의식을 점차적으로 깨우치는 일을 한다. 그러나 육은 영의 발전과 영의 지향을 가로막아서 영의 하는 일을 못하도록 방해한다.

슐라이에르마허는 인간의 본래적 완전성이 상실되었다고 했는데 이를 원죄라는 개념으로 설명했다. 인간의 본래적 완전성이란 인간의 완전한 신 의식을 말하는데 원죄로 말미암아 신 의식의 발전 가능성 내지 본래적 완전성이 파괴되었다고 보았다.

슐라이에르마허는 기독교인들의 죄 의식을 원죄와 자범죄로 나누었는데, 원죄란 개인 행위 이전에 받아진 죄의 '상태'인데 자범죄의 근거가 된다고 했다. 자범죄는 원죄가 나타난 현상이다. 다시 말해서 원죄는 개체 인간의 실존 이전에 이미 존재했던 죄성으로서 선행의 완전 불능을 초래했고, 이 상태는 오직 구원의 영향력에 의해서만 벗어날 수 있다. 거듭난 자의 모든 범죄는 영적 생활을 저지하지 않지만 거듭나지 못한 자의 죄는 신 의식을 파괴한다. 세상의 악도 죄로 인해 존재하게 되었는데, 사회악은 죄와 밀접히 관련되어 있고 자연악은 죄와

---

1) *Schleiermacher on Christ and Religion*, p. 149.

간접적으로 관련되어 있다고 했다.

인간은 죄악의 공동 생활과 대립되어 작용하는 신적 공동 생활의 영향을 받아 축복을 받게 되는데 죄는 하나님을 배반한 것이고 은혜는 구속자의 행위와 전달로 말미암아 하나님과의 교제가 이루어진 것을 말한다. 그리스도인들은 공동 생활에서 무죄한 그리스도의 완전성을 전달받아 구원을 얻게 된다.

인간의 '완전한 죄 의식'은 완전하고 무죄한 구원자의 절대적 영력에 의해서만 가능케 된다. 이는 구원자가 완전한 신 의식을 소유하고 있기 때문이다. 태초 인간의 천성은 본래 선하고 거룩한 것으로 스스로 완전하게 발전될 수 있는 것이었다. 이러한 가능성은 죄로 인해 상실되었는데 그리스도가 그것을 가지게 되었다. 그러므로 자연 인간의 본래적 완전은 그리스도에게서만 찾게 된다. 이렇게 해서 인간은 구원자가 전달해 주는 완전성을 받게 된다. 그러므로 그리스도인의 신 의식이란 보편적인 신 의식이 아니고, 그리스도와의 관계에 있어서의 신 의식이고, 유일신론적인 신 의식이 아닌 구속자와의 공동체를 통해 발전되는 신 의식이다.

그리스도의 구속 사역은 그가 신자들을 그의 신 의식 안으로 인도함으로 이루어지는데 그는 선지자와 제사장과 왕의 삼중 직무를 수행한다. 선지자로서의 그리스도는 그 자신 안에 주어진 하나님의 원계시를 나타내어 가르치며 영생을 전달하는 그의 사명과 성부와의 독특한 관계를 설명한다. 그리스도의 제사장적 직무는 그가 율법의 요구를 성취하고 대속의 죽음을 죽는 것을 의미하는데, 그것으로 말미암아 신자들이 하나님의 뜻을 성취할 힘을 얻게 된다. 그리스도는 지금 성부 앞에서 신자들을 대변하는데 이로 인해서 신자와 하나님과의 교제가 성취되고 기도가 상달된다. 그리스도의 왕적 직무는 크리스찬의 공동체적 삶의 모든 필요가 항상 그리스도로부터 유래하는 데서 나타난다. 그런데 그리스도의 왕국은 은혜의 왕국이므로 기독교는 정치 종교가 될 수 없고 신정 정치도 용납될 수 없다. 그리스도는 단순히 영적 주권을 행사한다. 그러므로 교회와 국가의 분리는 전적으로 타당하다.

5) 교회의 신학으로서의 신학의 발전

슐라이에르마허에 있어서 객관적으로 고정된 신학은 있을 수 없다. 신학은 종교적 의식의 요구에서 발생하기 때문에 내적 확실성 이상의 어떤 정당성도 내세울 수 없다. 우리의 종교 의식이 장소와 시대의 변천에 따라 달라지므로, 그리고 신학이란 이와 같이 항상 변하고 항상 발전하는 종교 의식의 자료들을 모아서 분석하고 체계화하는 것이므로 신학은 항상 발전하고 변한다. "17세기의 교과서는 더 이상 그 목적을 달할 수 없게 된다. 그러므로 신학을 순화하고 완전케 하는 것이 교의 신학의 과업 중의 하나이다."

슐라이에르마허의 신학에 객관적인 요소가 있다면 그것은 공동체적 특성이다. 그는 종교 의식에 있어서 극단적인 개인주의를 경계하면서 "순전히 그리고 전력으로 개인주의적 견해는 그것이 비록 기독교적이라 할지라도, 만약 교회에서 종교를 전달하는 표현들과 전혀 관련이 없다면 그것은 개인적 고백으로 간주할 것이고 신학적 진술로 간주할 수는 없다"고 했다. 즉, 슐라이에르마허는 신학의 목적이 교회를 발전시키고 지도하는 데 있다고 보았기 때문에 신학의 공동체적 특성을 강조했다.

6) 결론

슐라이에르마허는 신학을 논함에 있어서 객관적인 요소들을 전혀 무시하지는 않았으나(예: '계시,' '그리스도,' '공동체'), 그럼에도 불구하고 그는 주관적 및 인간적인 요소들을 더욱 강조했다. 그는 신학을 내적 종교 의식(또는 체험)에 긴밀히 연결시키고 객관적이고 형식적인 교리보다 내적 종교 의식을 높이며, 그래서 신학을 규범적인 것(normative)으로 보기보다는 서술적인 것(descriptive)으로 취급하므로, 신학이 딱딱한 스콜라주의적 체계가 되는 것을 방지했고 생생한 종교 원리로 발전시키는 데 공헌했다. 즉 그에게 있어서 객관적이고 규범적인 권위는 종교적이고, 주관적이고, 역동적이고, 실존적이고, 신비적인 인간 정신으로 대치되었다고 하겠다.

2. 헤겔: 범재신론적 역사신
1) 신과 인간의 종합

헤겔(G. F. Hegel, 1770~1831)은 데카르트나 파스칼과는 반대로 신앙과 이성과의 균열대신 하나의 조화를 추구했다. 즉 그는 철학적 신과 성경적 신과의 조화를 추구했다.[2] 따라서 헤겔에 있어서 하나의 전환점이 생겼다. 합리주의나 칸트의 신인 분리로부터 무한과 유한의 통일, 신과 인간의 통일 및 삶의 통일과 마음의 통일과 심지어 신의 통일에로의 전환점이 생겼다. 합리주의나 칸트의 신인 분리로부터 무한과 유한의 통일, 신과 인간의 통일 및 삶의 통일과 마음의 통일과 심지어 신의 통일에로의 전환점이 이루어졌다. 신을 멀리 있는 초월적 존재로 보며 인간과 세계와는 상관이 없는 하나의 타자로 보는 이원론적 유신론(자연신론)이 헤겔에게서 분명히 거부되었다.[3]

신을 세계와의 불가분적 관계의 관점에서 보는 헤겔의 신관은 분명히 스피노자의 범신론의 영향을 받았다. 스피노자의 신은 우주와 분리해서 존재하는 신이 아니었다. 신은 세계 안에, 세계는 신 안에 있었다. 자연은 신이 스스로 존재하는 특수한 방식이었고, 인간의 의식은 신이 스스로 사유하는 특수한 방식이었다.[4] 그러면 헤겔을 범신론자라고 할 수 있는가? 모든 것이 신이라고 보는 엄밀한 의미에서의 범신론자라고는 할 수 없다. 왜냐하면 헤겔이 경험적 세계를 신화하지 않았고 모든 것은 신으로 보지 않았기 때문이다. 그러나 헤겔을 모든 것이 신 안에서 밀접한 통일을 이루고 있는 것으로 보는 넓은 의미에서의 "범재신

---

2) See Küng, *ibid.*, p. 182.
3) See *ibid.*, p. 136.
4) See *ibid.*, p. 133.

론”(pan-en-theism)자라고 할 수 있을 것이다. 헤겔에 있어서 타자로서의 신은 만유를 포함하는 범재신에게 정복되었다. 그래서 신과 인간과의 관계를 서술함에 있어서 인격적 관계의 범주들이 거의 제거되고 말았다.5)

큉은 헤겔이 신 추구와 신 이해에 있어서 신인의 조화와 연합을 시도한 것이 사실이지만 양자간의 궁극적 차이를 무시하지는 않았다고 지적했다. 그리고 이와 같은 차이가 후기 헤겔에 있어서 더욱 강조되었다고 했다. 그러므로 헤겔의 신인 관계에 있어서 하나의 중요한 경계선이 설정되어야 하며, 신과 인간 또는 신적 이성과 인간적 이성간의 동일시(identification)보다는 하나의 상관관계(a correlation)가 있다고 해야 할 것이라고 지적했다.6)

2) 신과 세계 및 역사와의 종합(신의 세속성과 역사성)

헤겔에 있어서 신은 절대 영이고, 자연이나 역사나 인간의 사상 등 모든 실재는 절대 영의 자기 표현 현상이다. 헤겔은 역사 안에서의 절대 영의 활동현상을 진화론적이고 변증법적인 발전과정으로 이해했는데, 절대 영이 자기를 버리는 부정의 과정과 자기를 취하는 긍정의 과정과 아울러 부정과 긍정을 초월하는 보다 높은 종합으로 상승한다고 했다. 그리고 이와 같은 절대 영의 변증법적 활동을 통해 인간은 절대 영 안에서 자신을 의식하게 되고 절대 영은 인간 안에서 자신을 의식하게 된다고 했다.7) 즉 헤겔은 “세계 안에 존재하는 신”의 개념과 “신 안에 존재하는 세계”의 개념을 내세우며, 신과 세상과의 불가분적 상관관계를 다음과 같이 기술했다. 세계가 곧 신은 아니지만 세계가 발전과정에 있는 신이라고는 할 수 있다. 이 신은 발전과정에 있는 세계에 즉 역사 안에 자신을 밖으로 나타낸다. 그리고 세계를 자기 자신에게로

---

5) See *ibid.*, p. 136.
6) See *ibid.*, p. 183.
7) See *ibid.*, p. 146.

즉 자신의 무한과 신성에게로 이끈다. 이 모든 것은 만유를 포함하는 전능한 순환운동 가운데서 일어난다. 즉 신에게서 나아가서 신에게로 돌아온다. 헤겔은 이것을 표현하여 신의 외출과 신의 귀환이라고 했다.8)

헤겔은 결국 신을 물질적 세계나 정신적 세계와 분리해서 이해하는 데카르트나 자연신론의 이원론적 신 개념을 거부했다. 신은 문자적 의미에서 세계 "위" 저 하늘에 존재하며 세계와 인간을 다스리는 전능한 통치자가 아니다. 신은 또한 형이상학적 의미에서 세계 "밖에" 존재하며 세계와 상관하지 않는 객관적 타자도 아니다.9) 신은 세계 안에, 세계는 신 안에 있다. 신은 유한한 것 안에 존재하는 무한자요 편재한 것 안에 존재하는 초월자요 상대적인 것 안에 존재하는 절대자다. 신은 절대자로서 세계나 인간과 관계를 맺는다. 신은 상대적인 것을 포용하고 창조하며 상대적인 것과의 관계를 가능케 하고 실현시킨다. 그러므로 신은 세계 안에 존재하는 영으로서 세계를 유지하고 지탱하고 동반하며 세계와 인간의 깊이와 중심과 높이가 된다. 세속적인 동시에 비세속적이며 가까이 존재하는 동시에 멀리 존재하는 이 신은 인간과 항상 함께 하고 인간을 품으면서 인간의 모든 삶과 움직임 모든 실패와 타락을 유지하고 지탱한다.10) 즉 헤겔은 신을 유한 안에 깊숙이 존재하는 무한으로 그리고 세계와 인간과 역사 안에 존재하는 궁극적 실재와 모든 존재의 소멸될 수 없는 근거로 이해했다.11)

헤겔은 이와 같이 절대자를 역사 안으로 그리고 역사를 절대자 안으로 끌어들여 연결시키므로 "신의 역사성"을 강조했다. 따라서 헤겔에게 있어서 신의 비 역사성은 있을 수 없다. 변화무쌍한 물리적 세계와 상관이 없는 부동하고 불변하는 희랍의 형이상학적 신은 있을 수 없다.

---

8) See *ibid.*, p. 148.
9) See *ibid.*, pp. 149, 185.
10) See *ibid*, pp. 185f.
11) See *ibid*, p. 150.

또한 헤겔에 있어서 신의 초 역사성도 있을 수 없다. 성숙과 발전의 미래가 주어지지 않는 고정 불변하는 정적 신은 있을 수 없다. 초역사적 영역에 존재하다가 갑자기 이적적인 방법으로 역사 안에 들어와 역사를 간섭하는 신은 있을 수 없다. 헤겔의 신은 역사 안에서 항상 역동적으로 활동하는 살아있는 신이다. 영원히 완전한 신이지만 역사화 될 가능성을 자유롭게 포착하는 신이다. 역사의 기초를 놓고 역사를 지탱하고 완성시키는 영원한 신이며 따라서 역사의 근원적 원인이 되며 모든 역사적 실재의 근원적 의미가 되는 신이다. 그러므로 역사 안에 활동하는 영원한 신은 역사의 근원과 중심과 미래이며 알파와 오메가이다.

우리는 여기 헤겔에서 신학이 초월주의, 합리주의 및 실존주의를 지나 역사주의로 넘어서는 기초가 마련된 것을 보게 된다. 현대신학이 모든 관심을 인간과 세계와 역사에 두는 철학적 기초를 이미 헤겔이 마련해 놓은 것이었다.

3. 포이에르바흐: 무신론적 인간신

헤겔의 역사주의적 및 세속주의적 신 개념은 그의 좌파의 대변자인 포이에르바흐(Ludwing Feuerbach, 1804~1872)에 의해 자연 및 인간 중심적 무신론적 신 개념으로 발전했다. 포이에르바흐는 19세 때부터 신학공부를 시작했으나 신학에 흥미를 잃고 철학을 공부하면서 헤겔의 영향을 받기 시작했다. "나는 이제 무엇을 해야하며 무엇을 하기를 원하는지 알게 됐다. 신학이 아니라 철학이다. 믿는 것이 아니라 생각하는 것이다."12) 이렇게 선언한 포이에르바흐는 헤겔이 간 길을 걷기를 원했다. 그러나 그는 헤겔이 간 길 이상을 걸었다. 그는 헤겔의 절대 관념론에 반대하여 보다 실제론적이고 보다 물질주의적인 인식론을 내세웠다.

---

12) See *ibid.*, p. 193.

포이에르바흐에 있어서 모든 철학의 출발점은 신이 아니라 인간이었다. "인간의 첫째 대상은 인간이다." 인간의 관심의 대상은 추상적이고 개념적인 어떤 존재가 아니라 실제적인 존재인 인간이었다. 여기 포이에르바흐의 인간은 자연이나 감각적 삶에서 유리된 단순한 이성적 존재로서의 인간이 아니라 의지와 감정과 사랑이 겸비된 구체적이고 실제적인 전인격적 존재로서의 인간이며, 공동체와 유리된 개인으로서의 인간이 아니라 인류 전체에 속한 우주적 존재로서의 인간이었다. 포이에르바흐에 있어서 실제적 인간은 이제 종교의 시작과 끝이 되었다.[13]

포이에르바흐는 인간이 무한자를 인식한다고 할 때 그것은 인간이 자신의 무한성을 인식하는 것뿐이라고 했다. "무한자를 인식함에 있어서 인식의 주체는 그 자신의 성품의 무한성을 인식의 대상으로 삼는다." 즉 인간은 자신으로부터 그의 인간성을 끄집어 내세운 후 그것이 마치 자기 밖에 존재하는, 자기와 분리된 하나의 자율적인 존재로 인식한다. 그리고 그것을 신이라고 부르고 그것을 경배한다. 결국 포이에르바흐의 신은 인간의 돌출에 불과하다. "인간에게 있어서 절대자는 그 자신의 성품에 불과하다. 자기에게 미치는 대상의 능력은 자기 자신의 성품의 능력에 불과하다." 신은 인간이 돌출시켜 만들어낸 상사에 불과하고 실제로는 아무 것도 존재하지 않는다. 신의 성품들인 사랑, 지혜, 공의 등은 실제로는 인간의 성품들에 불과하다. 인간에게 있어서 신은 인간 자신이다(*Homo homini Deus est*). 결국 신이 자기 형상대로 인간을 창조한 것이 아니라 인간이 자기 형상대로 신을 창조한 것이다. 인간은 위대한 창조자요 신은 훌륭한 피조물이다.[14]

포이에르바흐는 이상과 같은 그의 무신론적 인본주의를 역사철학적 관점에서 정당화하면서 기독교 시대는 이제 돌이킬 수 없게 지나갔고 우리는 지금 "기독교 몰락시대"에 살고 있다고 했다.[15] 결국 그는 큉이

---

13) See *ibid.*, pp. 200, 202.
14) See *ibid*, pp. 200f.

지적한대로 "현대 무신론의 교부"가 되고 말았다.16)

우리는 여기 포이에르바흐에서 현대 정치신학에서 발견하는 "탈 기독교 시대"에 등장하기 시작한 비종교화된 "성숙한" 인간의 모습과 인간의 모습을 가지고 새로 나타나기 시작한 "노동자 신" 또는 "민중 신"의 모습이 이미 분명하게 형성되어졌음을 보게 된다. 성경과 전통적 기독교 신학이 묘사한 신의 모습은 지배적 이데올로기가 만들어낸 인조적 허상에 지나지 않는다고 치부하는 인본주의적 자율성의 사상적 기초를 이미 포이에르바흐가 마련해 놓은 것이었다.

4. 맑스: 신의 역사성으로부터 인간의 역사성으로
1) 사회 정치적 무신론

헤겔의 좌파에 속하면서 포이에르바흐의 영향을 받아 사회 정치적 무신론을 주창한 사람이 칼 맑스(Karl Marx, 1806~1873)였다. 그는 유대인으로 태어나서 기독교인으로 교육을 받은 후 무신론자로 그의 생애를 마쳤다. 1841년 그가 23세 때 맑스는 베를린에서 부르노 바우어가 이끄는 "베를린의 청년 헤겔파"에 속하여 역사, 철학, 문학을 공부하며 무신론으로 기울어졌다. 1842년 바우어가 그의 과격한 신학적 입장 때문에 교수에서 해직되고 그의 사상의 출판이 금지되자 "베를린의 청년 헤겔파"는 이제 종교적 비판에서 사회 정치적 비판으로 그 관심을 옮겼다. 포이에르바흐의 인본주의적 무신론으로부터 맑스의 정치적 무신론이 태동된 것이었다. 맑스 자신도 프러시아 정부의 압박을 받아 1843년 독일을 떠나 파리에 가서 생활하는데 그는 거기서 사회주의적 혁명사상에 접하면서 무신론적 사회주의자와 무신론적 공산주의자로 등장했다. 맑스에 있어서 그의 무신론은 그가 사회주의와 공산주의를 설립하는 데 이념적 기초를 제공해 주었다.17)

---

15) See *ibid.*, p. 207.
16) "그는 철저한 인본주의자로 전적으로 그리고 분명하게 결단하고 공언한 불신자였고 비기독교인이었고 반신학자였다"(Küng, *ibid.*, p. 211).

2) 변증법적 물질주의

맑스가 헤겔의 영향을 받아 세계 역사를 변증법적 진화론의 관점에서 보게 되었으나 그는 결국 헤겔의 사상체계의 중심을 이루는 변증법적 관념론을 거절하고 포이에르바흐의 변증법적 물질주의를 택했다. 맑스는 포이에르바흐를 따라 인간을 의식의 존재로 보기 전에 육체적 및 물질적 존재로 보았다. 그의 세계는 추상적 관념의 세계가 아니라 구체적인 사회적 세계였다. 따라서 그는 종교의 출발점을 인간과 현세의 실제적 사건들로 삼았고, 신을 인간이 만들어낸 돌출물로 보았다.18)

3) 인간의 역사성

맑스는 한 걸음 더 나아가 포이에르바흐의 종교비판을 한층 더 심화시켰다. 포이에르바흐도 인간의 역사성과 사회성과 실제성을 중요시하기는 했지만 맑스는 이를 한층 더 심화시켰다. 포이에르바흐가 인간을 인류 전체에 속한 우주적 존재로 보면서도 철두철미 역사적 존재로 분석하지 않은 데 비해 맑스는 인간을 본질적으로 역사적 발전의 틀 안에서 그리고 특수한 역사적 시대를 배경으로 해서 이해하려고 했다.

포이에르바흐가 인간을 공동체적 및 사회적 존재로 보면서도 철두철미 사회학적 콘텍스트의 관점에서 분석하지 않은 데 비해, 맑스는 인간을 사회학적 처지의 관점에서 분석했다.

포이에르바흐가 계몽과 새로운 인식을 통한 인간해방과 사회개조를 주창하면서도 철두철미 실제적인 비판 내지 혁명활동을 격려하지 않은 데 비해, 맑스는 인간해방을 위한 실제적인 정치활동의 필요성을 강조했다. 그는 사회개조가 밑으로부터 사회를 개조시키는 혁명운동의 결과로 성취된다고 분석하고 노동계급이 실제적 정치투쟁에 가담할 것을 요구했다. 착취 받는 무산계급이 착취하는 유산계급을 향해 정치적 계

---

17) See *ibid.*, p. 223.
18) See *ibid.*, pp. 225f.

급투쟁과 사회주의적 혁명운동을 일으키는 길만이 인간해방과 사회구조를 가져오는 길이라고 했다.[19]

4) 공산주의 사회의 이상: 사회, 경제, 정치적 인본주의

맑스는 그의 초기 작품에서 헤겔과 포이에르바흐의 영향을 받아 인도주의적 이상을 많이 언급했으나 그의 후기 작품 특히 그의 『자본론』에서는 사회, 경제, 정치적 이상을 보다 많이 언급했다. 후기 작품에서도 인도주의적 요소가 그대로 남아 있기는 했으나 그는 모든 인간이 참으로 인간다워지기 위해서는 사람이 사람을 착취하는 모순이 제거되고 인간의 모든 가능성을 그대로 실현시킬 수 있는 사회가 있어야 한다고 주장했다. 이와 같은 인도주의적 사회야말로 맑스가 제시한 노동계급의 철폐와 사유재산의 철폐와 독재적 지배계급의 철폐로 이루어지는 혁명의 목표이며 계급 없는 공산주의 사회의 이상이었다. 그것은 정부도 종교도 사라져 버린 사회이며 사회 민주주의적 인도주의가 성취된 사회이다.[20]

우리는 여기 맑스에서 현대 정치신학이 그 궁극적 관심을 물질적 존재로서의 인간과 그를 규정하는 근본 요인이며 그를 해석하는 근본 틀로서의 역사적(사회, 경제, 정치적) 구조에 두는 사회, 경제, 정치사적 가치 기준이 이미 마련된 것을 보게 된다.

5. 리츨

19세기 독일 신학자들 중 지대한 영향을 미친 알브레히트 리츨(Albrecht Ritschl, 1822~1889)은 1822년 베를린(Berlin)에서 루터교회 감독의 아들로 태어나서 본(Bonn), 할레(Halle), 하이델베르그(Heidelberg), 튜빙겐(Tübingen)대학에서 수학했다. 1852년부터 본 대학의 교수로, 1864년부터는 괴팅겐(Göttingen)대학의 교수로 활동하다가 1889

---

19) See *ibid.*, pp. 227f.
20) See *ibid.*, p. 242.

년에 죽었다.

1) 사변적 합리주의 거부

리츨은 초기에는 헤겔(Hegel)과 튜빙겐 학파의 영향을 받아 헤겔을 추종했으나, 그는 차츰 칸트(Kant)와 슐라이어마허(Schleiermacher) 그리고 로쯔(Rudolf Lotze) 등의 영향을 받아 헤겔과 그의 사변적 합리주의를 거부했다. 거는 전통적인 유신논증이 제일원인 또는 절대자를 추론하는 데 그칠 뿐, 예수 그리스도의 아버지인 하나님을 보여주지는 못한다고 했다.

리츨은 형이상학을 신학에서 추방했으나 나름대로의 그의 인식론을 형성했다. 활동하지 않고 쉬고 있는 "물 자체"(things-in-themselves)는 인식될 수 없으나, 물 자체가 우리에게 행동하고 우리가 그것에 응답할 때 그것은 인식될 수 있다고 했다. 따라서 세상에서 유리된 신이 전통적 유신논증에 의해 증명될 수는 없으나, 신이 계시를 통해 인간에게 인격적 영향을 미칠 때 인식될 수 있다고 했다. 따라서 참된 계시와 계시에 대한 인간의 반응이나 느낌이나 인식이 없이 신 자신에 관해 무엇을 가르치려고 하는 모든 시도는 헛된 것이라고 지적했다. 기독교 신앙은 논증에 대한 지적 동의가 아니고 인격에 대한 인격의 응답이다. 신앙에는 지성보다 의지가 더 큰 역할을 한다. 과학자나 철학자가 사물에 대해 "사실적 판단"을 내리는 데 비해 종교인은 사물에 대해 "가치적 판단"을 내린다고 했다.

리츨은 칸트와 함께 사변적 합리주의를 거부하고 실천적 윤리를 종교의 중심으로 삼았다. 사변적인 관심은 부적당하다고 했다. 영적 실재는 합리적으로 이해될 수 없고 경험적으로(empirically) 이해되어야 한다고 했다. 그는 슐라이어마허와 마찬가지로 자연신학과 아울러 계시신학을 거부하면서 기독교의 본질을 크리스찬의 체험(experience)으로부터 끄집어내려고 했다.

그러나 슐라이어마허가 그 체험을 "절대의존의 감정"에서 발견했던 반면 리츨은 그 체험을 "윤리의 영역"에서 발견하려고 했다. 우리가 하나님의 본질적 속성을 사유의 방법으로 이해할 수 없다고 할지라도 하나님의 행동 가운데서 그를 분별할 수 있으며, 그리스도의 사역도 생애와 윤리적 인격을 통하여 분별할 수 있다고 했다.

결국 리츨은 윤리적 존재로서의 인간의 체험에 근거한 일종의 "인격적 유신론"(a personal theism)을 내세웠다. 사실 리츨의 신의 개념이 전적으로 "실천적"(practical)이었다고 단정하기는 어렵지만 그가 신을 인간의 종교적 "가치판단"(value-judgement)과 관련하여 묘사한 것은 그의 신 개념이 실천적으로 기울어진 것을 말해준다고 하였다. 그는 가치 판단을 선에 대한 종교적 진술로 이해했는데 신은 선(善)을 의미한다고 했다. 결국 하나님에 대해서 언급할 수 있는 유일한 타당성은 하나님에 대한 우리의 생생한 체험이라고 썼다.

2) 역사적 예수

리츨은 경건주의나 종교적 감정주의에 대해 관심이나 동정을 나타내지는 않았다. 신비적 계시와 체험은 신앙의 기초나 윤리적 지표가 될 수 없다고 했다. 신앙의 확실한 기초는 "역사적 예수"의 사역이다. 슐라이어마허가 종교적 인식을 신학의 자료로 삼은 데 비해 리츨은 역사적 사건, 즉 예수 그리스도 안에 나타난 하나님의 역사적 계시를 신학의 자료로 삼았다. 예수의 독특한 신 의식만이 우리의 유일한 표준이요 모델이 된다고 했다. 기독교의 계시는 근본적으로 역사적 계시인데, 그와 같은 역사적 증언이 신약에 구체적으로 나타나 있다고 했다. 신약을 통해 전해진 예수의 역사적 사건만이 무너뜨릴 수 없는 객관적인 사건이며 신자들의 유일한 권위라고 했다.

예수의 역사성을 강조했던 리츨은 결국 복음서의 저술 년대를 1세기로 잡았고 대부분의 바울 서신이 바울의 저술임을 받아들였다. 신약의 성경이 그리스도의 사역에 대한 역사적으로 믿을만한 증언들을 제공해준다고 주장했다. 그럼에도 불구하고 그리스도에 대한 신앙은 단순히 역사연구의 결론이 아니라 하나의 가치판단이라고 했다. 즉 예수가 한 사람에게 나타나서 그를 붙잡고 그를 자유롭게 할 때 역사적 사건들은 그에게 하나님의 계시가 된다고 설명했다.

3) 하나님의 왕국

리츨은 복음의 본질을 두 개의 초점을 가진 타원으로 보았다. 한 초점은 칭의(justification)와 구속(redemption)과 화해(reconciliation)이며 또 다른 초점은 하나님의 왕국(kindom of God)이다.

칭의와 구속과 화해는 교회를 통해서 이루어지는 그리스도의 구속적 사역을 묘사한다. 이것은 인간을 자연의 노예로부터 해방시키는 것을 말한다. 그래서 이 세상을 지배하고 죄를 이기는 것을 말한다.

그런데 세상을 향한 하나님의 목적은 모든 인종과 모든 종족이 도덕적 공동체와 형제 사랑 가운데서 연합하여 하나님의 나라를 이루는 것이다. 그러므로 복음의 둘째 초점은 하나님의 왕국이 된다. 그리스도의 사명은 이 왕국을 세우는 데 있었고 그 목적을 수행하기 위하여 자기 생명을 바쳤다. 화해의 목적은 왕국건설에 있다고 했다. 이 두 개념 사이에는 갈등이 없다. 칭의 또는 죄의 용서는 하나님과의 교제를 의미하는데 그것은 사람으로 하여금 윤리적인 과업을 수행할 수 있는 능력을 제공하기 때문이다.

리츨에 있어서 하나님의 왕국은 종말론적이라기보다는 윤리적이었다. 즉 역사 안에서 점진적으로 건설되어 가는 왕국이었다. 그리스도의 구속의 목적은 개인적인 것이 아니었고 공동체적인 것이었다. 교회는 기도와 예배로 연합된 왕국의 멤버들로 구성된다. 리츨에 있어서 교회는 무릎을 꿇은 왕국이었고, 왕국은 일하기 위해서 걸어가는 교회였다. 리츨이 신비주의를 거부한 이유는 신비주의가 개인주의를 강조한 나머지 왕국의 윤리적이고 사회적인 과업을 부인했기 때문이었다.

리츨은 기독교의 윤리적인 목적인 하나님 왕국의 건설을 자연을 극복하려는 인간의 의지와 문화적 이념의 성취와 동일시했다. 즉 리츨은 기독교의 이념과 문화적 이념을 동일시하는 문화 신학(culture protestantism)을 제창했고 후에 발전된 "사회 복음주의"를 태동시켰다고 하겠다.

리차드 니버(H. Richard Niebuhr)는 그의 『기독교와 문화』(*Christ and Culture*)에서 다음과 같이 평했다. "리츨이 기독교와 문화를 완전히 화목시킨 것은 그의 하나님 왕국의 개념에 의한 것이다. 리츨은 예수를 문화의 그리스도로 해석했다. 즉 예수를 인간이 자기 가치를 실현하고 보전하는 노력에 있어서 가지는 지도자로 보았고 19세기 문화 이념의 관점에서 이해된 그리스도로 간주했다."[21]

리츨의 하나님 왕국 개념에 있어서 모든 강조점은 인간과 인간의 노력에 기울어져 있다. "하나님"이란 말은 하나의 삽입에 불과한 것같이 보인다. 그래서 리츨의 추종자들은 "kindom of God"을 "brother-hood of man"으로 대치했다. 윤리와 인간의 노력에 대한 강조는 리츨로 하여금 하나님의 사랑과 아울러 인간의 선을 강조하게 했다. 그는 사랑이 하나님의 속성 중의 하나라고 하지 않고 하나님 자신이 사랑이라고 했다. 사랑이 하나님의 내적 특성이요 그의 존재 자체라고 했다. 따라서 하나님의 거룩하심과 공의로움과 진노의 개념은 사라지게 되었다. 리츨은 또한 "원죄"의 개념을 거부하고 인간의 선한 성품과 가능성을 강조하며 낙천적인 세계관과 구원관을 내세웠다.

6. 하르낙과 『기독교의 본질』

1) 저자 소개

19세기말의 가장 위대한 개신교 역사가로 불리는 하르낙(Adolf von Harnack, 1851~1930)은 독일 도르팟트에서 실천 신학 교수의 아들로 태어났다. 에를랑겐, 도르팟트, 라이프찌히에서 수학한 후 1874년부터

---

21) H. R. Niebuhr, *Christ and Culture,* p. 98.

라이프찌히대학에서 강의를 시작했고, 1876년부터 하이프찌히대학에서 교수하기 시작했다. 1879년부터는 기센대학에서, 1886년부터는 마르부르크대학에서, 1889년부터 1921년까지는 베를린대학에서 교수 생활을 하다가 죽었다. 그가 남긴 최대의 업적 중의 하나는 1886년부터 저술한 3권의 교리사(history of dogma)였다. 그는 여기서 기독교의 신조들-사도신경, 니케아 신조, 칼케돈 신조 등-이 형성된 배경과 발전 과정을 역사 비평학적 관점에서 서술했으며, 기독교 교리 형성 과정에서 기독교가 조우한 두 가지 사상 중 그 첫째 사상인 그노스틱주의는 기독교가 거부했으나 그 둘째 사상인 헬레니즘은 그대로 받아들였는데 그 결과 기독교가 헬레니즘화 내지 지성화되었다고 비판했다. 20세기 초 하르낙의 명성을 온 유럽과 세계에 떨치게 한 사건은 1889년 겨울 베를린 대학에서 '기독교의 본질'이란 제목으로 행한 16번의 강의 내용이 책으로 출판된 일이었다. 1900년 라이프찌히 역은 하르낙의 책을 운송하는 화물차로 붐볐으며, 1927년에는 독일어로 14판이 출판되었고 14개 국어로 번역되기에 이르렀다.

2) 저술의 목적

하르낙이 자유주의 신학의 고전적 대표작이라고 불리는『기독교의 본질』(*What is Christianity, 1899~1900*)을 저술하게 된 목적은 "기독교의 본질이 무엇인가?"라는 긴박한 질문에 대한 역사가로서의 해답을 제시하려는 데 있었다. 그가 사용한 역사적 연구 자료는 공관복음서였는데 복음서 가운데 예수가 가르친 복음과 예수에 관한 복음과를 날카롭게 구분했다.

3) 복음의 본질

하르낙은 이 저서에서 복음의 본질을 분석하고 드러내려고 시도했다. 즉, 기독교의 다양한 역사적인 형태인 신조나 제도나 심지어 성경 뒤에 숨어 있는 영원히 타당한 알맹이(kernel)를 끄집어내려고 시도했다. 늘 변화하는 형태 뒤에 참으로 고전적이고 언제나 타당하고 아주 단순한 그 무엇이 있는데, 그것은 교의 신학의 진술 속에서도 발견할 수 없고, 교회의 제도 안에서도 발견할 수 없고, 중세 기독교의 금욕적 도덕 안에서도 발견할 수 없고, 사도 바울의 진술 속에서도 발견할 수 없다고 했다. 결국 우리는 그것을 기독교의 창시자인 예수에게서 발견할 수 있으며 그분의 모습을 공관복음에서 발견할 수 있다고 했다. 그리고 우리가 예수의 모습을 분명히 알기 위해서는 복음서에 대한 비판적인 연구방법을 사용해야 한다고 했다. 복음서 안에는 틀(framework)이 있다. 즉, 이적에 대한 기사와 귀신이나 종말에 대한 이야기는 복음을 전하기 위해 사용된 틀에 불과하다고 했다. 솔직히 말해서 이적이 일어나는 것이 아니고 귀신이 있는 것이 아니고, 이 세상의 끝이 가까운 것도 아니다. 복음의 본질은 독립되어 있고 이런 것들과 관련이 없음을 알아야 한다고 했고, 그리스도의 인격과 그의 가르침에서 발견해야 한다고 했다. "그는 선지자와 같이 말씀했지만 선지자와 같지는 않았다. 그의 말씀은 평화와 기쁨과 확신을 자아냈다. …… 그는 하나님의 임재를 항상 의식하면서 살았고, 자기의 양식을 하나님의 뜻을 이루는 것으로 삼았다"(제 3강의 초두).

4) 예수의 가르침

하르낙은 그의 셋째 및 넷째 강의에서 기독교의 본질이라고 할 수 있는 예수의 가르침의 내용을 다음 세 가지로 요약했다. "우리가 예수의 가르침을 개관할 때 세 가지 주제로 분류할 수 있을 것이다. 그것은 각기 전체를 포함한다고 할 수 있으므로 한 가지 주제를 가지고도 전체를 나타낼 수 있을 것이다. 첫째는 하나님의 나라와 그 도래이고, 둘째는 하나님 아버지와 인간 영혼에 대한 무한한 가치이고, 셋째는 보다 높은 의와 사랑의 계명이다. 예수의 메시지가 그렇게도 위대하고 그렇게도 강력한 것은 그의 메시지가 그렇게도 단순하면서도 그렇게도 풍부하다는 사실에 기인한다."(제 3강의).

하르낙은 복음서 안에 하나님의 나라에 대한 두 가지 상이한 견해가 있음을 지적했다. 미래에 이루어질 하나님의 외적 통치로 보는 견해와 이미 지금 이루어지고 있는 하나님의 내적 통치로 보는 견해가 있다고 했다. 하르낙은 다시 주장하기를 예수는 하나님 나라에 대한 전통적인 견해인 전자의 입장을 거부하고 후자의 입장을 취했다고 했다. "하나님의 나라는 개인에게 도래하여 그의 영혼 속에 들어가 그를 붙잡음으로 임한다. 실로 하나님의 나라는 하나님의 통치를 의미한다. 개인들의 가슴속에 이루어지는 거룩하신 하나님의 통치를 의미한다. 그것은 능력 가운데 계신 하나님 자신을 의미한다. 이와 같은 견해에서 볼 때 외적이고 역사적인 의미와 관련되는 모든 극적인 요소들은 사라지고 만다. 미래에 대한 모든 외적인 소망도 사라지고 만다"(제 3강의 마지막 부분). 그러므로 하나님의 나라는 일상 생활의 산물로 나타나는 것이 아니라 '위로부터의 선물'로 나타난다. 그것은 '순수한 종교적 축복'이며 '인간이 경험할 수 있는 가장 중요한 경험'이다. "그것은 한 인간의 전 존재 속에 침투하여 그것을 지배한다. 겸손한 자에게 임하여 새롭고 기쁜 삶을 부여하는 이 왕국이 없이는 삶의 의미와 목적이 밝히 드러나지 않는다. 이것을 예수 자신이 발견했고 그의 제자들이 발견했다."(제 4강의 중간 부분).

예수가 복음의 본질을 설명한 또 하나의 방법은 하나님을 모든 인류의 아버지로 선언하고 아버지로서 그가 그의 자녀들을 한없이 귀하게 여긴다고 강조한 점이다. 모든 인간의 영혼이 하나님에게는 한없이 귀하다. "실로 예수의 모든 메시지를 둘로 요약할 수 있다. 즉, 하나님이 아버지라는 것과 인간의 영혼이 너무 귀해서 하나님과 연합할 수 있다는 것이다." 하르낙은 인간이 하나님의 자녀 된 사실과 인간 영혼의 가치를 설명하기 위해 ① 주기도와 ② "네 이름이 하늘에 기록된 것으로 기뻐하라"는 말씀과 ③ "참새 한 마리도 아버지의 허락이 없이는 땅에 떨어질 수 없다"는 말씀과 ④ "온 천하를 얻고도 네 생명을 잃으면 무엇이 유익하리오"라는 말씀의 뜻을 풀이했다. "아버지로서의 하나님과 그의 섭리와 하나님의 자녀로서의 인간의 지위와 인간 영혼의 무한한 가치의 개념들 속에 복음의 전부가 표현되었다.”(제 4강의 중간 부분).

하나님을 아버지로 모신 그의 모든 자녀들은 형제 사랑의 윤리적 삶을 실천해야만 했다. 그런데 하나님의 나라 안에서의 윤리는 ① 외부적 종교의식이나 선행과 관련되는 것은 아니었다. 그것은 ② 사람의 내적 성향과 동기에서 우러나오는 ‘보다 높은 의’인 ③ 사랑과 ④ 겸손의 삶이었다. 이것이 예수가 가르친 복음적 삶이었다. “보다 높은 의와 사랑의 새 계명의 메시지를 이 네 가지 의미로 표현하므로 예수는 윤리적 삶의 영역을 그 이전에 아무도 정의하지 않았던 새로운 방법으로 정의했다. 팔복은 그의 윤리와 종교를 포함하는 바 양자는 뿌리에서 연결되어 있었다. 그리고 그것은 모든 외적이고 특수한 요소들에서 벗어나 있었다”(제 4강의 끝 부분).

5) 복음의 문제들

하르낙은 예수가 가르친 복음의 근본 요소들을 정의한 후 제 5강의부터 제 8강의에서 복음과 관련된 6가지 문제들을 기술했다. 첫째, 복음과 세상과의 관계에 대해서 세상을 부정하고 도피하는 금욕주의는 복음 안에 설 자리가 없다고 했다. “이와 같은 이유들 때문에 우리는 복음이 세상을 부인하는 메시지라는 견해를 거부해야 한다. 예수는 우리가 싸워야 할 세 가지 원수들에 대해서 언급했다. 그것들을 피하라고 하지 않고 싸워 없애라고 했다. 이 세 원수들은 맘몬과 염려와 이기심이다”(제 5강의 중간). 예수가 요구한 것은 금욕적 도피가 아니라 자기 부정과 자기 희생의 사랑이었다.

둘째, 복음과 가난한 자와의 관계에 대한 사회적 문제에 대해서 하르낙은 교회사에 나타난 예수에 대한 두 가지 해석을 제시했다. 즉, 예수를 위대한 사회 개혁자로 보는 견해와 예수는 사회적 또는 경제적 문제에 대해서는 아무런 관심을 가지지 않았다고 보는 견해가 있다고 했다. 예수의 가르침을 정확히 이해하기 위해서는 그 당시 가난한 자가 어떤 의미로 사용되었는지를 알아야 한다고 했다. "대부분의 시편과 후기 유대 문학에서 '가난'이란 말은 그들의 마음이 열려져서 이스라엘의 위로를 기다리는 사람들을 가리켜서 사용되었다. 예수도 이와 같은 말의 용도를 발견했고 그것을 그대로 채택했다. 그러므로 우리가 복음서에서 '가난한 자들'이란 표현을 대할 때 그 말을 경제적 의미로 사용하면 안 된다"(제 5강의 끝 부분). 따라서 하르낙은 예수가 사회 개혁의 프로그램을 제시하지 않았다고 지적했다. "예수는 사회 개혁자가 아니었다. 예수는 때로 가난한 자들이 항상 너희와 함께 있을 것이라고 말하며 가난의 형편이 근본적으로 변하지 않을 것을 암시하기도 했다"(제 6강의 중간 부분).

셋째, 복음과 법과의 관계에 대해서 하르낙은 복음이 근본적으로 정치 질서와 같은 세속적 질문을 다루지 않았다고 했다. "합법적 정부에 대한 예수의 관계에 대해서 말하면, 그는 정치적 혁명가도 아니었고 정치적 프로그램을 제시하지도 않았다"(제 6강의 끝 부분). "예수의 제자들은 그들의 권리 추구를 포기할 수 있어야만 했고 정의가 무력의 도움으로 실현되지 않고 선에 대한 복종으로 실현되는 나라를 형성하는 데 협력해야 했다"(제 6강의 끝 부분). "복음은 내적 사람을 향하여 호소한다. …… 복음이 세우는 나라는 세상의 나라가 아니다. 이와 같은 가르침은 교황이 세상을 지배하려는 신정 정치와 모순될 뿐 아니라, 종교가 이 세상일을 직접 또는 공적으로 간섭하는 것을 금한다. 복음이 말하는 것은 이것이다. 즉, 삶의 진정한 관심사는 항상 같다는 것이다. 오직 한 관계, 한 이념이 있을 뿐이다. 즉, 하나님의 자녀가 되고 그의 나라의 시민이 되고 그리고 사랑을 실천하는 것이다. …… 그리고 우리는 싸우고 투쟁하자. 억눌린 자에게 공의를 부여하고 세상의 형편을 이웃에게 가장 좋도록 만들자. 그러나 복음이 직접 도움을 주리라고 기대하지는 말자"(제 7강의 처음 부분).

넷째, 복음과 노동과의 관계에 대한 문명의 문제에 대해서 하르낙은 같은 입장을 취했다. 노동과 문명의 발전이 귀하고 가치 있는 것이 사실이지만 그것이 최고의 이상이 되지는 못한다고 했다. 그것은 영혼에 참 만족을 채우지 못하기 때문이다. 하르낙은 끝으로 복음과 하나님의 아들과의 관계에 대한 기독론의 문제와 복음과 교리와의 관계에 대한 신조의 문제를 취급했다. 복음서에서 예수는 자신을 하나님의 아들이라고 불렀는데 이는 그가 하나님을 알고 하나님에 대한 지식을 세상에 전하는 자라는 의미에서 자신을 그렇게 부른 것이었다. "하나님을 아버지로 알았기 때문에 그 결과 그는 자신이 하나님의 아들이라는 의식을 가지게 되었다. 바로 이해할 때 하나님의 아들이란 이름은 하나님에 대한 지식을 의미할 뿐이다"(제 7강의 후반부). 하르낙은 예수가 어떻게 자신이 하나님의 아들이라는 의식을 갖게 되었느냐는 문제는 신비에 속하며 심리학이나 역사적 연구도 이 문제에 대해서 하르낙은 복음이 교리의 체계나 우주에 관한 철학이 아니라고 강조했다. 복음은 영생을 가져다주는 기쁜 소식이요 바른 삶을 가르치는 교훈이다. "기독론적 신조를 복음 앞에 놓는 것은 예수의 가르침에서 멀리 떠나는 것이다. 그리스도의 복음에 따라 살기 시작한 사람만이 그리스도에 대해 바로 생각할 수 있고 바로 가르칠 수 있다(제 8강의 후반부).

6) 복음과 교회사

하르낙은 그의 저서의 후반부인 제 9강의부터 제 16강의에서 교회사에 나타난 복음의 이해와 발전 과정을 취급했다. 즉, 사도 시대와 카톨릭주의 시대와 개신교주의 시대에서 복음이 어떻게 이해되고 발전되었는가를 시대별로 고찰했다. 사도 시대의 기독교의 특징은 십자가와 부활로 말미암아 예수를 주님으로 인정한 것과 성령으로 말미암아 하나님과의 산 교제를 체험한 것과 그리스도의 재림에 대한 기대 가운데서 순결과 형제애의 거룩한 삶을 산 것이었다고 지적했다(제 9강의). 사도 시대에 바울은 기독교를 유대주의와 율법의 종교에서 구출하여 이방인을 위한 세계적 종교로 만들었다. 이와 같이 바울이 유대주의적 요소들과 제한점들을 제거했지만 동시에 복음에 새로운 요소들과 제한점들을 부여했다. 즉, 교회에 새로운 형태의 예배를 수립하고 기독론을 강조하고 교회 안에 구약을 유지하도록 함으로 복음의 본래적 순수성과 능력을 변질시키게 되었다(제 10강의). 하르낙은 기독교의 가장 큰 변화가 2세기에 일어났다고 주장했다. 즉, 2세기의 기독교가 자연 종교, 정치 종교 및 이원론적 그노스틱주의와 싸워 승리했으나 헬레니즘의 영향을 받아 신앙을 지성화하고 교리와 예배와 생활이 고정된 형태를 취하므로 카톨릭주의로 변화되었다고 지적했다(제 11강의). 희랍 카톨릭주의는 희랍 자연 종교의 연속에 불과했으며, 기독교의 옷을 입은 희랍의 산물이었다. 그것의 특징은 전통주의와 지성주의와 의식주의였는데 그것들은 복음과 상관이 없었다. 복음의 요소가 수도원주의와 성경을 통하여 유지되었을 뿐이었다(제 12, 13강의). 서방의 로마 카톨릭주의는 서방을 문명화시켰고 국가로부터 교회의 독립을 유지하는 일을 성취했다. 그리고 교회의 특징은 동방 교회와 그 특성들을 공유하는 카톨릭주의와 로마 제국을 계승하는 라틴 정신을 이어받은 것과 어거스틴의 종교적 정열을 이어받은 것이었다. 그러나 어거스틴의 종교적 정열은 교황주의에 의해 패배를 당하므로, 로마 카톨릭주의는 결국 로마 제국을 계승하는 데 그치게 되었는데, 이는 복음을 전적으로 왜곡하는 결과를 초래하게 되었다(제 14강의). 종교 개혁은 교회사에 나타난 가장 위대한 운동이었다. 종교가 종교의 본질적인 요소에로 되돌아갔다는 점에서 그것은 참으로 종교 개혁이었다. 말씀과 신앙의 요소가 강조되었고 믿음으로 의롭다 함을 얻는 진리가 선포되었다. 교회의 외적 권위와 성례주의가 거부되었고 교회는 이제 신앙의 영적 공동체가 되었다(제 15강의). 종교 개혁이 복음을 회복시킨 것은 사실이지만 종교 개혁이 범한 오류도 없지 않았다. 국가 교회를 세운 일, 신앙과 감정을 지나치게 강조한 점, 수도원 정신을 폐지한 점 등을 들 수 있다. 하르낙은 개신교가 종교 개혁의 정신을 붙잡아야 한다고 호소했다. 복음의 단순성과 순수성을 붙잡아야 한다고 했다. 신학만으로는 부족하다. 복음 안에 나타난 크리스찬의 신실성과 자유를 유지해야 한다. 하르낙은 끝으로 삶의 의미를 부여하는 것은 지식이 아니라 사랑의 종교라고 강조했다. "신사 여러분, 삶의 의미를 부여하는 것은 종교입니다. 즉, 하나님과 이웃에 대한 사랑입니다. 지식은 그런 일을 할 수 없습니다. …… 어디서 와서 어디로 가며 무슨 목적으로라는 질문에 대해 지식은 오늘이나 2, 3천년 전이나 아무 대답을 주지 못합니다"(제 16강의 끝).

유니테리안주의

유니테리안주의(Unitarianism)는 19세기 영미에서 형성된 하나의 극단적인 반 삼위일체적 자유주의 신학운동이다.

영국에서 형성된 유니테리안주의는 자연신교에 그 기원을 두고 있는데, 존 비들(John biddle, 1615~1662)을 영국 유니테리안주의의 아버지라고 부른다. 비들의 가르침에는 그리스도에 대한 기도도 없었고 성령의 신성에 대한 언급도 없었다. 영국에서 유니테리안주의가 본격적인 궤도에 오른 것은 1800년대 전후부터인데, 조셉 프리스틀리(Joseph Priestly, 1733~1804)는 기독교의 인도주의적 특성만을 강조했고, 그의 동료 데오빌러스 린지(Theophilus Lindsey, 1723~1808)는 1774년 런던에 유니테리안 채플을 세웠다. 유니테리안주의자들은 1825년에 이르러서는 "영국 및 세계 유니테리안주의 협회"를 조직할 만큼 그 세력이 확장되었다. 제임스 마티노(James Martinea, 1805~1900)는 성경을 합리적 판단에 종속시키면서 계시를 신적 진리의 전달로 보는 대신 양심과 도덕적 순결에 대한 호소로 보았다.

미국에서도 전통적 칼빈주의 신학 특히 삼위일체를 부인하는 유니테리안주의 운동이 18세기 말엽부터 일어났다. 1785년에는 보스톤의 킹즈 채플(King's Chapel)이 유니테리안 주의자들의 회합처가 되었다. 유니테리안 경향의 자유주의자들은 1805년에는 하바드대학을 장악했고, 1816년에는 하바드신학교를 설립하기에 이르렀다. 1825년에는 윌리엄 엘러리 채닝(William Ellery Channing, 1780~1842)의 지도하에

"미국 유니테리안주의 협회"가 조직되었는데 뉴잉글랜드 지역의 많은 회중 교회들이 여기 가입했다. 이때 "유니테리안 협회"에 가입된 125개의 회원교회 중 100여 개의 교회는 메사추세트주 안에 있었고 그들의 대부분은 보스톤 근처에 있었다. 이 사실은 유니테리안 주의자들이 신의 부성과 인간의 형제성 등과 더불어 보스톤의 이웃성을 믿고 있었음을 말해준다고 하겠다. 즉, 유리테리안주의는 인간의 타락의 교리를 거부하는 뉴잉글랜드 도시 상류층들의 신앙이었다고 하겠다. 1961년에는 유니테리안주의 협회가 만인 구원주의자들과 병합하여 "유니테리안 만인구원주의 협의회"를 조직했다.

보스톤에서 일어난 유니테리안주의의 기원을 여러 가지로 소급해 볼 수 있다. 그것들 중의 하나는 18세기 중엽 대각성운동의 반발로 일어난 자유주의 운동이라고 할 수 있는데 그것은 구원에 있어서 인간의 역할을 강조했다. 한 젊은 장로교 목사인 그린(Ashbel Green)이 1791년 뉴잉글랜드 지방을 방문했는데 그는 많은 보스톤의 목회자들의 신앙이 불건전한 것을 발견했다고 기록했다. 즉, 그들 가운데는 알미니안주의자들, 만인 구원주의자들, 아리안주의자들 및 소시니안주의자들이 있었다고 말했다. 10년 후 알렉산더(Archibald Alexander)가 보스톤을 방문했을 때는 그 형편이 더욱 심각했다. 즉, 모든 종류의 이단이 번성했는데 그들 가운데서 발견할 수 있는 일치점은 삼위일체 교리에 대한 거부였다고 지적했다. 미국 교회사가 허드슨(Winthrop Hudson)은 상기 두 사람의 지적이 다소 부정확하다고 지적하며 신학적 이단이 발생한 것은 보스톤의 대부분의 회중교회들에서가 아니라 주지사의 교회였던 킹즈 채플(King's Chapel)에서였다고 주장했다. 즉, 왕실교회가 하버드 출신의 제임스 프리만(James Freeman, 1759~1835)을 교회의 목사로 초빙하여 1787년에 담임목사로 위임했는데 그는 조금도 꺼리지 않고 니케아 신조 등 삼위일체적 신앙고백을 예배의식에서 제거해 버렸다. 그러나 대부분의 회중교회 지도자들은 정통교리를 공개적으로 거부하지는 않고 조용히 무시하고 있었다. 보스톤에서의 보다 분명한 정통신학의 거부는 1805년 헨리 웨어(Henry Ware, 1764~1845)가 하버드신학교의 교수로 선출되면서부터였다.

그러나 보다 본격적인 유니테리안주의의 제창은 채닝(Channing)이 1819년 볼티모어에서 행한 "유니테리안 기독교"라는 제하의 설교에서 나타났다고 하겠다. 그는 주장하기를 기독교의 기초는 성경 안에 나타난 영감된 하나님의 말씀인데 그 말씀은 사람을 위해, 사람의 말로 씌어졌으므로 성경의 뜻은 다른 책들과 같은 방법으로 찾아야한다고 말했다. 채닝은 또한 하나님과 사람은 본질적으로 같다고 선언하며 모든 덕의 기초는 사람의 도덕적 성품에 있다고 했다. 그리고 예수는 하나님은 아니지만 아버지로부터 보냄을 받아 사람을 신적 완성에로 인도하고 이끄는 중요한 사역을 한다고 가르쳤다. 채닝이 저술한『기독교 종교의 본질』의 일부를 인용하면 다음과 같다. "나는 기독교가 하나의 큰 원리를 가지고 있다고 믿는다. 이 큰 원리를 간단하게 표현할 수 있다. 그것은 하나님의 그의 무한한 아버지의 사랑으로 인간의 영혼을 완전케 하고 모든 죄악에서 깨끗케 하고 자기의 형상을 따라 창조하고 자기의 영을 부어주고 그것을 영원히 발전시키고 그것을 하늘의 생명과 불멸에로 이끌기를 의도하신다는 것이다. 그것은 다시 말해서 인간의 영혼에게 하나님 자신으로부터 하늘의 능력과 덕과 기쁨을 전달하기를 의도하신다는 것이다. 인간을 현재의 불완전과 시험과 죄와 고난의 상태로부터 신적인 존재로 향상시키는 것이 예수 그리스도에 의해서 계시되고 성취된 하나님의 위대한 뜻이라는 것이다. 이것이 예수 그리스도의 종교를 구성하며 모든 인간에게 주어진 복음이다. 왜냐하면 모든 인간의 요구를 채워주기에 적절한 종교이기 때문이다."

슐라이어마허의 전통에 따라 형성된 19세기 자유주의가 인간의 심성과 실존적 경험을 강조한 데 비해 유니테리안주의는 보다 이성적 합리성과 윤리성을 강조했다. 그러므로 유니테리안주의는 영국에서 일어난 자연신교 운동과 그 맥을 같이 한다고 하겠다. 결국 후기 유니테리안주의는 기독교적 특성을 강조하는 데 있어서 소극적이 되었고 차츰 과학적 세계관과 윤리적 관심과 일치하는 일반적 종교이념을 주장하는 데 관심을 기울이게 되었다. 그래서 1825년에 조직된 "미국 유니테리안주의 협회"에 속한 많은 회원들은 자기들의 운동이 기독교 교회의 한 부분에 속한 것이 아니라고 주장하기까지 했다.

유니테리안주의의 하나의 중요한 신학적 문제는 삼위일체 교리에 대한 부정이었다. 유니테리안주의자들은 역사적으로 자주 제시된 삼위의 구분은 하나님의 통일성과 모순되는 것으로 생각하여 역사적 삼위일체의 교리를 거부했다. 유니테리안주의는 또한 원죄, 전적 타락, 유아 저주, 하나님의 진노, 예정론 및 전통적 속죄교리 등도 받아들이기를 거부했다. 그와 같은 교리들은 하나님을 비도덕적인 존재로 만들며 신약의 교리와도 위배되는 것으로 보았다. 기독교의 교리는 그 대신 하나님의 자비와 인간의 선함을 강조해야 한다고 주장했다. 유니테리안주의는 인간의 선함과 인간의 성취를 강조한 나머지, 구원자 하나님도 필요 없고 단지 예수의 도덕적인 영향을 받아 하나님을 사랑하고 이웃을 사랑하면 된다고 주장했다.

일종의 후기 유니테리안주의를 주창한 사람은 데오도르 파커(Theodore Parker, 1810~1860)였다. 파커는 기독교가 계시나 이적이나 예언에 기초를 두는 것이 아니라 보편적 진리들의 표현에 기초한다고 주장했다. 기독교는 여러 종교적 표현들 중 하나에 불과하다고 했다. 하나님의 존재는 이성에 의해 증명될 수 있는 것이 아니라 자의식한 인간이 직관적으로 가지는 하나의 근본적인 진리라고 했다. 파커는 절대자가 자기 안에 임재해 들어옴을 느끼고 깨닫게 되었다고 고백했다. 결국 파커는 "합리주의적 유니테리안주의"를 비판하고 "초월적 유니테리안주의"를 제창했다.

후기 유니테리안주의의 입장이 제임스 클라크(James Freeman Clarke, 1810~1888)의 신앙선언에 분명하게 요약되었는데 그 내용은 "신의 부성, 인간의 형제성, 예수의 지도성, 성품에 의한 구원, 영원히 지속적인 인간의 발전" 등을 강조하는 것이었다.

사회복음주의

  19세기 후반부터 20세기 초엽에 이르기까지 영국과 미국의 자유주의 개신교 신학자들 가운데서 일어난, 사회를 기독교화 하려는 운동을 가리켜 사회복음주의(Social Gospel)운동이라고 한다. 사회복음주의는 개인의 구원과 아울러 사회공동체의 구원을 추구했다.

  사회복음주의 운동의 배경을 열거하면, ① 중세와 종교개혁 시대가 내세를 강조한 데 비해 근세의 계몽주의가 현세를 강조한 것, ② 종교개혁자들이 "소명론"이 17, 18세기에 이르러 세속적 직업과 활동의 긍정적 의미를 강조하게 된 것(Max Weber와 R. H. Tawney의 연구 참조), ③ 청교도들이 하나님의 나라가 새 교회와 새 나라 안에 실현되고 있다고 생각한 것, ④ 복음주의 각성운동이 선교와 노예폐지운동을 통해 이와 같은 비전을 강화한 것, ⑤ 자유주의 신학이 윤리와 실천을 강조한 것, ⑥ 맑스의 사회주의(Communist Manifesto, 1848, Das Kapital, 1867) 가 기독교의 사회, 경제적 무책임을 통박하며, 경제 및 계급투쟁을 통한 이상적 사회건설의 필요성을 강조한 것 등을 들 수 있다.

1. 영국의 기독교 사회주의 운동

  19세기 중엽 영국에서 마우리스(F. D. Maurice), 킹슬리(Charles Kingsley) 등의 지도하에 일어난 기독교 사회주의 운동(Christian socialist movement)은 교회의 실패를 인정하면서 노동자 계급의 처우개

선을 위해 노력했다. 이들은 산업사회 속에 뿌리박고 있는 깊은 죄악을 신랄히 비판하면서 교회는 의로운 사회질서를 창조해 나아가야 하는 의무가 있다고 역설했다. 이들은 영국과 유럽의 기독교 사회주의 운동에 큰 영향을 미쳤는데 교황 레오 13세(Leo XIII, 1878~1903)와 피우스 11세(Pius XI, 1922~1939)는 사회개혁을 위한 종교활동을 공적으로 인정했다.

2. 미국의 사회복음주의 운동

19세기 말엽에 시작하여 제 1차 세계대전 전에 절정을 이룬 미국의 사회복음주의 운동(Social gospel movement)은 사회개혁이 (개인들의 변화와 아울러) 복음의 명령임을 강조했다. 이와 같은 사회복음주의 이념은 미국 청교도들의 건국 이념에서 비롯했다. 즉, 하나님의 나라를 신대륙에서, 기독교 국가에서, 그리고 민주주의 체제에서 실현시키려고 했던 것이 청교도들의 꿈이었고 소원이었다. 이 꿈은 부흥운동, 선교운동, 노예폐지 운동 등을 통해 구체적으로 실현되는 듯 했다. 미국의 사회복음주의 운동이 발전하게 된 직접적 원인들을 지적하면 다음과 같다.

1) 사회주의와 노동조합의 도전

미국 노동조합의 지도자 사무엘 곰퍼스(Samuel Gompers)는 1898년에 말하기를 교회는 노동자의 복지에 대해서는 외면하고 노동자를 괴롭히며 돈을 하나님으로 삼은 자본가들만 옹호한다고 비난했다.

2) 자유주의 신학의 영향

자유주의 신학이 하나님의 임재, 인간의 거룩함, 윤리와 도덕실천 등을 강조하며 사회변혁에 대한 낙관적 견해를 나타냈다. 특히 예일대학교의 실천신학자 호레이스 부쉬넬(Horace Bushnell, 1802~1876)은 사회적 환경의 중요성을 강조하면서 사회개혁의 필요성을 내세웠다. 부쉬넬은 말하기를 죄는 사회적이며 덕도 사회적이라고 했다. 사람이 사회와 고립돼서 구원을 얻는 것이 아니라 오직 사회 안에서 사회와 더불어 구원을 얻는다고 했다. 또한 자유주의 성경학자들이 ① 아모스나 미가와 같은 선지자들이 사회정의를 부르짖은 점을 지적하며 강조했고 ② 부, 가정, 국가, 무저항 등에 대한 예수의 교훈을 정치, 사회적 문제에 적용시켜 해석했으며 ③ 예수의 메시지의 중심이 하나님의 왕국임을 강조하면서 하나님의 왕국을 현세의 진정한 이상으로 해석했다.

3) 사회문제의 심각한 대두

산업사회의 발전에 따른 모순, 사회 및 가정생활의 파탄, 실업자의 증가, 노동자의 불만, 자본가들의 개인주의, 인권의 경시 등등 심각한 사회 문제가 대두됨에 따라 이와 같은 문제들을 해결하기 위한 방편으로 사회복음주의 운동이 발전했다.

3. 워싱톤 글래든

사회 복음주의 운동의 선구자요 아버지로 불리우는 위싱톤 글래든 (Washington Gladden, 1836~1918)은 부쉬넬의 영향을 받은 회중교회의 목사로 *The Christian Way*(1877), *Applied Christianity*(1886), *Social Salvation*(1902), *The Church and Modern Life*(1908) 등의 저술을 통해 자본(Capital)과 노동(labor)과의 관계를 단순한 "경제"(economic) 문제로 취급할 것이 아니라 윤리 및 종교적 문제로 취급해야 한다고 주장하며 자본과 노동과의 협력을 강조했다.

"노예제도가 사라져 가는 지금 자유노동에 관한 관심이 대두되고 있다. 그 문제의 심각성을 강조할 필요조차 없다. 그것은 경제의 문제뿐이 아니라 넓은 의미에서 윤리적 문제라고 하겠다. 그것은 종교의 핵심을 다룬다. 강단에서 그 문제에 대해서 무엇인가 말해야 할 것은 자명한 일이다."

이와 같은 견해는 교회의 기능을 확대하게 했고 교회는 부의 축적과 사용에 있어서의 "정직"과 "관용"을 말해야 할 뿐 아니라 노동자에 대한 "정의"(justice)를 강조해서 말해야 한다고 했다. 교회는 이제 사회 정의를 수립하는 적극적인 역할을 감당해야 한다고 주장했다. 이때 사회복음주의적 찬송가들과 소설들이 많이 나타났는데, Charles M. Sheldon의 *In His Steps: What Would Jesus Do?*는 가장 대표적인 소설이었다. 영어로 2,300만 부가 팔렸고 수십 개국어로 번역되었다.

4. 월터 라우쉔부쉬

사회복음주의 운동의 "가장 위대한 예언자"로 불리우는 라우쉔부쉬 (Walter Rauschenbush, 1861~1918) 는 1861년 뉴욕에서 독일 침례교 목사의 아들로 출생했다. 뉴욕의 제 2독일침례교회 목사로 11년간(1886~1897) 봉사하면서 뉴욕시 서부 끝 "지옥의 부엌"(Hell's Kitchen)이라고 불리우는 험악한 곳에서 일하는 독일이민 노동자들의 비참한 생활 속에서 인간의 비참과 경제적 모순을 목격하고 통감했다. 그런 문제들을 해결하기에는 자기의 경건주의적 신앙이 너무 무력함을 느끼며 자기의 신앙과 성경의 교훈을 재 반성하는 가운데서 새로운 확신에 도달하게 되었다. 1889년부터 노동자들의 문제와 관심사에 대한 자기의 입장을 피력했다. 1892년에는 몇몇 젊은 목사들과 함께 "왕국의 형제단"(Brotherhood of the Kingdom)이라는 모임을 만들어 여름마다 한 주간씩 모여 예수의 윤리적 및 영적 가르침을 연구했다(1914년까지).

라우쉔부쉬는 1907년『기독교와 사회적 위기』(*Christianity and the Social Crisis*)를 저술하므로 사회복음주의 운동의 지도자로 인정받게 되었다. 그리고 1917년에 저술한『사회복음의 신학』(*A Theology of the Social Gospel*)에서 그는 사회복음을 다음과 같이 주창했다.

> "사회복음은 이제는 예언적이거나 부차적인 성격의 것이 아니다. 그것은 과거 지향적인 사회 종교 공동체 안에서만 새로운 것으로 간주된다. 그러나 지금 사회복음은 정통적인 것이 되었다. …… 사회복음은 오래된 구원의 메시지이지만 보다 확대되고 보다 심화된 메시지이다. 개인주의적 복음은 마음에 있는 죄성을 보게 했지만 사회질서

의 죄성은 바로 보지 못하게 했다. …… 사회복음은 사람으로 하여금
그들의 집단적 죄를 뉘우치게 하며 보다 민감한 양심을 가지게 만든
다. 사회복음은 나라들의 구원을 믿었던 옛 선지자들의 신앙을 불러
일으킨다."1)

사회복음은 개인존재의 사회적 성격을 강조했다. 즉 사회를 개인들
이 모인 집합체로 보는 대신 개인들로 구성된 하나의 유기체로 간주했
다. 인간간의 관계를 연대적인 것으로 간주하며 매우 중요시했다.

1) 라우쉔 부쉬에게 있어서 하나님의 나라는 기독교 메시지의 중심이었다.

즉, 사회복음은 예수님이 선포하신 하나님의 나라를 건설하는 것이
었다. 그리고 하나님의 나라는 현존하는 사회의 기관들로부터 성장된
다고 생각했다. 즉, 하나님의 나라가 현존하는 사회질서를 파괴하므로
오는 것이 아니라 항존하는 인간사회의 기관들을 "구속"하므로 온다고
생각했다. 따라서 하나님 나라는 내세적인 것이 아니라 현세적인 것이
라고 했다. 그럼에도 불구하고 라우쉔부쉬는 하나님의 나라가 단순히
인간의 노력만으로 설립되는 것은 아니라고 지적했다. "하나님의 나라
는 그 기원이나 발전이나 성취에 있어서 신적이다. 그것은 예수 그리스
도에 의해서 성취될 것이다. …… 그러므로 하나님의 나라는 처음부터
끝까지 이적적이다."2) 그럼에도 불구하고 인간의 노력이 필요 없는 것
은 아니라고 했다. 하나님의 나라는 이미 부분적으로 현세에서 천천히
실현되고 있는데 사람이 그 실현을 도울 수 있다고 했다. "모든 사람은
하나님의 나라를 이룩하는 데 하나님과 협력하거나 그 발전을 방해하
도록 되어 있다."3)

---

1) W. Rauschenbush, *A Theology of the Social Gospel* (Louisville: Westminster
   John Knox, 1917), pp. 2~5
2) *Ibid.*, p. 139.
3) *Ibid.*, p. 141.

2) 사회복음은 특히 경제정의에 관심을 가졌다.

조직화된 죄의 세력이 가장 뚜렷이 나타나는 곳이 불의한 산업사회라고 했다. 따라서 개인의 중생만을 호소하는 것은 부족하고 사회개조를 추구하는 것이 필요하다고 주장했다.

3) 사회복음은 사회 과학적 연구를 강조한 결과 사회학이 신학교 교과 과정에 중요한 부분이 되었다.

4) 사회복음은 기독교 교리를 새로운 사회의 비전에 비추어 새롭게 진술하려고 했다.

이와 같은 노력이 라우쉔부쉬가 1917년 예일대학교에서 행한 강의들에 나타나 있는데 그 강의들이 후에 『사회복음의 신학』이란 제목으로 출판되었다. 여기 나타난 라우쉔부쉬의 신학적 관점은 그 당시 유행하던 감상적 낙관주의를 따르지 않았고 또한 그 당시 유행하던 자유주의 신학도 따르지 않았다. 그는 사회적 죄를 깊이 인식하며 죄가 사회적으로 전달된다고 주장했다. 그리고 개인적 및 사회적 생활의 위기를 인식하며 회개하고 "악의 왕국"에 대항해서 싸워야 한다고 주장했다. 그리고 개인적 및 사회적 생활의 위기를 인식하며 회개하고 "악의 왕국"에 대항해서 싸워야 한다고 주장했다.

라우쉔부쉬는 또한 자유주의자들과 같이 죄를 이기주의로 정의했다. 하나님을 독재적인 군주로 이해하면 안 되고 예수님의 가르침에 따라 "민주적"인 아버지로 이해하여야 한다고 주장했다. 하나님의 임재는 사회적 공동체의 기초가 되어야 한다고 했다. 하나님의 임재는 또한 모든 인종의 영적 일체성의 기초가 된다고 했다. 그리스도의 구속사역을 종교적인 고집, 정치적 세력, 정의의 파괴, 군사주의, 계급차별 등의 보편적 사회악과 싸우는 것으로 이해했다.

근본주의, 그 역사와 특성

근본주의(fundamentalism)는 20세기 초엽 미국의 여러 교파 안에 나타난 보수주의 신학운동 또는 보수주의 신학의 경향을 가리킨다. 자유주의자들(liberals) 또는 보수주의 신학의 경향을 가리킨다. 자유주의자들 또는 현대주의자들(modernists)이 19세기의 고등 성경비평학을 도입하고 기독교를 현대과학 및 사회적 요청에 부응하는 현대적 종교를 만들려고 시도했음에 대항하여 근본주의자들은 성경의 완전 축자영감(plenary, verbal inspiration)과 무오성(infallibility 또는 inerrancy)을 골자로 하는 정통적(orthodox) 기독교의 입장을 변호했다. 간하배 교수는 근본주의 운동을 설명하면서 자유주의라는 공동의 적을 물리치기 위해 칼빈주의자와 알미니안주의자, 침례교도와 장로교도 및 보수주의 인사들이 총망라하여 구성된 연합 전선적인 움직임이었다고 지적했다.[1] 근본주의 운동이 본격적인 궤도에 오르게 된 것은 1909년부터 1915년까지 『근본주의 총서』(*Fundamentals*) 12권이 출판된 때이지만 근본주의 운동의 기운은 1870년대에 이미 열기를 띠기 시작했다.

1. 근본주의 운동의 두 조류

근본주의 운동은 근본주의 연구의 권위자 쌘딘 교수(Ernest R. Sandeen)가 지적한대로, 19세기에 형성된 두 조류의 보수주의 신하운

---

1) 간하배, 『현대신학 해설』 (서울: 개혁주의신행협회, 1973), p. 175.

동인 세대주의(Dispensationalism)와 프린스턴 신학(Princeton Theology)이 현대주의와 대항하여 공동전선을 이루므로 본격적으로 등장하게 되었다고 할 수 있다.[2]

1) 세대주의

세대주의는 플리머스 형제단(Plymouth Brethren)이라고 불리우는 영국의 조그만 분파운동에서 기원했는데 이 운동의 창시자는 존 다아비(John Nelson Darby)였다. 다아비와 그의 추종자들은 1820년경부터 영국국교의 전통과 율법주의에 불만을 품고 매 주마다 따로 모여 성령이 인도하는 대로 형식이 없는 예배를 드리며 신약교회의 정치와 예배를 재연하려고 했다. 다아비의 세대주의 운동은 1840년경부터 미국에 소개되어 그 영향을 미치게 되었는데 다아비 자신이 1862년부터 1877년에 이르는 16년 동안 7차례나 미국을 방문여행하며 그의 세대주의를 전파했다.

세대주의는 성경의 영감과 무오성을 강조함과 아울러 하나님이 인간의 역사를 7세대로 구분하여 놓고 각 세대를 독특한 방법으로 다스린다는 "세대주의"를 가르쳤다. 세대주의자들은 에덴동산의 시대를 무죄시대, 노아까지의 시대를 양심시대, 아브라함까지의 시대를 인간 통치시대, 모세까지의 시대를 약속시대, 그리스도까지의 시대를 율법시대, 재림까지를 은혜시대, 그리고 그 후의 시대를 천년왕국시대로 구분했으며 여섯 번째 시대인 현세에 속한 모든 제도적 교회와 교파들은 타락했기 때문에 그리스도 재림시 심판을 받을 수밖에 없다고 가르치며 임박한 재림을 강조했다. 그들은 현존 종교 지도체제를 배도의 중심으로 보고 의로운 남은 자들은 항상 조소와 멸시를 당한다고 했다. 참교회는 항상 소수의 택자로 구성되며 큰 교단과 동일시 될 수 없을 뿐 아니라 어떠한 조직체도 될 수 없고 개개 그리스도인들의 영적 사귐으로 남아야 한다고 가르쳤다.

---

2) E. R. Sandeen, "Toward a Historical Interpretation of the Origins of Fundamentalism," *Church History* 36:1(March, 1967): 66~83.

세대주의가 미국에 널리 보급된 방법은 1878년부터 개최되기 시작한 "성경 및 예언 사경회"(Bible and Prophetic Conferences)를 통해서였는데 그 중 가장 대표적인 것이 1883년부터 1897년까지 나이아가라에서 모인 "나이아가라 사경회"였다. 한편 1880년부터 노스필드(Northfield)에서 개최된 디. 엘. 무디(D. L. Moody)의 부흥사경회는 세대주의자들의 적극적인 참여로 세대주의의 영향을 입게 되었고 무디 자신이 세대주의자는 아니었지만 결국 그의 부흥사경회는 세대주의 운동에 박차를 가하는 결과를 가져왔다. 1895년에 개최된 "나이아가라 사경회"는 기독교 신앙의 5대 근본신조를 채택했는데 그 내용은 ① 성경의 무오 ② 그리스도의 처녀탄생 ③ 그리스도의 대속 ④ 그리스도의 육체적 부활 및 ⑤ 천년 왕국 전의 임박한 재림이었다. 세대주의는 스코필드 관주성경(Scofield Reference Bible)의 출판 및 성경학교들의 설립으로 점차 그 영향력을 널리 펴 나아갔다.

2) 프린스턴 신학

프린스턴 신학은 프린스턴신학교가 설립된 1812년에 탄생하여 100여 년이 지나는 동안 아취볼드 알렉산더(Archibald Alexander), 찰스 핫지(Charles Hodge), 에이 에이 핫지(A. A. Hodge), 비이 비이 워필드(B. B. Warfield), 그레샴 메이천(J. G. Machen) 등에 의해서 성경의 절대 권위를 강조하는 칼빈주의 신학으로 발전 형성되었다. 프린스턴 신학자들은 주장하기를 하나님이 자기의 진리를 계시하려고 하실 때 오류가 있는 책을 통해서 계시하셨을 리가 없다고 말하며 성경원본의 문자적 영감과 무오성을 강조했다. 미국 장로교 총회는 1892년 성경에 대한 프린스턴 신학의 입장을 공식으로 받아들이는 동시에 성경의 절대 권위를 받아들이지 않는 교수들(Charles A. Briggs 등)을 신학교에서 제명시켰다. 1910년에는 장로교 총회가 기독교 신앙의 5개 근본신조를 채택하여 교단의 모든 목사들이 받아들이게 했는데 그 내용은 ① 성경의 무오 ② 그리스도의 처녀탄생 ③ 그리스도의 대속 ④ 그리스도의 육체적 부활 및 ⑤ 그의 이적이었다.

2. 근본주의 운동의 발전
1) 『근본주의 총서』

19세기 말엽부터 세대주의자들과 프린스턴 중심의 칼빈주의자들은 공동의 적인 현대주의와 대항하기 위해 연합 전선을 이루어 때때로 강연과 저술 활동을 함께 해 나아갔는데 (물론 상기 두 운동의 신학적 체계가 서로 조화될 수 없었고 따라서 프린스턴 신학자 워필드는 때때로 세대주의를 비판하는 글을 *Presbyterian and Reformed Review*에 신곤 했다) 특히 1909년부터 1915년까지는『근본주의 총서』(*Fundamentals*)라는 12권으로 된 책자를 출판하여 근본주의 운동을 본격적으로 추진해 나아갔다.

『근본주의 총서』는 로스앤젤스의 부유한 기독실업인 형제인 리만 스튜워드와 밀톤 스튜워드(Lyman and Milton Steward)가 희사한 25만 불의 자금으로 300여 만 부가 출판되어 무료로 배부되었는데, 성경의 축자영감과 무오성을 강조하는 29편의 논문들을 중심으로 정통적 기독교의 근본 요소들(그리스도의 신성, 동정녀 탄생, 대속의 죽음, 부활, 재림 등)을 변호하는 논문들이 모두 90편 실렸다. 암지 딕슨(Amzi C. Dixon), 루벤 토리(Reuben A. Torrey), 엘모 해리스(Elmore Harris), 루이 마이어(Louis Meyer)가 편집을 담당했고 영국, 미국, 카나다의 저명한 보수주의 신학자 64명이 집필을 담당했는데 집필자들 중 19명이 세대주의자, 3명이 프린스턴 신학교 교수(D. J. Burrell, C. R. Eerdman, B. B. Warfield) 그 외 많은 사람들이 장로교, 침례교, 화란 개혁교, 회중교, 감리교, 감독교 등 다양한 교파에 속한 보수주의자들이었다.『근본주의 총서』는 고등비평학을 비롯한 현대 과학적 입장(다윈의 진화론)과 현대 이단들의 오류를 공격하고 기독교의 근본요소들을 변호함과 아울러 복음전파와 세계 선교의 필요성을 역설했는데 XII권은 전적으로 복음 전파와 세계선교에 관한 논문들을 실었다.

2) 세계 기독교 근본주의 협의회

제 1차 세계대전 후 자유주의 신학의 성장과 공산주의의 위협 및 경제 공황 등의 사회적 불안은 근본주의자들을 한층 더 굳게 결속시켰고 그 결과 1919년 "세계 기독교 근본주의 협의회"(World's Christian Fundamentals Association)가 조직되었다. 이들은 계속 성경의 권위와 천년왕국 전의 임박한 재림을 강조하며 현대주의와 진화론을 공격했고 미국교회협의회(Federal Council of the Churches of Christ in America)의 연합운동을 공격하기 시작했다. 유니온신학교의 교수와 뉴욕 제일장로교회의 설교자로 활약하던 침례교 목사 포즈딕(Harry Emerson Fosdick)은 1922년 "근본주의자들이 승리할 것인가?"라는 제목의 설교에서 해외선교지에서 활동하는 선교사들을 공격했고, 미국 장로교단 안의 근본주의자들은 결국 포즈딕 목사를 뉴욕시 제일장로교회에서 축출하고 말았다.

근본주의 대(對) 현대주의의 논쟁은 차츰 미국의 각 교단 안에 그 영향을 미치게 되었는데 장로교와 침례교는 그 영향을 가장 크게 받았다. 장로교 안에는 근본주의자들이 과격한 입장을 반박하며 신학적 관용을 주장하는 온건한 형태의 자유주의 세력이 점차 그 영향을 미치게 되어 1924년에는 1200명이 서명한 "어번 확인서"(Auburn Affirmation)가 나타나기까지 되었다. 따라서 자유주의에 대한 근본주의자들의 반격은 한층 더 심각해졌다. 프린스턴 신학교는 이 논쟁의 중심부가 되었고 탁월한 신약학 교수 그레샴 메이천(J. Gresham Machen)은 그의 명저 『기독교와 자유주의』(*Christianity and Liberalism*, 1923)를 통해 현대의 자유주의는 기독교가 아님을 주장하며 정통적 기독교만이 참 기독교임을 명쾌하게 변증했다.

3) 진화론 논쟁

미국 근본주의 역사에서 특기할만한 사건의 하나는 1925년에 있었던 테네시주 데이톤의 고등학교 교사 존 스콥스(John T. Scopes)의 재판사건이었다. 근본주의자들의 활약으로 테네시주를 비롯하여 오클라호마, 플로리다, 미시시피, 아칸시스 등이 공립학교에서 진화론을 가르치는 것을 주법으로 금했는데, 스콥스는 주법이 금한 진화론을 학생들에게 가르쳤다는 죄목으로 기소당했다. 검사 브라이언(William Jennings Bryan)과 변호사 대로우(Clarence Darrow)와의 대결 상황이 미국 전역에 보도되었다. 근본주의의 대변자 브라이언은 창조론의 입장을 변호하기는 했으나 설득력이 없었고 대로우는 명석한 이론과 과학적 지식을 가지고 브라이언을 궁지에 몰아넣었다. 테네시주 대법원은 결국 기소 사실을 기각하고 피고 스콥스가 진화론은 가르쳤다는 이유로 유죄 판결을 내렸으나 그 당시 사회 여론은 대로우 편으로 기울어지게 되었다.

4) 그래샴 메이천 박사

진화론 논쟁의 결과 근본주의 운동은 좌절을 경험하게 되었다. 1930년 「크리스찬 쎈츄리」는 "사라지는 근본주의"라는 논설문을 게재했는데 근본주의는 미국교회에서 잊혀지는 존재가 될 것이라고 지적했다. 그러나 근본주의 운동이 소멸되거나 사라진 것은 아니었다. 1929년 프린스턴신학교로부터 보수주의 신학 교수진의 퇴진으로 근본주의 운동은 새로운 양상을 띠며 발전했다. 프린스턴신학교의 자유주의화에 항의하여 메이천(Machen), 윌슨(Wilson), 앨리스(Allis), 밴틸(Van Til) 등의 교수들이 사표를 던지고 필라델피아에 웨스트민스터(Westminster)신학교를 세우고 개혁주의적 근본주의 운동 또는 근본주의적 개혁주의 운동을 펴 나아갔다. 메이천은 북장로교회의 해외 선교사업이 자유주의화 함에 항의하여 독립선교부(Independent Foreign Missions Board)를 조직했고 1936년에는 메이천을 비롯한 100명의 목사들이 북장로교를 떠나 "미국 장로교회"(Presbyterian Church in America)를 새로 구성했다.

5) 신 근본주의 운동

1930년대에 접어들면서 근본주의 운동은 새로운 양상으로 발전했다. 근본주의 대(對) 자유주의의 논쟁은 결국 교단 및 신학교의 재구성, 성경학교를 비롯한 복음주의 기관들의 설립 및 각종 신앙운동의 발생을 초래했고 한편 근본주의자들 사이에 심각한 균열이 생기게 되어 교단의 분열은 거듭되었고 근본주의 운동은 보다 편협하고 배타적인 분파운동으로 또는 복음주의적 신앙운동으로 발전해 나아갔다. 근본주의 운동은 침례교 안에도 파급되어 1932년에는 "북침례교총회"(Northern Baptist Convention)에서 분리된 "정규 침례교 총회"(General Association of Regular Baptists)가 조직되었다. 근본주의자들 중 일부는 대교단 안에 그대로 머물렀고 그 외 대다수는 근본주의 입장을 고수해온 소교단들(기독교 및 선교연맹, 플리머스 형제단 복음주의 자유교회 등)의 교회에 속하여 근본주의 신앙을 보수하려했다. 근본주의 운동의 본부는 이제 대교단이 아닌 새로 설립된 많은 성경학교(무디 성경학교, 로스앤젤스 성경학교 등)가 되었고 신앙은 문서, 방송 및 대중집회 등을 통하여 미국 전역에 전파되었고 CCC, IVF 등 대학생 선교단체들을 통해 캠퍼스 안에 퍼져 나아갔다.

메이천의 지도하에 새로 조직된 "미국장로교회" 안에 기독교인의 자유, 천년전 재림설 등의 논제를 둘러싸고 격론이 일어났다. 웨스트민스터 신학교의 메이천 후계자들은 세대주의를 그 운동에서 제해야 할 것을 강력히 주장했고, 칼 매킨타이어(Carl McIntire)를 포함한 다른 사람들은 신학교의 세대주의 공격은 궁극적으로 천년 전 재림설에 대한 공격이라고 주장했다. 결국 1938년 매킨타이어를 중심으로 하는 "성경장로교회"(Bible Presbyterian Church)가 세워졌고(메이천이 조직한 "미국장로교회"는 그 이름을 "정통장로교회"라고 했음), 훼이스(Faith) 신학교가 웨스트민스터신학교와 분리하여 새로 세워졌다. 이는 근본주의 운동이 "칼빈주의적 근본주의"와 "세대주의적 근본주의"로 양분되어감을 보여주며 자유주의와 대항하여 함께 싸우던 신학 투쟁이 근본주의 대(對) 근본주의의 싸움으로 전락되어감을 보여주었다. 훼이스신학교는 또다시 행정문제로 분리되어 세인트 루이스에 커버넌트(Covernant)신학교가 세워지게 되었다. 매킨타이어의 주도하에 조직된 "미국 기독교 협의회"(American Council of Christian Churches, 1941)와 "국제 기독교 협의회"(International Council of Christina Churches, 1947)는 "분리주의적 근본주의" 운동을 미국 및 세계 각처에 펴 나아갔으며, 1942년에 조직된 "복음주의협의회"(National Association of Evangelicals)는 기성교단 안에 머물고 있는 온건한 보수주의자들의 세력을 규합하여 "복음주의적 근본주의" 운동을 세계적으로 전개해 나아갔다. 특히 1950년부터는 근본주의 전도자 빌리 그래함이 세계 각처에 맘모스 전도집회를 개최하여 복음전파에 주력하므로 복음주의적 근본주의 신앙운동에 새로운 박차를 가했다.

6) 한국 교회와 근본주의

한국 교회는 선교 초기부터 "보수적 복음주의 신학사상"을 전수했는데 그 가운데는 칼빈주의 신학사상과 더불어 근본주의 신학사상(세대주의 신학사상)을 포함하고 있었다고 하겠다. 간하배 교수는 지적하기를 길선주, 박형룡으로 이어진 한국 장로교회의 신학사상은 보수적 근본주의적인 신학사상인 동시에 칼빈주의 신학사상이 혼성되어 구성된 "보수적 복음주의 신학사상"(conservative, evangelical Christianity)이라고 했다.3) 박아론 교수도 "한국 교회가 그 초창기에 한국에 온 미국 선교사들로부터 전달받은 신앙이 복음주의 신앙이었고 그와 같은 신앙에 기초한 신학이 보수주의 신학이었다"고 기술했다.4) 필자는 한국 교회가 물려받은 신학전통이 개혁주의적 복음주의 신학전통임을 인정하는 동시에 그 가운데는 근본주의 및 세대주의 신학사상이 강하게 나타나 있다고 지적하고 싶다.

---

3) 간하배, *Studies in the Theology of the Korean Presbyterian Church*, p. 3.
4) 박아론, 『보수신학은 어디로 가고 있는가?』 (서울: 총신대출판부, 1985), p. 211.

3. 근본주의 운동에 대한 평가
1) 성경 신봉주의

근본주의의 첫째 특성은 무엇보다 성경에 대한 절대적 충성이라고 하겠다. 근본주의 운동이 고등 비판 및 진화론과 같은 현대 과학을 비판하고 성경의 영감과 무오성을 변호하며 일어난 운동이므로 근본주의가 성경을 절대적 내지 배타적으로 신봉하는 것은 극히 자연스럽고 타당한 일이다. 근본주의자들의 성경에 대한 전투적 충성은 성경의 권위를 높이는 데 지대한 공헌을 해왔다고 하겠다.

그러나 성경에 대한 근본주의자들 특히 신근본주의자들의 절대적 및 배타적 신봉에는 심각한 문제가 내포되어 있다. 근본주의자들의 성경해석이 독단적이고 단편적이기 때문이다. 간하배 교수 뿐 아니라 박윤선 목사도 이 점을 분명히 지적했다. 박윤선 목사는 "근본주의의 약점"이라는 글에서 근본주의가 성경을 단편적으로 해석하는 것이 그 약점이라고 지적했다. 근본주의가 깊이 보지 못한 것은 구약과 신약의 연속성 교리라는 것이다. 게다가 근본주의는 하나님의 주권과 관련된 교리를 고조하지 못한다고 했다.[5] 김영한 박사는 『현대신학의 전망』에서 근본주의가 "성서를 지나치게 문자적으로만 해석하는 의문주의 내지 문자주의에 빠져서, 성령을 통해서 유기적으로 말씀하시는 하나님의 말씀을 단지 문자적 축소주의에 가두어 버렸다"고 했다.[6] 근본주의자들은 자기들의 성경해석만이 절대적으로 옳다는 배타성을 지니고 있다. 예를 들면 근본주의자들은 주초를 하는 것이 무조건 죄라고 단정한 후 주초(酒草)를 하는 사람들을 모두 비성경적 신자로 정죄한다. 필자는 어느 목회자 못지 않게 주초문제를 심각하게 취급하지만 그러나 그것은 교회 규범과 덕에 속하는 문제이지 구원이나 성경성을 가름하는 기준이 되지는 못한다고 생각한다. 또한 일부 "개혁주의적" 근본주의자들은 조용히 기도하고 경건하게 예배드리는 것이 성경적이라고 단정

---

5) 박윤선, "근본주의의 약점," 「로고스」 16권(1964. 12).
6) 김영한, 『현대신학의 전망』 (서울: 대학기독교출판사, 1995), p. 304.

한 후, 손뼉치고 찬송하든지 부르짖어 기도하는 것을 잘못된 것이라고 정죄한다. 물론 성경은 "손바닥을 치며" 찬송하고(시 47:1) "부르짖으며" 기도하라(렘 33:3)고 말씀하기도 하지만 그들은 자기들에게 적절한 성경 구절만 택한다. 일부 근본주의자들은 "여자는 잠잠하라"는 단편적인 성경말씀에 근거하여 교육, 전도, 및 선교 등 여성사역에 대한 부정적 입장을 취하며 여성사역을 긍정적으로 보는 입장을 비성경적이라고 정죄한다. 김의환 박사가 지적한대로 그들은 "항상 성경을 자기편에 두고 상대방을 비성경적이란 이유로 비판한다."7)

필자는 누구 못지 않게 성경을 사랑하고 성경의 절대권위를 믿고 또한 그렇게 주장한다. 그러나 필자는 배타적 성경 신봉주의를 경계한다. 나의 성경 해석만이 절대적이라는 교만을 매우 위험시한다. 솔직히 말해서 우리는 하나님에 대해서도, 성령의 사역과 인간의 의지와의 관계에 대해서도, 그리고 천국에 대해서도 극히 부분적이고 제한적인 지식을 소유하고 있을 뿐이다. 하나님께서 그렇게 의도하신 것이다. 사실 성경은 인간으로 하여금 죄를 깨닫고 예수 그리스도를 구주로 믿어 구원 얻고 하나님의 자녀로 세상에서 바로 살게 하기 위해서 하나님께서 인간에게 잠정적으로 주신 계시의 말씀이다. 칼빈이 기술한대로 성경은 인간이 하나님께로 가는 길과 같은 것이다. 성경과 성령의 조명으로 사람이 하나님께로 가며 하나님을 만난다.

2) 배타성과 분파성

근본주의, 특히 신근본주의의 두 번째 특성은 배타성과 분파성이라고 하겠다. 이 점은 근본주의의 옹호자의 한 사람인 박아론 교수도 솔직하게 인정했다. 박아론 교수는 매킨타이어 박사가 웨스트민스터신학교로부터 분리하여 나가서 훼이스신학교와 성경장로교회를 세운 것까지는 보아줄 수 있으나 그 이후 커버넌트신학교가 분리되고 ICCC 와

---

7) 김의환, 『현대신학 개설』 (서울: 개혁주의신행협회, 1989), p. 200.

ACCC가 서로 나뉘어지고, 해리스와 매크레이와 랩 등 신학자들이 다투며 분쟁과 분열을 거듭한 것은 유감스런 일이라고 지적했다.8) 그리고 칼 헨리 박사가 신근본주의의 "부정적 사고방식"을 지적하며 비판하는 것은 일리가 있다고 인정하며 신근본주의가 "명분있는 싸움에서 사사롭고 초라한 싸움으로, 대국적인 투쟁에서 지엽적이며 '말초신경적 분쟁'으로 옮겨가는 듯한 인상을 주는 것은 실로 안타까운 일이다."고 기술했다.9) 결국 초기 근본주의 운동에서 볼 수 있었던 연합정신이나 인격적 고매함이 사라지고 상호 비판과 정죄를 일삼는 배타적 분리주의로 발전한 것이다.

이와 같은 신근본주의의 배타성과 분파성은 그들의 배타적 성경 신봉주의에서 비롯했다고 하겠다. 자기의 성경 해석과 일치하거나 따르지 않는 인사나 기관을 모두 비성경적이라고 규정하고 그들과의 교류를 거부한다. 매킨타이어를 비롯한 신근본주의자들은 빌리 그래함과 그 산하의 로잔 운동을 비성경적이라고 비판하며 풀러신학교는 물론 트리니티신학교, 휫튼신학교, 골든 콘웰신학교 등을 모두 비성경적이라고 단정한다. 심지어는 미국의 웨스트민스터신학교나 칼빈신학교도 좌경화 되었다는 비난을 서슴지 않는다. 박아론 교수는 아세아 연합신학원도 신복음주의화 되었다고 규정하며, 그 학교와의 교류를 맺지 않는 것이 바람직하다고 주장했다.

필자는 이와 같은 근본주의의 배타성과 분파성이 한국 교회에 심각한 영향을 미쳤고, 그 결과 오늘날 장로교회가 70여 개로 나누어지는 대분열을 초래한 요인중의 하나가 되었다고 생각한다. 이와 같은 배타성과 분파성을 우리는 교회사에서 분파운동의 모델인 도나티스트파에서 발견한다. 그들은 주장하기를 참 교회는 반드시 소수의 남은 자들로

---

8) 박아론, 『보수신학은 어디로 가고 있는가?』 (서울: 총신대학출판부, 1985), pp. 29~30.

9) Carl F. H. Henry, 『20세기 구미신학』, 신복윤 역 (서울: 성암문화사, 1959), p. 30.

구성되며, 자기들이 속한 자기 교회만이 참 교회라고 했다. 그리고 그들은 가라지가 섞이지 않은 완전한 교회를 세우려는 노력은 "마귀적" 잘못을 범하는 것이라고 지적했다. 칼빈 역시 교회분파성을 "마귀적" 이라고 단정하며 교회의 연합과 통일을 강하게 주장했다.

3) 반(反)사회, 반(反)문화주의

신근본주의의 세 번째 특징은 반사회, 반문화주의라고 하겠다. 박아론 교수는 이 점을 솔직하게 인정했다. 박아론 교수는 신근본주의가 문화적 관심이 박약하고 사회참여의 행동이 별로 없는 것은 경건주의와 세대주의의 영향을 받았기 때문이라고 지적했다. 그리고 "신근본주의자들은 금주운동과 병원과 고아원 경영과 빈민구제 등을 하면서도 사회문제나 윤리적 이슈들에 대하여는 너무나 단순화하는 경향을 보인다"고 기술했다.[10] 근본주의 운동이 본래 고등비평이나 진화론과 같은 현대과학에 대항하고 사회 복음주의를 비판하며 성경의 영감과 무오성을 변호하면서 일어난 반동적 운동이었으므로 현대 과학일반과 현대 사회 및 문화에 대해 부정적 입장을 취하게 된 것은 지극히 당연한 귀결이라고 하겠다. 특히 세대주의적 근본주의는 현세를 하나님 왕국의 유예기간으로 보기 때문에 현세에 대한 긍정적인 의미를 찾기가 힘든 것이 사실이다. 그러나 소위 "개혁주의적" 신근본주의도 사회와 문화 일반에 대해 마찬가지로 부정적 입장을 나타냈다. 세대주의적 신근본주의자들이 사회와 문화에 대해서 부정적 입장을 나타내면서도 기도와 목회와 선교에 대해 뜨거운 정열을 나타낸 데 비해 "개혁주의적" 신근본주의자들은 기도나 목회나 선교에 대해서도 뜨거운 관심을 가지지 못하고 오로지 성경영감과 무오에 대한 변호에만 모든 정열을 쏟아 부었다. 따라서 교회의 사회참여나 구제활동을 의심스러운 눈으로 보게 되고 세계선교는 해도 좋고 안 해도 되는 교회의 하나의 액세서리로

---

10) 박아론, 『보수신학 어디로 가고 있는가?』, p. 31.

간주하게 되었다.

　필자는 위에서 근본주의 특히 신근본주의의 특성 세 가지를 지적했다. 첫째는 성경 신봉주의요, 둘째는 배타성과 분파성이며, 셋째는 반사회, 반문화주의라고 지적했다. 근본주의가 하나님 자신과 하나님의 주권을 제대로 높이지 못하고 그 하나님의 주권이 세상 안에 실현되어야 함을 가르치는 변혁주의적 문화관을 제대로 제시하지 못했다는 점에서 역사적 개혁주의와 구별된다. 그러나 성경의 영감과 무오성을 신봉할 정도로 강조한 것은 역사적 개혁주의와 상통하는 장점이라고 하겠다. 필자는 솔직히 현대 신학의 위기는 신 개념의 상실과 성경관의 변질에서 왔다고 분석한다. 근본주의의 성경지상주의는 높이 평가할 만한 신학의 장점이라고 하겠다. 그러나 만약 근본주의가 성경의 영감과 무오성을 변호하고 강조하는 데 모든 정력을 다 소비하고, 기도와 목회와 선교에 대한 정열을 상실했다면 그것은 오늘의 교회에 아무 도움을 주지 못하는 하나의 역사적 유물이 되고 말 것이다. 근본주의 신학의 옹호자 박아론 교수의 다음과 같은 글을 한 번 음미해보는 것은 뜻 있는 일이라 생각한다. "우리 한국 보수계 장로교회는 변질된 개혁신학 보다는 성경의 영감과 세계 선교의 사명을 확고히 믿는 "복음주의 신학"을 더욱 높이 평가하며, 양자 택일을 종용받을 시에는 후자를 선택할 용의가 언제나 되어있는 줄 안다".11)

---

11) *Ibid.*, p. 194.

복음주의, 그 역사와 특성

1. 복음주의의 정의

"복음주의"(Evangelicalism)는 교회사적으로 고찰할 때는 종교개혁 이후에 형성된 운동이지만, 그 내용과 이념의 관점에서 고찰할 때는 가장 오래된 성경적 주장과 내용이라고 하겠다. 복음이라는 말은 복음 서들과 바울 서신 안에서 자주 쓰여진 말일 뿐 아니라 어떤 의미에서 신약성경의 핵심적 내용이라고 하겠다. 복음을 제일 먼저 선포하신 분은 바로 예수 그리스도 자신이었고(막 1:14), 복음을 다시 체계적으로 천명한 사람은 사도 바울이었다(롬 1:1~17). 예수 그리스도는 그의 복음 선포에서 복음은 죄에서 돌이켜 회개하고 복음을 믿으므로 하나님 나라에 들어가게 되는 복된 소식이라고 했고, 바울은 그의 복음 천명에서 복음은 성경에 약속된 하나님의 아들 예수 그리스도에 관한 것으로 그 그리스도를 믿으므로 구원을 얻어 죄에서 해방되어 의의 종이 되는 복된 소식이라고 했다.

따라서 복음주의란 간단히 "복음을 천명하는 입장이나 운동"이라고 정의할 수 있고 조금 더 자세히 설명하면 "죄로 말미암아 망할 수밖에 없는 인간들을 구원하시기 위하여 하나님께서 은혜로 독생자 예수 그리스도를 세상에 보내어 십자가 위에서 대속의 죽음을 죽게 하신 것을 믿음으로 받아들일 때 무조건 구원을 얻는다는 복된 소식을 천명하는 입장이나 운동"이라고 정의할 수 있다.

2. 복음주의의 역사

교회의 역사는 어떤 의미에서 복음의 변질화의 역사와 이에 대한 복음의 재 천명 및 확장의 역사라고 하겠다. 복음이 이단 및 세속화 경향에 의해 위협을 당해 변질되려 할 때마다 교회는 분연히 일어나 복음을 재 천명하며 복음전파에 박차를 가하곤 했다.

초대교회 시대에 유대주의 이단과 노스틱 이단이 나타나 그리스도의 신성과 인성을 부인하며 성육신과 십자가의 죽음으로 말미암은 구원의 복음을 변질시키려고 했을 때 속사도교부들과 이레니우스는 성경과 사도들의 전통에 서서 그리스도의 신성과 인성을 주장하며, 그리스도의 성육신과 십자가 위에서의 죽음으로 말미암아 인류의 타락이 회복되고 인류에게 구원이 주어졌다는 복음을 재 천명했다. 은총의 신학자인 어거스틴은 마니교, 도나티스트주의, 펠라기안주의 등 이단의 공격에 대항하여 복음의 본질을 재 천명하며 체계화했다. 어거스틴은 무엇보다 인간의 부패와 죄성을 철저히 지적하며 죄에서 해방되어 하나님의 품에 안식하는 구원은 오직 그리스도의 구속사역과 성령의 중생사역으로 말미암는 하나님의 은혜와 자비에 있음을 강조하며 하나님의 은혜를 찬양했다.

중세시대에 교회가 세상에 안주하며 세속화 및 제도화 되어감에 따라 복음이 그 순수성과 생동력을 상실하게 되자 수도원 운동들과 바울파, 보고밀파, 카다리파, 왈도파 등의 분파운동들은 복음의 본질을 추구하는 일종의 복음주의 운동으로 나타났다.

종교개혁 운동이야말로 복음의 본질을 재 천명한 복음주의 운동이라 하겠다. 루터는 "탑속의 체험"이라고 불리우는 복음적 구원의 체험을 통해 믿음만, 은혜만, 성경만의 모토를 내세우며 종교개혁 또는 복음주의 운동의 횃불을 높이 들었다. 요한 칼빈 역시 "갑작스런 회심"이라고 불리우는 복음적 회심을 체험했다. 그래서 그는 참된 경건에 대한 지식을 맛보게 되었고 참된 경건을 강하게 소원했다. 칼빈은 루터와 마찬가지로 오직 성경을 통해, 오직 믿음으로 말미암아, 오직 하나님의 은혜로, 주어지는 구원과 칭의를 신학의 주요 관심사로 삼으면서 그것 위에 하나님을 아는 참된 지식과 아울러 하나님의 주권과 하나님의 영광을 신학의 궁극적 관심사로 삼았다.

종교개혁의 복음운동이 합리주의와 사변주의 및 국가교회 구조들의 영향으로 그 생동력을 잃게 되자 독일과 영미에서 복음의 생동력을 추구하는 복음주의 운동이 새로운 형태로 나타났다. 그것은 17세기 말엽 슈페너를 중심으로 독일에서 일어난 "경건주의 운동"과 18세기 중엽 웨슬레와 횟필드를 중심으로 영국에서 일어난 "복음주의 각성운동" 및 18세기 중엽과 19세기 초엽 에드워즈, 횟필드, 드와이트 등을 중심으로 미국에서 일어난 "대 각성운동"과 "제 2차 대 각성운동"을 말한다. 이와 같은 경건주의 운동과 각성운동이 합류하여 형성된 17, 18세기의 신앙 부흥운동을 교회사에서 일반적으로 "복음주의 운동"이라고 부른다. 17, 18세기의 복음주의 운동은 종교개혁 운동의 모토인 성경만, 은혜만, 믿음만과 아울러 개인적 회심의 체험과 경건한 삶, 봉사와 전도와 선교, 교회의 갱신과 사회변혁 및 협력과 연합 등을 강조했고 평신도들의 참여를 격려했다.

복음주의 운동은 19세기말과 20세기 초엽에 접어들면서 현대 자유주의 신학에 대항하는 "근본주의"운동으로 발전했다. 즉 다윈의 진화론과 독일의 현대 자유주의 신학의 도전에 대항하기 위하여, 구 프린스톤의 개혁주의 신학과 존 다아비의 세대주의 신학이 공동전선을 펴고 성경의 권위와 무오성, 그리스도의 처녀탄생, 그리스도의 신성과 대속적 죽음, 그리스도의 육체적 부활 및 천년왕국의 임박한 도래 등을 천명하며 복음의 근본 요소들을 내세운 운동이 "근본주의적" 복음주의 운동이었다.

그러나 근본주의 운동이 차츰 지나치게 배타적이고 분파적인 운동으로 발전하자 20세기 중엽부터 보다 온건한 복음주의 운동이 일어나기 시작했다. 그것은 1942년에 조직된 "미국 복음주의협의회"(NAE)와 1952년에 조직된 "세계복음주의협의회"(WEF)를 중심으로 일어난 복음주의 연합운동이며, 1950년대부터 일어난 빌리 그래함의 복음화 운동들이다. 빌리 그래함은 항상 복음주의 신앙의 근본 요소들인 성경의 권위와 함께 인간의 원죄 및 그리스도에 대한 신앙과 헌신의 필요성을 강조했고 복음전파의 목적을 달성하기 위해서는 교파들과의 폭넓은 연합을 적극 시도했다. 20세기 후반에 형성된 또 하나의 괄목할 만한 복음주의 운동은 1974년 로잔에서 시작된 "로잔 세계복음화운동"이라고 하겠다. 로잔운동은 성경의 권위와 복음화의 우선 및 균형 잡힌 사회참여를 주장했는데 로잔 복음주의 운동의 특성과 방향이 "로잔 언약"에 잘 나타나 있다. 로잔 언약은 제 1항에서 삼위일체 하나님에 대한 신앙을 천명하고, 제 2항에서는 성경의 권위와 능력을, 제 3항에서는 그리스도만이 죄인들을 구원하시는 유일한 구속주이심을 천명한다. 제 4항에서는 복음화의 중요성을, 제 5항에서는 그리스도인의 사회적 책임과 균형 잡힌 사회참여를 천명한다.

3. 복음주의의 특성

위에서 지적한대로 복음주의는 종교개혁 운동의 모토인 성경만, 은혜만, 믿음만과 아울러 개인적 회심의 체험과 경건한 삶, 봉사와 전도와 선교, 교회의 갱신과 사회변혁 및 협력과 연합 등을 강조하고 평신도들의 참여를 격려한다. 신학적인 측면에서 서술하면 복음주의는 하나님의 초월성과 주권, 성경의 영감과 절대권위, 인간의 전적 타락, 예수 그리스도의 신성과 대속적 죽음, 은혜와 믿음으로 말미암는 구원의 체험, 성화와 경건된 삶, 복음화와 선교의 사명, 사랑의 봉사와 균형잡힌 사회참여, 신자의 제사장직, 그리스도의 재림과 최후의 심판 및 하나님 나라의 현현과 종말론적 완성 등을 강조한다고 하겠다.

따라서 복음주의의 신앙고백들을 고찰할 때에는 복음주의가 개혁주의와 별다른 차이가 없음을 발견한다. 그러나 17, 18세기 이후에 형성된 복음주의는 아래와 같은 몇 가지 조항들을 강조하게 되었다.

1) 십자가의 복음

복음주의는 무엇보다 십자가의 복음을 통한 구원의 체험과 그에 따른 성결한 삶 그리고 전도와 봉사의 사역을 강조한다. 『복음주의 신학의 본질』(*Essentials of Evangelcal Theology*)의 저자인 블로쉬(Donald G. Bloesch)는 복음주의 신학의 특성을 다음과 같이 지적했다. "복음주의 신앙의 본질과 분수령은 성경의 무오나 신적 권위도 아니고 그리스도의 위격이나 삼위일체도 아니다. 그것은 그리스도의 십자가요 그의 대속적 죽음을 통한 구원의 교리이다. 성경에 권위를 부여하는 것은 십자가요 그의 대속적 죽음을 통한 구원의 교리이다. 성경에 권위를 부여하는 것은 십자가요 예수 그리스도가 하나님의 아들이심을 계시하고 확인하는 것도 십자가이다. 물론 우리는 성경이나 설교를 떠나서 십자가의 의미를 알 수 없다. 그럼에도 불구하고 성경과 설교는 성령이 사용하시는 도구에 불과하다. 성령만이 우리에게 말씀의 뜻을 바로 해석해 주신다. 제임스 오르(James Orr)는 복음주의 신앙의 본질을 분명히 지적하며 다음과 같이 선언했다. '기독교는 독특하게 구속의 종교이다. 인간을 죄책과 죄악의 세력으로부터 그리고 하나님과 분리되고 원수 된 상태에서 하나님의 은혜 안에서의 성결과 축복의 상태로 회복시키시는 위대한 하나님의 섭리의 종교가 바로 기독교이다.' 우리로 하여금 성경에 나타난 이적들을 믿게 하는 것도 십자가이며 교회와 성례 안에 임하시는 그리스도의 임재를 분별하게 하는 것도 십자가이다. 십자가는 그리스도의 구속사역만을 의미하지 않고 선택하시고 의롭게 하시는 아버지의 사역과 계시하시고 성화 시키시는 성령의 사역도 의미한다. 우리의 구원은 아버지에 의해 계획되고 아들에 의해 성취되었고 성령에 의해 적용되었다. 복음주의 기독교는 항상 철저하게 삼위 일체적이며 근본적으로 그리스도 중심적이다."[1]

---

1) D. G. Bloesch, *Essentials of Evangelical Theology*, Vol. 2 (Haper & Row, 1978). pp. 238~239.

2) 중생의 체험

복음주의는 무엇보다 십자가를 믿음으로 주어지는 중생의 개인적인 체험을 강조한다. 독일의 경건주의자들과 영미의 청교도들은 모두 중생을 강조했는데 특히 그것을 개인적으로 체험하는 것이 필요하다고 지적했다. 웨슬레가 중생 받은 시간을 아는 것이 필요하다고 말한 데 비해 슈페너나 진젠돌프는 정확한 시간을 알 수 없다고 했다. 그러나 그들은 모두 중생의 열매인 기쁨과 평안을 마음에 소유하는 체험이 반드시 필요하다고 강조했다. 17, 18세기의 각성운동의 주역들은 또한 중생의 표시로서 죄에 대한 통회자복, 하나님의 사랑에 대한 느낌, 구원의 확신 및 하나님에 대한 찬양 등을 강조했다. 그리고 중생의 표시로서 죄악에 대한 새로운 승리와 이웃에 대한 새로운 사랑을 강조했다. 중생이 죄에 대한 회개와 성령 안에서의 기쁨 등 감정적 체험으로 나타나는 것이 사실이나 중생의 본질이 감정적 체험 자체는 아니고 죄를 버리고 새로운 삶을 실천하는 것임도 아울러 강조했다.

3) 성경의 권위

복음주의는 성경의 권위를 높인다. 복음주의가 다른 어느 권위나 체험보다 성경의 권위를 높이는 것은 성경이 하나님을 보고, 알고, 만나게 하는 길이요 방편인 하나님의 말씀임을 믿기 때문이다. 복음주의가 높이는 성경의 권위는 그리스도와 하나님을 증거 하는 계시로서의 권위이고, 그리스도와 하나님에 이르는 유일한 길로서의 권위이며, 그리스도와 하나님을 아는 방편으로서의 권위이다. 복음주의는 성경이 하나님의 계시에 대한 인간의 증언인 동시에 성경이 바로 하나님의 계시 자체임을 믿는다. 성경은 하나님의 말씀 자체이며 동시에 인간의 증언 자체이다. 일부 복음주의자들, 특히 근본주의적 복음주의자들은 성경의 권위와 무오성을 강조하되 성경을 문자주의적으로 받아들이며 성경을 신봉하기까지 한다. 그래서 성경해석이 독단적이고 배타적이고 단편적이며 신구약의 연속성을 간과하기도 한다.

4) 성경적 성결

칼빈은 칭의가 성결한 삶의 기초라고 말하며 의롭다함을 받은 그리스도인들은 반드시 성결을 추구해야 한다고 강조했다. 칼빈의 삶의 특징이야말로 "하나님의 존전에서의" 삶이었고 하나님의 영광을 추구한 삶이었다. 그러나 종교개혁운동이 진행되면서 바른 교리에 대한 강조가 바른 삶에 대한 강조보다 앞서자 성결에 대한 추구는 차츰 약화되었다. 그리스도인의 삶에 있어서 성결의 추구를 다시금 강조한 것이 경건주의와 청교도 운동이었다. 경건주의와 청교도는 성결한 삶이 내적 변화의 필연적인 결과라고 강조했다. 성령은 그리스도에 관한 지식을 가져다 줄 뿐 아니라 그리스도의 사역을 그리스도인 개인생활 안에 실현시킨다. 슈페너는 다음과 같이 말했다. "기독교 신앙에 관한 지식을 가지는 것은 결코 충분하지 않다. 기독교는 실천의 종교이기 때문이다." 에드워즈도 외적인 윤리나 신조에 대한 고백이 아무도 구원할 수 없다고 말하며 하나님의 말씀을 체험하고 실천하는 것이 중요하다고 강조했다. 웨슬레는 누구보다도 성결을 강조했는데 개인적 성결이야말로 신앙의 절정이요 결실이라고 지적했다.

5) 전도와 봉사

칼빈의 관심은 바른 신학과 바른 교회를 세우는 일이었으나 복음선포의 전도사역에 대해서도 깊은 관심을 가졌다. 목사가 위임을 받는 목적은 하나님의 대사로서 예수 그리스도를 통한 죄사함의 메시지를 선포하는 것임을 기억해야 한다고 지적했다. 그것은 그리스도의 몸의 모든 지체에게 주어진 사명이다. 독일의 경건주의자들과 영미 각성운동의 주역들이야말로 무엇보다 설교를 통한 복음전파의 사역을 강조했다. 슈페너와 웨슬레와 횟필드와 에드워즈 등은 무엇보다 먼저 전도자요 선교사들이었다. 현대의 선교운동은 바로 17, 18세기에 형성된 복음주의 운동의 복음전파에 대한 정열에서 시작되었다고 할 수 있다. 독일 경건주의는 현대선교의 개척자 유스티니안 폰 벨츠를 낳았고, 영국의 복음주의 각성운동은 개신교 선교의 아버지 윌리암 케리를 낳았으며, 미국의 대 각성운동은 인디안을 위한 선교사 데이빗 브레이너드를 낳았고, 제 2차 대 각성운동은 "건초더미 확약"을 통한 현대 미국 선교운동을 태동시켰다고도 하겠다.

복음주의 운동은 전도와 아울러 사회봉사의 중요성을 함께 강조했다. 독일 경건주의가 그러했고, 영국의 복음주의 운동이 그러했으며, 미국의 대각성운동이 그러했다. 요나단 에드워즈는 복음전파와 아울러 당시의 사회적인 문제인 인디안의 인권향상을 위해서도 힘썼다. 현대 로잔 복음주의운동의 2대 관심도 전도와 사회참여라고 하겠다. "로잔 언약"은 제 4항에서 전도의 본질을 기술하고, 제 6항에서는 교회의 전도적 사명을, 제 7항에서는 전도에 있어서의 협력을, 제 8항에서는 선교에 있어서의 동역을, 제 9항에서는 복음화의 긴급성을, 제 10항에서는 복음화와 문화 등을 기술하고 있으며, 제 5항에서는 그리스도인의 사회참여를 기술한다. 그런데 로잔운동은 처음에 전도와 선교의 관심을 가지고 시작했으나 차츰 사회적 봉사와 책임에 보다 깊고 광범한 관심을 가지게 되었는데 그와 같은 관심이 1982년 로잔 및 세계 복음주의협의회가 공동 주최한 "그랜드 래피드 신학위원회"와 1989년 7월 마닐라에서 모인 "제 2차 로잔대회"에서 분명하게 나타났다. 그 결과 전도와 선교에 총력을 기울이는 "2천년대 복음화 운동"이 1989년 1월 태동했다.

4. 복음주의에 대한 평가

우리는 칼빈의 개혁주의 신학전통에 서서 개혁주의 신학의 본질과 이념을 가장 성경적이고 가장 탁월한 신학으로 받아들이며 그렇게 주장한다. 그러나 교회사에서 보는 대로 개혁주의 신학이 때로 신학의 지식이나 체계 자체만을 강조하는 나머지 복음의 정열을 상실하게 되는 경우가 있음을 보므로 개혁주의 신학전통과 아울러 복음주의 신학전통을 함께 붙잡는 것이 바람직하다고 생각한다. 특히 사분오열된 한국 교회 안에서 교회에 주어진 전도와 봉사와 사회 정치적 책임을 효과적으로 수행하기 위해서는 더욱 더 그러하다.

물론 복음주의 신학의 약점들을 간과해서는 안 된다. 복음주의 신학 안에는 개인주의적 성향과 감정주의 및 주관주의적 성향이 나타나 있다. 특히 중생을 감정적 체험과 동일시하려는 경향이 있다. 중생이 죄에 대한 회개나 구원의 기쁨 등 감정적 체험을 동반하는 것이 사실이나 감정적 체험 자체가 중생은 아니다. 중생이 신비로운 체험을 수반할 수도 있으나 특별한 체험을 수반하지 않을 수도 있다. 중생은 사람이나 교회로 말미암는 것이 아니다. 교회는 말씀을 선포하고 성례를 집행하는데 그것들은 중생을 가져오게 하는 도구들에 불과한 것이고 중생을 가져오는 주체는 오직 성령의 구속적 사역이다. 중생은 어떤 의미에서 하나님의 예정이 성도들의 생애 안에 구체적으로 실현된 것이라고 말할 수 있다. 중생에 대한 우리의 확신은 우리의 체험보다는 성경에 나타난 하나님의 약속에 근거한다. 즉, 누구든지 회개하고 그리스도의 이름을 부르며 믿는 자는 구원을 얻고 성령을 받으며 중생하게 된다(행 2:21, 38).

복음주의는 복음의 개인적 체험을 강조하는 나머지 교회의 전통이나 의식을 간과하는 개인주의 또는 주관적 자발주의에 빠질 우려도 있다. 교회의 전통이나 의식을(주일성수, 십일조, 새벽기도 등) 모두 율법주의로 단정하기도 한다. 내가 평안하고 기쁘게 느끼는 것이 옳음의 표준이 되기도 한다. 따라서 복음주의는 교회관을 약화시킬 수 있고 교리를 약화시킬 수도 있다. 또한 복음주의가 협력과 연합을 강조하기 때문에 교리적인 순수성을 약화시킬 수도 있다. 평신도의 참여를 적극 권장하는 것이 장점일 수도 있으나 교회관을 약화시킬 우려도 없지 않다. 최근 일부 행동주의적 복음주의자들이 사회 정치 참여를 지나치게 강조하는 것은 복음화의 우위와 긴급성을 약화시킬 수도 있다.

그럼에도 불구하고 우리는 개혁주의 신학전통과 아울러 복음주의 신학전통을 함께 붙잡으려고 하는 것이다. 우리의 신앙의 선배들이 이루어놓고 물려준 고귀한 신앙의 전통들을 함께 붙잡아 오늘 우리에게 주어진 시대적 사명을 충실히 그리고 보다 효과적으로 수행해 나아가는 것이 우리가 해야할 일이라고 생각한다.

5. "복음주의는 기독교인가?"

최근 영국의 개혁주의 신학자인 로버트 레담(Robert Letham) 박사가 "복음주의는 기독교인가?"(Is Evangelicalism Christian?")라는 매우 자극적인 제목의 글을 「복음주의 쿼털리」(*Evangelical Quarterly*)(1995년 67권 1호)에 기고했다. 레담 박사는 영국성서대학에서 교수했고 1993년에는 『그리스도의 사역』(*The Work of Christ*)이라는 제목의 책을 인터바시티 출판사를 통해 출판했다. "복음주의는 기독교인가?"의 내용을 요약하면 다음과 같다.

1) 복음주의의 뿌리와 특성

복음주의 운동의 뿌리는 18세기 부흥운동에 있다. 웨슬리, 횟필드 등에 의해서 일어난 대 각성 운동은 교회는 물론 사회도 다시 살아나게 만들었다. 이와 같은 부흥운동의 결과로 참된 경건, 진정한 하나님 체험, 적극적인 사회활동에 대한 강력한 관심이 발생했다. 이 세 가지야말로 역사적인 복음주의 운동의 공통적인 요소들인데 이 요소들은 오늘에 이르기까지 계속되고 있다.[2]

첫째 강조점은 중생과 개인적인 영적 체험이다. 18세기의 복음주의자들은 형식화된 교회를 향해서 성령으로 말미암는 중생의 능력을 참으로 체험해야 한다고 강조했다. 둘째 강조점은 세계선교와 개인전도였다. 윌리암 캐리 때부터 지금에 이르기까지 복음주의는 잃어버린 자들에게 복음을 전하는 데 적극적인 관심을 기울였다. 셋째 특징은 성경의 권위와 무오를 강조하는 것이다. 이는 19세기 중엽 다윈의 진화론에

---

2) R. Letham, "Is Evangelicalism Christian?," *Evangelical Quarterly* 67(1995): 4.

대한 비판에서 비롯했다. 미국신학자들은 이 세 가지를 복음주의의 공통적 특징으로 간주하지만 일부 신학자들은 또 하나의 특징을 추가한다. 예를 들어, 데이비드 베빙톤은 성경주의, 개종주의, 행동주의에다 십자가 중심주의(crudicentrism)를 추가한다. 그는 그리스도의 사역을 또 하나의 중심점으로 보아야 한다는 것이다.[3]

나(레담 교수)는 역사적 복음주의의 관심사들에 대해서 도전하는 것은 아니다. 위의 특징들은 모두 참된 기독교 교회가 존재하는 데 있어서 반드시 필요한 요소들이다. 성령으로 말미암은 참된 중생의 체험은 그리스도인에게는 반드시 필요한 것이다. 대 위임령은 하나의 옵션이 아니라 명령이며 승천과 재림사이에 있는 교회가 수행하여야 할 사명이다. 성경은 전적으로 신뢰할 만한 하나님의 말씀이다. 우리의 구원과 세계의 장래는 오로지 그리고 충분히 그리스도의 사역에 기초한다. 나는 또한 복음주의가 이상의 세 가지만을 믿는다고 주장하지도 않는다. 많은 복음주의자들은 창조, 처녀탄생, 대속적 죽음, 육체적 부활, 인격적 재림 등의 진리도 굳게 믿는다.[4]

2) 역사적 기독교 신앙

그러나 나는 여기서 '복음주의가 과연 역사적 기독교를 대변하고 있는가?'라는 질문을 던지려고 한다. 균형 잡힌 역사적 기독교 신앙이 무엇인가를 살펴보려고 한다. 그러기 위해서 기독교의 역사적 신앙을 대변하는 문서들인 사도신경, 니케아 신조 그리고 웨스트민스터 신앙고백을 살펴보려고 한다.[5]

사도신경은 삼위일체론적 구조로 구성되어 있다. 창조주 아버지 하나님에 대한 신앙고백과 그의 아들 예수 그리스도에 대한 신앙고백 그리고 성령에 대한 신앙고백으로 이루어져 있다. 즉, 교회의 신앙은 삼

---

3) *Ibid.,* pp. 4~7
4) *Ibid.,* p. 7.
5) *Ibid,* p. 8.

위일체 하나님에 의해 지배되고 있다. 사도신경은 또한 거룩한 카톨릭 교회와 성도의 교제에 대한 신앙고백 그리고 죄 사함과 몸의 부활과 영생에 대한 고백으로 되어있다. 다시 말해서, 사도신경은 철저하게 하나님 중심적이다. 그리고 교회가 그 신앙의 중심에 있다. 니케아 신조의 구조도 사도신경의 구조와 동일하다. 니케아 신조도 삼위일체의 구조로 형성되어 있다. 그리고 교회는 신앙고백의 중심을 이루고 있다. 죄 사함과 성례는 분명히 신자들의 신앙고백에 포함되어 있다. 웨스트민스터 신앙고백도 동일한 관점을 표명한다. 신앙고백의 중심은 삼위일체의 하나님이다. 그리고 교회와 성례는 중요한 지위를 차지하고 있다. 이상 세 가지 문서들은 모두 인간과 이 세상의 모든 존재는 삼위일체 하나님의 영광을 드러내기 위해서 존재한다고 선언한다. 또한 기독교는 교회적인 신앙임을 주장하며 거룩한 사도적 카톨릭 교회가 함께 모여 신앙을 고백하고 성례를 집행하는 것이 기독교라고 서술한다.[6]

3) 복음주의의 문제점

역사적 기독교와 비교할 때 복음주의는 근본적으로 인간 중심적이다. 중생과 성화에 있어서 인간의 영적 체험이 지배적이다. 결국 구원론이 중심을 차지한다. 개인의 구원이 복음주의의 중심에 있으므로 결국 전도와 세계선교가 중심적 관심사가 된다. 더 이상 삼위일체 하나님이 지배적 관심사가 되지 못한다.[7]

복음주의의 성경에 대한 강조는 역사적 신조와 신앙고백들을 상대화하는 결과를 초래했다. 삼위일체 교리가 성경 안에 분명하게 기술되어 있지 않고 4세기부터 형성되었으므로 우선적인 관심은 성경의 분명한 가르침에 관심에 두어야 한다고 강조한다. 더욱이 복음주의의 특징 중 놀라운 점은 교회의 중요성을 약화시키는 것이다. 교회는 꼭 필요한 것으로 간주되지 않는다. 성례는 더 더욱 중요하지 않다.[8]

---

6) *Ibid,* pp. 8~12.
7) *Ibid,* p. 12.

결국 복음주의와 역사적 기독교 신앙과의 이와 같은 구조적 차이는 신앙의 실천과 전망에 있어서 괄목할 만한 차이를 초래했다. 첫째, 역사적 교회가 신앙고백의 초점을 하나님을 예배하는 데 두는데 비해, 복음주의는 그 초점을 영혼구원, 개인적인 영적 중생, 영적 성장과 체험 그리고 1974년 후에는 사회적 행동에 둔다. 이와 같은 복음주의적 관점에 부분적인 영향을 미쳤다고 볼 수 있는 것들로는 실존주의, 슐라이어마허, 경건주의, 데카르트 등을 고려할 수 있을 것이다.[9]

결론적으로 말해서, 나는 어느 복음주의 운동을 공격하는 것은 아니다. 사실 복음주의자들은 기독교 신앙의 가장 충실한 변호자들이다. 그럼에도 불구하고 복음주의는 역사적으로 항상 높여 온 신앙의 중심적 내용들을 옆으로 밀어내고 그것들이 본질적인 것이 아니라고 선언하므로 기독교 신앙의 중대한 조화를 깨뜨리는 결과를 초래했다. 복음주의는 하나님을 신앙의 중심에서 밀어내므로 제 1, 2계명을 범하는 위험에 빠질 수도 있다. 복음주의는 역사적 교회의 궤도로부터 탄젠트 접선에서 벗어났다고 하겠다. 복음주의는 그 운동이 교회 밖으로부터 오는 소리들에게 항복한 것인지 아닌지에 대한 질문조차 거의 하지 않았다. 결국 복음주의는 상이한 형태의 기독교가 되었으며, 역사적 신앙의 전통에서 떨어져가고 있으므로, 지금까지 복음주의가 그렇게도 중요하게 견지해 온 그 신앙의 요소들을 상실할 수도 있는 위험에 처해 있다고 하겠다.[10]

6. 도날드 매클로드 교수의 논평

로버트 레담 교수의 글에 대한 응답과 논평의 글을 영국의 개혁주의 신학자 도날드 매클로드(Donald Macleod) 박사가 「에반젤리칼 쿼털리」 같은 호에 기고했는데, 그 내용을 여기서 요약한다.

---

8) *Ibid.*
9) *Ibid.*, pp. 13~15.
10) *Ibid.*, pp. 15~16.

1) 복음주의란 무엇인가?

레담 박사가 복음주의 운동의 뿌리가 18세기의 감리교 부흥과 대각성운동에 있다고 주장했는데, 이 주장이 내가 이제 언급하려고 하는 복음주의와 관련해서는 맞지 않는다. 즉, 스코틀랜드에는 18세기 이전부터 개신교 안에 심각한 분열이 있었는데, 이와 같은 분열은 오늘날 복음주의자들과 자유주의자들과의 분열과 비슷한 것이었기 때문이다.11) 복음주의는 이와 같은 경향[율법주의적]에 대한 반발로 일어났다. 복음주의는 우리가 의인인 동시에 죄인일 수 있음을 주장한다. 복음주의는 우리가 그리스도에게 오기 전에 죄를 버려야 할 필요가 없음을 주장한다. 복음주의는 우리가 모든 사람들에게 가서 그리스도가 당신을 위해서 죽었다는 복된 소식을 전하도록 지도한다. 이렇게 하면 산다는 원리가 깊이 스며들어 있기 때문에 위와 같은 복음주의의 경향은 우리의 본능과 위배되며 따라서 복음주의는 항상 소수의 그룹으로 존재해 오고 있다.12)

2) 신학적 정의

레담 박사는 복음주의를 역사적으로 뿐 아니라 신학적으로도 정의했는데, 복음주의 안에는 세 가지 공통적인 강조점들이 있다고 했다. 그것은 중생의 필요, 개인전도의 중요성, 그리고 성경의 무오성이다. 나는 이와 같은 역사적 진술에 반대하지 않는다. 이것들은 인정된 복음주의의 표준들이다. 그러나 이와 같은 정의는 전적으로 복음주의에만 해당되는 정의는 아니다. 로마 캐톨릭도 이 정의 안에 포함시킬 수도 있기 때문이다. 그러므로 가장 안전한 길은 암시하는 정의를 포기하고 지시하는 정의를 택하는 것이다. 복음주의는 복음주의연맹(Evangelical Alliance), 복음주의성공회협의회(National Evangelical Anglical Congress), 영국복음주의연맹(British Evangelical Council), 미국의 복음주

---

11) D. Macleod, p. 17.
12) *Ibid.*, p. 20.

의협의회(National Association of Evangelical) 등에 의해서 주장되는 것들이라고 하겠다.13)

3) 접선에서 벗어나다

레담 박사의 첫째 비판은, "가장 건전한 복음주의일지라도 역사적 교회의 궤도로부터 탄젠트 접선에서 벗어났다"는 것이다. 여기서 지적하는 것은 복음주의가 초대교회 신조들은 물론 개신교 신앙고백들에 대해 별 관심을 나타내지 않으며 따라서 삼위일체나 성육신 같은 기독교의 핵심교리에 밀접하게 연결되어 있지 않다는 것이다. 사실 그렇다. 현대의 복음주의자들은 삼위일체에 대해서 깊이 연구하지도 공헌하지도 않았다.14)

4) 교회의 위치를 저하하다

레담 박사의 둘째 비판인 "복음주의가 교회의 자리를 낮게 보는 것은 놀라운 점이다"라고 지적한 것은 옳은 지적이다. 그러나 이와 같은 경향은 20세기에 나타난 경향이다. 처음에는 그렇지 않았다. 칼빈이나 18세기의 부흥운동은 교회에 대해서 깊은 관심을 나타냈다. 교회에 대한 무관심은 최근에 나타난 경향이다. 물론 그 뿌리는 경건주의적 개인주의에 있다. 즉, 신자가 자기 개인의 콰이어트 타임(QT)을 가지고 자기 자신의 서재를 가지고 있다면, 설교나 성례나 연합 기도회나 목회적 돌봄이 무슨 필요가 있는가?라는 자세를 위하는 경향을 띄게 되었다.15)

5) 복음주의의 미래

우리의 미래를 바로 지도할 원리들은 무엇인가? 첫째, 참으로 근본

---

13) *Ibid.,* pp. 20~22.
14) *Ibid.,* pp. 22~24.
15) *Ibid.,* pp. 24~27.

적인 것들이 무엇인지를 재발견해야 한다. 모든 형태의 기독교는 각각 근본적인 것들을 가지고 있다. 성공회는 감독제도를, 오순절파는 성령 세례를, 자유주의는 보편적 종교원리를 근본적인 것들로 가지고 있다. 복음주의를 특징 지우는 것은 기독론적 교리(신성, 성육, 부활, 재림)와 구속론적 교리 즉 은혜로 말미암는 칭의이다.

둘째, 우리는 우리의 독특한 성경관을 유지해야 한다. 성경은 하나님에 의해서 영감된 말씀이기 때문에 우리의 유일한 법칙이다. 우리는 비판적이면서 복음주의자들이 될 수는 있지만 튜빙겐 학파처럼 극단적으로 비판적이면서 복음주의자들이 될 수는 없다.

셋째, 우리는 겸손해야 한다. 복음주의는 두 가지 형태의 기독교인 캐톨릭과 자유주의에 의해 둘러싸여 있다. 우리는 복음주의만이 기독교이고 다른 것들은 기독교가 아니라고 말해야 하는가? 우리만이 진리를 가지고 있고 다른 것들은 가지고 있지 않다고 말해야 하는가? 결코 그렇지 않다. 복음주의는 나름대로의 악을 지니고 있다. 우리만이 하나님에 대한 바른 진리를 가지고 있다는 확신은 우리에게 교만을 낳게 하고 우리만이 하나님의 백성이라는 믿음은 우리로 하여금 우리의 순수성을 해치는 다른 모든 사람들을 거부하게 만든다. 캐톨릭과 자유주의는 나름대로의 장점들을 가지고 있다. 그들의 중심적 사상들이 기독교적이기 때문이다. 캐톨릭은 단체성과 성례의 중요성을 나타내고 있으며 자유주의는 포용성과 진리추구의 중요성을 나타내고 있다. 그러므로 우리는 이와 같은 장점들은 무시하면 안 된다. 예를 들어 존 스토트는 진리추구에 있어서 많은 다른 기독교 전통과 견해들에 의존하고 있다.[16]

7. 복음주의에 대한 재평가

복음주의의 정의와 특성을 다시 한번 요약해 본다. 복음주의는 종교

---

16) *Ibid.* pp. 28~31.

개혁에 뿌리를 두고 각성운동에 자극을 받아 17, 18세기에 새롭게 형성된 기독교의 한 형태로, 십자가의 복음, 중생의 체험, 성경의 권위, 성경적 성결, 전도와 봉사 등을 강조한다. 로버트 레담 박사는 복음주의의 특성을 중생과 개인적인 영적 체험, 세계선교와 개인전도, 성경의 권위와 무오를 강조하는 것이라고 지적했다. 현대의 복음주의 특성들을 추가하면 교회의 갱신과 사회변혁, 협력과 연합, 평신도들의 참여를 강조하는 것이다.

레담 박사는 복음주의의 문제점은 역사적 기독교가 가장 중요하게 여겨 온 삼위일체 하나님에 대한 신앙과 교회와 성례에 대한 신앙을 제대로 강조하지 못하고 이 핵심적 신앙에서 멀어진 것이라고 지적했다. 결국 복음주의는 역사적 기독교와 비교할 때 근본적으로 인간 중심적이 되었다고 결론을 내렸다. "중생과 성화에 있어서 인간의 영적 체험이 지배적이다. 결국 구원론이 중심을 차지한다. 개인의 구원이 복음주의의 중심에 있으므로 결국 전도와 세계선교가 중심적 관심사가 된다. 더 이상 삼위일체 하나님이 지배적 관심사가 되지 못한다".17)

복음주의에 대한 필자의 최종 평가는 다음과 같다. 필자는 역사적 및 개혁주의적 신학이 강조해 오는 하나님 중심 및 교회 중심적 신앙이 가장 성경적이고 가장 올바른 신앙이라고 확신한다. 그러나 그와 같은 신앙이 역사적 신조나 교리에 머물러 있고 나에게 성령으로 체험되지 않을 때 그와 같은 신앙은 사변적이고 형식적이고 죽은 것이 되고 말 우려가 있다. 사실 모든 신앙은 어거스틴이나 루터는 물론 칼빈이나 쯔빙글리나 횟필드나 에드워즈는 모두 예외 없이 하나님의 임재를 생생하고 뜨겁게 체험하는 것으로부터 시작했다고 말해도 틀리지 않다. 삼위일체 하나님 신앙이 기독교 신앙의 출발이요 중심이요 목적임에 틀림없다. 그러나 그 하나님이 성령으로 나에게 만나지고 체험된 나의 하나님이 되지 않으면 하나님 중심적 신앙은 모두 "공허한" 신앙이 되

---

17) *Ibid,* p. 12.

고 만다. 하나님은 "내가 너희에게 만나지겠다"(렘 29:14)고 말씀하신다. 어떤 의미에서는 중생과 영적 체험을 "인간 중심적"인 것으로 간주하기보다는 그것이 곧 "하나님 중심적"인 것으로 간주할 수 있을 것이다. 중생이란 죽은 영혼이 살아나서 하나님을 만나고 사람을 만나는 사건이라고 할 수 있기 때문이다. 존 딜런버거(John Dillenberger) 교수가 퓨리탄니즘의 특성을 "성경에 기초를 두고 모든 생활의 영역에 표현된, 하나님 체험적 삶의 원리"라고 기술하면서 "체험된 예정"(experienced predestination)이란 표현을 사용한 것은 참으로 정확한 이해의 표현이라고 하겠다. 하나님 만남의 체험이 곧 하나님 중심적 신앙의 출발이요 중심이다.

교회에 대한 신앙도 마찬가지이다. 교회는 신앙의 대상이요, 요람이요, 열매요, 목적이다. 그러나 교회가 하나의 제도적 또는 형식적 조직으로 머물러 있다면 그것도 하나의 인간적인 집단이 되고 만다. 교회가 살아있는 교회가 되려면 그 가운데 영적인 생동력이 충만해야 한다. 예배가 살아야 하고 교제가 뜨거워야 한다. 복음주의는 교회를 살게 만든다. 결국 교회를 무시하지 않는다. 오히려 교회를 중요시한다. 예배를 가장 중요시한다. 물론 복음주의 교회가 개교회적 요소와 개인의 감정적 요소를 치우치게 강조하므로 보편적 교회의 개념을 상실할 우려는 있다. 보편적 교회의 개념을 항상 새롭게 상기하고 보편적 교회의 건강과 발전을 위해 힘을 쓰면 된다.

21세기 교회의 과제는 무엇인가? 첫째, 영성을 회복하고 강화시키는 것이라고 생각한다. 21세기는 점점 물질과 과학과 정보화로 치닫게 될 것이므로 영성이 극도로 황폐하게 될 것이다. 따라서 교회가 교회의 사명을 감당하기 위해서는 무엇보다 먼저 21세기의 인간들이 하나님을 만나는 중생의 체험과 하나님과 교제하는 성화의 체험을 하게 하여야 한다. 그리고 삶의 목적을 하나님께 영광을 돌리는 데 두는 하나님 중심적 신앙을 심어주어야 한다. 여기에 복음주의 신앙이 개혁주의 신앙과 더불어 요구된다.

둘째, 권위를 바로 제시하는 일이다. 21세기에는 모든 권위가 도전을 받게된다. 과학적 검증을 받지 않은 권위는 모두 거부당하게 된다. 21세기의 교회는 성경의 권위를 바로 제시하되, 성경의 본래적 의미를 충실하게 그리고 현대적으로 바로 해석해주어야 한다. 문자주의적 독단적 해석은 금물이다. 성경이 영원불변한 만고의 진리인 동시에 바로 21세기 현대인들에게도 가장 적절하게 가장 감동적으로 말씀하시는 하나님의 말씀임을 바로 제시하여야 한다. 올바른 복음주의적 성경해석이 필요하다.

셋째는 도덕성 회복과 사회참여이다. 21세기는 점점 향락과 이기주의로 치닫게 될 것이다. 삶의 가치기준이 점점 상실될 것이다. 따라서 교회는 삶의 참된 가치와 보람이 도덕성 회복 즉, 성결한 삶의 개발과 사회참여에 있음을 구체적으로 제시하고 이를 실천하도록 격려해야 할 것이다. 그런데 현대의 복음주의는 초기의 구별된 삶을 거의 상실하고 말았다. 오늘의 복음주의는 극히 세속화되었다. 물질의 부요와 세상적 평안과 성공을 조금도 꺼리지 않게 되었다. 성적 방종이 교회 안에까지 침투하고 있다. 여기에도 성결을 강조하는 본래적 복음주의 신앙과 사회변혁을 강조하는 본래적 개혁주의 신앙이 요구된다.

넷째, 협력과 연합을 실천하는 일이다. 21세기는 민족주의, 종족주의, 종교 문화주의적 갈등과 극도의 이기주의적 풍조 가운데서도 국제화와 세계화를 지향하게 될 것이다. 교회는 이 점에서 앞장서야 한다. 복음화의 사명을 효과적으로 수행하기 위해서도 그렇고 통일된 조국을 건강하게 건설하기 위해서도 그렇다. 교회는 이제 기독교 본래의 세계보편주의를 표방하고 선양해야 한다. 교파주의는 금물이다. 각기 자기의 교파적 신앙을 견지하되 배타적이 되면 안 된다. 21세기 교회는 복음주의 운동이 표방해 온 협력과 연합운동을 보다 과감하고 구체적으로 펴나아가야만 한다. 그래야 기독교는 설 수가 있기 때문이다. 따라서 여기에도 복음주의 신앙이 요구된다.

필자가 여기서 17, 18세기 이후에 형성된 복음주의가 거의 완전한 형태의 기독교인 것처럼 복음주의를 긍정적으로만 묘사했다면 그것은 잘못이다. 위에서 지적한대로 현대 복음주의에는, 모든 형태의 기독교가 그렇듯, 제한점과 약점들이 있다. 너무 주관적이고 개인주의적이다. 독단적이고 배타적이기도 하다. 사실 교회관이 약하다. 문화변혁주의적 열정이 부족하다. 세상을 부정적으로만 보기도 한다. 따라서 복음주의는 겸손해야 한다. 개혁주의를 비롯한 다른 형태의 기독교로부터 배워야 한다. 그럼에도 불구하고 복음주의는 힘있게 서야 한다. 복음주의는 힘있게 전진해야 한다. 하나님의 뜻을 이루며 그의 왕국을 힘있고 효과적으로 건설하고 확장하기 위해서!

한국 교회 안의 복음주의 운동

한국에 전래된 초기의 장로교 신앙은 하비 콘(Harvie M. Conn) 박사가 지적한 대로 "보수적이고 복음적인 기독교"(conservative, evangelical Christianity) 신앙이었다.[1] "[1909년 당시 한국의] 선교부와 교회는 뜨거운 전도열과 성경을 전적으로 하나님의 말씀으로 믿는 믿음, 그리고 예수 그리스도로 말미암는 구원의 복음에 대한 믿음으로 특징지어 있었다"[2]

그러나 20세기 중엽부터 형성되기 시작한 현대 복음주의 운동과 연계한 복음주의 운동이 한국 교회 안에서 일어난 것은 1970년대부터라고 하겠다. 『한국 교회를 깨운 복음주의 운동』의 저자 박용규 교수는 한국에서 일어난 복음주의운동을 1970~1980년대에 일어난 다섯 가지 운동과 연계했다. 즉 그것은 ① 초교파 선교 단체, ② 대중 전도 운동, ③ 복음주의 출판사, ④ 아세아연합신학대학, ⑤ 한국복음주의협의회의 설립이라고 했다.[3] 필자는 그와 같은 지적에 대체로 동감하면서 한국 교회 안에서 일어난 복음주의 운동을 다음과 같은 주제별로 기술하려고 한다.

---

1) H. M. Conn, "Studies in the Theology of the Korean Presbyterian Church," *Westminster Theological Journal.* Vol. 29, No. 1(Nov., 1966): 26.
2) *Ibid.,* p. 31.
3) 박용규, 『한국 교회를 깨운 복음주의 운동』(서울: 두란노, 1998), pp. 116~154.

1. 빌리 그레이엄 전도대회

빌리 그레이엄 박사는 미국에서는 물론 한국에서도 복음주의 운동을 확산하는 데 크게 기여했다. 한국 복음주의 운동의 가시적 태동은 1973년 빌리 그레이엄의 전도집회와 1974년 엑스플로 '74 전도집회와 연계되었다고 하겠다. 박용규 교수는 한국 복음주의 운동이 역사의 무대에 가시적으로 떠오를 수 있었던 것이 1973년 빌리 그레이엄의 서울 전도집회 이후였다고 지적했다. "빌리 그레이엄의 서울 집회를 위해 한경직 목사와 김준곤 목사를 비롯하여 교파와 선교회를 초월해 한국교회가 하나로 연합하여 힘을 결집하는 쾌거를 올린 것을 계기로 아세아 연합신학원이 설립되고 이어 한국복음주의신학회와 한국복음주의 협의회가 조직되어 복음주의 운동을 향한 구체적인 움직임이 국내에도 나타났던 것이다".4) 빌리 그레이엄 박사의 전도집회는 한국 교회 안에 복음주의적 신앙운동을 강화하고 확산하는 계기가 되었고, 복음주의적 교회들 및 선교단체들간의 협력을 촉진하는 계기가 되었다. 그리고 1974년 빌리 그레이엄 박사의 적극적임 참여아래 스위스 로잔에서 개최되었던 "로잔세계복음화대회"는 세계는 물론 한국 교회 안에 복음주의운동을 확산하는 촉매가 되었다.

2. 한국복음주의협의회

한국복음주의운동의 중추적 역할을 해 온 한국복음주의협의회는 그 태동이 1978년에 이루어졌으나 그 조직은 1981년에 실현되었다. 한국복음주의협의회 연혁은 그 태동과 조직을 다음과 같이 밝히고 있다. "1978년 ALCOE 회의 때 박조준, 한철하 제씨가 한국복음주의협의회 조직을 위한 준비 모임을 가졌고 1981년 3월 17일 아세아연합신학원에서 박조준, 정진경 등 제씨가 모여 한국복음주의협의회를 조직 강화하기로 하다. 1981년 5월 7일 아세아연합신학원에서 한국복음주의협의회

---

4) *Ibid.,* p. 126.

창립총회를 열고 회칙을 통과시킨 후 임원을 선출하다. 회장: 박조준, 부회장: 김준곤, 한철하, 정진경, 나원용, 총무: 이종윤, 협동총무: 최훈, 서기: 림인식, 부서기: 박일웅, 회계: 이창식, 부회계: 최해일" 한국복음주의협의회는 1984년 10월 22일 신촌성결교회에서 제 2차 총회를 가지고 회칙을 개정한 후 임원을 다음과 같이 선출했다. 고문: 박윤선, 김창인, 회장: 정진경, 부회장: 김준곤, 림인식, 한철하, 총무: 김명혁, 협동총무: 하영조, 서기: 최해일, 회계: 이승하, 중앙위원: 상기 임원 및 박종렬, 이만신, 이창식, 임목, 전재옥, 정영관, 조종남.

한국복음주의협의회는 그 초창기부터 ① 복음주의신앙을 바탕으로 ② 한국 교회 안에 연합과 협력을 이루고 ③ 사회참여와 봉사를 실천하며 ④ 세계복음주의교회들과의 연대를 이루는 데 그 목적을 두었다. 한국복음주의협의회는 회칙에서 그 목적을 다음과 같이 기술하고 있다. "한국의 복음주의 신앙인들이 교파를 초월하여 함께 기도하며 시대적 사명을 감당한다. 한국 교회가 건전한 복음주의적인 교회로 성장, 발전하도록 힘쓴다. 세계복음주의협의회(WEF) 및 기타 복음주의 단체와 유대관계를 갖고 상호 협력한다. 아세아 복음화를 위하여 전력한다" (한국복음주의협의회 회칙 제 2조). 한국복음주의협의회 회장 정진경 목사는 협의회의 목적을 다음과 같이 밝힌 바 있다. "본 협의회는 신앙과 사상이 극 좌경화 또는 극 우경화 되어가는 혼란한 이 시대에 바른 신앙과 바른 방향을 제시하며 한국 교회 안에 성경적 복음운동과 성결생활운동을 폭넓게 펴 나아가는 것을 목적으로 삼고 있습니다."5)

1) 세계복음주의 교회와의 유대관계 형성 및 신학강좌 개최

한국복음주의협의회는 조직이 되자마자 아시아 및 세계의 복음주의 지도자들 및 단체들과의 긴밀한 유대관계를 형성하며 국제대회를 유치했고 필요한 주제를 가지고 신학강좌를 개최했다. 한국복음주의협의회

---

5) '한국복음주의협의회 발표문집' 제 1권 「복음의 소리」 인사의 말 중에서.

는 1982년 8월 18~22일 영락교회에서 개최된 "교회갱신을 위한 아세아 대회"를 주관했고, 8월 23일~9월 5일 아세아연합신학원에서 개최된 "제 3세계 신학자 대회"와 "제 6차 아세아 신학자 대회"를 후원하고 협조했다. 1984년 6월 11일에는 아세아 연합신학대학에서 제 1회 신학강좌를 개최하고 독일의 복음주의선교신학자 피터 바이어하우스 박사를 강사로 초청하여 "현대 선교신학의 동향과 복음주의 신학의 방향"이란 주제로 강연하게 했다. 1984년 6월 5~11일 서울 영락교회와 뚝섬공원에서 개최된 "세계 교회 기도 성회"를 주관했다. 한국복음주의협의회는 1985년 1월 31일~2월 2일 마닐라에서 개최된 EFA(아시아복음주의협의회) 총회에 정진경, 김명혁, 한철하 제씨를 한국복음주의협의회 대표로 보내어 참석케 했다. 한국복음주의협의회는 1985년 10월 14일 할렐루야교회당에서 제 2회 공개신학강좌를 갖고 개핀(Richard Gaffin 박사, 웨스트민스터 신학교 교수)로 하여금 "현대교회의 성령운동에 대한 평가"란 주제로 강연하게 했다. 1986년 3월 3일 영락교회 선교관에서 "단군신화는 민족화합의 원리가 될 수 있는가?"라는 주제로 제 3회 공개 신학강좌를 갖고 단군전 건립운동을 비판했다. 1986년 3월 31일 사랑의 교회에서 제 4회 공개 신학강좌를 갖고 마이어(Gerhard Maier 박사, 서독 튜빙겐 벵겔하우스 원장)로 하여금 "예수 그리스도의 독특성"이란 주제로 강연하게 했다. 한국복음주의협의회는 1986년 6월 22일~27일 싱가폴에서 열린 제 8차 WEF 총회에 정진경, 김명혁, 한제호, 전재옥, 정규남, 최명국 제씨를 한국복음주의협의회 대표로 보내어 참석케 했다. 한국복음주의협의회는 1987년 5월 18일 화평교회에서 공개 신학강좌를 갖고 린 크리이더만(Christianity Today 편집자)과 헤롤드(Christianity Today 편집주간)를 강사로 "미국 복음주의 운동의 동향"이란 주제로 강연하게 했다. 1987년 7월 6~7일 할렐루야 교회당에서 목회 신학 세미나를 갖고 글렌 쉐퍼드 목사("영적 각성을 위한 기도")와 김상복 목사("목회자의 리더쉽")로 강연하게 했다. 1987년 10월 15일 할렐루야 교회당에서 공개 신학강좌를 갖고 피터스

(Albrecht Peters) 박사와 니콜스(Bruce Nicholls) 박사로 "종교개혁과 사회참여," "복음주의자들은 사회참여 어떻게 할 것인가?"란 주제로 강연하게 했다. 1988년 3월 21~22일 서울 영동교회에서 공개 신앙강좌를 갖고 미국의 사이더(Ronald Sider) 박사, 손봉호 박사, 박영신 박사로 하여금 "복음주의자들은 어떻게 사회 참여를 할 것인가?"란 주제로 강연하게 했다. 1989년 4월 4~6일 싱가폴에서 개최된 아시아복음주의 여성대회에 한국 대표들로 이형자, 한미라, 이소현, 이동주, 정수자, 이은숙, 정영화, 김경옥, 장사라, 이유신 제씨를 참석하도록 지원했다. 1989년 12월 4~7일 일본 하꼬네에서 개최된 제 1회 한·중·일 목회지도자대회에 20여명의 회원이 참석하여 논문 발표 및 토론을 겸한 친교의 모임을 갖었다. 한국복음주의협의회는 1990년 8월 27~31일 아시아복음주의협의회 주최로 충현교회당에서 1,300여 명이 모여 개최된 " '90 아시아 선교대회"(Asia Missions Congress)를 충현교회와 함께 공동 주관했다. 1991년 9월 9일 존스톤(Arthur Johnstone) 박사와 김영국 장로를 강사로 "공산권 선교와 한국 교회"란 주제로 공개 선교강좌를 개최했다. 1991년 10월 28~31일 제 2회 "중·일·한 목회지도자대회"를 설악산 설악파크호텔에서 개최했다. 1992년 10월 24~11월 3일 LA 흑인청소년지도자 10명을 초청하여 한국을 방문케 하고 한국교회와 유대관계를 맺게 하며 한흑화해 증진에 기여했다.

한국복음주의협의회는 또한 한국 교회 안에 연합과 협력을 펴 나가는데 관심을 기울이면서 한국세계선교협의회 및 한국기독교총연합회의 형성과 발전에 적지 않은 기여를 했다고 생각한다.

2) 케직 부흥운동 도입

한국복음주의협의회는 영국의 케직 부흥운동을 도입하여 성경적 복음운동과 성경적 성결생활운동을 한국 교회 안에 펴 나갔다. 1985년 2월 4~7일 제 1회 서울 케직 사경회를 영국의 조지 던컨(George Duncan), 한경직, 박윤선, 이상근 목사를 강사로 할렐루야 교회당에서 개최했다. 1986년 2월 10~14일 제 2회 서울 케직 사경회를 미국의 폴리스 (Paul Rees), 영국의 필립 핵킹(Philip Hacking), 박윤선, 김창인, 이상근 목사를 강사로 사랑의 교회당에서 개최했다. 1987년 2월 9~12일 제 3회 서울 케직 사경회를 영국의 조지 던컨 목사, 일본의 모리야마 목사, 한경직 목사, 박윤선 목사를 강사로 사랑의 교회에서 개최했다. 1988년 2월 22~26일 제 4회 서울 케직 사경회를 미국의 제임스 보이스 목사, 한경직 목사, 박윤선 목사, 박종렬 목사를 강사로 "복음과 사회" 란 주제를 가지고 전북 내장산 관광 호텔에서 개최했다. 1989년 2월 13~16일 제 5회 서울 케직 사경회를 필립 핵킹 목사와 토마스 왕 (Thomas Wang) 목사를 강사로 소망교회당에서 개최했다. 1991년 2월 11~14일 제 6회 서울 케직 사경회를 영국의 레이몬드 브라운(Raymond Brown) 박사를 강사로 할렐루야교회당에서 개최했다. 1992년 2월 10~ 13일 제 7회 서울 케직 사경회를 케네스 프라이오(Canon Kenneth Prior) 목사(영국 케직사경회 주 강사)를 주 강사로 충현교회당에서 개최했다. 2001년 2월 12~15일 제 8회 서울 케직 사경회를 레이먼드 브라운 목사를 주 강사로 강변교회당에서 개최했다.

3) 국내외 구제활동 전개

한국복음주의협의회는 국내외적으로 구제활동도 적극적으로 전개했다. 1988년 2월 10일 방글라데시 난민 구제금 11,556,360원($ 14,830)을 모금하여 National Christian Fellowship of Bangladesh와 Bangladesh Christian Service Society에 각각 절반씩 보냈다. 1988년 4월 12~21일 김명혁 총무가 일본복음주의협의회의 카타오카 목사, 싱가폴복음주의협의회 펙 목사 등과 함께 서부 아프리카의 부르키나 파소를 방문하고 가뭄의 재난을 당하고 있는 부르키나 파소에 10여개의 우물을 파는 일을 지원하기로 하고 1988년 7월 30일 부르키나 파소 난민 구제금 10,904,940($ 15,790원)을 모금하여 송금했다. 1989년 8월 19~24일 김명혁 총무가 방글라데시를 방문하여 교회 및 복지사역 상황을 관찰하고 방글라데시 기독교 봉사회와 방글라데시 복음주의협의회 사회분과에 구제금 $20,000을 전달했다. 한국복음주의협의회는 1990년 1월 ① 방글라데시 안과진료소 건립 기금으로 1억원과 일반 구제금 1천8백만원을 방글라데시 기독교 봉사협회에 전달했다. ② 서부 아프리카 부르키나 파소 우물파기 기금으로 세계구제기구 부르키나 파소 지부를 통해 500만원을 전달했다. ③ 국내 극빈자들(결핵환자, 소년소녀가정, 신체장애자 등)에게 365만원을 전달하다. ④ 러시아 성경보급을 위해 200만원을 러시아 선교회에 전달했다. ⑤ 북한에 성경과 신앙서적 보급을 위해 200만원을 지원했다. ⑥ 중국선교를 위해 100만원을, 연변조선족 선교를 위해서 200만원을 지원했다. 1990년 7월 26일 필리핀 지진 난민을 위한 구제금 2만여 불(14,664,840원)을 모금하여 필리핀 복음주의협의회 총무 준 벤서(Jun Vencer) 목사에게 전달했다. 1990년 9월 12일 홍수 재난민을 위해 모금한 20,113,376원을 난지도 반석교회와 일산의 난민들과 서초동 난민들에게 전달했다. 1991년 5월 7일 방글라데시 태풍 난민을 위한 구제금 $11,000과 쿠르드 난민을 위한 구제금 $4,000을 World Relief 본부에 전달했다. 1991년 5월 27일 방글라데시 태풍 난민을 위한 제 2차 구제금 $10,000을 방글라데시 CSS(Paul Munshi)에 보냈다. 1991년 6월 4~7일 김명혁 총무가 일본 시오바라에서 개최된 제 3회 일본전도대회에 참석하여 "동반자 사역"이라는 제목의 설교를 했다. 1991년 6월 7일 방글라데시 태풍 난민을 위한 제 3차 구제금 $9,371을 방글라데시 CSS에 보냈다. 1991년 6월 27일 방글라데시 태풍 난민을 위한 제 4차 구제금 $10,000을 방글라데시 CSS에 보냈다. 1991년 7월 15일 방글라데시 태풍 난민을 위한 제5차 구제금 $10,000을 방글라데시 CSS에 보내다.

4) 북한 동포 돕기 운동 전개

한국복음주의협의회는 홍수와 기타 이유로 재난을 당한 북한 동포 돕는 일에도 적극적인 관심을 기울이며 모금운동을 적극적으로 전개했다. 북한이 1995년 여름 홍수로 극심한 피해를 입었다는 소식을 스티브 린튼 박사로부터 전해 듣고 1995년 12월부터 북한 동포 돕기 운동을 전개하여 2001년까지 16차례 10억여 원 상당의 구호물품을 북한에 보냈다. 주로 스티븐 린튼 박사의 유진 벨 재단을 통해 현미, 옥수수, 밀가루, 결핵 의약품, 영양 식품 등을 기증자들의 명단들과 함께 비교적 투명한 방법으로 북한 주민들에게 직접 전달했다.

1차는 1996년 2월 8일 49,484,000원을, 2차는 1996년 5월 28일 72,503,590원을, 3차는 1996년 7월 2일, 19일 79,094,370원을, 4차는 1997년 2월 25일, 3월 5일 33,364,800원을, 5차는 1997년 4월 2, 4, 16일 31,884,000원을, 6차는 1997년 4월 18, 19일 92,538,250원을, 7차는 1997년 5월 3일 34,427,860원을, 8차는 1997년 5월 28일, 6월 3일 118,936,125원을, 9차는 1997년 8월 6, 9, 22일, 9월 2, 24일, 10월 10, 15일, 11월 25일 132,663,599원을, 10차는 1997년 11월 25일, 12월 8일, 1월 16일 110,995,346원을, 11차는 1998년 4월 8일, 5월 7일 43,624,363원을, 12차는 1998년 9월 14일 12,000,000원을, 13차는 1998년 11월 26일, 12월 18일 33,110,000원을, 14차는 2000년 3월 21일 77,000,000원을, 15차는 2001년 10월 6일 54,700,000원을, 16차는 2001년 2월 19일, 8월 29일, 2002년 2월 6일 43,743,000원을 송금했고, 2002년 현재 17,000,000원이 모금되어져 있다.

5) 월례 발표회 모임과 성명서 발표

한국복음주의협의회는 정기적으로 매달 둘째주 월요일 조찬기도를 겸한 월례 발표회를 가지고 교계적인 문제는 물론 사회, 경제, 정치적인 문제에 대한 복음주의적 입장을 발표하여 한국 교회에 올바른 복음적 방향을 제시하도록 노력했다. 그리고 성명서 모음집을 1998년 4월에 출판했는데(기독교문서선교회), 그 내용의 주제들은 다음과 같다. ① 한국기독교의 현주소(1983. 12). ② "조상 숭배의 날" 제정에 대한 성명서(1984. 12). ③ 주일성수의 자유가 침해되지 않기를(1985. 3). ④ 현

시국에 대한 복음주의자들의 제언(1986. 5). ⑤ 고문의 근절을 호소하며 (1987. 2). ⑥ 마음을 비워야(1987. 6). ⑦ 단군은 민족통합이념 될 수 없어 (1987. 8). ⑧ 공정한 선거를 위한 복음주의자들의 입장 (1987. 11). ⑨ KNCC 의 통일론에 대한 복음주의 입장(1988. 3). ⑩ 일본수상 노보루 다케시 다 귀하(1989. 1). ⑪ 국무총리에게 보내는 공개서한(1989. 2). ⑫ 문선 명 사교집단 대학인가를 즉각 취소하라! (1989. 11). ⑬ 다미 선교회의 1992년도 재림설에 대한 비판(1990. 8). ⑭ 아시아 선교대회 선언문 (1990. 8). ⑮ 범죄와 폭력추방을 위한 우리의 제언(1990. 12). ⑯ "교사 임용고시 일요일 실시를 시정하라" (1992. 11). ⑰ 목회자 윤리강령 (1993. 6). ⑱ 통일 및 북한선교를 위한 결의문(1994. 5). ⑲ 퇴폐를 조장 하는 한국인의 병든 상술을 통탄하며(1994. 8). ⑳ 정직 절제 사랑 실천 운동(1994. 10). ㉑ 성수대교 붕괴사건의 의미(1994. 11). ㉒ "정부는 초 중 고 교사 임용고시 일요일(12월 8일) 실시를 즉각 중단할 것을 촉구한다"(1994. 12). ㉓ 교사 임용고시 일요일 실시 강행에 대한 우리 의 입장(1994. 12). ㉔ KNCC는 "발전적 해체"를 단행하라(1995. 2). ㉕ 「중 앙일보」 음란소설과 선정 광고 게재를 중단하라(1995. 3). ㉖ 5. 18 사태 에 대한 검찰의 불기소 처분에 대하여(1995. 10). ㉗ 목회자 새 윤리실 천 강령 (1995. 10). ㉘ "유죄이지만 무죄"(1995. 10). ㉙ 5 · 18 특별법 제정에 즈음하여(1995. 11). ㉚ 지난날 과오에 대한 사과성명(1995. 12). ㉛ 극한 상황에 처한 북한에 "생명의 쌀"을 보냅시다(1995. 12). ㉜ 제 2차 북한 동포 돕기 "생명의 쌀"후원 요청(1996. 3). ㉝ 제 3차 북한 동포 돕기 "생명의 쌀"후원 요청(1996. 6). ㉞ "한 일 정상회담이 주일 (일요일)에 열리는 것을 반대한다!"(1996. 6). ㉟ 북한 동포를 돕기 위한 한국교회의 결의(1996. 8). ㊱김영삼 대통령께 주일성수를 촉구하는 성 명서(1996. 9). ㊲ 안보와 통일에 관한 기독교 원로 및 지도자 성명 (1996. 10). ㊳ '청소년과 종교'에 관한 종교 지도자 결의문 (1996. 10). ㊴ 합신개혁교단 윤리강령(1996. 11). ㊵ 한국복음주의협의회 및 일본 복음주의동맹 합의문(1996. 11). ㊶ 안기부법 개정을 반대하며(1996. 12).

㊷ 대북식량지원에 관한 기독자 긴급 성명 (1997. 5). ㊸ "전세계 조선족 동포들에게 알리는 글"(1997. 5). ㊹ 민족화해를 위한 북한 동포 돕기 선언(1997. 7). ㊺ 북한 동포 돕기를 위한 우리의 다짐(1997. 8). ㊻ 통일원 장관께 드리는 대북식량지원에 관한 민간단체의 입장(1997. 9). ㊼ 한국기독교 평신도회개선언(1997. 8). ㊽ 한국기독교 지도자회개선언(1997. 8). ㊾ "주일휴식은 종교편향정책이 아니다"(1997. 8). ㊿ 차범근 감독의 "주님의 은총으로" 라는 고백은 잘못된 것인가?(1997. 10). (51) 통일원 장관에게 보내는 방북신청불허 및 출국금지에 대한 질의(1997. 10). (52) 방북불허 및 출국금지에 대한 성명서(1997. 11). (53) 벼랑에 선 경제를 구하려면 (1997. 11). (54) SBS의 9인 탈북경위 보도자제를 요청하며(1997. 12). (55) 한국복음주의협의회 절제운동 수칙(1998. 1). (56) IMF 위기와 한국 교회의 선교(1998. 1). (57) 김대중 대통령과 새 정부에 바란다 (1998. 3). (58) 검정고시 일요일 실시 반대 성명(1998. 3). (59) 김대중 대통령에게 보내는 검정고시 일자 변경 요청 건의서(1998. 4). (60) 북한 동포돕기와 그 방안(1998. 4). (61) MBC 2580 보도 사태에 대한 우리의 입장(1998. 4). (62) 유흥업소의 심야영업 허용을 전면 백지화하라!(1998. 6). (63) "유흥업소 심야영업 허용 입법예고"에 대한 종교 시민사회단체의 입장(1998. 7). (64) 결혼지침(1998. 11). (65) 공공 시설 내 단군상 설치를 반대한다(1999. 6). (66) 평화통일에 대한 우리의 입장(1999. 8). (67) 한국 교회 살 길 실천운동(1999. 10). (68) 한민족 세계교회지도자 대회 취지문과 결의문(2000. 3). (69) 남북정상회담개최 합의를 환영하며(2000. 4). (70) 남북정상회담이 화해 교류 협력의 전기가 되기를(2000. 6). (71) 화해와 통일을 이루며(2000. 6). (72) 이산가족의 상봉을 바라보며(2000. 8). (73) '목사직 세습' 문제의 근본적 문제(2001. 10). (74) 최근 기독교 관련 방송 보도에 대해(2000. 12). (75) 돼지 머리 앞에서 고사 지낸 국가대표팀(2001. 2). (76) 일본역사 및 교과서 왜곡 문제에 대한 성명(2001. 4). (77) 한 · 일 기독교 지도자 공동 성명(2001. 12). (78) "부시 대통령의 신사참배를 규탄하며"(2002. 2).

6) "현 시국에 대한 복음주의자들의 제언"

한국복음주의협의회가 1986년 5월에 발표한 "현 시국에 대한 복음주의자들의 제언"은 전두환 군사정권 당시 복음주의 교회의 입장을 분명하게 발표했다는 점에서 의의가 있다고 생각되어 그 내용의 일부를 다음에 인용한다.

"그 동안 우리 한국 복음주의 그리스도인들은 정부와 교회의 분리 원칙과 우리 사회의 안정을 위하여 가능한 한, 시국의 문제에 침묵을 지켜왔습니다. 그러나 그 동안 많은 복음주의 기독교 평신도들이 작금의 우리 사회의 여러 상황에 대하여 어떤 태도를 취해야 할지 몰라 당황하고 있으며, 나아가서는 이 이상 침묵을 지키는 것은 오히려 사회의 안정과 평화에 역행하는 것으로 판단되어 하나님의 말씀과 우리의 신앙적 양심에 따라 현 시국에 대한 우리들의 의견을 밝히는 것이 불가피하다고 생각하게 되었습니다.

"오늘에 처한 우리의 우선적 과제는 그리스도인이 그리스도인이 되게 하고, 교회가 교회되게 하는 종교적 개혁운동을 일으키는 것입니다. 그러나 우리는 동시에 그리스도인의 신앙과 생활이 개인이나 교회의 영역 안에만 머물지 않고 사회의 정치, 경제, 문화 모든 영역 안에 구체적으로 나타나게 하는 포괄적 개혁운동을 일으키는 것을 우리의 과업으로 삼습니다.

(1) 교회에 대한 우리의 제언: 우리는 오늘의 교회가 신앙의 순수성도 지키지 못했고 그리스도인으로서의 삶의 모본도 나타내지 못했음을 부끄럽게 인정합니다. 우리는 교회가 정치에 직접 관여하는 정치적 세력 집단이 되는 것은 교회의 본분을 이탈하는 잘못된 행위라고 생각합니다. 그러나 교회가 직접적으로 정치에 참여하여서는 안 되지만 모든 그리스도인의 정치, 사회, 경제 활동에 종사하며 기독교적 삶의 이념을 그 활동현장에 반영, 구현시켜야 할 것입니다. 우리는 기독교가 초자연적, 종말론적 종교인 동시에 역사적, 문화 변혁주의적 종교임을 새롭게

인식하여야 할 것입니다.

(2) 정부와 정치인들에 대한 우리의 제언: 우리는 정부가 기독교적이건 비기독교적이건 간에 나라의 질서와 평화를 유지하며 공의와 자유와 평등의 원리를 기초로 국민들의 복지를 증진시키는 것이 그 지상적 과업이라고 믿는 바입니다. 그런데 대한민국 정부는 그 수립이래 오늘에 이르기까지 국민들의 인권과 복지를 증진시키는 민주적 정부로 발전하기보다 국민들의 기본 인권을 제한하며 일부 집권층의 특권과 혜택을 증진하는 반민주적 오류를 거듭 범해 왔습니다. 우리의 안보와 사회의 안정을 위해서도 정치적 민주화가 시급히 이루어져야 할 것입니다. 신뢰를 받는 정부가 되기 위해서는 입법이나 행정 과정에서 범한 시행착오나 잘못을 솔직히 시인하고 고쳐 나아가려는 진실한 자세를 취해야 할 것입니다. 헌법과 노동관계법을 포함한 모든 법률은 공평해야 하는 것이 절대적인 원리일진대 특정인이나 특정단체에 유리하도록 되어 있는 모든 법률은 하루 빨리 고쳐야 할 것입니다. 국민의 기본권인 언론의 자유와 인권은 확대되어야 할 것입니다. 자유로운 언론과 공정하고 진실된 보도는 그 자체가 도덕적이며 동시에 민주사회의 기본 조건입니다. 언론 자유의 억제와 편파적인 보도가 하루 빨리 시정되어야 할 것입니다. 그리고 모든 종류의 고문 행위는 하나님의 형상으로 지음받은 인간의 존엄성에 근본적으로 위배되는 것으로 즉각 중단되어야 할 것입니다. 정부는 이제 극한 상황에 이르기 전에 국민들의 고통과 불만을 들어줄 수 있는 사랑과 아량을 가져야 할 것이며 국민을 섬기는 공복으로서의 겸허한 자세를 가져야 할 것입니다. 노동자들의 권익은 최대한으로 보장되어야 하며, 그들에게 불이익이 되는 어떤 노동정책도 시정되어야 할 것입니다. 오늘날 학생들의 극단적인 주장과 혁명적 폭력 행사는 분명히 용납할 수 없는 것이지만 그 근원적 책임이 정부의 잘못에도 있음을 솔직히 시인하며 근본적인 정책변화를 시도해야 할 것입니다. 우리는 대한민국 정부가 기독교 선교활동에 자유를

부여해 온 것을 고맙게 생각하는 동시에 때때로 종교를 단순히 민족주의나 국가주의의 차원에서 다스리려고 한 것은 잘못된 시도라고 생각합니다. 민족의 이념적 총화와 통일을 기하기 위해 단군 국조신앙을 고취하려고 했던 일은 오히려 민족 총화에 역행하는 구시대적 발상이었다고 생각됩니다. 최근에 소위 안보적 차원에서 3군 전반에서 주일을 공휴일로 지키는 대신 목요일이나 금요일을 공휴일로 지키도록 행정 시달한 것은 기독교 신앙을 침해하는 처사일 뿐 아니라 세계 보편적 일요 휴식제도에 역행하는 어리석은 행위라고 생각하며 이의 시정을 강력히 촉구하는 바입니다.

(3) 노동자와 학생에 대한 우리의 제언: 우리는 오늘날 우리 나라의 경제발전에 대한 노동자들의 공헌이 지대한데 비해 노동자들이 받아야 할 정당한 대우를 받지 못했음을 인정하는 바입니다. 그러나 노동자들은 폭력적인 방법으로 노동자의 권익을 쟁취하는 성급한 생각을 자제해야 할 것입니다. 노동자들은 평화적으로 그리고 책임있게 그들의 이익을 보호하고 획득하려고 애써야 할 것이며 특정한 이데올로기에 의해 이용되어서는 안될 것입니다. 우리는 그 동안 학생들이 순수한 동기에서 정치의 민주화와 사회정의의 이상을 외쳐온 것은 기성사회의 도덕적 무감각을 깨우치는 데 중요한 역할을 했다고 생각하며 앞으로도 그 역할은 계속 되어야 할 것입니다. 그러나 학생 운동 가운데는 항상 개인적 야심과 영웅심 및 정치적 야망 등 불순한 동기가 간교한 방법으로 작용하며 불순 이데올로기에 의해 쉽게 이용당할 수 있는 사실을 간과해서는 안 될 것입니다. 폭력과 혁명에 의한 변혁은 또 다시 일어나서는 안 될 것입니다. 평화적인 방법과 도덕적인 설득력 없이 평등하고 공의로운 사회가 이루어질 수는 없습니다. 이와 같은 우리의 제언들은 누구를 비판하거나 다른 사람들을 선동하는 것이 그 주된 목적이 아니고 오늘의 교회와 나라를 염려하는 마음에서 표현한 것임을 밝히는 바입니다. "여호와께서 집을 세우지 아니하시면 세우는 자의

수고가 헛되며 여호와께서 성을 지키지 아니하시면 파수꾼의 경성함이 허사로다"(시 127:1).

7) "부시 대통령의 신사참배를 규탄하며"

9·11 테러 사건 발생이후 미국의 부시 대통령은 대테러전쟁을 선포하며 초강대국인 미국적 정의의 깃발을 높이 들고 2002년 2월 17일부터 22일까지 일본, 한국, 중국을 방문했다. 그런데 첫 방문국인 일본에 도착하여 가진 첫 번 공식행사가 메이지 신사를 참배한 일이었다. 일본 복음주의동맹은 2월 13일 부시 대통령에게 서한을 보내 신사참배를 하지 말 것을 강력히 충고했으나 이를 무시하고 부시 대통령은 신사참배를 했다. 이 사건을 목격한 한국 교회는 충격을 금치 못하며 한국복음주의협의회, 한국기독교총연합회, 기독교윤리실천운동의 이름으로 다음과 같은 성명을 한글과 영문으로 발표하여 한국, 일본, 미국언론과 백악관 등에 보냈다.

소위 기독교적 공의와 초 강대국의 기치를 높이 든 미국의 부시 대통령이 2002년 2월 18일 오전 일본의 메이지 신사를 방문하여 신사를 참배한 것은 기독교 신앙의 제일 제이 제삼 계명을 범한 우상숭배의 행위로 한국의 기독교회는 일본의 기독교회와 아울러 경악을 금치 못하며 이를 강력하게 규탄한다.

부시 대통령 부부는 메이지 신사의 승려와 함께 신궁 안으로 들어가 신사 앞에서 큰 절을 하며 신사를 참배했다. 본래는 일본의 주니치로 고이즈미 총리와 함께 신사를 참배하기로 되어있었으나 고이즈미 총리는 일본의 비판적 여론을 우려하여 참배를 하지 않았다고 한다. 그런데 소위 기독교인이라고 자처하는 부시 대통령은 일본 복음주의동맹의 강경한 경고와 충고를 받았음에도 불구하고 이를 무시하고 신사를 참배하는 우상숭배의 죄를 범했다. 이는 지난 날 수 많은 한국과 일본과 아시아의 기독교 신자들이 신사참배를 반대하여 갖은 고초를 당하며 신앙의 절개를 지켜 온 기독교의 숭고한 신앙 전통을 무참히 짓밟아 버린 배신 행위라고 할 수 있다.

일본 복음주의 동맹은 2월 19일 다음과 같은 내용의 부시 규탄 성명을 발표했다. 부시 대통령이 일본교회의 경고와 충고를 무시한 것을 심히 유감스럽게 생각한다. 부시 대통령 개인의 기독교적 신앙을 의심한다. 세계 민족에 대한 무관심과 무감각 및 그의 독선적인 미국적 사고를 규탄한다. 특히 한국민의 정서와 감정을 무시한 발언과 처사를 규탄한다. 부시 대통령의 신사참배행위가 앞으로 일본의 신사참배행위를 정당화하고 기독교 신앙을 약화시킬 것을 우려한다.

부시 대통령은 또한 소위 의로운 초 강대국의 군국주의적 및 자본주의적 기치를 높이 들고 세계를 자기 마음대로 통치하고 정죄하며 심판하려는 독선적이고 독재적인 자세를 취하며 종래의 냉전적 긴장을 고조하는 잘못을 범했다. 우리는 부시 행정부가 악을 심판하려는 자세를 천명하기 전에 하나님을 높이며 세계의 빈곤과 불행을 품을 수 있는 기독교의 사랑의 정신을 다시 회복할 수 있기를 바란다. 오늘의 미국이 지난날 세계에 희망과 사랑의 빛을 던져 주었던 미국으로 다시 태어날 수 있기를 바란다.

2002년 2월 19일
한국기독교총연합회 대표회장 김기수 목사
한국복음주의협의회 회   장 김명혁 목사
기독교윤리실천운동 공동대표 손봉호 교수

8) 사회, 정치 참여적 입장 표명

한국복음주의협의회를 통해서 표명된 사회, 정치적 관심의 표명은 사실은 한국복음주의협의회가 조직되기 전부터 한국복음주의협의회 설립자들에 의해서 표명되었다. 1970년대부터 한국의 복음주의 신학자들은 사회, 정치적 현실의 모순들을 비판하기 시작했으며 사회봉사 및 사회참여의 중요성을 강조하기 시작했다. 한철하 박사는 1970년 8월호 「기독교사상」에 "정치 부재를 극복하는 길"을 기고하여 정치적 모순을 신랄하게 비판했으며, 손봉호 교수는 1974년 12월호 「신학지남」에 "선교와 사회정의"를 기고하여 "로잔언약"의 사회 참여의 입장을 전적으로 지지하는 입장을 취했다. 손봉호 교수는 계속 1975년 3월호 「신학지남」에 기고한 "생존환경 문제와 기독교"에서 기독교의 광범위한 관심과 참여를 촉구했다. 필자는 1977년 학도군사훈련을 주일에 실시케 한 정부정책을 비판하다가 남산에 불려간 일이 있으나 결국 1977년 12월호 「신학지남」에 "주일성수에 대한 교회사적 고찰"을 기고했다. 조종남 박사는 1977년 4월호 「신학과 선교」에 "교회와 국가에 관한 Basel 서신"을 기고함으로 한국 교회에 세계 복음주의 협의회의 정치참여에 대한 관심도를 소개했다. 필자는 1978년 9월 「총신대보」에 기고한 "영혼구원과 사회봉사"에서 양자의 불가분적 관계를 강조했다. 조종남 박사는 1983년 4월호 「월간 목회」에 "교회 선교에서의 전도사와 사회참여"를 기고하여 1982년 그랜드 래피드에서 표명된 세계복음주의협의회의 사회참여에 대한 적극적인 입장을 다시금 한국 교회에 소개했다. 필자는 1983년 12월 24일자 「크리스챤 신문」에 기고한 "한국교회의 현주소"에서 문공부장관의 "기독교의 한국화" 주장을 비판했다. 손봉호 교수는 1985년 「서울대학신문」과 「신동아」 등에 기고한 글들에서 정부의 비민주적 학원정책을 비판했다. 전호진 박사는 1985년과 1986년에 "복음주의와 사회 참여" 및 "기독교와 민주주의" 등의 논문을 발표함으로 사회 및 정치 참여의 적극적 관심을 표명했다. 필자는 1986년 4월 「빛과 소금」에 "크리스챤의 사회참여"를 기고하고, 5월에는 "크리스챤의 정치 참여"란 주제로 강연하는 등 사회 및 정치 참여에 대한 적극적 관심을 나타냈다.6)

3. 한국복음주의신학회

한국복음주의협의회가 조직된 지 8개월 후에 주로 한국복음주의협의회 설립자들에 의해서 조직된 한국복음주의신학회는 한국 교회 특히 한국 신학계 안에 복음주의신학 운동을 펴 나가는 데 크게 기여했다. 한국복음주의신학회의 연혁은 그 조직을 다음과 같이 기록하고 있다. "1971년도에 김의환, 한철하, 오병세, 조종남 제 씨는 한국복음주의신학회를 창설하고 한국 내의 신학 정립과 해외 학자들과의 신학 운동을

---

6) 김명혁, 『현대교회의 동향』 (서울: 성광문화사, 1987), pp. 392~394.

다짐하다. 그 후 10여 년간 한국복음주의신학회 회원들의 개인 사정으로 활동이 거의 마비되어 있을 무렵, 해외에서 수학하고 귀국한 젊은 학자들끼리 자주 만나 복음주의신학 운동에 박차를 가하게 됨에 따라, 당시 회장직을 맡고 계시던 한철하 박사께서 발전적 해체를 허락하다. 1981년 11월 4일 오후 5시 30분, 서울 서대문 소재 아세아연합신학대학에서 '한국복음주의신학회 발기 총회'를 열다. 14명의 현직 신학 교수들이 모여 김명혁, 손봉호, 이종윤이 초안한 한국복음주의신학회 회칙 초안을 수정 통과시키고 임원을 선출하다. 회장: 한철하, 서기: 손봉호, 부회장: 오병세, 김명혁, 회 계: 이형기, 총무: 이종윤. 1983년 1월 9~11일 대전 유성에서 제 3회 신학 공동 발표회와 제 2회 정기총회를 가지다. 25명의 회원과 10여명의 참관자가 참석한 가운데 7편의 논문 발표와 토론 및 기도의 시간을 가지고 다음과 같이 임원을 선출하다. 회장: 한철하, 서기: 정규남, 부회장: 오병세, 정진황, 회계: 손봉호, 총무: 김명혁."

한국복음주의신학회는 회칙에서 그 목적을 다음과 같이 규정하고 있다. "① 성경적 복음주의신학을 정립한다. ② 건전한 신학연구를 위해 복음주의 신학 동지를 규합하며 아세아복음주의신학회(ATA) 및 세계의 복음주의신학회와 우호 관계를 유지한다. ③ 한국 및 온 세계 교회 안에 바른 생활 운동의 방향을 제시한다"(한국복음주의신학회 회칙 제 2조). 한국복음주의신학회는 그 설립 목적에 따라 국내적으로는 복음주의 신학교들을 중심으로 정기적으로 신학회를 개최하므로 복음주의신학 운동을 확산해 나갔고, 국제적으로는 아세아복음주의신학회(ATA) 및 세계의 복음주의신학회와 유대 관계를 유지하면서 복음주의신학 운동을 전개했다. 한국복음주의신학회는 신학회에서 발표한 논문들을 엮은 논문집『성경과 신학』을 그 동안 26권 출판하므로 복음주의신학운동을 실질적으로 폭넓게 펴 나아갔다.

한국복음주의신학회는 1982년 4월 15~17일, 충남 도고에서 제 1회 신학 공동 발표회를 가지고 15명의 회원이 참석하여 14편의 논문을 발표했다. 1982년 8월 23~9월 5일, 아세아연합신학대학 서대문 캠퍼스에서 '제 6회 아세아신학협의회'와 '제 3세계 신학자 대회'를 주관했다(주제: 우리의 처지에 있어서 성경과 신학). 한철하 박사가 아세아신학협의회(ATA) 회장으로 피선되었다. 1983년 5월 『성경과 신학』이라는 표제의 신학논문집 제 1집을 발간했다(편집인: 김명혁, 손봉호, 이종윤). 1983년 10월 28~29일, 온양 관광 호텔에서 제 2회 신학 공동 발표회를 가졌다. 24명의 회원이 참석한 가운에 이상훈 목사(서울신학대학 학장)와 박윤선 목사(합동신학원 원장)가 설교했고, 한철하 박사와 김명혁 박사가 "신학교육과 신본주의," "세계선교 동향과 복음주의 신학 운동의 진리"라는 주제로 각각 강의했다. 1983년 12월 26~31일, 대만에서 ATA 주관하에 "조상 문제에 대한 기독교적 응답"이란 주제의 신학 연구의 발표회에 한철하, 김명혁, 손봉호, 이종윤, 한영철, 맹용길 제씨가 참석하여 발표 및 토론했다. 1984년 6월 11일 아세아연합신학원에서 250여 명의 교역자와 신학생이 참석한 가운데 한국복음주의협의회와 한국복음주의신학회가 공동주최 하여 피터 바이어하우스 박사의 공개신학강좌(주제: 현대 선교신학의 동향과 복음주의신학의 방향)와 패널토의(강사: 한철하, 김명혁, 손봉호, 김세윤, 피터 바이어하우스 박사)를 개최했다. 1984년 11월 2~3일 부산 동방온천에서 제 4회 신학논문발표회를 가지고 30여 명의 회원이 참석하여 신학논문 7편을 발표하고, 부산 동래중앙교회에서 150여 명의 목회자들이 참석한 가운데 "민중신학에 대한 교역자 간담회"(주제 발표: 민중 신학에 나타난 신관–김명혁 교수, 응답: 전호진, 안봉호 교수)를 개최했다. 1984년 12월 『성경과 신학』 신학 논문집 제 2집을 발간했다(편집인: 김명혁, 손봉호, 이종윤, 이형기). 1985년 4월 5~6일, 전주대학교에서 제 5회 신학논문 발표회를 가졌고, 1985년 10월 18~19일, 아세아연합신학대학에서 제 6회 신학논문 발표회를 가졌고, 1986년 4월 4~5일, 서울신학대학에서 제 7회 신학논문 발표회를 가졌고, 1986년 10월 3~4일, 피어선신학교에서 제 8회 신학논문 발표회를 가졌고, 1987년 4월 3~4일, 유성에서 제 9회 신학논문 발표회를 가졌고, 1987년 10월 23~24일, 서울 반도유스호스

텔에서 제 10회 신학논문 발표회를 가졌다.

한국복음주의신학회는 해를 거듭할수록 참여자들이 증가되고 논문 발표도 다양해졌다. 1995년 10월 27~28일, 총신대학교 양지캠퍼스에서 "복음주의란 무엇인가"란 주제로 제 26회 논문발표회를 개최되었는데 16개 대학에서 177여명이 참여했다. 김의환 총장의 기조강연에 이어 황창기 교수(고신), 김중은 교수(장신), 나용화 교수(개신), 전호진 교수(아신) 등의 발표와 논평이 있었다. 1996년 4월 19~20일, 횃불선교센터에서 "현대 성령론 평가"란 주제로 제 27회 논문 발표회를 개최했는데 16개 대학에서 192여명이 참석했다. 차영배 교수(총신대)의 기조강연 후에 2차에 걸쳐 7분과별로 발표와 논평이 있었다. 1996년 10월 18~19일 성결대학교에서 "복음주의 신학의 최근 동향"이란 주제로 제 28회 신학 논문 발표회를 개최했는데 16개 대학에서 130여 여명이 참석했다. 김명혁 교수의 기조 강연 후 2차에 걸쳐 총 7개 분과별 발표, 논평이 있었다. 1999년 4월 23~24일 기독신학대학원대학교에서 "기독교와 장례문화"란 주제로 제 31회 신학 논문 발표회를 개최했는데 22개 대학에서 176여 여명이 참석했다. 송길원 목사의 주제 발표 후 2차에 걸쳐 총 8개 분과별 발표, 논평이 있었다.

한국복음주의신학회는 2년마다 총회를 열고 다음과 같이 임원진을 선출하여 신학회를 지도하게 했다. 1986년 제 3회 총회(회장: 한철하, 부회장: 신복윤, 총무: 전호진, 서기: 박형용). 1988년 4월 8일 제 4회 총회(회장: 김병원, 부회장: 박영희, 총무: 정규남, 서기: 오덕교). 1990년 4월 26~27일 제 5회 총회(회장: 전호진, 부회장: 조종남, 신성종, 총무: 박형용, 서기: 유광웅). 1992년 4월 24~25일 제 6회 총회(회장: 조종남, 부회장: 성기호, 한영철, 총무: 박형용, 서기: 김기홍). 1994년 4월 15~16일 제 7회 총회(회장: 한영철, 부회장: 성기호, 박형용 총무: 권성수, 서기: 정명현). 1996년 4월 19~20일 제 8회 총회(회장: 성기호, 부회장: 박형용, 김영한, 총무: 강창희, 서기: 김길성). 1998년 4월 24~25일 제 9회 총회(회장: 박형용, 부회장: 김영한, 한영태, 총무: 김길성,

서기: 원종천). 2000년 4월 21~22일 제10회 총회(회장: 김영한, 부회장: 한영태, 정규남, 총무: 김성영, 서기: 김재성).

한국복음주의신학회는 지금까지 30권의 신학 논문집『성경과 신학』을 발간했는데『성경과 신학』이 다룬 주제들을 열거하면 다음과 같다. 1권(1983년): "한국의 개혁주의적 복음주의 신학," "해방신학," "민중신학"; 2권(1984년): "현대 선교신학"; 3권(1986년): "한국 교회 신학," "독일신학," "현대교회의 성령이해"; 4권(1987년): "구원관," "목회자와 성화"; 5권(1987년): "성서 해석학; 6권(1988년): "예배에 대한 이해," "선교적 주제들"; 7권(1989년): "복음주의의 신학"; 8권(1990년): "복음주의신학과 사회 윤리"; 9권(1990년): "복음주의 성경관의 재조명"; 10권(1991년): "2천년대를 향한 한국 교회의 갱신," "한국 교회와 신학교육"; 11권(1992년): "그리스도의 유일성과 종교 다원화"; 12권(1992년): "한국 교회와 이단"; 13권(1993년): "종말론"; 14권(1993년): "하나님 나라와 교회"; 15권(1994년): "교회와 성령"; 16권(1994년): "교회의 사명과 한국 교회의 현 주소"; 17권(1996년): "번영 신학과 고통의 신학"; 18권(1995년): "인성교육"; 19권(1996년): "복음주의란 무엇인가?"; 20권(1996년): "현대 성령론"; 21권(1997년): "복음주의 신학의 최근 동향"; 22권(1997년): "21세기와 복음주의 신학교육"; 23권(1998년): "기독교 영성과 성화"; 24권(1998년): "21세기 교회와 예배의 갱신"; 25권(1999년): "신학과 윤리"; 26권(1999년): "기독교와 장례문화"; 27권(2000): "세기말과 기독교 종말론"; 28권(2000): "새 천년과 복음주의 신학의 과제"; 29권(2001): "복음주의 신학과 한국 교회"; 30권(2001): "서양신학을 향한 한국복음주의신학의 제언".

4. 강남지역연합신앙강좌

한국복음주의협의회와 한국복음주의신학회가 조직된 이듬해인 1982년 1월 두 협의회 조직의 준비역할을 했던 소장파 신학자겸 목회자 3인이(손봉호, 김명혁, 이종윤) 중심이 되고 강남지역의 다섯 교회가 연합하여 소위 "강남지역연합신앙강좌"를 개최하고 복음주의신앙운동을 조용하고 폭넓게 펴 나갔다. 제 1회 신앙강좌는 1982년 1월 21~23일 강변교회에서 "현대와 크리스찬의 삶"이란 주제로 개최되었는데 강남 지역의 다섯 목회자들인 서울영동교회의 손봉호 교수, 남서울 교회의 홍정길 목사, 할렐루야교회의 이종윤 목사, 사랑의 교회의 옥한흠, 강변 교회의 김명혁 목사와 아세아연합신학원의 한찰하 박사가 강의했다. 이들의 강의 주제는 "크리스찬의 사회관"(손봉호), "크리스찬의 가정관" (홍정길), "크리스찬의 재물관"(이종윤), "크리스찬의 직업관"(옥한흠), "크리스찬의 역사관"(김명혁), "크리스찬의 교회관"(한철하)이었다. "강남지역연합신앙강좌"의 두 가지 목적을 "강남지역연합신앙강좌" 제 1권의 편집인은 다음과 같이 기술했다. "신앙과 사상이 혼동된 현대 에 사는 크리스찬들에게 바른 신앙과 바른 삶의 지침을 제시하는 글들 이 되기를 바라며 아울러 개교회주의를 극복하는 연합운동의 작은 불 꽃이 되기를 바라는 것이다."

"강남지역연합신앙강좌"는 1982년부터 1989년에 이르기까지 다섯 교회를 번갈아 가며 12차례의 신앙강좌를 개최하며 다양한 주제의 강 의를 했고, 그 강의안들이 책으로 출판되었는데(제 1권은 성광문화사 에서 나머지 11권은 엠마오에서) 한 동안 베스트 셀러가 되기도 했다. "강남지역연합신앙강좌"가 비록 강남의 다섯 교회를 중심으로 이루어 진 조그마한 복음주의 연합 신앙운동이었으나 복음주의 연합 운동의 한 모델을 제시했다는 점에서 의의가 있다고 할 것이다. "강남지역연합 신앙강좌"의 주제와 내용들을 소개하면 다음과 같다. 1회: "현대와 크 리스찬의 삶"(1982. 1. 21~23, 강변교회); 2회: "현대와 크리스찬의 신 앙"(1982. 4 .22~24, 서울영동교회, 홍정길 "성경은 어떤 책인가?" 박윤 선 "하나님은 누구이신가?" 옥한흠 "예수는 누구이신가?" 손봉호 "나 는 누구인가?" 이종윤 "성령은 어떤 분인가?" 김명혁 "하나님의 나라 는 어떤 곳인가?"); 3회: "현대와 크리스찬의 사명"(1982. 7. 1~3, 남서 울교회, 손봉호 "그리스도인의 문화 창조," 박윤선 "그리스도인의 신학교육," 김명혁 "그리스도인의 봉사," 이종윤 "그리스도인의 선교," 홍정길 "그리스도인의 구제," 옥한흠 "그리스도인의 전도"); 4회: "한국교회의 종교개혁"(1982. 10. 28~30, 할렐루야교회, 김명혁 "종교개혁 그때와 오늘," 손봉호 "한국 교회 정치와 그 문제점," 홍정길 "바람직한 한국 교회의 설교," 전호진 "한국 교회의 신학교육의 문제점과 제언," 옥한흠 "한국 교회 부흥회, 무엇이 문제인가," 이종윤 "한국 교회 성장과 그 문제점, 기독교와 타종교간의 대화"); 5회: "현대교회와 성령운동"(1983. 3. 3~5, 사랑의교회, 손봉호 "성령 하나님," 이종윤 "성령과 기적," 박윤선 "성령과 예언," 김명혁 "성령과 악령," 홍정길 "성령과 성령세례," 옥한흠 "성령과 방언"); 6회: "현대교회와 결혼문제"(1983. 5. 12~14, 강변교회, 이종윤 "기독교의 결혼관," 옥한흠 "기독교의 독신관," 김명혁 "결혼 전의 이성교제," 손봉호 "현대청년과 배우자 선택," 홍정길 "현대와 이혼문제"); 7회: "현대교회와 봉사생활"(1983. 10. 13~15, 서울영동교회, 손봉호 "교회봉사," 이종윤 "연보생활," 옥한흠 "교회집회," 김명혁 "주일성수"); 8회: "한국 교회와 제사문제"(1984. 1. 12~14, 할렐루야교회, 이종윤 "조상숭배 문제에 대한 성경적 대답," 손봉호 "제사와 현대문화," 김명혁 "제사에 대한 역사적 이해" 옥한흠 "별세한 조상에 대한 실천적 이해," 맹용길 "효도와 제사"); 9회: "바람직한 교회형태"(1985. 5. 2~4, 사랑의교회, 이종윤 "성경에 나타난 교회 형태," 옥한흠 "교회의 순수성과 연합운동," 김명혁 "교회사에 나타난 교단운동과 독립교회 운동," 손봉호 "교단과 독립교회의 장단점," 홍정길 "교회 외 각 선교단체 운동의 장단점"); 10회: "현대와 크리스찬의 윤리"(1986. 5. 22~24, 남서울교회, 옥한흠 "크리스찬의 성 윤리," 손봉호 "크리스찬의 의학 윤리," 이종윤 "크리스찬의 직업 윤리," 김명혁 "크리스찬의 정치 윤리," 홍정길 "크리스찬의 생활 양식"); 11회: "현대교회와 국가"(1988. 3. 3~5, 강변교회, 옥한흠 "평신도의 정치참여," 김명혁 "교회사적 측면에서 본 교회와 국가," 이종윤 "성경에서 본 교회와 국가," 손봉호 "현대적 상황에서 본 교회와 국가"); 12회: "현대교회와 세

계선교”(1989. 1. 12~14, 서울영동교회, 김상복 “선교지로서의 세계현
황,” 이종윤 “아시아의 선교전망과 한국 교회의 신학적 사명,” 옥한흠
“한국 교회의 선교전략,” 김명혁 “복음주의 연합운동의 필요성,” 손봉
호 “한국 교회의 간접선교”).

5. 복음주의 연합운동들의 태동과 발전

한국복음주의 연합운동은 위에서 지적한 몇몇 모임과 단체들을 중
심으로 한국 교회 안에 확산되기 시작했으나 나중에는 선교를 중심으
로 한 연합단체인 한국세계선교협의회를 태동케 했고, 교단 중심적 연
합기관인 한국기독교총연합회가 태동하는 데 중요한 지도력을 제공했
으며, 목회 중심적 협의 기구인 한국기독교목회자협의회가 발족하는
데도 일부 영향을 미쳤다고 하겠다.

1) 한국세계선교협의회

1990년 6월 25일에 조직된 한국세계선교협의회의 전신은 1988년 1
월에 조직된 한국동반자선교협의회이다. 한국동반자선교협의회는
1988년 1월 18일 6개 교단의 선교지도자들이 소망교회당에서 모여 한
국 교회의 교회중심적, 자주적 및 동반자적 선교정책을 모색하고 협의
하기 위한 목적으로 조직된 협의체이다. 한국동반자선교협의회는 자문
위원에 정진경 목사, 회장에 곽선희 목사, 부회장에 전동식 목사, 총무
에 김명혁 목사, 협동총무에 류시홍, 전호진 목사 등을 선임했다.

한국세계선교협의회는 한국동반자선교협의회의 발전적 해체와
1988년 미국에서 조직된 한인세계선교협의회와의 긴밀한 연대로 1990
년 6월 25일 소망교회당에서 창립되었는데 “구체적이고 효과적인 세계
선교의 협력과 연합 사업을 추진”하기 위해서 조직되었다. 초대 회장에
곽선희 목사, 총무에 전호진 목사, 협동 총무에 김명혁 목사와 최기만
목사, 자문위원에 정진경 목사와 김준곤 목사가 선임됐다.

2) 한국기독교총연합회

한국기독교총연합회는 1989년 4월 28일 영락교회에서 한경직, 림인식, 임옥, 정진경 목사 등 복음주의적 교계의 지도자들이 중심이 되어 한국기독교교회협의회에 맞서는 복음주의적 기독교협의체를 만들기 위해서 조직한 연합기관이다. 설립 목적을 정관은 다음과 같이 규정하고 있다. "본 회는 성경과 신앙고백을 같이하는 개신교의 교단장과 연합기관, 단체의 장과 교계 원로 지도자들의 친교와 협력체제를 강화하고 각 교파, 교단의 독자성을 유지하면서 민족과 인류복음화 사업을 협력하여 연구 실천하며, 신앙의 자유와 전도의 자유가 보장되는 민주국가 체제와 한반도의 자주 평화통일을 위하여 범교단적 대책수립과 사회문제, 청년학생 선도문제, 배교적 이단문제 등 교회의 현실과 과제들을 공동으로 연구 협의하는 것을 목적으로 한다." 1대 대표회장에 박맹술 목사가, 2대 대표회장에 정진경 목사가, 3대 대표회장에 이성택 목사가, 4대 대표회장에 임옥 목사가, 5대 대표회장에 최훈 목사가, 6대 대표회장에 지덕 목사가, 7대 대표회장에 이만신 목사가 취임했다.

3) 한국기독교목회자협의회

1998년 11월에 조직된 한국기독교목회자협의회의 전신은 1993년 11월부터 12차례에 걸쳐 모인 "갱신과 일치를 위한 목회자 모임과 한국 교회의 방향 모색을 위한 모임"이었다고 하겠다. 복음주의라는 기치를 들고 모인 모임은 아니었으나 복음주의적 입장에서 바른 목회를 하려고 힘쓰는 소장 목회자들의 모임들이었다. 여기에 참여한 사람들은 박은조, 정주채, 이문식, 최일도, 김경원, 조성기, 김현배, 박철수, 방선기, 정근두, 조세제, 정태봉, 이성희, 손인웅, 홍순우, 유경재, 김명혁, 김종렬, 이기경, 정진경, 최해일, 김덕신, 김성진, 이봉성, 배윤동, 김상복, 신세원, 정영관, 김기수, 이정익, 한정석 목사 등이었다. "갱신과 일치를 위한 목회자 모임과 한국 교회의 방향 모색을 위한 모임"은 1997년 11월 한국장로교목회자협의회를 발족시켰고, 1998년 11월에는 한국기독교목회자협의회를 창립케 했다. 초대 회장에 옥한흠 목사, 상임총무에 조성기 목사, 서기에 배태덕 목사가 선임되었다. 한국기독교목회자협의회는 창립선언문에서 협의회의 설립 목적을 다음과 같이 밝혔다. "우리는 교회분열이라는 부끄러운 역사의 추를 성령의 도우심으로 그리스도의 몸된 '하나의 교회'로 되돌릴 것을 다짐한다. 우리는 '오직 믿음', '오직 말씀', '오직 은혜'로만의 역동적 신앙을 실천해 갈 것을 다짐한다. 우리는 불의의 사슬에 얽매인 현실 속에서 정의의 소리와 청빈의 삶으로 이웃과 하나님 앞에 우리를 헌신할 것을 다짐한다. 분단의 장벽을 허무는 통일을 위한 화해와 평화의 사도가 될 것을 다짐한다."

6. 맺는 말

지금까지 한국 교회 안에서 일어난 복음주의운동의 태동과 발전의 모습을 개관했다. 한국 교회 안에서 일어난 복음주의운동은 다양하고 유동적인 모습으로 나타났다고 하겠다. 신앙고백은 대체로 로잔언약에 나타난 복음주의 신앙고백을 받아드리고 있지만 복음주의 운동은 어떤 교회나 교단 또는 신학에 예속된 획일적 운동으로 나타나지 않았고 복음주의적 교회나 교단 또는 신학을 포괄하는 다양하고 유동적인 포괄적 신앙운동으로 나타났다.

한국복음주의 운동이 지향해 온 목적들을 열거하면 다음과 같다. 첫째, 신학와 신앙과 삶이 변질되어 가는 한국 교회 안에 바른 신학과 신앙 및 바른 생활운동을 펴 나가자는 개혁 및 갱신운동이었다. 둘째, 사분 오열된 한국 교회 안에 협력과 연합의 장을 마련해 보자는 연합운동이었다. 셋째, 세상과 사회에 대해서 무관심했던 한국 교회의 잘못을 반성하며 교회의 사회참여와 사회봉사의 책임을 다짐하는 사회 참여적 운동이었다. 넷째, 아세아 및 세계 복음주의 교회들과의 연대를 강화하는 국제적 신앙운동이었다.

복음주의운동은 지금도 필요하다. 각 교회나 교단의 특성을 그대로 인정하고 존중하면서 역사적 복음주의 신앙의 전통과 유산을 공유하면서 한국 교회 안에 갱신과 연합 운동을 보다 실질적으로 펴 나가는 것은 그 어느 때 보다도 필요하다. 그런데 문제는 지금 복음적 갱신과 연합운동을 주창하는 단체들이 너무 많고 경쟁적이라는 것이다. 정치성을 너무 띠기도 한다. 필자는 수년 전 한국 교회 50주년 행사를 준비하면서 한국복음주의협의와 한국기독교총연합회와의 통합은 물론 한국기독교교회협의회와의 통합을 위해서 일생 최대의 노력을 기울인 적이 있다. 그런데 그것이 거의 이루어질 무렵에 안타깝게 무산되고 말았다.

지금도 어느 복음주의 단체의 선언문은 오늘의 한국 교회가 "그리스도의 몸된 교회의 바른 모습보다는 양적 성장이나 대형화에 집착"하고 있음을 회개하고 "지배의 논리와 탐욕이 지배하고 있는 역사 속에서 섬김의 질서를 창조하는 데 앞장서려 한다"고 다짐하지만 과연 몇 사람의 복음주의 지도자들이 성장주의나 대형화주의를 지양하고 섬김의 모습을 실제로 나타내고 있는지를 물을 때 우리는 모두 부끄러운 대답을 할 수밖에 없다. 그럼에도 불구하고 우리는 실패했으면서도 몸부림을 치면서 우리의 실패를 극복하려고 안간힘을 쓰고 있는 것이다. 십 수년 전에 아세아 교회의 지도자 한 분이 이런 말을 한 적이 있다. "지금 우리에게 필요한 것은 야심이 없는 지도자입니다." 지금 우리에게 절실히 필요한 것은 성경적 복음주의운동이다. 그러나 그보다 더 필요 한 것은 복음에 사로잡힌 야심이 없는 지도자이다.

세계개혁교회와 한국장로교회의 신학

1. 세계개혁교회의 역사

1) 개혁교회의 기원과 발전

개혁교회(Reformed Church)란 그 기원적 측면에서 서술할 때 "쯔빙글리와 칼빈을 따르는 스위스의 독일교회와 프랑스교회"를 가리킨다.1) 쯔빙글리는 스위스의 독일인으로 인문주의 전통에 서서 전적으로 성경의 가르침과 강해에 근거한 개혁주의(Reformed) 종교 개혁운동을 일으켰고 그 곳에 개혁교회(Reformed Church)를 설립했다. 칼빈은 스위스의 프랑스인으로 제네바를 중심으로 하나님의 주권과 성경의 권위에 기초한 보다 체계적이고 보다 행동적인 개혁주의(Reformed) 종교 개혁운동을 일으켰고 그곳에 개혁교회(Reformed Church)를 세웠다. "그들은 루터주의를 다시 개혁한 것이다. 그들은 루터와 마찬가지로 로마와 투쟁했으나 많은 측면에서 루터보다 한 걸음 더 나아갔다. 따라서 'Reformed' 즉 '개혁' 또는 '개혁주의'란 용어가 종교개혁 운동을 다시 개혁한 운동을 지칭하는 적절한 용어라고 하겠다."2)

스위스의 개혁주의 종교개혁 운동과 개혁교회는 성경말씀에 따른 개혁을 철저하게 강조했고 성경의 원리를 교회생활에 엄격하게 적용했다. 스위스에서 일어난 개혁주의 운동은 그후 프랑스, 네덜란드, 독일,

---

1) Roland H. Bainton, *The Age of the Reformation* (Princeton: Van Nostrand, 1956), p. 39.

2) *Ibid.*

스코틀랜드, 영국, 미국 및 캐나다 등에 전파되었으며 19세기에 이르러 서는 세계 각국에 전파되었다.

프랑스에서는 카톨릭의 박해에도 불구하고 개혁교회가 1555년경 파리에서 조직된 후 빠른 속도로 다른 도시로 퍼져 나갔다.3) 1559년 파리에는 약 50개 개혁교회의 대표들이 모여 개혁교회의 신앙고백과 권징 조례를 채택했다. 교회정치에 관해서 그들은 제네바의 영향아래 있었다. "개혁교회는 신중하게 대의 정부구조를 택했다. 장로들과 집사들은 우선 교인들에 의해 선출되었고 그후 치리법원(consistory)에 의해 호선되었다. 장로들은 목사들과 함께 회중을 다스리는 지방치리법원의 구성원이 되었다. 목사와 한 장로가 노회(colloquy)에 참석했고 노회는 여러 회중들을 감독했다."4) 프랑스의 개혁교회는 수차에 걸친 박해로 제대로 성장하지 못했다. 1598년에 공포된 낭트칙령(Edict of Nontes)에 의해 개혁교회가 어느 정도의 자유를 누리기도 했으나, 1685년 이 칙령이 철회되자 프랑스의 개혁주의자들인 위그노들(Huguenots)은 뿔뿔이 흩어졌다. "프랑스 개혁교회의 힘은 이제 프랑스 바깥에 있었다. 국경의 경고에도 불구하고 약 40만의 추방당한 신앙인들이 화란, 독일, 영국, 스위스 등등의 다른 나라로 자기 길을 찾았다. 그들은 가는 곳마다 인격과 교육과 산업에서 값진 기여를 했다.5)

네덜란드의 종교개혁 운동은 루터나 칼빈의 개혁운동 훨씬 이전인 14, 15세기의 '공동생활 형제단'(Brethren of the Common Life)과 함께 시작되었다.6) 그러나 1520년경부터 쯔빙글리와 칼빈의 개혁주의가 영향을 미치기 시작하여 1566년에는 벨직 신앙고백(Beligic Confession)이 채택되었고 하이델베르그 교리문답(Heidelberg Catechism, 1563년)

---

3) John T. McNeill, 『칼빈주의 역사와 성격』, 정성구·양낙홍 공역 (서울: 크리스챤다이제스트, 1990), p. 280.
4) *Ibid.*, p. 281.
5) *Ibid.*, p. 289.
6) *Ibid.*, p. 291.

과 도르트 신조(Canons of Dort, 1619년)가 채택되므로 네덜란드 안에 개혁주의 운동과 개혁교회가 뿌리를 굳게 내렸다. 1619년 도르트 회의는 칼빈주의의 5대 교리인 전적 타락, 무조건적 선택, 제한 속죄, 불가항력적 은혜, 및 성도의 견인을 네덜란드 개혁교회의 중요 교리로 받아들였다.7)

독일과 동부유럽에 개혁주의가 들어온 것은 1560년대였다. 오토 헨리와 프레데릭 3세의 지도 아래 독일 팔라티나테에 개혁교회가 세워졌다. 프레테릭은 개혁주의 신학자들을 팔라티나테에 초청했는데 그들 가운데는 하델베르그 교리문답을 작성한 자카리아스 우르시누스도 있었다. 또 따른 개혁교회의 공동체들이 낫사우, 베젤, 브란덴부르그를 비롯한 독일 전역에 형성되었다.8)

스코틀랜드에 개혁주의가 소개된 것은 1530년대 이후 '개혁의 샛별'이라고 불리는 순교자 패트릭 하밀톤과 '개혁의 선구자'였던 순교자 조지 위셔트에 의해서였고 정식으로 뿌리내린 것은 1559년경 존 낙스(John Knox)에 의해서였다. 위셔트의 감화를 받아 개혁의 봉화를 들었던 낙스는 안드루성을 함락한 프랑스 함대에 붙잡혀 1547년 8월부터 19개월 동안 배의 노를 젓는 노예의 신세가 되었으나 1549년 4월 석방되어 영국에 가서 얼마동안 목회활동을 했고 매리여왕의 박해시 제네바에 가서 칼빈과 교제하며 그의 개혁사상을 배웠다. 1559년 스코틀랜드의 개신교 지도자들은 낙스를 초청했고 낙스는 초청에 응해 스코틀랜드로 돌아와 개혁운동을 전개했는데 1년 안에 그의 개혁운동은 기적적인 성공을 거두었다. 스코틀랜드의 개혁주의 운동의 특징은 민주주의적 개혁운동이었고 장로교적 개혁운동이었다.

영국에 개혁주의 종교개혁 운동이 영향을 미친 것은 에드워드 6세의 치세기간 중이었다. 캔터베리의 대주교 크렌머(Cranmer)에 의해서 주

---

7) *Ibid.*, p. 302.
8) John H. Leith, 『개혁주의란 무엇인가?』, 오창윤 옮김 (서울: 도서출판 풍만, 1989), p. 52.

로 작성된 "제 1기도서"(1549)와 "제 2기도서"(1552)는 개혁주의적 신앙과 예배의식을 많이 포함했으며 1552년에 제정된 "42개 신조"는 칼빈주의적 입장을 보다 분명히 나타내었다. 즉 이신칭의, 성경의 최고 권위 등을 분명히 표명했다. 특히 1563년 엘리자베스 여왕의 종교적 정착에 반대하여 일어난 청교도 운동은 하밀톤이 정의한 대로 "종교개혁의 개혁을 위한 운동"으로 개혁주의적 입장을 표명한 운동이었다. 존 딜렌버거는 청교도 운동의 특징을 "성경의 기초를 두고, 모든 생활의 영역에 표현된, 하나님 체험적 삶의 원리"라고 정의했다.9)

오늘의 미국 즉 신대륙에 정착한 청교도들은 개혁주의 전통의 종교적 신념에 근거하고 있었다. 청교도들의 삶의 목적은 하나님을 영화롭게 하는 것이었다. 미국의 교회사가 올스트롬은 미국 독립전쟁 시대에 미국주민의 3/4이 개혁주의 전통의 후예라고 지적했다. 랄프 패리는 칼빈주의적 개혁주의 전통이 후기 식민지 시대에 중요한 영향을 미쳤으며 미국정신의 형성에 크게 기여하였다고 지적했다.10) 개혁주의는 위그노들이 미국 동부 브라질 령에 정착하므로 미국에 처음으로 전해졌다. 위그노들은 그곳에서 1557년 개혁주의 형식의 예배를 드렸다. 버지니아에 정착한 사람들 중에는 열렬한 칼빈주의 신앙을 소유한 사람들이 있었다. 플리머스와 매사츄세츠도 개혁주의의 정착지가 되었다. 1646~1648년에 열린 캠브리지 회의는 뉴 잉글랜드의 청교도가 나아갈 방향을 설정했으며 몇 가지 수정을 거친 웨스트민스터 신앙고백이 채택되었다. 개혁주의 전통은 또한 1624년 뉴욕으로 이주하기 시작한 네덜란드 개혁주의자들에 의해 미국에 전해졌다. 네덜란드인들은 벨직 신조, 하이델베르그 요리문답, 도르트 신조 등 그들의 신앙고백적 문서들을 포함하는 칼빈주의 신학적 업적들을 가지고 미국에 이주하여 개혁주의 공동체를 이루어 나아갔다.11)

---

9) John Dillenberger, *Protestant Christianity* (New York: Charles Scribner's, 1954), pp. 99ff.

10) John H. Leith, *op. cit.*, p. 59.

　스코틀랜드인들도 1651년경 미국에 이주하므로 개혁주의 전통을 전래했고 팔라티나테와 스위스 등지에서 이주해 온 독일인들도 미국 안에 독일 개혁주의 교회를 설립했다.

　16세기의 개혁자들은 새로운 교회들을 세우려는 의도를 가지고 개혁운동을 일으킨 것은 아니었다. 그들의 목적은 세계교회의 갱신을 시도하는 데 있었다. 그러나 결과는 그들이 기대한 것과는 판이했다. 어느새 유럽대륙에는 루터주의 교회와 개혁주의 교회들이 존재하게 되었고 영국 교회는 로마교회에서 독립하여 독특한 교회로 존재하게 되었다.

　개혁주의 종교개혁자들은 개혁운동을 진행해 나아가면서 교회의 연합을 강조하기 시작했는데 특히 칼빈이 그러했다. 칼빈은 런던의 크랜머(Cranmer) 대주교에게 보낸 유명한 서한에서 교회의 불일치는 그 시대가 범하고 있는 커다란 죄악들 가운데 하나라고 선언했다. "이 시대의 가장 큰 사건들 중의 하나는 교회들이 서로 아주 멀리 분리되어 있는 것입니다. 교회들 간에는 현세적이거나 인간적인 교제가 이루어지지 않고 있습니다. 그리스도의 몸이 찢어져 조각나 있습니다. 신자들이 분리되어 있기 때문입니다. 나 개인에 관해서 말하면, 만약 내가 조금이라도 사용 될 수 있는 길이 있다면, '교회 연합의' 목적을 이루기 위해 열 개의 바다라도 쾌히 건너갈 것입니다. 지금 우리들의 목적이 모든 선한 지도자들의 마음을 하나로 합하는 것이므로 성경의 법칙에 따라 분리된 교회들을 하나로 만들기 위해서는 여하한 노력이나 수고도 아끼지 않아야 할 것입니다."12)

　프라더반드가 지적한 대로 이와 같은 연합의 이념은 스코틀랜드의 교회의 "제 2치리서"(1580) 안에도 분명히 나타나 있었다. "이 세상에

---

11) *Ibid.*, pp. 60~62.

12) Jules Bonnet. ed. , *Letters of John Calvin*(Phila.: Presbyterian Board of Pub., 1858) 2:348 (Letters to Cranmer, April 1552). Marcel Pradervand, *A Century of Service: A History of the World Alliance of Reformed Churches* 1875~1975 (Edinburgh: Saint Andrew Press, 1975), p. 3.

는 보다 광범위한 종류의 총회가 있는데 그것은 그리스도의 우주적 교회를 대표하는 것으로 모든 나라와 계급의 교회들로 구성되어 있는 것이다. 그리고 이 모임은 총회 또는 하나님의 모든 교회의 총협의회라고 부를 수 있다.13)

그러나 칼빈이나 '제 2치리서' 저자들의 비전이 그대로 실현되지 못했다. 루터교회, 개혁교회, 앵글리칸교회, 침례교회 등 서로간의 분열들은 물론 개혁교회들 간의 분열이 종교개혁 후 150여 년 동안 거듭해서 발생했다. 프랑스의 개혁교회는 1685년 낭트칙령의 철회로 박해를 받아 소수의 무리들로 남아 오던 중 19세기 중엽 교리논쟁으로 분열되어 1849년 프랑스 복음주의 자유교회 협의회가 조직되었다. 네덜란드의 개혁교회도 교리논쟁으로 19세기 중엽부터 수 차례의 분열을 경험했다. 스위스의 개혁교회도 프랑스와 네덜란드와 마찬가지로 19세기 중엽부터 수 차례의 분열을 거듭했다. 스코틀랜드의 개혁교회도 예외는 아니었다. 18, 19세기 스코틀랜드 교회의 역사는 분열과 분파가 거듭된 슬픈 역사였다. 18세기에 여러 차례의 분열이 있었고, 1843년대 분열로 인해 스코틀랜드 자유교회가 설립되었다. 영국에서는 1836년 장로교회가 설립되었고, 1876년에는 연합장로교회가 설립되었다. 미국의 개혁교회도 수 차례의 분열을 거듭했으나 1810년 쿰벌랜드 장로교회가 형성되었고, 1837년에는 미국장로교회 신 학파와 미국장로교회 구 학파가 분열되었다. 1861년 노예논쟁으로 남부에 미국 연방 장로교회가 새로 형성되기도 했다.14)

2) 세계개혁교회 연맹의 기원

19세기 중엽에 이르러 세계개혁교회의 지도자들은 칼빈의 이념에 따라 세계개혁교회들이 연합을 이루어야 할 필요를 느끼며 연합을 실현하기 위한 노력을 경주했다. 그 결과 1846년 복음주의 연맹(Evange-

---

13) Marcel Pradervand, *A Century of Service,* pp. 3~4.
14) *Ibid.,* pp. 4~11.

lical Alliance)이 조직되었는데 그것은 다시 1875년 "세계개혁교회연맹"(World Alliance of Reformed Churches)을 태동케 했다.15)

　몇몇 장로교회 지도자들이 장로교회들 간의 세계적 협의체를 조직할 때가 되었다는 생각을 표명했다. 그와 같은 생각을 표명한 사람들 중에는 스코틀랜드 자유교회의 목사요 뉴 칼리지의 교수인 맥그레고르(Macgregor)가 있었는데 그는 1868년 「프레스비테리안」에 실린 그의 글 "우리의 장로교 왕국"에서 다음과 같이 그의 의사를 표명했다. "장로교의 표준을 견지하는 장로교인들이 5년, 10년, 또는 20년마다 에딘버러와 런던과 뉴욕에서 번갈아 가며 모이는 장로교 연합회를 만드는 것이 바람직하다. 그러나 지교회들은 현지의 상황에 따라 자기의 독자성을 유지하며 연합회의 결정을 받아들이는 데 있어서는 그리스도 아래서의 독립적 판단을 행사하며 완전히 자유로워야 할 것이다."16)

　스코틀랜드 자유교회의 목사요 퀸즈 칼리지의 교수인 제임스 매코쉬(James McCosh) 목사도 같은 의사를 자주 표명하곤 했다. 1870년 미국 필라델피아에서 미국 장로교(Presbyterian Church in the USA) 총회가 모였는데 매코쉬 박사는 총회에서 행한 설교에서 범 장로교 협의회(Pan-Presbyterian Council)를 조직할 것을 제안했고, 1872년 다시 그의 "외국 땅에서의 장로교"라는 글에서 그의 의사를 다음과 같이 표명했다. "모든 장로교 교회들의 대표들이 참석하는 범 장로교 협의회를 조직하는 것이 나의 오랫동안의 소원이다. …… 물론 교리적인 기초가 있어야 하나 새로운 신조나 신앙고백을 만들 필요는 없다. 개교회는 각자의 표준을 유지하게 하되 구원에 관한 중심적인 진리들만 받아들이게 하므로 협의회에 가입하게 하면 된다. …… 교회질서에 관해서도 어떤 원리가 있어야 한다. …… 개교회들의 자유를 방해하지 않으면서 협의회는 복음전파의 사역을 온 세상에 펴 나아 갈 수 있다. 그리고 각 지역을 할당하되 하나의 교회가 있으므로 족한 곳에 두 교회를 세우

---

15) *Ibid.*, p. 12.
16) *Ibid.*, pp. 12~13.

는 일을 금하고 한 곳에 두 개의 선교단체를 설립하는 일을 금해야 할
것이다. 이렇게 하므로 교회의 자원이 낭비되는 것을 방지할 수 있고
교회의 힘을 큰 사역에 집중시킬 수 있다.”17)

매코쉬 목사의 제안에 전적으로 동의하며 세계장로교회 간의 협의
체 구성을 위해 괄목할 만한 노력을 경주한 사람이 스코틀랜드 자유교
회의 목사요 뉴 칼리지의 교수인 윌리암 블레이키(William Blaikie)였
다. 그는 미국과 캐나다 그리고 스코틀랜드 각지를 여행하며 세계의
모든 장로교회들로 구성된 하나의 협의체를 구성할 것을 제안했다. 그
리고 이 장로교회 협의체는 분파주의를 조성해서는 안 되고 최종적으
로 “모든 복음주의 교회들의 연합적 모임”(a federal gathering of all
the evangelical churches, whether presbyterian or not)이 되어야 한다
고 부언했다.18)

1873년 가을 복음주의 연맹(Evangelical Alliance) 총회가 뉴욕에서
모였을 때 미국 장로교 총회의 한 위원회 주최로 목회자들과 평신도들
로 구성된 중요한 모임이 있었는데 그 모임은 “세계 각국 장로교회들로
구성된 세계장로교 총협의회”(General Council of the Presbyterian
Churches in various lands)를 조직하기로 합의하고 협의회 조직을 위
한 위원회를 구성했다. 매코쉬 목사를 위원장으로 삼은 위원회는 장로
교 총협의회의 목적을 다음과 같이 기술했다. 첫째, 협의회는 세계에
장로교회의 본질적 일치를 나타내되 장로교회가 다양성을 내포한 하나
의 커다란 가족임을 나타낸다. 둘째, 협의회는 약한 교회들과 어려움을
당하는 교회들을 돕고 강화하되 그들이 큰 몸의 지체들임을 나타낸다.
셋째, 개 교회들의 자유를 방해하지 않으면서 협의회는 복음전파의 사
역을 온 세상에 펴 나아간다. 그리고 각 지역을 할당하되 하나의 교회
가 있으므로 족한 곳에 두 교회를 세우는 일을 금하고 한 곳에 두 개의
선교단체를 설립하는 일을 금한다. 이렇게 하므로 교회의 자원이 절약

---

17) *Ibid.*, pp. 13~14.
18) *Ibid.*, p. 14.

되고 교회의 힘을 큰 사역에 집중시킬 수 있다.[19]

　세계개혁교회 연맹 조직의 선구적 역할을 한 매코쉬 목사와 블레이키 목사는 세계개혁교회 연맹이 세력단체가 되어서는 안 되고 주님을 더 잘 섬기게 하고 복음전파의 선교과업을 보다 잘 수행하게 하는 협의체가 되어야 한다고 주장하곤 했다. 매코쉬 목사는 1875년 6월 17일 다음과 같은 편지를 썼다. "이 운동이 교회적이 되기보다는 복음전파적이 되기를 바랍니다. 이 협의회는 교회들을 명령하는 세력을 행사해서는 안 됩니다. 우리의 힘은 도덕적이고 설득적이어야 합니다. 우리는 모여서 말만 하는 단체가 되어서는 안 됩니다."[20]

3) 세계개혁교회 연맹의 창립

　세계개혁교회 연맹 창립을 위한 준비 모임이 1875년 7월 21일 런던에서 모였다. 미국과 유럽의 22개 장로교회와 개혁교회의 대표 64명이 이틀 동안 함께 모여 연맹의 헌장 초안을 작성했다. 3조항으로 된 짧은 헌장은 다음과 같은 서문으로 시작되었다. "이 연맹을 창설하면서 장로교회들은 다른 교회들과의 우호관계를 바꾸려고 하지 않고 오히려 그들과 협력하여 개혁주의 신앙고백이 지키고 가르치는 일반적 원리에 근거하여 주님의 사역을 발전시키려고 한다. 개혁주의 신앙고백은 땅 위에 있는 하나님의 교회가 많은 신자들로 구성되어 있지만 성령의 교통 안에서 하나의 몸임을 가르치고 그리스도가 그 몸의 머리이며 성경만이 무오한 법칙임을 가르친다." 그리고 연맹의 이름을 우선 "장로교 체제를 견지하는 세계에 흩어져 있는 개혁교회들의 연맹"이라고 했다. 연맹 가입의 조건을 제 2조에서 다음과 같이 규정했다. "신앙과 도덕에 있어서 신구약 성경의 절대권위를 받아들이는 장로교 원리 위에 서 있고 그리고 개혁주의 신앙고백들과 조화되는 신조를 가지고 있는 교회는 이 연맹에 가입할 수 있다." 연맹의 목적은 제 3조에서 다음과 같이

---

19) *Ibid.*, pp. 15~17.
20) *Ibid.*, pp. 18~19.

규정했다. "연맹은 교회들 특히 약하고 박해를 받는 교회들의 복지를 추구한다. 연맹은 복음화, 특히 세계 복음화 사역에 직접 관련되어 있는 모든 교회들을 돕는다."[21] 그리고 1876년 7월 4일 영국에서 제 1차 총회를 개최하기로 합의하고 폐회했다.

그러나 여러 가지 사정으로 세계개혁교회 연맹의 제 1차 총회가 1877년 6월 3일 스코틀랜드의 에딘버러에서 개최되었다. 1875년 런던 모임에는 유럽, 미국, 캐나다에서 22개의 장로교회와 개혁교회가 참석한데 비해 1877년 제 1차 총회에는 27개의 새로운 장로교회와 개혁교회들이 참석하여 도합 49개의 장로교 및 개혁교회가 참석하게 되었다. 새로 참석한 교회들 중에는 러시아 개혁교회, 남아프리카 개혁교회, 호주 장로교회, 뉴질랜드 장로교회, 세일론 장로교회 등이 있었다. 에딘버러 대학의 교수 로버트 플린트 목사는 요한복음 17:20~21을 본문으로 삼은 개회예배의 설교를 통해 하나님의 왕국을 온 세상에 전파하기 위해서는 세계의 개혁교회들이 그 정신과 목적에 있어서 하나가 되어야 한다고 호소했다.[22]

총회가 다룬 중요한 문제는 "개혁주의 신앙고백의 일치"(Consensus of Reformed Confessions)를 어떻게 규정하느냐 하는 것이었다. 뉴욕에서 온 필립 샤프(Phillip Schaff) 교수가 그 문제를 다루었다. 샤프 교수는 "교회의 살아있는 신앙을 증언하고 다양한 종류의 개혁교회들을 하나로 묶는 새로운 에큐메니칼적인 신앙고백"을 채택할 것을 제안했다. 그리고 그 신앙고백은 "참으로 복음적이어야 하고 카톨릭적이어야 하며…… 만약 약화시키는 것이 되면 그것은 불행한 것이 될 것이라"고 부언했다. 스코틀랜드의 제이 씨 허드만 (J. C. Herdman) 목사도 비슷한 발언을 했다. "우리는 보다 넓은 협력을 희생하면서 장로교적 협력만을 증진하기를 바라는 것은 아니다. 우리는 무엇보다 먼저 크리스찬들이다. 장로교인이라는 것은 이차적이다." 결국 총회는 이 신앙고

---

21) *Ibid.*, pp. 22~23.
22) *Ibid.*, pp. 26~27.

백 문제를 연구하여 차기 총회에 보고할 위원회를 조직했다.23)

총회는 또한 해외선교를 중요한 과제로 다루었다. 선교지에 있는 개혁교회들이 실제적인 협력을 증진해야 한다고 강조했다. 그러나 장로교회들 간의 협력만을 증진할 것이 아니라 세계에서 사역하는 다른 교파의 모든 동역자들과도 협력해야 한다고 지적했다. 총회는 선교지에서의 협력 뿐 아니라 토착교회의 설립에 대해서도 적극적인 관심을 기울였다. 에딘버러의 토마스 스미스(Thomas Smith)는 다음과 같이 주장했다. "우리는 우리의 선교 사역을 수행할 때 가능한 한 빨리 외국의 도움으로부터 독립한 토착교회를 설립하려는 목적을 가져야 한다." 미국의 데이비드 잉글리스(David Inglis)는 이렇게 말했다. "선교사들은 이방에서 스코트 교회나 영국 교회나 아이리쉬 교회나 미국 교회를 세우려고 해서는 안 된다. 그 대신 철저하게 성경적이고 현지의 상황으로부터의 특수한 발전을 취하는 훌륭한 교회를 설립해야 한다."24)

한 주간 동안 계속된 총회는 런던의 오스왈드 다이크스(Oswald Dykes) 목사의 폐회설교로 마쳤다. 그는 개혁교회들 간의 보다 광범위한 연합과 진정한 영적 삶의 필요성을 강조했다. "이와 같은 총회는 우리들의 열망을 만족시키기에는 너무나 좁다. 칼빈이 수많은 바다를 건너서라도 이루기를 소원했던 그 위대한 소망을 성취하기에는 너무나 좁다." "교회가 존재하는 목적은 보다 깊은 영적인 삶을 위해서이다. 거룩하고 고상한 목적들을 위해서 성별된 개인적 삶을 살기 위해서이다. 하나님의 양식을 먹으며 사는 삶, 그리고 그리스도께서 그것을 위해서 죽으신 삶은 단순히 회의들을 함으로 얻어지는 것도 아니고 연맹들이나 심지어 교회들에 의해서 얻어지는 것도 아니다. 교회주의는 내적 생명을 양육하는 대신 죽인다. 하늘로부터 오는 거룩한 불꽃이 계속해서 불붙게 되는 곳은 다른 곳이다. 그곳은 거룩한 골방이요, 우리 주님의 십자가 발 밑이다. 형제들이여 서로 기도하자."25)

---

23) *Ibid.*, pp. 28~29.
24) *Ibid.*, pp. 29~30.

4) 세계개혁교회 연맹의 발전

세계개혁교회 연맹은 1877년 창립 총회 이후 연맹 태동의 선구자였
던 윌리암 블레이키(William Blaikie)에 의해 계속 발전되었다. 블레이
키는 1879년 1월 「카톨릭 프레스비테리안」(*Catholic Presbyterian*)이
란 잡지를 창간하며 연맹의 정신과 목적을 이어갔다. 블레이키는 창간
사설에서 "카톨릭 장로교주의가 배타적 장로교주의가 되어서는 안 된
다"고 지적하며 "장로교 연맹은 그와 같은 배타주의를 배격한다"고 강
조했다. 「카톨릭 프레스비테리안」(*Catholic Presbyterian*) 창간호는
또한 이태리의 가난한 교회들을 돕는 구제의 필요성을 강조했고, 제
2권에서는 선교의 문제를 다루면서 선교지에 세워진 대부분의 교회들
이 현지에 토착화되지 않은 이질적인 교회로 남아있다고 지적했다. 그
리고 선교지에 세워진 교회들의 토착화의 필요성을 역설했다.[26]

세계개혁교회 연맹의 제 2차 총회가 1880년 9월 미국 필라델피아에
서 12일 동안 22명의 정회원과 80명의 준회원이 참석한 가운데 개최되
었다. "개혁주의 신앙고백의 일치"에 대해서 다시 논의했으나 모든 개
혁교회들이 받아들일 수 있는 하나의 신앙고백을 채택하지 않았고 또
다시 새 위원회를 선정하여 차기 총회에 보고토록 했다. 2차 총회도
선교지에서의 협력의 필요성을 강조했고 약한 교회들을 돕는 구제의
필요성도 강조했다. 사회문제에 대해서도 깊은 관심을 표명했는데 블
레이키는 그의 보고서에서 "복음은 개인의 구원을 위한 것 뿐 아니라
사회의 중생을 위한 것이다"라고 지적했다. 2차 총회는 또한 교회와
총회가 가장 필요로 하는 것이 성령의 부으심을 받는 것임을 지적했다.
뉴욕의 에드윈 핫트필드(Edwin F. Hatfield) 목사는 다음과 같이 설교
했다. "교회의 가장 큰 필요는 모든 성도들 위에 성령의 부으심이 임하
는 것이다. 이 장로교 연맹의 가장 큰 필요는 첫 오순절 날 예루살렘에
모였던 첫 그리스도인 모임 위에 임했던 것과 같은 성령 세례이다. 만

---

25) *Ibid.*, p. 32.
26) *Ibid.*, pp. 34~36.

약 여기 모인 사람들이 성령으로 새롭게 세례를 받아 하늘의 은사를 가지고 각기 고국으로 돌아가 하나님의 일을 부흥시키려는 불붙는 소원과 뜨거운 열심을 그들의 교회 가운데 불붙일 수 있다면 이 총회는 교회 역사에서 가장 기억할 만한 총회가 될 것이다.”27)

세계개혁교회 연맹의 제 3차 총회가 1884년 6월 아일랜드의 벨화스트에서 250명의 대표들이 참석한 가운데 개최되었다. 3차 총회도 “개혁주의 신앙고백의 일치”를 규정하고 채택하는 문제에 대해서 논의했으나 결국 채택하지 않기로 했다. 하나의 새로운 개혁주의 신앙고백의 채택이 불필요한 논쟁을 초래하고 일치와 연합을 저해할 것이라는 우려에서 그렇게 한 것 같다. 3차 총회 역시 해외선교의 협력과 유럽의 연약한 교회들을 돕는 구제의 필요성을 강조했고 선교지에 세워지는 교회를 가능한 한 빨리 토착화해야 함을 거듭해서 지적했다.28) 연맹의 기관지인 「카톨릭 프레스비테리안」(*Catholic Presbyterian*)는 1883년 폐간되었다가 1886년 「쿼털리 레지스터」(Quarterly Register)란 이름으로 창간되었는데 블레이키가 계속 편집인으로 일했다.

세계개혁교회 연맹의 제 4차 총회가 1888년 7월 런던에서 개최되었다. 4차 총회는 이전과 마찬가지로 선교지에 있어서의 협력의 필요성을 강조했고 사회적 문제에 대한 관심을 표명했다. 그리고 개혁교회들의 예배가 너무 차고 메마르다는 점도 지적했다. 예배가 너무 긴 독백으로 이어지고 설교자 개인의 위치만이 두드러짐을 지적했고, 성만찬이 예배의 실제적인 중심이 되어야 함을 지적했다. 4차 총회는 오랫동안 지연되어 오던 연맹의 총무로 조지 디 마튜(George D. Mathews) 목사를 선출했고 회장으로 블레이키(W. Blaikie) 박사를 선출했다.29)

세계개혁교회 연맹의 제 5차 총회는 1892년 9월 토론토에서, 제 6차 총회는 1896년 6월 스코틀랜드의 글래스고에서, 제 7차 총회는 1899년

---

27) *Ibid.*, pp. 36~40.
28) *Ibid.*, pp. 42~46.
29) *Ibid.*, pp. 49~53.

9월 워싱톤 디시에서 각각 개최되었다. 제 7차 총회는 이전 총회들과 마찬가지로 선교지에서의 협력사역과 본국 교회들과의 관계를 중점적으로 다루었고 사회적 문제에 대해서도 깊은 관심을 표명했다. 연맹의 총무 마튜 박사는 새로운 세기를 맞는 연맹의 사역이 보다 광범위하고 보다 미래적이 되어야 한다고 지적했다. "이 세상이 요구하는 사람은 한 세기 전의 정신과 삶에서 태어나서 자란 사람이 아니라 새로 오는 세기에 속한 사람이다. 즉, 교회를 새로운 활동들로 이끌고 갈 사람이다." 뉴욕의 이비 코우(E. B. Coe) 목사는 사회적 문제를 다음과 같이 지적했다. 지금이야말로 기독교와 사회주의의 적대관계를 청산하여야 할 때이다. 교회는 일반 대중이 보다 나은 경제적 및 산업적 조건들을 획득하기 위해서 힘쓰는 노력에 적극적인 관심을 표명하므로 일반 대중의 신뢰를 회복해야 한다. 교회는 가난한 자들이 속임을 당하고 짓밟힘을 당하는 불의한 방법들을 두려움이 없이 진실하게 책망해야 한다. 교회는 신약의 교리뿐 아니라 윤리도 강요해야만 한다.30)

세계개혁교회 연맹의 제 8차 총회가 20세기에 들어서서 1904년 6월 리버풀에서 개최되었고, 제 9차 총회는 1909년 6월 뉴욕에서 개최되었다. 제 9차 총회는 칼빈에 관한 발표들이 많았는데 다음과 같은 주제들의 발표가 있었다. "존 칼빈과 그의 삶의 두드러진 특징," "칼빈과 종교개혁," "성경의 강해자 칼빈," "칼빈과 교리적 체계," "칼빈과 교회정치," "칼빈과 기독교 사역," "칼빈과 그의 윤리적 체계," "칼빈과 세르베투스의 경우," "신학자 칼빈," "칼빈주의와 자유," "오늘의 세계에 있어서의 칼빈의 영향," "칼빈주의의 세계적 사명" 등이 그것이다.31)

마튜 박사는 여전히 선교지에서의 경쟁을 지양해야 한다고 강조했다. "개혁교회는 전도사역에 대한 열망을 빙자하여 개혁교회가 이미 존재하고 있는 곳에 들어갈 도덕적인 권리를 가지지 않는다." 총회는 선교에 대한 낙관적인 견해를 피력하면서 "이 세기가 계속적인 발전과

---

30) *Ibid.*, p. 66.
31) *Ibid.*, pp. 85~86.

위대한 선교사역의 세기가 될 것이라는 충분한 증거들이 있다"고 지적했다. 총회는 또한 콩고에서 범해지는 인권유린과 로마니아에서 행해지고 있는 유대인들에 대한 억압 그리고 아르메니아에서 자행된 학살에 대한 깊은 관심과 우려를 표명하며 이와 같은 불의를 즉각 중단할 것을 촉구했다.32)

세계개혁교회 연맹은 제 10차 총회를 1913년 스코틀랜드의 아버딘에서 개최한 후 거의 매 3, 4년마다 총회를 개최했다. 세계개혁교회 연맹은 제 1차 세계대전을 치른 후 1920년대에 들어서면서 보다 폭넓은 연합을 시도했다. 사실 연맹은 그 시작부터 개혁교회들 간의 연합을 시도하면서도 다른 교회들을 반대하는 하나의 블록을 만들려고 하지는 않았다. 연맹은 아프리카와 아세아의 교회들에 대한 관심도 나타냈다. 특히 그 당시 한국의 장로교회가 일본의 탄압으로 고통을 당하는 데 대해 깊은 관심을 표명했다. 1920년 4월 1일에 모였던 연맹의 한 위원회는 "한국의 상황이 연맹의 행동을 요청한다"고 지적했다. 연맹의 기관지인 「쿼털리 레지스터」 1920년 5월호는 다음과 같이 기록했다. "그들 '일본 군대들'이 서울과 평양 등 큰 도시에서 한 일들은 아주 나쁜 일들이었고 극도의 잔혹한 행위들이 시골 마을들에서 자행되었다. 한 예를 들면, 모든 신자들이 시골 교회당에 끌려왔다. 문이 잠겨지고 사람들은 총에 맞아 쓰러졌다. 그리고 교회당이 불태워졌다."33)

"새로운 시작"을 시도한 제 16차 총회가 1948년 제네바에서 개최되었고, 제 20차 총회는 1970년 케냐의 나이로비에서 개최되었는데, 나이로비 총회에서 국제 회중교회 연합회(International Congregational Council)와 세계개혁교회 연맹이 공식적으로 합병하여 "세계개혁교회 연맹(장로교회와 회중교회)"이 생겼다. 두 단체의 대표들은 말씀과 성찬 예배에 함께 참예한 후 다음과 같은 협약에 조인했다. "성경 안에 주어진 하나님의 말씀을 신앙과 삶의 궁극적 권위로 받아들이고, 예수

---

32) *Ibid.*, pp. 86~87.
33) *Ibid.*, pp. 113~114.

그리스도가 교회의 머리되심을 인정하며, 모든 교회와의 교제를 기뻐하는, 지구의 모든 구석에 있는 우리 개혁교회, 장로교회, 및 회중교회 대표들은, 모든 일에 있어서 그리스도의 마음을 추구할 것과, 그의 복음을 함께 증거할 것과, 세계 안에서 그의 목적을 수종할 것과 그리고 그가 우리에게 맡기시는 과업을 보다 잘 수행하기 위해 오늘부터 세계개혁교회연맹을 조직할 것을 함께 서약한다. 주님께서 우리들로 하여금 당신께와 우리 동료들에게 충성하도록 도와주시옵소서, 아멘."[34)

세계개혁교회 연맹(장로교 및 회중교)의 제 22차 총회는 1989년 8월 15~26일 한국의 서울에서 개최되었다. 175개의 회원교회들로부터 282명의 정식 대표들이 참석했는데 그들 중 60%는 아시아와 아프리카와 중남미와 태평양 지역에서 왔으며 그 외 수백 명의 참관자들이 참석했다. 총회는 여전히 선교와 연합의 문제를 중점적으로 다루었고 동시에 신앙고백의 문제와 정의 평화 및 창조 질서의 문제 그리고 한국의 통일 문제들이 다루어졌다. 연맹의 총무로 19년 동안 봉사한 에드먼드 페레트(Edmond Perret) 박사는 그의 마지막 총무보고에서 연맹이 이제 새로 태어나는 모습으로 그 사명을 감당해야 한다고 주장했다.

"모든 회원교회들이 지구상의 문제들이 급증하는 상황에서 자기의 한계를 보다 심각하게 인식하고 있기 때문에 지금이야말로 세계개혁교회 연맹이 아마 새로 태어나고 있다고 말할 수 있을 것이다. …… 오늘의 우리 교회들은 복음주의적 카톨릭주의(evangelical catholicity)가 무엇을 의미하는지 깊이 연구해야 한다. …… 복음주의적 카톨릭주의가 우리 교회들의 뿌리가 되어야한다. 복음주의적 카톨릭주의는 16세기 개혁교회들에게 공통적인 목적을 제공했고 19세기 선교운동에는 활력을 제공했으며 그것은 오늘에 와서 세계개혁교회 연맹을 새로 태어나게 할 수 있는 것이다."[35)

---

34) *Ibid.*, p. 229.
35) Edmond Perret, *Seoul 1989: Proceedings of the 22nd General Council of the World Alliance of Reformed Churches(Presbyterian and Congregational)*

5) OPC, CRC의 조직

(1) CRC의 조직

기독교 개혁교회(Christian Reformed Church)는 1857년 미국 미시간 주에 있던 화란개혁교회(Dutch Reformed Church)로부터 분리하여 조직된 개혁교회로 처음에는 "참 화란 개혁교회"(True Holland Reformed Church)라고 불렀으나 1890년부터 "기독교 개혁교회"(Christian Reformed Church)라고 부르기 시작했다. CRC는 역사적 칼빈주의 신조들인 하이델베르그 신조, 도르트 신조, 벨직 신앙고백 등을 철저하게 받아들이며 엄격한 기독교적 삶을 강조했다. 교회정치는 장로교적 정치 형태를 채택했고 기독교 및 신학교육을 강조했는데 칼빈대학과 칼빈신학교를 통해 교육을 실시했다.

(2) OPC의 조직

미국 정통장로교회(Orthodox Presbyterian Church)는 프린스턴신학교의 신약교수였던 그래샴 메이첸(J. Gresham Machen) 박사가 1923년 『기독교와 자유주의』(*Christianity and Liberalism*)란 책을 저술하여 자유주의 신학이 기독교가 아님을 밝히고 프린스턴신학교를 나와 1929년 필라델피아에 웨스트민스터신학교(Westminster Theological Seminary)를 설립하므로 시작된 정통적인 개혁교회인데, 1936년 "정통장로교" 교단으로 조직되었다. 미국장로교회(Presbyterian Church, USA)에서 분리된 교회라고 하겠다.

2. 세계개혁교회의 신학

개혁주의 신학 및 개혁교회의 신학을 몇 가지 항목으로 요약하여 기술하는 것은 거의 불가능하다고 하겠다. 위에서 고찰한 대로 개혁주의 신학 및 개혁교회의 신학이 역사적으로 다양하게 발전했기 때문이

(Geneva: WARC, 1990), pp. 104~105.

다. 그럼에도 불구하고 개혁주의 신학 및 개혁교회 신학의 중요한 특징들을 고찰하며 요약해 보는 것은 유익하고 의미 있는 일이라고 하겠다.

1) 프레드 클루스터(Fred Klooster) 교수의 정의

미국 칼빈 신학교 교수 클루스터 교수는 1978년 1월 6일 세계개혁교회연맹 신학위원회에 제출한 논문 "개혁신학의 독특성"(the uniqueness of reformed theology)에서 개혁신학이란 한마디로 "성경적 원리"라고 결론을 내렸다. "그러면 개혁신학의 독특성은 무엇인가? 나에게 강요된 결론은 그것은 '성경적 원리'라는 것이다. 개혁교회의 독특성, 개혁주의 신앙고백들의 독특성, 그리고 개혁신학의 독특성은 한마디로 성경적 원리에 대한 충성이라고 하겠다."[36] 클루스터 교수는 다시 '성경적 원리'에 충실하다는 말은 '성경만'(sola scriptura)의 원리뿐 아니라 '성경전부'(tota scriptura)의 원리를 함께 받아들이는 것이라고 부언했다. "나의 결론은 이렇다. 개혁신학의 독특성은 성경적 원리 즉 성경만과 성경전부의 원리에 있다는 것이다."[37]

2) 세계개혁교회의 정의

세계개혁교회 연맹은 창립 때부터 하나의 신조나 신앙고백을 채택하지 않았다. 창립 당시의 헌장은 그저 "개혁주의 신앙고백이 가르치는 일반적 원리에 근거하여 주님의 사역을 발전시키려고 한다"고 기술했다. 연맹 가입의 조건을 "신앙과 도덕에 있어서 신구약 성경의 절대 권위를 받아들이는 장로교 원리 위에 서 있고 그리고 개혁주의 신앙고백들과 조화되는 신조를 가지고 있는 교회는 이 연맹에 가입할 수 있다"고 규정했다. 제 1차 총회가 다룬 중요한 문제가 "개혁주의 신앙고백의 일치"(consensus of reformed confessions)를 어떻게 규정하느냐

---

36) Fred Klooster, "The Uniqueness of Reformed Theology," *Calvin Theological Journal*. Vol. 14, No.1 (1979): 39.
37) *Ibid.*, p. 51.

하는 것이었는데 2차, 3차 총회로 연기하다가 결국 채택하지 않았다.

연맹이 처음부터 받아들인 또 하나의 신학적 입장은 "복음적이고 카톨릭적"이라는 것이었다. 필립 샤프(Philip Schaff) 교수는 "교회의 살아 있는 신앙을 증언하고 다양한 종류의 개혁교회들을 하나로 묶는 새로운 에큐메니칼적인 신앙고백"을 채택할 것을 제안했는데 그 신앙고백은 "참으로 복음적이어야 하고 카톨릭적이어야 한다"고 지적했다. 제 22차 총회때 에드먼드 페레트(Edmond Perret) 총무도 "복음주의적 카톨릭주의가 우리 교회들의 뿌리가 되어야 한다"고 주장했다.

1959년 상 파울로에서 모였던 제 18차 총회는 개혁주의 전통의 가장 두드러진 특징의 하나가 "개혁교회는 항상 개혁된다."(*ecclesia reformata semper est reformanda*)라는 말에 정확히 표현되어 있다고 지적하면서 이 원리가 연맹의 모든 운동의 운영 및 결정요소가 될 수 있다고 표현했다.[38]

연맹의 신학위원회 총무인 리차드 스미스(Richard Smith)는 1973년 「리폼드 월드」(*Reformed World*)에 기고한 "세계개혁교회 연맹의 신학적 사역과 에큐메니칼 상황"(The theological work of the WARC and ecumenical context)이란 글에서 세계개혁교회 연맹이 하나의 개혁주의적 신학 진술을 채택할 필요가 없다고 주장하며 개혁신학의 특징은 항상 개혁되는 것이라고 지적했다. "현대의 신학적 다원주의 시대에서 하나의 신앙 진술은 더 이상 자기를 밝히는 신학적 명패가 될 수 없다. 우리는 이제 우리가 이미 의식적이든 무의식적이든 뒤에 남겨둔 어떤 전통적인 개혁주의적 입장들을 되살리므로 해답을 얻으려고 하는 유혹을 거부해야만 한다. 우리 정체에 대한 질문은 이제 역할과 목적이라는 기능적 숙어로 바꾸어져야 한다. 우리 개혁주의 전통의 지속적인 요소는 '항상 개혁된다'(*semper reformanda*)라는 말에 가장 잘 표현되어 있다. 그것은 순례도상에 있는 백성들의 불가피한 투쟁이다."[39]

---

38) Marcel Pradervand, *op. cit.*, p. 255.
39) *Ibid.*, p. 268.

결국 세계개혁교회 연맹은 본래부터 세계개혁교회들 간의 연합과 선교사역의 협력을 목적으로 조직된 연합체이기 때문에 어떤 개혁주의적 신학 진술을 채택하는 대신 총회 때마다 그 당시의 교회들이 부딪치는 신학적 문제들을 주제로 다루곤 했다.

3) 루카스 비셔(Lukas Vischer)의 정의

베른 대학교의 교수이며 세계개혁교회 연맹 신학위원회의 위원장인 루카스 비셔는 1986년 8월 제네바에서 신학위원회의 주최로 모인 "오늘의 신앙고백"(Confessing the Faith Today)신학 협의회에서 "최근의 개혁주의 신앙고백"(Recent Reformed Confessions of Faith)이라는 제목의 논문을 발표했는데 이 논문에서 현대 세계개혁교회의 신앙고백 또는 신학의 특징들을 다음과 같이 기술했다.[40]

비서 교수는 지난 30여 년 동안 세계의 개혁교회들이 16세기와 17세기에 만들어진 개혁주의 신앙고백들을 그대로 따르면서도 자기 교회의 신앙고백들을 오늘의 처지에 맞도록 새롭게 만들고 있다고 지적했다. 그것은 오늘의 교회가 처한 정치, 사회, 선교적 상황이 새로워졌기 때문이라고 지적했다. 그럼에도 불구하고 오늘의 세계개혁교회의 신앙고백 또는 신학이 공통적 특징들을 지니고 있는데 그것은 다음과 같은 것들이라고 기술했다.

첫째, 그리스도와 역사 안에 나타난 '하나님의 구원 사역'을 강조한다. 새로운 신앙 고백들의 하나의 공통적 특징은 인류역사에 나타난 하나님의 구원에 대한 깊은 관심을 표명한 것이다. 따라서 신앙고백들은 예수 그리스도 안에서 인간이 되신 하나님께서 인류역사 안에 들어오셨고 예수의 삶과 죽음과 부활 안에 계셨던 것처럼, 오늘날 역사 안에서 우리와 함께 하시되 그의 왕국이 최종적으로 도래하는 그 날까지 함께 하심을 진술하고 있다.

---

40) Lukas Vischer, *Towards a Common Testimony* (Geneva: John Knox International Reformed Center, 1986), pp. 31~45.

둘째, 신앙을 교훈적 또는 교리적으로 진술하기보다는 '찬양'의 형식으로 고백한다. 그 주요 이유는 그리스도와 성령의 능력 안에 나타난 하나님의 구원 역사가 우리가 신학적으로 충분히 이해할 수 없는 하나의 신비임을 인식하기 때문이다.

셋째, 교회가 처한 구체적인 상황 안에서 '오늘'의 신앙을 고백한다. 그것은 "개혁교회는 항상 개혁된다"는 개혁주의 신학원리에 근거한다. 개혁교회의 신앙고백은 항상 부분적으로 신앙고백 행위의 '카이로스'(Kairos)에 의해서 결정된다.

넷째, 과거 신앙고백들에 나타난 주제들을 그대로 '계승하지 않는다.' 예를 들어, 과거 개혁주의 신앙고백에서 중요한 문제로 다루어졌던 예정론을 오늘의 개혁교회 신앙고백들이 그대로 다루지 않는다는 것이다. 물론 새로운 신앙고백들이 '예정론'이란 말을 그대로 사용하는 경우가 있지만 새로운 의미로 사용한다는 것이다. 그 이유는 오늘의 교회들이 물론 구원 사역에 있어서의 하나님의 절대 주권을 받아들이지만 그의 선택과 유기에 대해서 너무 많이 안다고 주장하는 것을 피하려고 하기 때문이라고 비서 교수는 설명했다. 그리고 또 하나의 이유는 오늘의 신앙고백의 관심이 그리스도 안에서의 하나님의 구원이 인간의 역사 안에서 어떻게 이루어지며 이 과정에서 교회의 역할이 무엇인가라는 질문들에 있기 때문이라고 했다.

다섯째, '성경만'이란 주제를 '새롭게 접근한다.' 오늘의 개혁 교회들이 '성경만'이라는 개혁주의원리를 그대로 받아들이고 성경이 신앙과 생활의 유일한 기초요 표준이라고 주장하며 따라서 교회는 항상 성경의 증언에게로 돌아가서 성경으로부터 다시 시작해야 한다고 고백하지만 그럼에도 불구하고 성경에 대한 인식과 접근을 새롭게 한다. 새로운 이해와 접근이란 첫째로 성경의 역사적 성격을 강조해야 하고, 둘째로 교회가 오늘의 상황에서 성경을 새롭게 해석해야 한다는 것이다.

여섯째, 교회를 중요한 주제로 다루되 교회의 '선교적 과업'을 강조한다. 교회는 복음을 세상에 증거하기 위해서 부름을 받았다. 선교적 과제는 무엇보다 먼저 복음을 선포하므로 성취되지만 평화와 공의를 위한 헌신을 포함한다.

일곱째, 오늘의 대부분의 개혁교회들의 에큐메니칼 운동에 참여하는 것을 지지한다. 새로운 신앙고백들은 다른 신학전통들과의 차이를 강조하므로 분명한 경계를 짓는 것을 삼간다.

4) 알라스데어 헤론(Alasdair Heron)의 정의

독일 에아랑겐 대학의 개혁신학교수인 알라스데어 헤론 교수는 1986년 8월 제네바에서 세계개혁교회 연맹 신학위원회의 주최로 모인 "오늘의 신앙고백"(Confessing the Faith Today) 신학 협의회에서 "개혁교회 가족 안에서의 신앙고백적 연속성"(Confessional Continuity in the Reformed Family of Churches)이라는 제목의 논문을 발표했는데, 이 논문에서 현대 세계개혁교회들은 16, 17세기의 개혁주의 신앙고백들을 그대로 이어받고 있다고 지적하며 그 신학의 특징들을 다음과 같이 기술했다.[41]

헤론 교수는 오늘의 대부분의 앵글로 색슨계 장로교회들이 가장 귀중히 여기는 신앙고백과 교육문서는 웨스트민스터 신앙고백과 하이델베르그 신조라고 지적하며, 16세기로부터 20세기에 이르는 개혁주의 신앙고백들 안에 계속적으로 나타나는 가장 중요한 하나의 주제는 하나님의 영광을 드러내는 것과 예수 그리스도와 성령의 능력을 통해서 인간들을 하나님의 자녀로 부르는 것이라고 요약했다.[42] 헤론 교수는 오늘의 개혁교회들이 계속해서 고백하고 있는 개혁신학의 특징들을 다음과 같이 기술했다.

첫째, 하나님이 세계와 역사를 통치하고 있음을 믿고 고백하고 예배한다. 하나님은 세계를 주관하되 그의 섭리와 선함과 자비가 정해 놓은

---

41) *Ibid.*, pp. 117~133.
42) *Ibid.*, pp. 119~121.

목적에 따라 통치한다. 세상에서 일어나는 악한 것도 하나님의 손안에 있고 그의 영광을 나타내는 도구로 그리고 궁극적으로는 피조물의 선을 이루는 도구로 사용한다.

둘째, 예수 그리스도가 아버지에게 영광을 돌리는 주님이고, 그 안에서 모든 인류를 위한 아버지의 은혜로운 선한 뜻이 실현되고 설립되고 그리고 알려졌음을 고백하고 증언하고 선포한다. 인류의 죄에 대한 하나님의 결정적인 거부가 골고다의 십자가 위에서 단번에 나타났다. 즉 예수 그리스도는 모든 인류를 위해서 죽었고 그 안에서 이루어진 화목은 과거와 현재와 미래의 모든 시대의 모든 인류를 위한 것이 되었다.

셋째, 개혁주의 전통은 우리가 한편으로는 신구약 성경에 매여 있고 다른 한편으로는 하나님의 성령의 생기를 불어넣고 조명하는 능력에 매여 있음을 고백한다. 예수 그리스도의 교회는 하나님의 말씀으로 인해서 사는데 성경 말씀을 듣지 않는 교회는 이미 개혁교회가 아니다.

넷째, 16세기의 개혁주의적 종교개혁자들은 새로운 교회를 세우려고 하지 않고 기독교 신앙과 가르침과 실천의 진정한 전통을 회복하려고 하며 초대교회 교부들로부터 배우려고 했다. 헤론 교수는 오늘의 개혁교회들도 과거의 신앙전통들을 귀하게 여기며 그것들로부터 배워야 한다고 주장했다. "오늘의 제 1, 제 2, 제 3세계의 신학과 신앙고백을 개혁주의적으로 만드는 본질적인 것은 옛날의 개혁주의 전통이 주장하던 것을 유지하는 것이다. 즉 사람이 사는 최고의 목적은 하나님을 영화롭게 하고 그를 영원토록 즐거워한다고 고백하고, 우리는 세상에서 하나님 앞에서 청지기의 사명을 다하도록 부름을 받았음을 고백하며, 우리의 가장 고상한 열망들과 성취들도 허물 투성이라는 사실을 고백하는 것이다. 사회와 정치와 경제와 과학은 변할 수 있고 변한다. 그리고 사람이 살아가는 조건과 환경들도 변한다. 그러나 우리는 우리들의 조상들과 같은 인간성을 지니고 있다. 이와 같은 의미에서 신앙고백의 계속성에 대해 관심을 가지는 것이 결코 사치도 아니고 일종의 도피도 아니며 오늘과 내일의 세상에서 책임을 다하며 살려는 필요한 표현이다."43)

5) 싱클레어 퍼거슨(Sinclair Ferguson)의 정의

미국 웨스트민스터신학교의 객원교수인 싱클레어 퍼거슨 교수는 1990년 11월 5~6일 서울에서 개최된 "제 2회 정암신학강좌"에서 발표한 "개혁주의 신학과 개혁주의 삶의 방식"이란 논문에서 개혁주의 신학과 삶의 특징을 창조주 및 구속주 하나님을 믿고 그 믿음으로 사는 것이라고 규정했다.44)

퍼거슨 교수는 개혁주의 신학이 차디찬 학구적인 것이 아니고 가슴이 뜨겁게 하는 신지식에 관한 것이라고 지적했다. 칼빈은 신학대전을 쓰지 않았고 경건대전을 썼다고 지적하며 칼빈의 개인적인 모토는 "나는 내 가슴(심장)을 즐거이 그리고 신실하게 당신께 바칩니다"였다고 강조했다.

칼빈의 『기독교 강요』에 나타난 중심 주제는 신지식(神知識)이었다. 그리고 그 신지식이 우리 생활에 어떻게 영향을 주며 우리 생활을 어떻게 변형시키느냐 였다. 하나님을 아는 것이 개혁주의 신학에 포함되어 있으며 우리 자신과 우리가 살고 있는 세상을 아는 것이 개혁주의적 삶의 방식이다. 하나님을 안다는 것이 무엇을 포함하고 있는가? 칼빈은 신지식의 이중성을 말한다. 신지식의 이중성은 창조주로서의 하나님과 구속주로서의 하나님을 뜻한다.

하나님은 모든 것의 창조주이시다. 보이는 것과 보이지 않는 모든 것이 그로부터 왔으며 그의 작품임을 전시한다. 하늘이 그의 영광을 선포한다. 창조 세계는 하나님의 친필 서명을 가지고 있으며 그의 속성을 계시하고 있다. 사람은 하나님의 형상과 모양으로 만들어졌고 그럼

---

43) *Ibid.*, p. 129.
44) Sinclair Ferguson, "개혁주의 신학과 개혁주의적 삶의 방식," 「신학정론」, 제 8권 2호(1990, 12): 354~389.

으로 사람 자신이 하나님으로부터 온 계시이다.

하나님은 또한 인류의 구속주이시다. 인간은 범죄함으로 창조에 나타난 하나님의 일반계시를 거부했고 하나님의 성품을 왜곡시켰고 그의 말씀을 거절했다. 타락한 인간은 왜곡되고 황폐된 피조물이 되었다. 타락의 지적인 결과는 인간이 자연계시를 통해서 하나님을 보지 못하게 된 것이다.

그래서 하나님께서는 자연의 책에 첨부하여 성경책을 우리에게 주셨다고 칼빈이 말했다. 우리의 마음을 깨끗케 하고 우리에게 영적 조명을 주시는 성령의 사역도 아울러 주셨다. 성경에는 권위가 있을 뿐 아니라 충족의 속성도 소유하고 있다. 그러나 성경자체는 인간을 구원하지 못한다. 하나님과의 교제로 우리를 회복시키는 것은 그리스도의 구속사역이다. 그리스도는 성육신 때에 우리들의 육체를 취하셔서 갈보리의 십자가상에서 우리들의 자리를 취하셨다. 십자가상에서 우리들의 죄책과 심판을 대신 져주셨다. 하나님은 우리들에게 특별계시와 그리스도를 주셨고 그것과 더불어 우리들의 회복을 위해 그의 성령으로 우리 속에서 역사 하시게 했다. 하나님이 우리 속에서 중생을 이루신 것이다. 그것은 한마디로 우리를 예수 그리스도에게 연합시키는 사역이다.

퍼거슨은 개혁주의 신학의 특징을 다음과 같이 다시 한 번 요약했다. "개혁주의 신학은 하나님을 안다는 것이 우리들의 가장 위대한 특권임을 상기시켜 주고 우리들의 가장 위대한 소명임을 상기시켜 준다. 개혁주의 신학은 우리가 하나님 자신의 선하신 계시를 배척한 사실에 대해 비난하고, 또한 성경이 신적으로 주신 안경으로서 성경을 통해 이 세상에서 하나님과 하나님의 사역의 방법을 알 수 있게 된다고 성경의 중요성을 강조한다. 개혁주의 신학은 성령의 중생 시키는 사역과 조명하시는 사역을 말한다. 개혁주의 신학은 이 세상이 하나님의 영광만을 위해 있다는 것을 상기시키고(*Soli Deo gloria*), 구원이 하나님의 은혜로만 가능함을 상기시키며(*Sola gratia*), 하나님이 성경만을 통해 우리에게 알려지시며(*Sola Scriptura*), 의에 이르는 길은 믿음에 의해서만 임을 상기시키며(*Sola Fide*), 그리고 이 모든 것이 그리스도 안에서만 가능함을 상기시킨다(*Sola Christo*)."[45]

6) 리차드 왓슨(Richard Watson)의 정의

미국 장로교회(Presbyterian Church in America)에 속한 목사이며 미국 개혁신학교(Reformed Theological Seminary)의 부학장인 리차드 왓슨 박사는 1993년 기독교 학술원에서 개최한 신학 심포지엄에서 발표한 "미국의 개혁신학"이란 논문에서 미국 개혁신학의 범위와 특징을 다음과 같이 기술했다.[46]

왓슨 교수는 우선 성경의 가르침과 웨스트민스터 신앙고백의 교리를 믿는 미국의 개혁 교회들을 미국 개혁교회(Reformed Church in America), 기독교 개혁교회(Christian Reformed Church), 정통 장로교회(Orthodox Presbyterian Church), 연합 개혁장로교회(the Associate Reformed Presbyterian Church), 북미 개혁장로교회(the Reformed Presbyterian Church of North America), 복음주의 장로교회(Evangelical Presbyterian Church), 그리고 미국 장로교회(Presbyterian Church in America) 등이라고 규정했다.

왓슨 교수는 미국 개혁신학의 특성을 은혜의 교리들을 믿고 전하는 것이라고 다음과 같이 기술했다. "개혁신학이란 무엇인가? 가장 단순하고 가장 중요한 정의는 개혁신학은 값없는 은혜의 교리들의 체계라고 할 수 있다. 하나님은 절대적인 주권자로 이해된다. 자연 상태의 인간은 전적으로 부패되어 있다고 간주된다. 칭의는 하나님의 값없는 은혜의 사역이다."[47] 왓슨 교수는 결론에서 개혁교회가 주력해야 할 일이 값없는 은혜의 복음을 온 세계에 전파하는 것이라고 강조했다. "개

---

45) *Ibid.*, p. 370.
46) Richard Watson, 『현대세계 개혁신학의 현황과 그 문제점』 (서울: 기독교 학술원, 1993) pp. 135~146.
47) *Ibid.*, pp. 135~136.

혁교회가 해야 할 일 오직 한 가지는 값없는 은혜의 복음을 온 세계에 전파하는 것이다. 보다 정확히 말하자면 값없는 은혜의 복음을 온 세계에 전달하는 것이다. 우리의 신학교들이 성경 내용과 주석과 조직신학을 가르치는 것으로 충분하지 못하다. 우리는 학생들이 그들의 복음 전달의 가장 좋은 은사들을 개발하도록 도와야 한다. 설교학은 우리 대부분이 경시해온 과목들 중의 하나이다. 왜 개혁신학교가 최근 교과 과정을 개정했는지 의아하게 여기는 사람이 있을 것이다. 졸업생들이 은혜의 복음에 유능한 전달자가 되지 못한다는 사실을 인정하는 것이 필요하기 때문에 교과과정이 개정되었다. 20세기는 우리가 원하는 만큼 개혁교회들에서 비롯되는 대 각성을 아직 보지 못했다.[48]

7) 김의환 박사의 정의

미국의 대표적인 보수적 개혁주의 신학교인 칼빈신학교와 웨스트민스터신학교에서 수학한 후 미국 기독교 개혁교회(Christian Reformed Church)와 한국의 합동측 장로교회에서 목회 및 신학교육 사역에 종사한 김의환 박사는 1993년 기독교 학술원에서 개최한 신학 심포지엄에서 발표한 "미국 개혁신학의 문제점"이란 논문에서 미국의 보수적 개혁주의 신학의 특징들을 다음과 같이 기술했다.[49]

김의환 박사는 미국의 대표적 보수적 개혁주의 교회와 신학교를 미국 개혁교회(Christian Reformed Church)와 정통 장로교회(Orthodox Presbyterian Church), 그리고 웨스트민스터신학교와 칼빈신학교라고 규정한 후 이 두 교회 및 신학교를 대표하는 루이스 벌코프(Louis Berkhof)와 코넬리우스 반틸(Cornelius Van Til)의 입장을 들어 그 특성을 기술했다.

"정통 장로교회에 있어서는 개혁신학이 성경의 권위와 웨스트민스터 신앙고백에 대한 철저한 신봉을 의미하며 미국 개혁교회에 있어서

---

48) *Ibid.*, pp. 144~145.
49) *Ibid.*

는 삶 전체 속에서 하나님의 주권을 인정하는 포괄적 신학으로 받아들여지고 있다." 김의환 박사는 벌코프의 개혁신학의 특징과 과제가 "성령의 인도에 따라 성경에 계시된 진리들을 포괄적으로 취급하여 논리적으로 재구성하는 일"이고 "교회에 소속하여 교회와 함께 신앙고백을 나누는 일"이며 그리고 "사회 개혁을 위하여 어떻게 책임 있는 사회 참여를 하여야 할 것을 가르치는 일"이라고 지적했다. "교회가 책임져야 할 역할에 대하여 개인 구원의 복음과 타계적 복음 전파 이상의 사회에 대한 교회적 책임을 촉구하였다. 교회는 성도의 영적 교제뿐만 아니라 하나의 조직체로서 사회 개혁의 간접적 영향력을 행사하여야 할 의무가 있다고 보았다." 김의환 박사는 반틸의 개혁신학의 특징을 "성경이 제시하는 하나님이 모든 사고의 출발과 근거가 되어야 함을 주장하는 전제주의적 신론"이며 "인간의 모든 지식은 하나님의 계시에 의존할 뿐이다"는 기독교적 인식론 또는 성경적 권위주의라고 지적했다.

김의환 박사는 보수적 개혁주의 신학의 특징을 지적한 후 그 약점들을 다음과 같이 기술했다. 벌코프의 개혁신학은 개혁주의 전통을 중시하고 기존 신학의 변호와 보수에 치우친 결과 개혁신학의 특징인 개혁적 및 창의적 발전을 결여했으며 성령론을 균형있게 그리고 충분히 취급하지 못했다고 평가했다. 또한 반틸의 개혁신학은 지나치게 성경적 권위주의에 표본이라고 비난을 받기도 하지만 칼빈적인 계시주의를 따른 점에서 보다 철저한 개혁주의 변증가로 높이 평가하여야 한다고 지적했다. 그럼에도 불구하고 반틸의 개혁신학과 미국의 보수적 개혁 신학은 "성령의 계속적이며 자유로운 역사의 결과로서 나타나는 기사와 이적의 신학적인 의미를 과소평가"하는 문제점과 "시기상조적 조기 이탈과 교회 분열"의 문제점 "예정론의 잘못된 이해에서 비롯한 전도 열심의 결여와 교회 성장 둔화"의 문제점 그리고 "지구촌적 비전결여"의 문제점들을 내포하고 있다고 지적했다.

8) 김영한 박사의 정의

자신을 항상 개혁 신학자로 내세우며 활발한 개혁신학 작업을 계속하고 있는 김영한 박사는 그의 저서 『현대신학과 개혁신학』에서 개혁신학의 특징을 기술했다.[50]

김영한 박사는 우선 역사적 개혁주의 정신의 핵심을 "중세 로마 카톨릭 교회가 교회 제도와 전통과 기구의 권위에 치중함으로써 상실했던 하나님 말씀의 권위를 다시 회복하며, 하나님의 신 되신 주권을 그의 교회와 역사 속에서 인정하자는 데 있었다"고 지적하며 "개혁교회는 (하나님 말씀의 궤도를 따라) 언제나 계속 개혁해 가는 교회이다."라고 강조했다. 그리고 그 개혁신학의 특징을 7가지로 기술했다.[51]

첫째, "개혁신학사상은 무엇보다도 하나님이 절대적인 주권을 지니고 있으며, 그에게 영광을 돌리는 것을 그 근본 특징으로 한다." "이 하나님의 주권적 은총은 나 개인에게만 해당하는 것을 넘어서서 우주적 차원을 지니고 있다. 이 주권적 의지는 우주의 전 영역과 역사와 영원 속에 역사 한다."

둘째, "개혁신학은 하나님의 영원한 선택 사상을 시인한다. 하나님의 선택, 하나님의 예정과 섭리를 인정한다. 예정은 개인의 궁극적인 운명에 대한 하나님의 선결정(先決定)을 주로 말하는데 비해서, 선택이란 이스라엘이나 교회의 선택을 지시하는 더 넓은 의미이다. 섭리란 하나님이 그의 권능과 그의 의지에 따라서 전 창조를 보전하고 지배한다는 교리이다."

셋째, "개혁신학사상은 인간의 책임성을 강조한다. 개혁신학사상은 숙명론을 말하지 않고 죄에 대한 인간의 책임성을 강조한다."

---

50) 김영한, 『현대신학과 개혁신학』 (서울: 한국기독교사상 연구소, 1990).
51) *Ibid.*, pp. 297~359.

넷째, "개혁신학사상은 신구약 성경을 신앙과 사고와 행위의 최고 규범과 권위가 되는 살아 있는 하나님의 말씀으로 받아들인다. 칼빈은 성경이 신적 기원을 가졌다고 말한다. 칼빈은 성경을 마치 하나님의 살아 있는 말씀들이 하늘에서 내려온 것처럼 여겨야 한다고 말한다. 칼빈은 이 성경의 신적 기원과 메시지 파악을 위해서는 성령의 내적 증거가 있어야 함을 강조한다."

다섯째, "개혁신학사상은 하나님의 주권적 은총과 말씀 중심의 신학을 추구하기 때문에 교리적 명료성과 순수성을 추구한다. 칼빈은 신학을 함에 있어서 경건이 필수 불가결한 것이라고 피력하였다."

여섯째, "개혁신학은 성령의 신학이다. 개혁신학은 교리에 얽매인, 메마르며 성령의 역사를 간과하는 지성주의적이고 주지주의적인 신학으로 일반적으로 알려져 왔다. 이러한 이해는 칼빈의 전통에서 떠나 역사적 과정에서 변질된 개혁사상을 일컫는 것이다. 칼빈에게 있어서 신앙이란 처음부터 끝까지 성령의 역사에 의거한 것이었다."

일곱째, "개혁신학사상은 하나님의 주권적 은총신앙에서 출발해서 궁극적으로 이 하나님의 주권적 의지를 이 세상의 모든 삶의 영역 속에서 구현하여 이 세상이 하나님 영광의 처소가 되도록 하고자 한다."
김영한 박사는 그의 저서 다른 곳에서 현대 신학 속에서 개혁신학의 나아갈 방향 세 가지를 제시했다. "첫째, 개혁신학은 모든 신학의 근본 원리인 '오로지 성경' 사상을 재발견해야 한다. 둘째, 개혁신학은 현대 신학의 신학사적인 공헌인 메시지와 상황을 연결하는 상관관계의 방법론을 활성화시켜야 한다. 셋째, 개혁신학은 성경적 메시지와 현대 상황 사이의 대화를 통해서 상황연관적인 교의학, 곧 변혁적 문화신학을 정립할 수 있어야 한다."[52]

9) 필자의 정의

필자는 역사적 개혁주의 신학의 특징을 다섯 가지로 기술한 일이 있다.53) 여기서 그 내용을 요약해서 다시 기술한다.54)

개혁교회 또는 사상을 좁은 의미로 정의한다면, 루터교회 또는 루터의 신학사상을 보다 철저히 하나님의 말씀에 근거하여 개혁하려고 시도했던 칼빈과 쯔빙글리의 교회 또는 신학사상을 가리킨다. 그러나 보다 넓은 의미로 이해할 때는 칼빈과 쯔빙글리를 비롯하여 화란과 스코틀랜드 그리고 영국과 미국의 청교도까지 포함하는 종교개혁 전통에 굳게 서 있는 교회와 사상을 가리킨다고 하겠다. 여기서는 개혁사상을 주로 칼빈의 신학사상으로 이해하며 서술하려고 한다.

첫째, "하나님 중심적 신학사상이다. 루터의 신학적 관심이 주로 '진노하시는 하나님으로부터 어떻게 죄의 용서를 얻으며 구원을 받을까' 하는 구원론에서 출발했다면, 칼빈의 신학적인 관심은 구원받은 성도가 어떻게 하나님께 영광을 돌릴 수 있을까 하는 성화론에서 출발했다고 하겠다. 그러므로 루터의 종착점은 칼빈에게는 출발점이었다. 칼빈은 말하기를 '인간의 궁극적인 목적은 하나님을 알고 그의 존재를 인정하는 것'이라고 했다. 칼빈에게 하나님은 하늘 보좌 위에 높이 앉으셔서 시간과 역사를 주관하시는 절대자였다. 칼빈에게 하나님은 인간이나 세상과 구별되는 초월자이시면서도, 동시에 인간들과 세상 가운데서 일하시면서 당신의 기쁘신 뜻을 따라 섭리하시고 임재하여 활동하시는 내재자였다."

둘째, "성경 중심적 신학사상이다. 칼빈은 주장하기를 성경은 그리스

---

52) *Ibid.*, p. 508.
53) 김명혁, "성경적 개혁사상과 한국기독교 신앙," 『한국기독교와 신앙』 (서울: 한국기독교 문화연구소, 1988).
54) *Ibid.*, pp. 139~159.

도인의 유일한 생활의 법칙이요 창조주 하나님에게 나아갈 수 있는 유일한 안내자와 교사라고 했다. 왜냐하면 성경 말씀은 신적 권위를 갖기 때문이다. 칼빈에게 있어서 신학의 기초로서의 성경은 사변적 지식체계의 교과서로서의 성경이 아니라 성령의 조명에 의해 가슴에 인 쳐진, 그래서 깨달아지고 받아들여진, 살아 계신 하나님의 말씀으로서의 성경이었다. 칼빈에게 있어서 성경이 신학의 근원이 되는 동시에 신학의 과업은 성경을 밝히고 체계화하여 설교에 도움을 주는 데 있었다. 그럼으로 칼빈의 성서신학은 학문적이면서도 그것에만 머무르지 않은 목양 중심적인 신학이요, 생활의 장을 여는 실천적인 신학이었다."

셋째, "기도 중심적 신학사상이다. 칼빈은 그의 『기독교 강요』 제 3권 20장에서 기도의 필요성을 다음과 같이 지적했다. '기도의 은총으로 우리는 하늘의 보화를 얻는다. 기도를 통해 사람이 하나님과 교제하게 되는데, 하늘 보좌에 들어가 하나님께 간구하므로 믿음의 내용들이 헛된 것이 아님을 실제로 체험하게 된다. 칼빈은 주장하기를 기도는 신앙의 표현으로, 기도의 실천이야말로 참된 신앙의 증거요 기도 없이는 참된 신앙이 될 수 없으며 기도의 실천으로 신앙이 생동하고 활동한다고 했다."

넷째, "교회 중심적 신학사상이다. 칼빈은 오직 성경에 근거하여 예수 그리스도와 사도들의 교훈 위에 세워졌던 초대교회의 교리, 예배, 그리고 교회 행정을 교회 안에 회복하므로 교회를 개혁하려고 하였다. 칼빈은 제도적인 지상교회의 불완전성을 인정하면서도 교회에 대한 사랑과 애착심을 나타냈다. 그는 키프리안의 교회관을 따르면서 교회를 어머니로 비교했다. 어머니 되신 교회를 통하지 않고는 신령한 생활을 할 수 없고, 교회를 떠나서는 구원이나 사죄에 대하여 기대할 수 없다고 하였다. 칼빈은 주장하기를 교회의 주인은 오직 예수 그리스도시며 그분만이 교회를 다스려야 한다고 했다. 그러나 그분은 지금 그의 사역자인 사람들을 통하여 그의 주권을 행사하신다고 덧붙였다."

다섯째, "실제적 삶의 신학사상이다. 칼빈의 신학은 공허한 사색을 위한 신학이 아니라 세상 안에서 하나님의 영광을 드러내려고 하였던 실제적 삶을 위한 신학이었다. 칼빈은 그의 신학체계를 먼저는 그리스도인 각자의 삶 속에, 그리고 교회와 사회의 모든 영역에 실현하려고 하였다. 칼빈에게 예수 그리스도는 구원받은 성도들의 구세주일 뿐 아니라 교회의 머리요 또한 정치영역에서는 왕이셨다. 칼빈은 문화 변혁적인 개혁운동을 통하여 제네바 교회를 사도시대 이후 가장 훌륭한 그리스도의 학교가 되게 하였고, 제네바 시를 교회사상 가장 신성했던 도시들 가운데 하나로 만들었다. 이러한 칼빈의 사상과 노력은 네덜란드의 거지들, 프랑스의 위그노, 스코틀랜드의 존 낙스를 비롯한 장로교도에 의해 전수되었고 특히 영국과 뉴잉글랜드의 청교도들에 의해서 전수되었다."

3. 한국장로교회의 신학

1) 초기의 보수적, 복음적 장로교

한국에 전래된 초기의 장로교 신앙은, 하비 콘(Harvie M. Conn) 교수가 지적한 대로 "보수적이고 복음적인 기독교"(conservative, evngelical Christianity) 신앙이었다.55) 하비 콘 교수는 1910년대 미국 장로교 선교부 총무였던 에이 제이 브라운(A. J. Brown) 목사가 1911년 이전에 한국에서 사역하던 선교사들에 대한 평가를 기록한 글을 다음과 같이 인용했다. "초기의 선교사는 청교도적 타입의 사람이었다. 백년 전 우리의 영국 선조들이 지키던 대로 안식일을 지켰고 댄스와 흡연과 카드놀이를 죄악으로 여겼다. 신학과 성경 비판에 있어서는 철저한

---

55) H. M. Conn, "Studies in the Theology of the Korean presbyterian Church." *Westminster Theological Journal*, Vol. 29, No. 1(November, 1966): 26.

보수주의자였고 그리스도의 재림에 관해서는 전천년설을 참된 진리로
받아들였다." 하비 콘 교수는 1890년에 한국에 온 사무엘 마펫(Samuel
A. Moffett) 선교사가 1909년 당시의 선교사와 교회의 신앙적 풍토를
묘사한 글도 다음과 같이 인용했다. "선교부와 교회는 뜨거운 전도열과
성경을 전적으로 하나님의 말씀으로 믿는 믿음과 그리고 예수 그리스
도로 말미암는 구원의 복음에 대한 믿음으로 특징지어 있었다." 하비
콘 교수는 결국 한국의 초기 장로교의 신앙과 신학이 한마디로 성경에
기초한 "보수적이고 복음적인" 신앙이요 신학이었다고 강조했다.56)

그러면서도 초기의 장로교는 "개혁주의적 및 칼빈주의적" 요소도 지
니고 있었다고 콘 교수는 지적했다. 한국 장로교회가 정식으로 조직된
1907년, 영국교회의 주선으로 인도의 장로교회가 신조로써 채택했던
'12신조'를 한국 장로교회가 장로교의 신조로 채택했는데 12신조는 "강
력한 칼빈주의적 경향을 띤 개혁주의 교리"였다고 백락준 박사가 지적
했다.57) 콘 교수는 12신조에 나타난 칼빈주의가 그 후 평양신학교에서
발전되었다고 지적했다.58) 즉, 1929년에 메이천의 『신앙이란 무엇인
가?』가 번역되었고, 1937년에는 로레인 뵈트너의 『개혁주의적 예정론』
이 박형룡 박사에 의해 번역되었다.

한국 장로교회는 하비 콘 교수가 지적한 대로 "보수적, 복음적 및
개혁적" 요소 등 다양한 요소들로 구성되어 있었다. 여기에다 "근본주
의적 및 세대주의적" 요소까지 포함되어 있었다. 1908년부터 평양 장로
교 신학교에서 신학과 설교학과 성경을 가르치기 시작한 찰스 알렌 크
라크(Charles Allen Clark) 박사는 근본주의적 경향을 띠고 있었다. "클

---

56) *Ibid.*, p. 27.
57) *Ibid.*, p. 31.
58) 한국 장로교회는 창립 당시 12신조와 웨스트민스터 소요리문답만 받아들였
    고 웨스트민스터 신앙고백은 1963년에 이르기까지 받아들이지 않았다. 합동장
    로교회는 1963년에 와서야 웨스트민스터 신앙고백을 정식으로 교회의 신앙고
    백으로 채택했고, 고신장로교회는 1973년에 이를 채택했다. 기독교장로교회는
    1972년에 진보적인 신앙노선을 따르는 새로운 신앙고백을 채택했다.

라크는 근본주의자들에 속했고 그의 주석은 공정성과 학문성을 지니면서도 근본주의를 나타내었다”고 콘 교수가 지적했다.59)

1924년부터 평양장로교신학교에서 조직신학 교수로 활약한 레이놀드(William D. Reynolds) 교수도 철저한 보수주의 신학자였는데, 강원용 목사는 그의 신학을 가리켜 “융통성 없는 근본주의”라고 불렀다. 초기 장로교 안에 나타난 또 하나의 모순된 요소는 “서양의 선교사들로부터 온 온건한 형태의 세대주의”였다고 콘 교수가 지적했다. 하나님의 계시가 7가지 세대에 따라 7가지로 전개된다는 가르침이 한국 교회에 전래되자 한국적 세대주의가 곧 번성하게 되었다. 즉 성경의 문자적 해석과 미래적 종말 사상이 널리 퍼지게 되었다.60)

초기 한국 장로교 안에서 찾아 볼 수 있는 또 하나의 신학적 경향은 “성령의 사역과 은사에 대해서 매우 개방적이고 포용적인” 입장을 취했다는 것이다. 평양장로교신학교가 1930년대 신학교 교재로 사용했던 『성령론』을 살펴보면 성령의 현재적 사역을 크게 강조한 것을 발견하게 된다.61) 『성령론』은 교회 시대를 성령시대라고 불렀고 성령의 사역을 11가지로 나누어 기술했는데 선택과 소명, 중생, 신심, 회개, 기독과 연합, 칭의, 의자됨, 성성, 확지와 견인, 그리고 성령세례라고 했다. 『성령론』은 성령세례를 중생, 또는 보통 세례받음과 구분하며 성령충만과 동일시했다. 『성령론』은 성령세례를 받아야 특색 있는 기독도 즉 영계의 신자가 될 수 있다고 지적하며 성령세례를 사모하며 성령세례를 받기 위해 기도를 힘써야 한다고 강조했다. 그리고 성령세례의 증거로 방언, 신덕, 사랑, 병 고침, 이적, 강도 및 성령의 열매 등이 있는데 반드시 방언이 성령세례의 증거는 아니라고 했다.62)

초기의 장로교 선교사들은 협력과 연합에 대한 진지한 관심도 나타

---

59) Harvie M. Conn, *op. cit.*, pp. 38~39.
60) *Ibid.*, pp. 50~53.
61) 김명혁, “한국교회와 성령론,” 「신학정론」 12권 1호(1994. 5): 173~243.
62) *Ibid.*, pp. 190~192.

냈다. 1905년 장로교와 감리교의 선교사들이 연합회의에서 한국에 단일 "조선 그리스도교회"를 설립하자고 만장일치로 합의까지 보였다. 이와 같은 연합에 대한 열의로부터 수개월 후 "한국 복음주의 선교협의회"가 조직되었는데, 협의회의 목적을 "선교사역에서 협력하는 것과 궁극적으로 한국 안에 하나의 토착적인 복음적 교회를 세우는 것"이라고 밝혔다.[63] 매우 대담한 선각자적인 안목을 가졌었다고 하겠다.

필자는 길선주, 박형룡으로부터 이어진 복음주의적 개혁주의 신학 전통 안에 역사적 개혁주의 신학의 다섯 가지 특징이 그대로 존재해왔음을 위에서 지적한 글에서 기술했다. 그것은 첫째로, 한국의 복음주의적 개혁신학 사상이 하나님의 초월성과 절대성을 강조하는 하나님 중심적 신학사상이고, 둘째로, 사경회를 통한 성경 공부를 강조한 성경 중심적 신학사상이고, 셋째로, 기도의 인물들을 통해 기도를 실천한 기도 중심적 신학사상이며, 넷째로, 네비우스의 자급, 자전, 그리고 자치의 삼자 원리의 입각한 교회 중심적 신학사상이며, 다섯째로, 한민족의 영적 및 문화생활의 변화를 가져온 문화 변혁적 삶의 신학사상이라고 지적했다.[64]

2) 자유주의적, 급진적 장로교

한국 장로교 안에는 또 하나의 신학적 경향이 나타났는데 그것은 자유주의 신학의 경향이었다. 전성천 박사는 이와 같은 자유주의적 경향이 선교 초기인 1889년부터 나타났다고 했지만, 하비 콘 교수는 1925년경부터 나타나기 시작했다고 기술했다.[65] 그리고 자유주의 신학은 그 후 하나는 사회 참여의 신학과 또 하나는 범 종교주의 신학으로 발전했다.

---

63) Harvie M. Conn, *op. cit.*, pp. 48~49.
64) 김명혁, "성경적 개혁사상과 한국기독교 신앙,"『한국기독교와 신앙』(서울: 한국기독교 문화연구소, 1988), pp. 152~159.
65) Harvie M. Conn, "Studies in the Theology," *Westminster Theological Journal*, Vol. 29, No. 2 (May 1967): 138.

유동식 교수는 한국의 신학사상을 구성하는 삼대 광맥이 있다고 지적하면서 그 첫째가 길선주와 박형룡으로 대표되는 "보수적 근본주의 신학사상"이고, 그 둘째가 윤치호, 김재준, 그리고 오늘날의 기독교 장로교회로 대표되는 진보적 사회참여의 신학이며, 그 셋째가 최병헌과 정경옥 그리고 오늘의 감리교로 대표되는 문화적 자유주의 신학사상이라고 기술했다.66)

한신대 총장 주재용 교수는 윤치호, 김재준, 그리고 오늘날의 기독교 장로교회로 대표되는 진보적 사회 참여의 신학의 입장을 대변하며 제2세기를 맞는 한국 교회가 수행하여야 할 사명을 다음과 같이 기술했다. "첫째, 한국 교회는 민족 주체적 기독교로 탈바꿈해야 한다. 역사와 사회적 현장에 구현되는 민중의 기독교와 정치적 기독교가 되어야 한다. 둘째, 한국 교회는 분열에서 일치에로 전환되어야 한다. 그 개방성은 기독교 안의 교파 안에서만 아니라 타종교와의 관계에까지도 확대되어야 한다. 셋째, 선교와 신학교육의 정립이 필요한데 그것은 인간화를 목적으로 삼는 것이어야 한다.67)

한국 기독교 장로회는 1972년 새로운 "신앙고백 선언서"를 채택하여 공포했는데 그 선언서는 개혁주의적 신학전통 위에 서면서도 현대 세계교회들과 오늘의 역사적 처지에 깊이 연대하는 현대적 입장을 취했다. 신앙고백 선언은 서론에서 사도신경, 니케아신조, 칼케돈신조, 아우구스부르그신조, 힐베틱 제 1신조, 웨스트민스터 신앙고백, 바르멘 선언, 한국 장로교회의 12신조 등 역사적 교회의 신조들을 이어 받는다고 밝혔다. 신앙고백 선언은 삼위일체 하나님, 성서의 본질과 권위와 해석, 창조의 세계, 인간과 죄, 예수 그리스도와 속량, 성령과 삶, 교회와 선교, 역사와 종말의 순서로 되어 있다. 김영재 교수는 신앙고백의 신학적 문제를 다음과 같이 지적했다. "삼위일체에 관한 고백 가운데는 양태론적 단일신론과 흡사한 표현이 발견되며, 성경의 영감에 관해서는 성경

---

66) 유동식, 『한국 신학의 광맥』(서울: 전망사, 1982), pp. 29~30.
67) 김명혁, 『현대교회의 동향』 (서울: 성광문화사, 1987), pp. 236~237.

을 기록하는 일에 초점을 두는 대신 읽는 사람에게 주는 감화를 초점으로 말하고 있으며, 하나님의 창조와 세계에 관한 고백에서는 자연을 의인화함으로써 만물을 다스리시는 하나님을 소원시키는 표현을 발견한다. 그리고 교회의 정치와 사회 참여를 강조하고 세상으로 나아가는 교회를 강조하는 나머지 교회가 세상에서 성별되는 존재임을 강조하는 면이 사라졌다.68)

신앙고백 선언은 성서에 대해서 두드러지게 강조했다. "성서는 각 시대의 구체적 정황에 살던 사도들의 글이며 당시의 신앙 공동체에 준 설교와 지시"라고 기술했다. 즉, 성서는 교회가 예배 공동체로부터 전해 받은 것임을 강조했다. 결국 "성서는 쓰여진 장소와 시대와 저자의 여러 조건에 제약되어 있으므로 그 언어의 문법과 사고방식과 그 사회적 역사적 문화적 조건을 정확히 연구함으로써 잘 이해하고 해석할 수 있다." 물론 신앙고백 선언은 성서를 '하나님의 말씀'이라고 네 번이나 지칭했으며 '영감'이라는 말도 두 번 사용했으나 역사적 개혁주의 신앙고백들이 강조한 완전 영감에 대한 가르침을 그대로 따르지 않았다고 하겠다.

신앙고백 선언은 또한 인간의 죄에 대해서 기술하면서 "죄는 사람이 하나님의 창조의 원칙을 거슬러 하나님을 반역하는 이기주의와 교만에서 온다"라고 기술하는데 머물렀고 역사적 개혁주의 신앙고백들이 강조한 원죄와 전적타락에 대한 가르침을 그대로 따르지 않았다고 하겠다. 사람의 삶의 부분에서는 "압박자와 악한 권력구조와 사회적 불의에 대해서는 그리스도와 같이 항거하며 투쟁하며 눌림 받은 사람들의 문제해결을 위하여 자기희생도 아끼지 않고 여러 사회적 세력들을 동원하여 공헌하게 한다"라고 기술함으로써 해방신학과 민중신학이 내세웠던 물리적 형태의 항거와 투쟁을 정당화했다고 하겠다. 교회의 본질을 다루면서도 하나님께 드리는 예배의 사명에 대해서는 거의 언급을

---

68) 김영재, "한국교회와 개혁신앙,"『현대세계 개혁신학의 현황과 그 문제점』
   (서울: 기독교 학술원, 1993), p. 95.

하지 않았고 주로 세상 안에서의 선교의 사명을 거듭해서 언급했다. "교회도 세상에서 그리스도와 함께 일한다. 교회는 세상을 변화시키는 데서 그 거룩함을 보존한다." 하나님의 나라에 대해서 기술하면서도, 역사의 과정이 그대로 하나님의 나라가 아니라고 지적은 하지만 그럼에도 불구하고 하나님의 나라가 지금 역사 안에서 실현되고 있음을 보다 두드러지게 강조했다. "하나님의 나라는 역사 안에 왔다. 그것은 정의, 평화, 기쁨이다. 그리스도인은 현실 역사 안에서 정의와 사랑과 평화를 수립하는 데 적극 참여해야 한다. 우리는 사회의 제도적 개선, 조직의 민주화, 법제도의 개혁, 자유와 정의의 수립, 비인간화를 막는 일에 적극 참여해야 한다."

결국 한국기독교 장로회는 1972년 신앙고백 선언 안에서 개혁주의 전통의 하나인 역사 참여의 신학을 충실히 표명했다고 하겠다. 역사 참여의 책임과 아울러 자연의 의미와 자연보존에 대한 인간의 책임을 강조한 것은 옳고 정당한 것이었다고 하겠다. "우리는 이제 자연도 하나님을 찬양하도록 …… 모든 수단을 동원하여 생명을 보호하고 자연을 배양하고 그 능력을 개발하는 데 전력을 다하여야 한다." 그리고 동시에 성령에 의한 인간의 변화 즉 성령으로 말미암는 그리스도 만남, 죄인임을 깨달음, 칭의, 성화 등을 강조한 것도 장로교 신앙고백으로서의 균형을 유지했다고 하겠는데, 이 복음적인 앞의 부분은 앞으로 한국기독교 장로회가 고백적인 차원에서 뿐 아니라 교회의 실제적 삶에서 보다 구체적으로 실천해 나아가도록 힘써야 할 것이다.

한국기독교 장로회는 1987년 또 하나의 신앙선언을 발표했는데 그 신앙선언은 정의와 사랑과 평화와 창조 세계 보존에 원리 위에 서 있으며 다음과 같은 다섯 가지의 기본적 신앙의 조항들을 믿는다고 선언했다. "우리는 성서가 증언하는 창조주 하나님을 믿습니다. 우리는 구원의 주이신 예수 그리스도를 믿습니다. 우리는 하나되게 하시는 성령을 믿습니다. 우리는 그리스도의 몸이요 어머니 같은 교회를 믿습니다. 우리는 이 역사의 종말적인 완성을 믿습니다."

3) 총신의 신학적 입장

한국의 보수적 장로교를 대표한다고 할 수 있는 합동측 장로교단의
직영 신학교인 총신대는 1979년 교수회의 이름으로 "총신의 신학적 입
장"이라는 신학적 성명을 발표한 일이 있다. 그 내용을 요약하면 다음
과 같다.69)

신학사조의 혼돈과 교회행정 및 교회정치의 무질서를 경험할 때마다
예수 그리스도의 교회는 교회가 하나님의 말씀인 성경에 근거하여
믿어왔고, 가르쳐왔고, 또한 고백해 온 것이 무엇인지를 새롭게 확인
함이 늘 필요하였다. 한국 교회의 올바른 '신학적' 진로를 제시하기
위하여, 우리 총신 교수 일동은 전국 교회 앞에 개혁주의 신학의 전
통과 복음주의 신앙의 유산을 물려받은 총신의 신학적 입장이 무엇
인지를 이제 구체적으로 확인하는 것이 필요하다고 사료되어, "총신
의 신학적 입장"을 다음과 같이 밝히고자 한다.
첫째, 우리는 개혁주의 혹은 칼빈주의 신학의 근본적 특징인 성경의
권위를 높인다. 우리는 성경이 곧 신학의 객관적 원리이며 유기적으
로 영감되었고 그것이 신적 권위를 지니고 있음을 확신한다. 성경은
신학의 유일한 객관적 원리이며 그 내용과 방법의 표준이다. 성경은
유기적으로 영감되었다. 성경은 신적 권위를 갖는다.
둘째, 우리는 개혁주의 신학의 본질적 특징인 하나님의 주권을 믿는
다(롬 11:36). 하나님은 우주의 절대적인 최고 통치자이시며, 작정,
창조, 섭리, 구속에서 주권적이시다.
셋째, 우리는 구원이 전적으로 하나님의 은혜임을 강조한다. 인간의
전적부패, 무조건적인 선택, 제한속죄, 불가항력적 은혜, 그리고 성도
의 견인 등, 이 5대 교리는 구원이 하나님의 역사요, 인간의 노력이나
어떠한 공로로도 될 수 없음을 주장한다.
넷째, 부르심을 입은 신자들의 모임으로서의 교회는 그리스도의 몸
이며 그리스도가 머리되심을 우리는 믿는다(엡 1:22~23). 그리스도
와 교회는 서로 분리될 수 없고 오직 그리스도 안에서만 성도의 연합
이 완성되며 그리스도의 몸이 이루어진다. 그리스도는 교회의 머리
이시기 때문에 그리스도만이 교회의 주가 되신다.
다섯째, 우리는 개혁주의 신학의 실제적 특징인 적극적 문화관과 사

---

69) "총신의 신학적 입장" 「신학지남」 46권 3집(1979, 가을호): 6~12.

회봉사를 강조한다. 하나님의 주권과 영광이 개인의 심성이나 종교적 활동의 영역에만 실현된다고 주장하여 사회와 문화에 대해 부정적인 입장을 취하는 근본주의, 경건주의 및 신비주의를 배격하고, 우리는 생의 모든 영역에 하나님의 주권과 영광이 실현되기 위해 힘쓰는 개혁주의적 생활관을 강조한다. 우리는 영혼 구원의 과업을 강조하는 동시에 사회 봉사의 과업도 중시한다. 이웃에 대한 사회봉사의 과업을 무시하고 하나님과 나와의 수직적 관계의 회복, 즉 구원의 사건만을 신학 내용의 전체인 것처럼 주장하는 극단적이고 편협한 근본주의 사상에 반하여, 우리는 양자의 불가분성을 인정한다. 하나님과 나와의 수직적 혹은 종적 관계의 회복, 즉 구원의 사건은 나와 이웃과의 수평적 혹은 횡적 관계 회복, 즉 사회 봉사의 영역에 동시적이고 계속적으로 그 영향력을 침투시킨다고 믿으며, 이웃에 대한 사랑과 봉사를 실천하는 삶은 또한 계속적으로 나와 하나님과의 관계를 온전하게 만든다고 믿는다(약 2:22; 요일 4:20, 21).

총신의 신학적 입장은 역사적 개혁주의 신학 전통을 그대로 받아들이면서 그 동안 한국의 보수적 장로교회들이 간과해 온 문화변혁주의적 사회봉사를 강조했다고 하겠다. 그러나 계급투쟁 및 혁명운동을 통하여 하나님의 나라가 실현된다고 주장하는 해방신학 등의 급진신학의 입장을 비판하며 이를 거부했다.

4) 장로회신학대학의 신학성명

온건한 자유주의적 개혁주의 및 복음주의 전통을 대변한다고 할 수 있는 통합측 장로교단의 직영 신학교인 장신대는 1985년 교수회의 이름으로 "장로회신학대학의 신학의 좌표"라는 신학적 성명을 발표한 일이 있다. 그 내용을 요약하면 다음과 같다.70)

장로교단이 여러 가지 이유로 몇 차례에 걸쳐 분열이 되었고, 각 파마다 나름대로의 주의와 주장을 가지고 내려왔다. 해방 전에는 한 교단이었던 장로교회가 이렇게 수 십 갈래로 나뉘면서 신학적인 정

---

70) "장로회신학대학의 신학의 좌표," 「장신논단」 창간호(1985): 7~14.

체(identity)가 혼돈되고 어느 것이 어느 것인지 가려내기가 매우 어려운 상태에 이르렀다. 이 신학성명을 통해서 신학생들은 물론 우리 교단이 오늘의 이 혼란한 사상의 도가니 속에서 보다 성경적이고, 보다 복음적인 노선을 터득하여 좌로나 우로나 치우치지 말고 확고한 신앙을 가질 수 있었으면 좋겠다. 물론 이 성명은 가변성을 가지고 있다. 신학은 시대성을 가지는 것이기에, 보다 나은 것으로 발전하여 수정될 가능성은 얼마든지 있다. 우리는 여기에서 신학의 전제, 개혁주의 신학 전통과 에큐메니칼한 신학, 신학과 교회, 신학의 선교적 기능과 사회적 기능, 신학의 자리의 방향, 신학의 한계와 신학의 대화적 측면에 대하여 7가지 명제들을 제시하려고 한다.

제 1명제: 우리의 신학은 복음적이며 성경적이다. 성경 안에는 중심 메시지가 있다. 그것은 복음이다. 부활의 빛과 성령 강림의 빛에서 본 예수님은 말씀들과 행동들, 무엇보다 예수님의 십자가와 부활사건 및 이 사건의 의미에 대한 사도적 선포가 복음의 진수이다. 성령에 의하여 영감된 성경의 진리들은 이 복음에 입각해서 이해되고 해석되어야 한다.

제 2명제: 우리의 신학은 개혁주의적이며 에큐메니칼하다. 우리는 개혁주의적인 신학 전통을 이어 받아야 한다. 우리는 복음과 성령을 통하여 인간의 근본적인 죄악을 통감하고 예수 그리스도의 십자가의 공로로 죄의 사함을 받아 은혜로 주신 믿음을 통하여 구원을 얻고 예수님을 메시아와 주님과 하나님의 아들로 믿고 성부, 성자, 성령의 영광을 위하여 성경에 계시된 하나님의 요구(사랑의 의)에 응답하는 것이 기독교의 본질이라고 믿는다. 따라서 우리는 이 본질에 있어서 일치하는 한 WCC적 에큐메니칼 신학과 비 WCC적 에큐메니칼 신학을 모두 추구하며 동시에 WCC적 에큐메니칼 운동과 비 WCC적 에큐메니칼 운동에 모두 참여한다.

제 3명제: 우리의 신학은 교회와 하나님의 나라에 봉사한다. 복음과 성령을 전제하며, 성령과 복음으로 말미암는 기독교적 구원의 경험을 전제하는 신학(자)의 존재 이유는 교회를 떠나서는 있을 수 없다. 이 교회는 십자가에 달리셨다. 부활하신 예수 그리스도의 현존 양식으로서 말씀 선포, 성례전 등의 은총의 수단을 통하여 믿지 않는 사람들을 예수 그리스도에게로 초대한다. 이 예수 그리스도의 몸 된 교회는 역사와 사회 그리고 문화 속에서 하나님의 나라를 실현하며 이 모든 것을 초월하는 종말적인 하나님의 나라를 지향한다. 예수 그리스도는 교회의 머리시며 이 세상의 주님이시며 영광 중에 계시는 왕이시다. 우리의 신학은 교회가 그의 본질에 따라 모든 기능을 발휘하며 이 땅 위에 하나님의 나라가 임하도록 섬긴다.

제 4명제: 우리의 신학은 선교적인 기능과 역사적, 사회적 참여의 기능을 수행한다. 교회는 마태복음 28:16~20의 선교 명령을 따라 이 역사와 사회 속에서 복음을 전해야 하며 우리는 이미 언급한 세 명제들이 제시하는 범위 안에서 다원적인 선교활동을 펼치며 이를 반성하고 다시 시도하기 위한 신학을 추구하며 형성해야 한다. 교회는 선교활동과 더불어 국가와 사회, 문화와 역사 속에서 하나님이 요구하시는 사랑과 의를 행동으로 선포해야 할 것이다. 그러나 복음과 성경에 계시된 진리들이 이데올로기화되어서는 안 된다.

제 5명제: 우리의 신학의 장은 한국이요, 아세아요, 세계이다. 교회를 좁은 의미의 신학의 장으로 하는 우리 신학은 역사와 사회를 보다 넓은 의미의 장으로 한다. 이 세 장들은 서로 동떨어진 것이 아니라, 서로 뒤얽혀져 있기 때문에 민족주의적 폐쇄신학 혹은 이념축소 신학은 잘못된 것이다.

제 6명제: 우리의 신학은 기술사회 문제들에 응답해야 한다. 전자 공학, 유전 공학, 우주 과학, 해양 과학 등 기술 과학의 발달로 우리는 컴퓨터 시대, 반도체 시대, 유전공학시대, 우주전쟁시대라고 하는 제 2의 산업혁명을 맞이했다. 역사와 사회, 문화와 문명, 정치와 경제, 개인과 공동체 그리고 인간의 삶의 스타일에 이르기까지 과학주의와 기술과학이 지배하는 현대사회를 과연 신학은 어떻게 이해해야 하며 어떻게 해석해야 할까? 우리는 지금까지 언급한 신학의 전제, 신학의 기능과 목표 및 신학의 자리와 방향을 의식하면서 적극적이며 건설적이고 창조적인 신학을 기술사회와 환경 문제에 관련하여 형성해야 한다.

제 7명제: 우리의 신학은 대화적이다. 우리는 안으로 신학의 모든 분야들 사이의 친밀한 대화를 통해서 이들 상호간의 유기적 관계를 유지해야 하며, 밖으로는 인류 문화의 핵심인 인문과학과 사회과학, 나아가서 자연과학과 기술과학도 대화를 아끼지 말아야 한다.

　　필자는 장신대가 상기 신학성명을 발표한 직후 장신대에 가서 학생들과 교수들 앞에서 신학성명의 입장을 긍정적 및 비판적으로 평가한 일이 있다. 그 내용을 여기에 요약한다.71)

---

71) 1985년 10월 30일 장신대에서 발표한 내용을 그 후 필자의 『복음과 세상』

"우선 저는 장신의 신학성명을 대했을 때 긍정적인 반응을 나타냈다. 장신의 신학적 입장이 복음적이며, 성경적이며, 그리고 개혁주의적이라고 천명한 데 대해 큰 호감을 가졌다. 그리고 그 신학적 입장이 전통적이면서도 진취적이고 적극적이며 포괄적인 데 대해서도 동감을 가졌다. 즉 장신의 신학이 교회를 위한 신학인 동시에 역사와 사회 안에 하나님의 나라를 실현하는 신학이며, 선교적 기능과 아울러 사회참여의 기능을 수행하며, 나아가서 현대 기술사회의 문제들에 응답하는 신학이 되어야 한다고 천명한 것은 매우 바람직한 신학성명이라고 생각한다.

그러나 장신의 신학성명이 그 신학내용에 있어서는 대체로 복음주의적 전통에 서 있으면서도 현실적으로 자유주의 신학 노선 및 그 운동과의 관련에 있어서는 관용적이고 포용적이어서 결과적으로 그 신학적 입장이 모호하게 된 것은 매우 유감스러운 점이라고 하겠다. 주재용 교수가 지적한 대로 장신의 신학 입장이 중도적이고 양면적인 것이 그 문제점이라고 하겠다. 분명하고 선명한 복음주의적 신학 노선을 천명하기에는 교단이나 신학교의 구조가 복잡하고 다양하다고 생각된다.

제1명제에서 장신의 신학이 성경적이라고 천명하면서도 성경의 영감과 권위에 대한 신학적 입장이 분명히 표명되지 않은 것은 유감스러운 점이라고 하겠다. 성경을 단지 영감된 또는 기록된 하나님의 말씀이라고 정의했을 뿐 성경의 완전 영감과 무오한 절대권위를 분명히 표명하지 않았다.

제2명제에서 장신의 신학이 종교개혁으로부터 시작되는 각종 개혁주의 신학전통을 비판적으로 받아들이고 그것을 신학적 유산으로 삼아 종합적이고 창조적인 신학을 모색한다고 천명한 것은 매우 건전한 신학 천명이라고 하겠으나, 그와 같은 신학이 WCC적 신학이 될 수도 있고, 비 WCC적 신학이 될 수 있다고 지적한 것은 현대신학 동향 평가

(서울: 성광문화사, 1990), pp. 241~246에 "장신대의 신학성명에 대한 평가"란 제목으로 실었음.

에 있어서 매우 모호한 입장을 나타낸 것이 되고 말았다고 하겠다.

제 4명제에서 장신의 신학성명이 해방신학, 민중신학, 여성신학, 흑인신학 등이 사회의 죄악과 모순을 지적하며 정치, 사회, 경제적 문제의 도전에 대한 응답이라는 점에서 그 신학들의 긍정적인 공헌을 인정하면서 그 신학들의 양심의 소리에 귀를 기울여야 한다고 지적한 점에는 동감하지만, 그와 같은 신학자들이 전통적, 복음적, 성경적, 개혁주의적 신학의 본질들을 왜곡, 변질, 파괴하는 위험성을 내포하고 있음을 지적하지 않은 것은 매우 유감스러운 점이라고 하겠다. 결국 장신의 신학성명은 중도와 관용의 덕과 아울러 신학방향의 모호성을 내포한 불투명한 신학성명이 되고 말았다고 하겠다."

4. 오늘의 한국 장로교회의 모습과 개혁신학의 과제

얼마전 "광복 50주년을 맞는 한국 교회의 모습"을 서술해 달라는 요청을 받은 일이 있다. 필자는 이 요청에 대해 광복 50주년을 맞는 한국 교회의 모습이 첫째로, 양적으로 성장한 교회이고 둘째로, 분열 경쟁하는 교회라고 서술한 일이 있다. 양적인 성장을 이룬 반면 질적 성숙을 이루지 못한 교회, 사분 오열되어 치열한 경쟁을 벌이고 있는 교회가 오늘의 한국 교회의 모습이요 특히 한국 교회의 대부분을 차지하고 있는 장로교회의 모습이라고 하겠다.72)

한국 장로교회는 외적 성장은 이룩했으나 내적 삶의 성숙은 지니지 못하게 되었다. 교회 지도자들과 아울러 대부분의 신자들이 탐욕과 거짓의 죄에 빠져 들어갔다고 하겠다. 변화된 삶이 없을 뿐 아니라 영적인 감격과 감동도 없어졌다. 열광적인 분위기는 있는데 눈물이 있는 감격은 점점 사라져가고 있다. 몸의 움직임은 요란한데 가슴속의 움직임은 멎게 되었다. 회개의 눈물, 사죄의 감격, 순종과 헌신의 기쁨이 점점 사라져가고 있다. 양적으로 성장한 교회, 삶이 없고 감격이 없는

---

72) 김명혁, "광복 50주년을 맞는 한국교회," 「기독교보」(1995. 8. 26).

교회가 광복 50주년을 맞는 한국 교회요, 특히 한국 장로교회의 모습이
라고 하겠다.

한국 장로교회는 분열 경쟁하는 교회가 되었다. 백여 개가 훨씬 넘는
한국 장로교 교파들의 이름들이 자랑스러운 듯 신문지상에 나열되어지
는 경우가 자주 있는데 이것이야말로 한국 장로교회의 부끄러운 현주
소를 공개해 보이는 것이라고 하겠다. 사업도 행사도 하나가 되어 치르
지 못하게 되었다. 상대방에 대한 깊은 회의와 불신 및 적대감이 작용
하고 있으며, 무슨 일이든 나 중심으로 하여야 한다는 경쟁적 독주심이
작용하고 있다.

교회의 역사는 타락과 갱신이 반복해서 일어난 역사였다. 한국 장로
교회야말로 역사적 개혁주의 신학유산을 바탕으로 갱신되어야만 할 시
점에 이르렀다고 하겠다. 필자는 역사적 개혁주의 신학전통이 가장 올
바르고, 고상하고, 포괄적이고, 힘이 있는 복음적 신학전통이라고 믿는
다. 필자는 여기서 개혁주의 신학전통에 따라 우리가 힘써야 할 과제들
이 다음과 같은 것들이라고 생각해 본다.

첫째, 하나님을 만나고 하나님 앞에서 사는 개혁주의 신학전통의 기
본적 삶을 살도록 힘써야 한다. 하나님을 체험하며 하나님 앞에서 그의
영광을 위해서 사는 삶이 개혁주의적 삶이다. 하나님과 이웃을 위해서
구별되고 절제된 경건한 삶을 사는 것이 개혁주의적 삶이다. 지금 우리
에게는 영적 각성에 근거한 진정한 삶의 회복이 있어야 한다. 그러기
위해서는 하나님의 말씀인 성경과 기도에 가까이 접해야 한다. 그러기
위해서는 또한 성령의 감동과 이끌리심에 가까이 접해야 하며 동시에
이웃에게로 가까이 가야 한다.

둘째, 교회에 대한 바른 이해를 가지고 하나님 나라 실현을 위해 살
도록 힘써야 한다. 개교회주의나 교파주의를 넘어서야 한다. 개혁주의
신학전통은 본래부터 교회 분열이나 교파주의를 지양하려고 했다. 하
나님의 나라에 대한 바른 이해와 세계적 교회관에 대한 바른 이해를
가질 때 오늘의 분열과 경쟁을 어느 정도는 극복할 수 있을 것이라고

생각한다. 개혁주의는 다양성을 포용하는 가운데 조화를 이루도록 한다. 이제 우리 한국 장로교회들은 다양성을 인정하며 조화를 이루도록 추구하는 가운데 협력과 연합의 장을 이루어야 할 것이다.

셋째, 역사와 문화에 대한 변혁주의적 삶의 자세를 가지고 이를 실천하며 살도록 힘써야 한다. 역사적 개혁주의는 본래 세상으로부터 도피하는 기독교가 아니었고 세상을 변화시키는 무서운 힘을 가진 강력한 기독교였다. 물론 복음의 능력을 결할 때는 혁명의 방법을 통해서라도 세상을 변혁시키려는 극단적인 정치 신학이 될 수밖에 없다. 이제 우리는 복음의 능력과 그리고 구체적인 역사 및 문화 참여의 방법으로 우리의 사회를 변혁시키는 일에 힘을 써야 하겠다. 하나님 나라의 궁극적 완성이 종말에 가서야 이루어짐을 분명히 하여야 하지만 이 하나님 나라의 완성에 대한 종말론적 신앙은 오늘의 삶에 보다 뜨거운 열정을 쏟아 붓게 만든다.

넷째, 주님의 지상명령이며 역사적 개혁교회들이 항상 첫 과업으로 삼았던 세계 복음화와 세계 선교를 수행하도록 힘써야 한다. 물론 제1기 개혁주의 개혁자들은 시대적 상황과 제약성 때문에 세계 선교의 과업을 적극적으로 수행하지 못했지만, 세계 개혁교회의 지도자들은 항상 세계 선교를 교회의 첫째 과업으로 삼고 선교사역 수행에 최선을 다했다. 이제 우리는 지난날의 경쟁적 및 물량적 선교의 시행착오들을 거울삼아 보다 성숙하고, 보다 겸손하고, 보다 협력적이고, 보다 다양한 모습으로 세계 선교의 과업을 힘있게 이루어 나가야 할 것이다. 그러기 위해서는 여기서도 성령의 감동과 이끌리심에 가까이 접해야 하며 고난을 당하는 이웃에게로 보다 가까이 가야 한다.

개혁주의의 특성

개혁주의 신학이란 칼빈과 쯔윙글리와 요한 낙스가 체계화한 하나님 중심, 말씀중심 및 교회중심적 신학을 가리키며 그 이후 유럽 대륙과 영미에서 발전하여 형성된 몇 가지의 하나님 중심적 신학 체계(영국 청교도 신학, 화란 개혁주의 신학, 미국 청교도 신학, 미국 구 프린스턴 신학, 미국 웨스트민스터 신학, 미국 칼빈 신학 등)를 포함한다. 웨스트민스터신학교의 하비 콘 교수는 아시아와 아프리카 교회에서는 개혁주의 신학이 보수주의 신학으로 변질되기도 했다고 지적했다.[1] 한국 교회의 실정을 너무나 잘 아는 콘 교수는 "보수주의"라는 말을 사용했을 때 "근본주의적 개혁주의," "경건주의적 개혁주의," 또는 "세대주의"를 생각하며 사용했을 것이다. 오늘날 한국 교회 안에서 저마다 "개혁주의 신학"을 내세우지만 그 가운데는 변질된 개혁주의 신학도 없지 않다고 하겠다. 필자는 이하에서 칼빈이 체계화하고 루이스 벌코프 교수가 발전시킨 개혁주의 신학의 특징들을 간략히 기술하려고 한다.

1. 하나님 중심적 신학사상

개혁주의 신학은 하나님 중심적 신학사상이다. 칼빈은 『기독교 강요』를 하나님을 아는 지식으로부터 시작했다. 칼빈은 말하기를 "인간의 궁극적인 목적은 하나님을 알고 그의 존재를 인정하는 것"이라고

---

1) 간하배, 『현대신학 해설』 (서울: 개혁주의신행협회, 1973), p. 194.

했다.2) "하나님을 안다는 것은 하나님이 존재한다는 것을 인식하는 데
그치지 않고 내가 하나님의 영광을 위해서 무엇을 해야 하는지를 파악
하는 것을 의미한다."3) "그리고 하나님을 아는 우리의 지식은 우선, 우
리로 하여금 하나님을 두려워하고 경외하게 만들어야만 하고 둘째로,
우리로 하여금 모든 선한 것을 하나님께 추구하고 그리고 그것을 얻은
후에는 그에게 영광을 돌리도록 만들어야 한다."4) 그러므로 칼빈은 자
신의 삶의 목적을 "하나님께 영광"을 돌리는 데 두었던 것이다.

칼빈에게 있어서 하나님은 하늘 보좌 위에 높이 앉으셔서 시간과
역사를 주관하시는 절대자였다. 하나님은 온 우주의 창조주이시요, 온
우주 위에 뛰어나신 주권자이시며 왕이시다. 왕 되신 하나님은 순간
순간마다 그의 지으신 우주 안에서 섭리하시고, 그러한 섭리를 통해서
그의 주권을 역사 속에 행사하신다.5) 따라서 성도의 참된 위로와 평안
과 행복은 하나님의 섭리와 주권과 예정을 믿고 신뢰하는 데 있다. "성
도의 위로는 하늘에 계신 그의 아버지가 만사를 그의 능력으로 붙잡고
그의 권위와 의지로 다스리며 그의 지혜로 통치하기 때문에 그의 결정
이 없이는 아무 것도 일어나지 않음을 아는 데 있다. …… 이 하나님의
섭리에 대한 지식이야말로 최고의 축복이다.6)

따라서 칼빈은 "하나님께 영광"을 돌리는 삶과 함께 "하나님의 주권
에 복종"하는 하나님 중심적 삶을 살아갔다. 칼빈은 1555년에 행한 "신
명기 설교"에서 하나님의 주권에 복종하는 하나님 중심적 삶이 성도의
마땅한 삶이라고 역설했다. "우리의 모든 기도는 하나님의 뜻과 일치되
어야 한다. 만약 열성이 지나쳐서 깊이 생각하지 않은 그 무엇을 구했
다면 곧이어 '그럼에도 불구하고 당신의 뜻대로 되기를 원합니다'라고

---

2) J. Calvin, *Commentaries. on Jeremiah* 9:24.
3) John Calvin, *Institutes of the Christian Religion* I.2.1.(이하 *Inst.*로 표기함).
4) *Inst.* I.2.2.
5) *Inst.* I.16~17.
6) *Inst.* I.17.11.

기도해야 한다. 예를 들어, 어떤 사람이 병중에 있는 자식이나 아내를 위해 다음과 같이 부르짖어 기도할 수 있을 것이다. '오 나의 하나님, 나를 불쌍히 여기지 않으십니까? 내가 이렇게 끝까지 고통을 당해야 합니까?' 그와 같은 기도는 잘못된 기도이다. 다음과 같이 기도를 고쳐서 해야 한다. '오 나의 하나님, 실로 이것이 나의 소원이기는 합니다. 그러나 당신은 그 이유를 충분히 아십니다. 그러므로 나는 모든 것은 당신께 맡기며 순종합니다. 오 주님이시여, 나 자신과 나의 모든 것을 당신의 뜻을 따라 처분하시옵소서.' 하나님께서 우리를 시련하실 때 우리는 그의 손으로부터 도망치려고 하면 안 된다. 오히려 모세의 본을 따라야 한다. 모세는 백성에게 약속된 기업을 누리지 못하게 되었다. 하나님께서 그를 지도자로 삼으셨지만 이제 그가 죽기 전에 좌천을 당하여 면목을 잃게 되었고 약속의 땅에 들어가지 못하게 되었다. …… 그는 얼마든지 불평을 늘어놓을 수 있었다. …… 그러나 모세는 이렇게 말했을 뿐이다. '하나님께서 내가 요단을 건너 약속의 땅으로 가지 못할 것이라고 말씀했소.' 아무런 불평이나 원망이 그의 입술에서 나오지 않았다. 그는 자신을 십자가에 못박은 것이었다." 오 제네바의 사람들아, 멍에를 메기 싫어하는 젊은 송아지 같이 되지 말지어다. 하나님께서 당신들을 지으신 목적은 그를 섬기고 높이며 그에게 전적으로 헌신하기 위함이요." 이와 같이 칼빈에 있어 개혁주의 신학은 하나님 중심적 신학이었다.

현대 미국의 대표적인 개혁주의 신학자 중의 한 사람인 칼빈신학교의 조직신학 교수인 루이스 벌코프 역시 개혁주의 신학의 특성으로 하나님의 섭리와 주권을 강조했다. 그에 의하면 "섭리란 하나님께서 모든 피조물을 보존하시며, 세계에서 생성하는 모든 일에 행동하시며, 그리고 만물을 그 정해진 목적으로 인도하시는 하나님의 사역이다. …… 하나님의 통치란 만물이 자기네 존재의 목적에 응할 수 있도록 그들을 다스리시는 하나님의 계속적 활동이다. 구약과 신약은 다같이 하나님께서 우주의 왕이시며, 그의 선하신 기쁨에 따라 만물을 다스린다고 가르친다."7)

2. 성경 중심적 신학사상

개혁주의 신학의 하나님 중심적 사상은 성경 중심적 사상과 직결되어 있다. 칼빈은 주장하기를 성경은 창조주 하나님에게 나아갈 수 있는 유일한 안내자와 교사이며 그리스도인의 유일한 생활의 법칙이라고 했다.8)

칼빈이 성경을 강조한 주요 이유는 성경이 하나님께서 자신을 인간에게 계시하신 '하나님의 말씀'이며, 성경을 통해서만 인간이 하나님을 알 수 있고, 하나님께로 나아갈 수 있기 때문이었다. "하나님은 자기 자신을 우리에게 나타내시는 실제적인 지식을 오직 성경 안에서 주셨다." 창조의 역사를 통해 창조주의 영광을 비쳐주고 있지만 인간을 하나님께로 인도하는 데는 부족하다. "그래서 바로 이 우주의 창조주에게로 우리들을 곧바로 인도하기 위한 또 하나의 더 좋은 도움이 필요하게 되었다. 하나님께서는 우리를 구원으로 인도하시기 위해 그의 말씀의 빛을 더하여 주셨다."9) 하나님께서 제공하신 더 좋은 도움이 바로 성경이었고 그의 말씀의 빛이 곧 성경이었다. "마치 늙어서 시력이 약해진 사람 앞에 가장 아름다운 책이 놓여졌을지라도 그것이 어떤 종류의 책이라는 것을 알면서도 두 글자도 읽지 못하지만 안경의 도움을 받게되면 분명하게 읽을 수 있는 것처럼, 성경을 통해서 우리는 혼란을 일으킬 수밖에 없는 하나님에 대한 지식을 밝히 가질 수 있으며 참 하나님을 분명히 알 수 있다." "참된 종교가 우리에게 비춰게 하기 위해서는 우리는 하늘의 교훈으로부터 시작해야 되며, 성경을 참으로 사랑하는 제자가 되지 않고는 바른 교리의 조그마한 부분도 맛볼 수 없다."10)

---

7) Louis Berkhof, 『기독교 신학개론』, 신복윤 역 (서울: 성광문화사, 1974), pp. 104~108.
8) *Inst.* I.6.
9) *Inst.* I.6.1.

"성경 없이는 모두 오류에 빠진다. 그러므로 우리가 하나님을 순수하게 묵상하기를 참으로 원한다면, 이 옳은 길을 계속 추구해야만 한다. 즉, 우리는 말씀에게로 가야만 한다. 그 안에서 하나님께서 자신을 참되고 생생하게 우리에게 보여주시기 때문이다. 우리가 말씀에서 떠나면 이미 바른 길에서 벗어났으므로 우리는 결코 목적지에 도달할 수 없게 된다."[11]

칼빈은 또한 예수 그리스도가 성경의 중심이라고 말했다. 루터와 같이 칼빈도 성경에서 그리스도를 찾으려고 했다. "요컨대 전체 성경에서 우리가 추구해야 하는 것은 이것이다. 즉, 예수 그리스도를 참되게 아는 것이다. 만약 누군가가 율법과 선지서들을 철저하게 조사한다면, 그는 거기서 그를 그리스도께로 인도하지 않는 말은 단 한 마디도 발견하지 못할 것이다. …… 그러므로 바울은 다른 구절에서, 자기는 십자가에 못 박힌 예수 그리스도 이외에는 알지 않기로 했다고 말했는데, 이것은 매우 적절한 말이다."[12] "성경을 읽는 우리의 최대의 목표는 그리스도에 대한 참된 지식에 도달하는 것이 되어야 한다. 이 목적에서 벗어나는 사람은 그가 비록 그의 전 인생을 배우는 데 소모해 버렸다 할지라도, 진리에 도달하였다고 볼 수 없는 것이다. 우리는 성경에서 그리스도를 찾으라는 명령을 받았으며, 그리스도께서도 이 일에 대한 우리의 열정이 헛되지 않으리라고 분명히 말씀하셨다. 왜냐하면 아버지께서 그의 아들을 성경 안에서 우리에게 분명히 나타내시리라는 것을 친히 증거 하셨기 때문이다."[13]

결국 칼빈이 성경을 높이고 사랑한 주된 이유는 하나님의 계시의 말씀인 성경 안에서 하나님 자신과 예수 그리스도를 만나고 사귀기 위함이었다. 그러므로 개혁주의의 성경관을 하나님 중심적 및 그리스도

---

10) *Inst.* I.6.2.
11) *Inst.* I.6.3.
12) 풍만출판사 편, 『칼빈의 성경관』 (서울: 도서출만 풍만, 1986), p. 166.
13) John Calvin, *Comm. on John* 5:38.

중심적 성경관이라 해도 과언이 아니다. 그런데 칼빈의 성경관은 성령과 분리될 수 없다. 성경이 본래적 기능을 나타내려면 반드시 성령의 조명이 있어야 한다. 성경은 성령과 더불어 역사하고 성령은 성경과 더불어 역사한다. "하나님만이 그의 말씀 안에서 자신을 증거하시는 것처럼, 말씀이 성령의 조명에 의해 인 쳐질 때 비로소 말씀이 사람의 가슴속에 받아들여진다."14) "그러므로 성경은 그것의 확실성이 성령의 내적인 설득에 기초하고 있을 때에만 구원에 이르는 신지식을 궁극적으로 채워줄 것이다."15) 칼빈은 성경 이해에 있어서 항상 성령의 역할을 강조했다. 성경 속에 계시된 하나님의 말씀은, 성령에 의하여 성경이 해석되는 사람에게만 깨달아진다. 성경이 하나님의 말씀이라는 확신과 성경에 대한 바른 이해는 오직 성령의 은밀한 증거로부터만 얻을 수 있다.

필자는 이와 같은 칼빈의 성경관이 박윤선 목사님의 성경관에 그대로 나타나 있음을 본다. 박 목사님도 성경과 성령의 조명을 통해서만 하나님을 바로 알게 된다고 강조했다. "성경은 이 세상 다른 일들에 대한 확신보다도 하나님에 대한 확신, 하나님을 알도록 하는 오묘한 지혜를 제공합니다. 우리가 눈으로 보는 것 이상으로 하나님을 확신하게 되는 것은 성령과 성경 말씀에 의하여 받게 됩니다."16) 박 목사님은 평생 성경을 사랑하시고 연구하신 개혁주의 성경 신학자였다. 그는 성경에서 하나님과 그리스도에 대한 진리를 발견하기를 원했고, 그 깊은 뜻을 새롭게 깨닫기를 소원했다. 그런데 그는 하나의 '성경신학'의 체계를 세우지는 않았다. 그것이 그의 약점이라면 약점이겠지만 그의 장점이라고 말할 수도 있을 것이다. 그는 마지막까지 기도하는 가운데 성령의 조명을 통해 진리의 깊은 것을 새롭게 찾으려고 애쓰셨다. 박 목사님은 어떤 하나의 신학체계를 틀에 맞추어 성경을 이해하려고 하지 않

---

14) *Inst.* I.7.4.
15) *Inst.* I.8.13.
16) 박윤선, 『응답되는 기도』 (서울: 영음사, 1997), p. 199.

았고 성령의 조명과 성경 전체의 가르침에 비추어 이해하려고 했다. 성경을 손에 들 때에는 하나님 존전에 서서 그가 우리에게 말씀하심을 들으려는 자세를 가져야 한다고 했다.

3. 교회 중심적 신학사상

개혁주의 신학은 하나님 중심적, 성경 중심적 신학인 동시에 교회 중심적 신학사상이다. 칼빈은 오직 하나님의 안목에만 나타나는 불가 견적인 무형교회가 완전한 교회라고 말하며 제도적인 지상교회의 불완전성을 인정하면서도 지상교회에 대한 사랑과 애착심을 나타냈다. 그는 키프리안의 교회관을 따르면서 교회를 어머니로 비교했다. 어머니 되신 교회를 통하지 않고는 신령한 생활을 할 수 없고, 교회를 떠나서는 구원이나 사죄를 기대할 수 없다고 하였다. 그러므로 교회 안에 말씀이 바로 선포되고, 성례가 그리스도의 교훈대로 실시되는 데도 불구하고 교회를 떠나는 것은 언제나 잘못된 것이다.17) 칼빈은 지상에서 흠과 티가 없는 교회를 세우려 했던 도나티스트 분파주의자들이나 재침례주의자들과 같은 배타적 완전주의자들을 배격했다. 그 이유는 지상의 교회는, 예수님이 비유에서 말씀하신 것처럼, 택자와 불택자로 구성되었기 때문이다. 또한 교회는 늘 오류 투성이일 수밖에 없으므로 개혁할 필요가 없다고 체념하는 방관주의자 역시 배격했다. 왜냐하면 교회는 종말론적인 완성을 기대하면서 부단히 개혁되어야 하기 때문이다.18) 그러므로 우리는 우리 자신의 모든 교만을 벗어버리고 "그리스도의 교회에 순종하는 자녀가 되어야 한다."19)

칼빈은 주장하기를 교회의 주인은 오직 예수 그리스도이시며 그 분만이 교회를 다스려야 한다고 했다. 그러나 그리스도께서 인간들 가운데 보이는 형체로 좌정하시는 것이 아니므로 그의 사역자인 사람들을

---

17) *Inst.* IV.1.4.
18) *Inst.* IV.1.13.
19) John Calvin, *Comm. on Ps.* 48:10.

통하여 그의 주권을 행사하신다고 하였다.[20] 그리스도의 교회가 사도
들에 의하여 창설될 때에, 하나님은 사도, 선지자, 그리고 전도자와 같
은 임시직을 두셨고, 세상의 종말까지 그의 교회를 섬길 집사와 장로와
같은 항존직을 허락하셨다. 칼빈은 장로직을 목사, 교사, 그리고 장로로
구분하였다. 이러한 직분들을 통하여 그리스도께서는 그의 왕국의 홀
인 말씀 가운데 그의 왕권을 교회 안에 행사하시므로, 모든 사람들은
그 직분들을 귀하게 여겨야 한다고 하였다.[21]

현대의 개혁주의 신학자인 루이스 벌코프도 개혁주의 신학에 있어
서 교회의 중요성을 강조했다. 루이스 벌코프는 교회를 떠난 독립적
사상가로서의 교의신학의 가치를 인정하지 않았다. 그는 주장하기를
신학자는 반드시 어떤 특정한 교회에 소속하여 교회와 함께 신앙고백
을 나누는 교회의 신학자이어야 한다고 했다.[22] 그는 그 교회의 교리를
받아들이며 교회의 가르침이 성경에 충실한지의 여부를 살피며 교회를
가르치는 자이다. 신학교는 교회를 위한 것이며 그러기에 교회를 책임
지고 섬길 목사를 키우는 데 주력하여야 하며 교회와 관련을 맺지 않는
독립신학교에 경종을 울렸다.[23] 이와 같이 개혁주의 신학은 교회 중심
적 신학이라고 하겠다.

4. 기도와 경건 중심적 신학사상

개혁주의 신학은 기도와 경건 중심적 신학사상이다. 칼빈은, 루터를
비롯한 대부분의 종교개혁자들과 함께, 기도와 경건의 중요성을 강조
하였고 이를 실천한 기도와 경건의 사람이었다. 칼빈은 그의 『기독교
강요』 제3권 20장에서 기도의 필요성과 특성을 다음과 같이 지적했다.

---

20) *Inst.* IV.3.1~3.
21) *Inst.* IV.3.16.
22) Louis Berkhof, *Introductory volume to Systematic Theology* (Grand Rapids:
    William B. Eerdmans Publishing Company, 1932), p. 23.; 김의환, 『현대신학개
    설』, p. 114.
23) 김의환, 『현대신학 개설』, p. 114.

“기도의 은총으로 우리는 하늘의 보화를 얻는다. 기도를 통해 사람이 하나님과 교제하게 되는데, 하늘보좌에 들어가 하나님께 간구하므로 믿음의 내용들이 헛된 것이 아님을 실제로 체험하게 된다. 즉, 우리는 복음에 의해 제시되었고 믿음의 눈이 바라보았던 보화들을 기도로 파내어 얻는 것이다. 기도의 필요성을 말로는 다 표현할 수 없으며 기도의 실천이 얼마나 많은 유익을 가져오는지 다 지적할 수 없다. 하나님의 이름을 부르는 것이 우리의 유일한 요새임을 하나님께서 가르쳐 주셨다. 우리가 하나님의 이름을 부를 때 그의 섭리가 나타나 우리를 보살피시며, 그의 능력이 나타나 우리를 붙드시며, 그의 선하심이 나타나 우리를 은혜 가운데로 인도하신다. 즉, 우리는 기도를 통해 하나님께서 자신을 우리에게 나타내시고 임재하시기를 간구 한다. 그래서 우리는 특별한 평안과 안식을 경험한다.”24) 칼빈은 결국 말씀과 성례와 기도를 통해 그리스도인들이 하나님께 나아가며 하나님의 임재를 경험한다고 가르쳤다.

칼빈은 하나님의 받으시는 기도를 위해서는 기도의 법칙을 따라야 한다고 했다. 첫째로, 우리는 하나님과 대면하여 대화하려고 나아가는 자처럼 우리의 마음과 생각을 가다듬으며 성령의 도우심을 구해야 한다. 둘째로, 기도할 때에 언제나 자신의 부족함을 인식하고 구하는 것에 대하여 신실한 마음을 가져야 하고, 셋째로, 하나님 앞에 겸손히 서서 우리 자신의 모든 허영을 버리고, 하나님께 온전한 영광을 돌려야 한다. 넷째로, 우리의 기도가 응답되리라는 확실한 소망을 가지고 기도하여야 한다.25)

이와 같은 칼빈의 기도와 경건 중심적 신앙의 유산은 William Perkins, John Cotton, Cotton Mather, John Owen, Richard Baxter, Jonathan Edwards, Timothy Dwight와 같은 칼빈주의적 청교도들에 의해 계승되고 함양되었는데, 그것은 각성운동과 선교운동을 통해 결

---

24) *Inst.* III.20.2.
25) *Inst.* III.20.5~16.

국 한국 교회에까지 전수되었다. 박윤선 목사님은 현대 개혁주의 진영이 경성할 문제가 기도와 경건의 부족이라고 지적하며 다음과 같이 말했다. "오늘날 개혁주의 진영은 동서양을 막론하고 경건과 사랑이 부족하다. 그들의 기도하는 생활은 너무 약하다. 개혁주의 신학자들이 동서양을 막론하고 '개혁신학' 하지만 원래 개혁자들이 가졌던 영적 열심은 없다. 루터 선생의 뜨거운 기도가 저들에게 없다. 칼빈주의자 낙스도 기도의 인물이었고 칼빈주의 전도자 스펄존도 기도의 사람이었다.…… 기도 생활을 중요시하지 않는 정통신학이 있다면, 멀지 않은 장래에 그 자체가 죽은 정통이 되고 만다. 죽은 정통은 진정한 의미에서 정통이 아니다. 그것은 진리를 가지지는 못하면서 가진 체 하는 운동이다. 그러니 주를 애모하지 않음과 기도하지 않음이 얼마나 위태한 일인가."26)

5. 문화 변혁주의적 삶의 신학사상

개혁주의 신학은 공허한 사색을 위한 신학이 아니라 세상 안에서 하나님의 영광을 드러내려 하였던 실제적 삶을 위한 신학이었다. 칼빈은 그의 신학을 먼저는 그리스도인 각자의 삶 속에, 그리고 교회와 사회의 모든 영역에 실현하려고 하였다. 칼빈에게 있어서 예수 그리스도는 구원 얻은 성도들의 구세주일 뿐 아니라, 교회의 머리요, 또한 정치 영역에서는 왕이셨다. 그러므로 구세주이시고 왕 되신 그리스도 예수께서 신자, 교회, 그리고 사회의 모든 영역을 통치하시도록 하여야 하는데 이는 그의 말씀이 그 모든 영역에서 왕 노릇함에서 비롯되는 것이다.27) 칼빈은 그리스도의 말씀이 사회의 모든 영역 안에 적용되고 그 말씀의 통치에 의하여 그리스도의 주권이 실현되는 사회를 만들려고 힘썼다. 칼빈은 문화 변혁적인 개혁운동을 통하여 제네바 교회를 사도 시대 이후 가장 훌륭한 그리스도의 학교가 되게 하려고 하였고, 제네바 시를 교회사상 가장 신성했던 도시들 가운데 하나로 만들려고 했다.

---

26) 박윤선, "근년 개혁주의 신학 동향," 「파수꾼」 102호(1960년 9월): 5~6.
27) *Inst*. Ⅳ.20.5~16.

칼빈은 물론 시대 상황의 제약을 받아 선교에 주력하지 못한 것이 사실이지만, 그의 주석과 편지들을 읽어볼 때 그에게는 분명히 선교에 대한 원리적인 비전과 구체적인 관심이 있었던 것을 발견한다. 칼빈의 문화 변혁주의적 삶의 신학사상과 노력은 네덜란드의 거지들, 프랑스의 위그노, 스코틀랜드의 존 낙스를 비롯한 장로교도들에 의해 전수되었고, 그리고 영국과 뉴잉글랜드의 청교도들에 의해 전수되어 발전했다.

개혁주의 신학자 루이스 벌코프도 화란 개혁주의 신학의 입장을 따라 개혁주의적 사회참여의 필요성을 강조했다. 교회는 성도의 영적 교제 뿐 아니라 하나의 조직체로서 사회개혁의 간접적 영향력을 행사하여야 할 의무가 있다고 했다.[28] 복음 속에는 구원뿐만 아니라 사회 윤리적 교훈이 내포되어 있다. 교회는 개인구원의 복음을 전파하는 도구로서 세워졌을 뿐만 아니라 지상에 하나님의 나라를 건설하여 주의 뜻을 이루어야 하는 사명을 지니고 있다. 성경은 사회 생활에 관한 많은 교훈을 가르친다. 그 교훈들은 사회개혁의 원리들을 보여주며 사회문제에 대한 궁극적 해결을 제시한다. 그러므로 목사들은 단순히 구원의 복음만 전할 것이 아니라 구원받은 자로서 사회개혁을 위하여 어떻게 책임 있는 사회참여를 해야 할 것을 가르쳐야 한다는 것이다.[29]

우리는 지금 문화 변혁주의적 개혁주의 사상의 올바른 조명을 받아 우리 개인과 교회와 사회 안에 경건과 윤리의 삶을 회복하고 실천하는 일에 최선을 다 해야 할 것이다. 그것은 그리스도의 주권을 모든 영역에서 회복하고 실현하므로 이루어지는 것이다.

6. 맺는말

필자는 위에서 개혁주의, 곧 칼빈주의 신학의 특징 다섯 가지를 간략히 기술했다. 필자는 위의 다섯 가지 신학사상을 가장 올바른 신학체계로 받아들이며 가장 고귀한 신학체계로 높이고 있다. 물론 칼빈주의

---

28) *The Church and Social Problems*, pp. 16~20.
29) 김의환, 『현대신학개설』, pp. 110~111.

신학이 성령론과 선교론에 있어서 약하다는 평을 받고 있으나 필자는 칼빈의 성령론으로 만족하고 있으며 칼빈에게도 선교적 비전이 없지 않았다고 믿고 있다.

필자의 소원은 오늘의 한국 교회가 개혁주의 신학을 보다 바로 이해하고 보다 구체적으로 받아들이고 보다 깊이 뿌리내리게 되기를 바라는 것이다. 칼빈의 하나님 중심주의는 평생을 배우고 익혀도 제대로 익힐 수 없는 가장 고귀한 형태의 신앙이라고 하겠다. 그것은 도서관이나 책에서 배울 수 있는 것이 아니라 하나님의 존전과 사역의 일터에서 그리고 실패와 고난의 과정을 거치면서 비로소 조금씩 배워가고 익혀가는 형태의 신앙이라고 하겠다. "나의 양식은 나를 보내신 이의 뜻을 행하며 그의 일을 온전히 이루는 이것이니라." "그런즉 너희가 먹든지 마시든지 무엇을 하든지 다 하나님의 영광을 위하여 하라." Soli Deo Gloria!

개혁신학의 바른 이해

합동신학대학원대학교는 신앙과 삶이 어지러워진 한국 교회 안에 바른 신앙과 바른 삶을 되찾아 보려는 개혁의 의지를 품고 그 첫 걸음을 내 디뎠다. 지난 20여년 동안 하나님의 은혜 가운데 처음에 품었던 개혁의 의지를 다소라도 실현할 수 있었던 것을 감사하게 생각한다.

그러나 '바름'을 추구해 온 우리들 가운데 예기치 못했던 문제들이 하나 둘 나타나기 시작했다. 그것은 현대 자유주의 신학에 대항하며 정통신학을 변증했던 구 프린스턴 신학과 그 후 다시 분리된 웨스트민스터 신학이 초래했던 문제들과 유사한 문제들이었다. 그것은 성경의 권위와 정통적 교리변증에 치우친 나머지, 복음과 성령의 능력으로 말미암는 목회사역과 아울러 교회의 보편성과 연합을 제대로 강조하지 못한 것이었다. 바르냐 그르냐를 삼 년 동안 따지다가, 무엇을 어떻게 하며 사역하여야 하는가에 대한 준비를 제대로 하지 못했고, 복음사역을 위해 교회들이 어떻게 서로 협력하여야 하는가에 대한 관심을 제대로 가지지 못한 것이었다.

김의환 박사는 웨스트민스터 개혁신학의 문제점 네 가지를 다음과 같이 지적한 일이 있다. "미국의 개혁신학에서 워필드와 핫지의 주관주의적 전통을 이어 받아 성령의 계속적이며 자유로운 역사의 결과로써 나타나는 기사와 이적의 신학적인 의미를 과소 평가하여 왔다. 이미 성경의 권위에 대한 객관적 신앙에 치중한 나머지 그 성경의 주관적 적용의 에이젼시(agency)로서의 성령의 역사를 중시하지 않았기 때문에 오는 결과이었는지 모른다. 오늘날 미국 개혁주의 교회의 경직된 예배 분위기는 성경의 사도행전적 역사를 부인하는 당연한 결과이다." "1936년 메이천의 OPC 설립은 오늘날 역사 신학적 조명 아래 재검토되어야 한다. 시기상조적 조기 이탈은 북장로교회를 완전 좌경화 되도록 방치하는 결과를 가져오고야 말았다. 이런 현상은 한국 보수장로교회 안에서도 슬픈 현실로 나타나고 있다." "OPC 교회는 극도의 성장 둔화 현상을 빚었다. 예정론 이해가 바로 되지 못할 때 오는 전도 열심의 감퇴 위험을 부인할 수 없다." "OPC 개혁신학은 지구촌적 비전이 없이 교구 중심적 교단주의 그물에 걸려있다."

우리 안에도 이와 비슷한 문제들이 나타나고 있다. 성경의 권위와 정통교리 변호에 치우친 나머지, 옳고 그름을 따지기는 잘하는데 복음과 성령의 능력으로 말미암는 목회사역을 제대로 하지 못한다. 기사와 이적 등 성령의 은사들은 사도시대 이후에 중지되었다는 워필드의 신학이나, 오순절 성령강림이 단회적이라는 개핀의 교리만을 배우고 따르다 보니 성령충만한 목회사역을 수행하지 못하는 것은 당연한 일이다. 우리도 지구촌적 비전이 없이 교구중심적 교단주의의 그물에 걸려있는지 모르겠다. 그래서 최근 합신을 방문한 선배 동문들 중 한 사람은 후배 동문들에게 부탁하는 메시지에서 "기도에 능하고, 말씀을 성령의 감동으로 받아 전하고, 성령충만하고, 영적 투쟁에 승리하는 자들이 되자"고 호소했다. 또 한 선배는 "똑똑한 사람보다는 덕이 있는 사람이 되자"고 호소했다. 사실 지난번 총회에 합신 동문 총대들이 저마다 법을 바로 해석하는 똑똑한 사람들로 나섰다. 물론 그 중 한 두 사람이 개회벽두부터 폐회직전까지 법 해석을 바로 하는 똑똑한 사람으로 지나치게 앞에 나서 덕과 예절을 여지없이 짓밟아 버렸지만, 어떤 의미에서는 거의 모든 합신 동문 총대들이 저마다 법을 바로 해석하는 똑똑한 사람들로 나섰다고 하겠다. 우리가 무엇을 어떻게 하여야 할 것인가에 대해서는 거의 아무 것도 하지 않았다. 이것도 구 프린스턴과 웨스트민스터 개혁신학의 영향이었는지 모르겠다. 아니, 합신 교수들의 구 프린스턴적 및 웨스트민스터적 정통교리 가르침의 부정적 영향이라고 말할 수도 있을 것이다.

우리는 지금 우리 자신들을 새롭게 정립하여야 할 때이다. 마크 놀이 지적한대로 개혁주의 신학전통에는 구 프린스턴 및 웨스트민스터를 중심으로 하는 교리변증 위주의 개혁신학 정통과, 칼빈신학교와 CRC를 중심으로 하는 삶의 실천과 사회 및 문화변혁을 강조하는 개혁신학 전통, 그리고 요나단 에드워즈의 칼빈주의적 각성운동의 전통에 서서 복음과 성령의 능력으로 말미암는 구원과 전도 및 목회사역을 강조하는 개혁신학 전통이 있다. 우리는 이제 과거의 신앙선배들이 물려준 아름다운 신앙 및 신학 전통들을 골고루 받아 섭취함으로써 한편으로 치우치지 않는 균형 잡힌 개혁신학 전통을 이루어 나아가야 할 것이다.

칼빈을 비롯한 세계개혁교회 지도자들이 그 초기부터 강조했던 몇 가지 신학원리들을 마음에 새기는 것은 우리를 새롭게 정립하는 데 매우 필요하다고 생각한다. 그것은 다음과 같은 것들이다. 개혁교회는 역사 안에 나타난 하나님의 절대주권과 구원사역을 높이고 강조한다. 개혁교회는 복음전파의 사역을 온 세상에 펴 나아간다. 개혁교회는 신구약 성경의 절대권위를 받아들인다. 개혁교회는 다양성을 인정하면서 연합을 이룬다. 개혁교회는 복음적이고 카톨릭적이다. 개혁교회는 항상 개혁된다. 개혁교회는 세계에 토착교회를 세운다. 개혁교회는 세계의 약하고 박해를 받는 교회들을 돕는다. 개혁교회는 성령의 부으심을 거듭해서 받아야 한다.

그리고 우리는 우리의 선배 박윤선 목사님이 우리들에게 물려주신 개혁신학의 가르침을 바로 배우고 바로 이어받아야 할 것이다. 그분의 가르침과 삶은 성경적이면서 기도적이었고, 학문적이면서 성령적이었고, 신학적이면서 목회적이었고, 목회적이면서 선교적이었고, 하나님적이면서 인간적이었고, 보수적이면서 개방적이었다. 특히 그분의 성령론은 개혁주의적이면서도 워필드나 개핀의 개혁주의를 넘어서는 복음적 개혁주의적이었다. 그분은 방언, 병고침, 이적 행함 등의 특별은사들이 지금도 계속되고 있음을 인정했고, 오순절 성령강림 사건의 단회성을 말하면서도, 성령께서 오늘도 놀라운 초자연적 역사를 하신다는 점에 있어서는 단회성을 지녔다고 할 수 없다고 말하기도 했다.

자기를 바로 알로 바로 진단하고 그리고 자기를 넘어서는 것이 쉬운 일은 아니다. 그러나 그렇게 하는 것이 바로 개혁주의 원리요 삶이다. 그리고 진정한 개혁은 하나님의 은혜 없이는 이루어지지 않으며, 진정한 회개 없이는 이루어지지 않는다. 하나님께서 우리들에게 은혜를 베푸시고 진정한 회개와 부흥과 개혁을 주시기를 기도 드린다.

한국 교회의 역사적 조명과 그 전망

1. 한국 교회의 역사적 전통

유동식 교수는 한국의 신학사상을 구성하는 삼대 광맥이 있다고 지적하면서, 그 첫째는 길선주와 박형룡으로 대표되는 "보수적 근본주의 신학사상"이고, 둘째는 윤치호, 김재준, 그리고 오늘날의 기독교 장로회로 대표되는 "진보적 사회참여의 신학"이요, 셋째는 최병현과 정경옥 그리고 오늘의 감리교로 대표되는 "문화적 자유주의 신학사상"이라고 기술하였다.[1] 그러나 간하배 교수가 지적한대로, 길선주, 박형룡으로 이어진 한국장로교회의 신학사상은 보수적 근본주의적인 신학사상인 동시에 칼빈주의 신학사상과 복음주의 신학사상이 혼성되어 구성된 보수적 복음주의 신학사상(conservative, evangelical Christianity)이라 하겠다(*Studies in the Theology of the Korean Presbyterian Church*, p. 3.). 위의 세 가지 신학사상들의 특징들을 간략히 기술하면 다음과 같다.

1) 정치 신학

성서에 대한 고등비평을 가진 김재준은 성경에 대한 사회적, 정치적 해석을 시도했다. 그는 아모스서 해석에서 아모스 당시의 사회, 정치적 불의를 지적하는 동시에 일제 당신의 사회, 정치적 불의를 함께 비판했

---

1) 유동식, 『한국 신학의 광맥』, pp. 29~30.

다. 주재용이 지적한대로 "김재준은 한국의 정치신학을 소개했다." 김재준의 역사 참여적 진보주의 신학은 1970년대 유신 체제하에서 전개되기 시작한 민중신학으로 그 맥을 이어오고 있다.[2]

2) 문화 토착화 신학

최병헌의 신학적 과제는 재래종교와 기독교와의 만남의 문제를 해명하는 데 있었다. 그는 종교로서의 기독교는 타종교와의 연속성이 있으나 성서에 증언된 그리스도의 복음과 타종교와의 사이에는 연속성이 없다고 했다.[3] 정경옥은 주장하기를 하나님은 성서보다 크고 넓으신 분이라고 했다. 그러므로 성서를 통해서 말씀하실 뿐 아니라 인류의 문화나 역사를 통해서도 말씀하신다고 했다. 따라서 그는 기독교뿐만 아니라 종교 일반에도 많은 관심을 가졌다.[4] 정경옥은 기독교를 배타적인 절대 종교로 주장하지 않았다. "기독교는 세계 제 종교 중 하나로서 하나님의 도움을 받아 인간의 영적 노력으로 하나님의 구속을 얻으려고 하는 것임을 믿는다."[5] 최병헌과 정경옥의 자유주의 신학은 오늘날 감리교로 대표되는 문화토착화 신학으로 이어지고 있다.

3) 보수적 복음주의 신학

(1) 하나님 중심적 신학사상

길선주로 대표되고 시작된 한국의 보수적 복음주의 신학사상은 하나님의 초월성과 절대성을 강조하는 하나님 중심적 신학사상이라고 하겠다. 나라 잃은 민족적 절망과 기독교에 대한 일제의 심각한 박해 중에서 보수적 복음주의 기독교 지도자들은 다음과 같은 입장을 표명했다. "여호와 신은 천지만물을 창조하고 또한 지배·통괄하는 최고 유일

---

2) 주재용, "신학사상의 역사," 「크리스챤 신문」, 1984. 1. 7.
3) 유동식, *op.cit.,* pp. 53~54.
4) *Ibid,* p. 141.
5) *Ibid,* p. 182.

절대의 전지 전능의 신이라 하는 반면에 다른 신이라고 칭하는 것은 모두가 위선 내지는 우상이라고 판단하여 천조대신을 위시하여 역대 천왕은 여호와 신의 피조물인 아담 하와의 자손이다."[6] 그들에게는 비록 신이라 칭하는 그 어떠한 인간도 절대적일 수 없고, 단지 여호와 하나님만이 창조주요, 지배자요, 전능하신 하나님이었다. 그러므로 일제 및 공산 치하의 박해와 고난 가운데서도 한국 교회가 달려가 붙잡은 것은 세상이나, 정치력이나, 금권이 아니라 전능하신 하나님과 그의 능력의 손이었다.

(2) 성경 중심적 신학사상

길선주, 박형룡 그리고 박윤선으로 이어지는 한국의 보수적 복음주의 신학의 또 하나의 두드러진 특징은 성경 중심적 신학사상이라고 하겠다. 초월적이면서도 절대적인 하나님을 신앙하는 그리스도인들에게는 하나님의 말씀 역시 절대적인 권위를 갖는다. 그러므로 그리스도인들은 성경 공부를 강조하였고, 사경회를 통하여 교회의 부흥이 이루어졌다. 길선주 목사가 주력한 것은 기도와 성경공부였다. "그는 새벽마다 일찍 일어나서 교회에 나아가 기도를 하고 묵시록을 암송하는 것으로 하루의 생활을 시작했다."[7] 그는 성경의 절대성과 무오성을 믿으며 자유주의적인 성경해석을 결코 용납하지 않았다. 1935년 장로회 총회에서 어빙돈 단권 주석을 정죄하고 나선 이가 바로 길선주 목사였다. 박형룡 박사 역시 성경의 절대 권위와 완전 영감을 주장하며 김재준 목사의 자유주의적 신학 행위를 용납하지 않았다.

(3) 기도 중심적 신학사상

길선주로 대표되고 시작된 한국의 보수적 복음주의 신학사상의 또 하나의 두드러진 특성은 기도 중심적 신학사상이라고 하겠다. 한국 교

---

6) 민경배, 『순교자 주기철 목사』 (서울: 대한기독교출판사, 1985), p. 223.
7) 유동식, *op.cit.*, p. 57.

회의 "오순절"이라고 할 수 있는 1907년의 부흥운동을 비롯하여 그 후 거듭된 부흥운동들은 성경공부와 함께 일어난 기도운동이었다. 길선주, 주기철, 손양원, 김익두, 이대영 그리고 박윤선 목사는 말씀의 사람인 동시에 무엇보다 기도의 사람들로서 한국 교회를 기도하는 교회로 만들어 놓았다. 이러한 영향을 통하여 새벽기도, 산기도, 철야기도, 금식기도는 어느덧 한국 교회의 독특한 모습으로 이어졌다.

(4) 교회 중심적 신학사상

한국 교회는 그 초기부터 네비우스의 원리에 근거하여 자급, 자전 그리고 자치의 삼자원리에 입각하여 각기 독립적으로 활발히 발전했다. 많은 교회의 지도자들이 교회가 당한 환란들, 조선조 말기의 예수교회에 대한 박해, 일제에 의한 박해 그리고 공산군에 의한 박해로부터 목숨을 초개처럼 버리고 교회를 지켜왔다. 주기철, 최권능, 손양원 등 헤아릴 수 없을 정도로 많은 교회를 지키고 사랑했던 순교자들의 터 위에 한국 교회는 튼튼히 서게 되었다.

(5) 문화변혁주의 신학사상

한국에 전래된 기독교는 한민족의 영적 생활에 변화를 가져온 영적인 종교인 동시에 문화개혁을 가져온 문화 변혁적 종교였으며 나라 잃은 백성에게 애국정신을 고취한 민족주의적 종교였다. 뿌리 깊은 여성에 대한 차별, 양반과 상민의 이중적 사회구조, 일하기 싫어하는 노동관을 갖게 한 사농공상 제도, 통치자의 권위를 절대화하였던 그릇된 한국사상은 그리스도의 복음 증거와 평등사상과 함께 사라지게 되었다.

2. 현대의 조류

현대는 그 관심을 하나님으로부터 인간 자신에게로 바꾸어 놓은 시대라고 하겠다. 현대 자본주의 및 산업주의 생활양식은 그 가치의 초점을 점차 하나님의 영광 추구로부터 개인의 행복 추구에로 바꾸어 놓았다. 현대의 서구 사회는 기독교 전통의 틀에 서 있으면서도 점차 기독교적 가치관에서 떠나 경제적 소득과 자산의 축적을 삶의 궁극적 목적으로 삼게 되었다. 크리스토퍼 도슨은 현대 문화의 위기를 다음과 같이 기술했다. "우리는 현대 문명의 세속적 특성을 당연한 것으로 취급하게 되었다. 그러나 그것은 오히려 비정상적인 것이고 예외적인 것이다. 고대의 모든 위대한 문명들은 초월적인 신적 질서를 믿었다. 현대는 이와 같은 고대의 지혜를 망각하고 말았다. 오늘의 습관과 전통과 법과 권위는 종교적 성스러움과 도덕적 권위를 상실했다. 그것들은 모두 여론의 노예가 되었고 사회의 뜻에 복종하게 되었다. 그것들은 모두 인간화 및 세속화되었고 동시에 불안정하고 유동적인 것이 되었다. 문명이 물질적으로 풍요하여지고 더욱더 강력해지면서 영적 및 종교적으로는 약해지고 빈곤해졌다."[8]

　　간단히 말해서 현대문화를 신본주의 대신 인본주의, 초월주의 대신 세속주의, 영성 대신 물질 또는 과학기술, 세계보편주의 대신 민족 국가주의 및 개인주의의 지배를 받는 인간 중심의 문화로 전락했다고 하겠다. 다시 말해서 현대문화에 있어서 인간과 물질과 과학기술과 민족과 국가와 개인이 하나님의 자리를 대신 차지하게 되었고, 결국 인간신, 물신, 과학신, 민족 또는 국가신이 등장하게 되었다고 하겠다. "혹성탈출"이라는 영화는 21세기의 인간들이 핵미사일을 경배하며 그에게 찬양을 하는 장면을 묘사했는데, 이는 신을 축출하고 과학기술이 그 자리를 차지한 현대 문화의 특성을 단적으로 나타낸 것이라고 하겠다.

3. 현대 및 한국 교회의 진단

　　현대교회는 현대문화를 변혁시키는 대신 인간중심의 현대 세속문화에 의해 침투·공격당해 변질되었다고 하겠다. 따라서 현대 기독교는 현대가 추구하고 숭배하는 인간과 인간의 정치, 경제, 사회, 종교, 문화,

---

8) Christopher Dawson, *Historic Reality of Christian Culture* (London: Routledge and Kegan Paul LTD, 1960, pp. 79~80.

과학적 번영과 성취를 추구하는 인본주의 및 세속주의적 형태의 신학을 만들어 내거나 이와 같은 현대문화의 도전에 대해 무력한 모습을 드러내기도 했다.

1) 번영의 신학

2차 대전의 비극과 동서간의 냉전 및 국제전쟁의 비극을 경험한 현대인들은 무엇보다 생활의 안정과 물질의 번영을 추구하게 되었다. 따라서 빈센트 필, 로버트 슐러, 조용기 등은 자기 소외와 자기 상실의 불안 속에서 고민하는 현대인들에게 육체의 건강과 물질의 부요함 그리고 현세의 행복을 약속하는 번영의 신학을 만들어 주었다. 믿기만 하면 무엇이나 할 수 있고 믿기만 하면 무엇이나 이룰 수 있다는 적극적 사고의 신학은 그 초점을 하나님과 그 뜻에 두기보다는 인간과 그의 의지에 두는 것이라고 하겠다. 번영의 신학은 평신도들과 목회자들로 하여금 더 큰 사업과 더 큰 교회를 추구하는 허영심을 가지도록 조장했다고 하겠다. 번영의 신학은 결국 대형화와 대량화를 추구하는 현대에 있어 대교회주의와 물량주의를 초래했다고 하겠다. 로버트 슐러의 "수정 교회"를 모방한 대형교회들이 세계도처에 우뚝우뚝 세워지고 있다. 로버트 슐러가 주창한 교회성장을 위한 "슈퍼마켓 경영원리"가 많은 교회들에 의해서 채택되어지고 있다. 교회 구조는 대형화 및 다량화되고, 교회 조직은 전문화되며, 교회 사업도 전문화되고 있다. 건물이 큰 교회, 교인수가 많은 교회, 사업을 많이 하는 교회가 현대교회의 이상형이 되고 있다. 대형화와 물량주의의 추세는 80년대에 이어 90년대에도 계속될 전망이다.

번영의 신학과 교회의 대형화가 교회 발전에 미친 궁극적인 영향을 무시할 수는 없다. 개교회를 중심으로 하는 기도와 전도와 봉사의 각종 사업이 보다 열성적으로 이루어지고 있다. 그러나 번영신학과 물량주의가 교회에 미친 피해 역시 적지 않다고 하겠다. 그것은 목회사역에 있어서 인위성과 허영성을 조장했고, 일반신자에 있어서는 신앙생활의 초점을 하나님의 뜻에 두기보다 현세적 및 물질적 축복에 두게 만들었다.

2) 세속주의 신학

종교개혁과 근세와 현대는 기독교의 세속화 시대라고 하겠다. 교회와 세상과의 분리를 극복하고 기독교의 복음을 세상과 연결시키려고 시도한 시대라고 하겠다. 종교개혁자들은 그리스도인들의 세상 안에서의 직업적인 소명을 강조했고 건전한 의미에서의 기독교의 세속화를 시도했다. 그러나 건전한 의미에서의 기독교 세속화 운동은 근세와 현대에 이르러 신본주의 대신 인본주의가 등장하므로 파괴적인 의미에 있어서의 기독교의 세속화로 전락되었다고 하겠다. 비기독교적인 기독교, 울타리가 없는 교회, 세상 속으로 흩어져 세상과 동일시되는 크리스찬의 모습이 현대 세속화 시대의 이상적 모습으로 바뀌어졌다.

이러한 세속화의 경향과 함께 초래된 또 하나의 현대교회의 모습은 세속주의에 빠진 모습이다. 마약과 성적부도덕과 동성연애가 부분적으로나마 교회 안에서 수용되고 있으며 사치와 향락이 교회 안에서 묵인되고 있다. 많은 교회 행사들이 호텔에서 화려하게 치루어지고 있으며, 교회의 행정과 목회자의 모습이 대기업의 것을 모방하고 있다. 주일성수는 이제는 우리 시대와는 상관이 없는 옛 시대의 유물로 간주되고 있다.

세속주의가 현대인으로 하여금 신앙생활을 편리하게 하는 데는 큰 공헌을 했다고 하겠다. 그러나 이와 같은 세속주의는 생명력을 앗아가고 사회로부터의 비난을 면치 못하게 했다.

3) 정치 신학

정치 신학은 남미, 필리핀, 한국 등 정치, 경제, 사회, 인권적 모순과 불의가 자행되는 독재체제 하에서 정치, 경제, 사회, 인권적 정의와 평등을 추구하며 일어난 "신학운동"이다. 남미에서 일어나는 해방신학과 한국에서 일어나는 민중신학이 정치, 경제, 사회, 인권운동으로서의 타당성은 있으나 그것이 신의 자리를 정치, 경제, 사회적 인간으로 대치한 데 있어서는 치명적인 신학적 오류를 범했다고 하겠다.

민중신학은 심지어 신학의 관심 대상이 초월적 신이 아니라 역사적 민중이라고까지 주장했다. 민중신학의 신은 민중과 더불어 존재하며 민중 안에 내재하며 민중과 자신을 동일시한다. 서남동은 묘사하기를, 창녀들의 소굴에서 한 창녀 산모가 아기를 낳는데 그런 시궁창에서 새 생명 곧 신이 출현하는 것을 본다고 했다. 서남동의 신은 초월적인 신이 아니라 인간의 비참한 현실적 삶에 내재하는 인간신이다. 서남동은 한 걸음 더 나아가 예수가 곧 민중이요 민중이 곧 메시아라는 신인동일의 사상을 내세웠다. 따라서 오늘날 우리의 현실에서 천년왕국을 현실화하는 작업은 "유신헌법을 폐기하고 새 헌법을 만드는 작업"이라고 서남동은 주장했다. 이러한 민중 신학적 이데올로기의 근원을 우리는 19세기 초 독일의 관념주의 철학자 헤겔에게까지 소급하여 발견한다. 헤겔은 역사 발전과정이 곧 신이며 신은 역사 발전과정 개념이 포이에르바흐의 무신론과 마르크스의 유물주의 사상을 경유하여 오늘의 정치 신학 사상으로 발전하여 나타났다고 하겠다.

민중신학의 주장에 정치, 경제, 사회적 개혁운동으로서의 타당성이 없는 것은 아니다. 민중신학 운동은 틀림없이 한국의 민주화를 가져오는 데 중요한 공헌을 했다고 하겠다. 그러나 민중신학은 분명히 신학의 범주를 벗어나 정치, 경제, 사회적 이데올로기로 변질되고 말았다. 민중신학은 이제 하나님 신앙과 사색의 영역으로부터 사회, 경제적 행동과 정치적 혁명의 장으로 넘어섰다.

4) 문화토착화 신학

인간은 생태적으로 자기가 속해 있는 가문이나 민족, 종교, 문화적 전통을 존중하고 절대시하려고 한다. 헬라·로마인들 못지 않게 문예부흥시대 이후의 현대인들은 인간의 고유한 민족, 종교, 문화적 전통을 내세우고 그것에 집착하는 데 남다른 열성을 나타냈다. 이와 같은 경향은 20세기 후반에 이르러 보다 강화되었다. 강대국들에 의해 지배를 당해오던 세계 곳곳의 약소국가들이 정치적 독립과 인간적 자유를 누리게 되면서 인간과 문화의 뿌리 찾기 운동은 보다 현저하게 나타났다.

이와 같은 경향은 기독교에도 심각한 영향을 미쳤다. 기독교의 메시지를 그 지역의 종교, 문화적 전통과 유산에 접목시키거나 융합시키려는 종교, 문화적 토착화 신학운동 또는 혼합주의 종교운동이 곳곳에서 일어났다.

한국의 일부 급진주의 문화신학자들은 기독교와 한국의 종교 문화적 전통과의 종합을 과도하게 시도했다. 변선환 교수는 한국 교회의 신학이 비 서구화 및 토착화해야 한다고 역설했다. "복음이라는 벼나무가 한국의 토양에 뿌리를 내려서 한국의 기독교가 비 서구화되고 토착화되는 데까지 성숙을 지향하여야 할 것이다." "그렇다면 기독교는 대자비로 나타나는 대지혜를 말하는 불교와 함께 대화하며, 지구촌의 밝은 미래 인류의 일치를 향하여 현재 일어나고 있는 '하나의 세계'를 밝히기 위하여 협력하여 나갈 수 있을 것이 아니겠는가?" 김경재 교수도 한국 신학의 과제는 전통적인 서구 신학을 유구한 한국의 종교문화(샤머니즘 문화, 유교문화, 불교문화의 종합) 속에 이미 존재하고 싹터온 존재론적 자연신학과의 불가분적 관계에서 변화 성장하게 하는 종교신학 또는 문화신학적 토착화라고 했다. "한국 신학의 과제는 복음이 변화하는 것을 두려워 말고 서구 신학이 규명해 놓은 복음의 진리에다 한국민의 삶과 오늘날의 자연과학이 밝혀주는 실재의 새로운 이해를 가지고 복음을 좀더 새로운 관점에서 이해할 것이 일차적인 과제이다." 이러한 종교 문화적 토착화 신학의 근원을 슐라이마허에서 비롯되는 주관적이고, 역동적이고, 신비적인 인간정신을 그 본바탕으로 하는 체험주의 신학과 그리고 본 회퍼, 폴 틸리히, 칼 라너 등으로 대변되는 소위 후기 기독교시대의 비종교화 신학에서 발견한다.

토착화 신학의 주장 가운데는 무비판적 서구신학 수입에 대한 정당한 비판과 토착교회의 자주성 선양이라는 정당성이 없는 것은 아니다.

그리고 자연과 문화 자체를 죄악시하는 이원론을 극복하는 데도 다소의 공헌을 했다고 볼 수 있다. 그러나 종교 문화적 토착화 신학은 기독교 전통의 역사성과 기독교 복음의 배타적 절대성을 간과하고 기독교를 하나의 비역사적, 범종교적 진리로 추상화하는 심각한 오류를 범했다고 하겠다. 급진적 토착화 신학은 필연적으로 범종교적 혼합주의를 초래하며 결국 기독교의 진리를 파괴하고 만다고 하겠다.

5) 과학기술주의

현대 과학은 급속도로 발전하고 있다. 숨겨졌던 우주의 신비가 밝혀지고 있으며 생명체와 그 종의 개발이 시도되고 있다. 결국 첨단의 과학기술을 개발한 현대인간은 그 기술로 인간과 자연과 우주를 다스리려는 신의 자리를 차지하거나 그 과학기술의 지배와 통제를 받는 과학기술의 노예로 전락하기도 했다.

현대 교회는 급속도로 발전하고 있는 현대 과학기술 앞에 무력한 모습을 나타내거나 심지어는 그 앞에 무릎을 꿇는 비굴한 모습을 보이기도 했다. 현대 과학이 진화론을 주장해도 현대 교회는 침묵하거나 그것에 아부하기도 했다. 현대 과학이 교묘한 살인 무기를 개발하여 생명을 침해하거나 파괴해도 현대 교회는 침묵하거나 그것이 정당한 것으로 간주하기도 했다. 현대 과학이 현대인의 편리를 도모하기 위해 생명을 조작해도 현대 과학이 과학개발이라는 명목 하에 자연과 우주를 오염시키고 파괴해도 현대 교회는 그것에 대해 무관심하거나 그 해결을 시도하려고 하지도 않았다.

6) 개인주의

현대는 개인주의가 극도로 팽배한 시대이다. 신도 국가와 민족도 그리고 이웃이나 가족 식구들도 그 존재의 의미를 점점 잃어가고 있다. 그것들은 모두 나 하나만을 위해서 존재하는 도구와 방편에 불과하게 되었다. 나 하나만의 유익을 위한 것이라면 신도 국가도 이웃도 심지어는 가족까지도 얼마든지 포기하고 희생시킬 수 있게 되었다. 하나님 경외나 애국, 애족, 애린 사상은 옛 시대의 유물로 되어버렸다.

이와 같은 현대의 개인주의는 현대 교회 안에까지 침투하게 되었다. 이웃사랑과 세계보편주의를 표방해야 할 현대 교회는 개인주의와 개교회주의에 사로잡혀 그 특성을 노골적으로 나타내게 되었다. 나 하나가 복 받기 위해서는 모든 노력을 경주하며 내 교회 하나가 부흥하기 위해서는 모든 희생을 감수하게 되었다. 이와 같은 개인주의와 개교회주의의 경향은 한국 교회에 있어서 가장 큰 문제가 되고 있는 분쟁과 분파의 문제를 보다 심화시켰다고 하겠다. 그리하여 선교 초기 장로교, 감리교, 성결교로 시작했던 한국 교회가 선교 백 년을 맞는 오늘날에는 100여 개의 교단과 70여 개의 장로교단으로 갈라지게 되었다.

개교회주의와 분파주의를 한국 교회에 있어서 성장의 한 요소가 되었다고 억지변명을 하는 한국사람도 있으나, 실상은 개인주의와 분파주의야 말로 기독교 자체에 치명적인 피해를 입혔다고 하겠다. 그것은 첫째로, 하나의 생명적 유기체인 하나님의 교회의 건강한 성장을 저해했으며 둘째로, 세상과 사회로부터 비난과 지탄을 받아 결국 전도와 하나님 나라 확장을 방해하게 되었다.

4. 한국 교회 사명
1) 신관의 정립

우리는 현대 문화의 특성을 신 상실로 보았다. 따라서 현대 문화에 대한 현대 교회의 첫째의 사명은 신관의 정립과 제시라 하겠다. 성경의 계시와 성령의 조명을 통해 현대인에게 다가오는 참 신은 역사과정이나 민중과 동일시 될 수 없고, 타 종교문화의 범신이 될 수도 없으며, 물질의 번영이나 세속적 쾌락과 대치될 수도 없는, 초월적인 창조주이시며 역사 안으로 찾아오신 인격적인 구속주 되시는 것을 현대 교회가 먼저 새롭게 체험하고, 그 신 앞에서 살며, 그리고 그 신을 현대인들에게 생생하게 증거하고 제시하는 일이 무엇보다 우선되어야 할 것이다.

그리고 인간의 궁극적인 목적이 창조주 하나님께 영광을 돌리는 데 있음을 구체적으로 보여주어야 할 것이다.

2) 인간관의 정립

현대 문화의 변질현상은 또한 인간이 하나님의 형상대로 지어진 피조물로서의 제자리를 상실하고, 신의 자리를 침탈하거나 또는 물질이나 기계의 자리로 전락한 것으로 나타났다고 하겠다. 현대인은 고도로 발달된 현대 과학기술을 이용하여 자연과 우주를 다스리며 이 땅에 천년왕국을 세우려는 허망한 꿈을 가지게도 되었고 다른 한편으로는 자신을 포함한 인간의 고귀한 생명을 현대과학 기술의 통제와 조작에 모두 맡겨버리는 비인간화의 결과를 초래하기도 했다.

따라서 현대 교회의 또 하나의 사명은 상실된 인간상을 회복시켜 정립하고 그것을 제시하는 것이라고 하겠다. 인간은 자율적인 존재가 아닌 창조주 하나님의 피조물이다. 창조주 하나님의 주권과 섭리를 인정하고 따르는 한에 있어서 인간의 모든 문화적 및 과학적 활동은 가치와 보람을 갖게 된다. 또한 인간은 하나의 물질이나 도구가 아니다. 하나님의 형상대로 지음 받은 고귀한 존재이다. 이 세상 안에 하나님의 모습과 뜻을 펴낼 수 있는 신적 특성을 소유한 존재가 인간이다. 바른 인간상을 새롭게 정립하고 실천하며 그것을 현대인에게 모범적으로 보여주어야 할 것이다. 올바른 의미에 있어서의 인간화의 과업은 현대 교회가 지향해야 할 중요한 과업이다.

3) 문화관의 정립

바른 신관과 바른 인간관을 상실한 현대는 자연과 사회질서를 파괴하는 정치, 경제, 사회, 과학, 문화 활동을 마음대로 자행하게 되었다. 한 개인이나 한 국가에 이익을 증진하는 일이라면 자연질서를 얼마든지 손상시키거나 파괴한다. 식품을 비롯한 산천과 초목과 대기가 여지없이 오염되거나 파괴되고 있다. 몇 개인의 이익을 위해 대지와 섬들과 바다까지 제멋대로 "개발"되고 변형되어 있다.

따라서 현대 교회는 올바른 자연관과 문화관을 정립하고 제시하는 사명을 수행하여야 할 것이다. 창세기 1:18의 "땅을 정복하라 모든 생물을 다스리라"는 문화 위임령은 자연에 대한 인간의 착취나 무제한적 개발이 아니라 하나님의 공의와 사랑의 원리에 따라, 즉 하나님의 영광과 인간의 복지를 위해 올바로 보존하고 개발하고 사용하라는 하나님의 명령임을 바로 인식하고 제시하여야 할 것이다. 인간은 자연의 주인이 아니라 자연의 관리자이며 청지기임을 바로 인식하고 실천하며 그리고 그것을 본으로 보여주어야 할 것이다.

4) 통일 및 선교관의 정립

21세기를 향한 한국 교회의 지상과제의 하나는 통일의 성취와 북한선교 및 세계선교 수행이라고 하겠다. 그러기 위해서는 세계 도처에서 일어나고 있는 개혁과 자유화의 물결이 북한 안으로 밀려들어가도록 북한과의 다각도의 접촉과 교류를 계속 시도하여야 할 것이다. 북한 당국자나 조선기독교연맹과 같은 북한의 공식단체들과도 조심스러운 접촉과 교류를 계속 시도하여야 할 것이지만 우리의 접촉과 교류의 대상을 북한의 공식 단체들에 국한할 것은 아니다. 북한의 모든 인사들을 대상으로 하는 광범위한 접촉과 교류를 계속 과감하게 시도하여야 할 것이다. 영웅심이나 이기적 야심을 지양한 사람이라면 북한 사람들과 어디서나 어떤 방법으로든지 접촉과 교류를 시도하여야 할 것이다.

한국 교회가 한 가지 시급하게 반성하고 준비하여야 할 것은 효과적인 북한선교를 위한 우리 자체의 정비라고 하겠다. 사분오열된 우리 남한 교회의 모습을 북한에 그대로 보여주거나 이식해서는 결단코 안 될 것이다. 교류의 문이 열릴 때 우리가 들고 가야할 것은 예수 그리스도의 복음이지 70여 개로 갈라진 장로교단들은 아니다. 우리가 할 일은 선교지의 교회를 돕고 강화시키는 일이지 선교지에 혼란과 분쟁을 초래하는 것은 아니다. 이것은 북한에서 일어나도 안 될 것이고 세계의 다른 선교지에서 일어나서도 안 될 것이다. 21세기를 맞는 한국 교회는 국내에서의 자체의 모습도 정비하여야 할 것이고 선교지에서 나타나는 선교사역의 모습도 정비하여야 할 것이다.

5) 내세관의 정립

현대는 내세를 상실한 시대이다. 내세에 대한 관심을 포기하고 현세에 파묻혀 산다. "내일 죽을 터이니 먹고 마시자"는 옛날 헬라 로마인들의 생활 신조였을 뿐 아니라 현대인의 생활 신조가 되었다. 큰집에서 보다 편하게 살고 세상에서 보다 즐겁게 사는 것이 현대인의 생활 신조가 되었다. 정치, 경제, 사회적 정의에 기초한 정치적 지상 천국과 현대 과학기술에 기초한 과학적 지상 천국을 이 땅 위에 건설해 보려고 하는 것이 현대인의 꿈과 목표가 되었다.

따라서 현대 교회는 지상천국을 이룩하려는 현대인의 꿈이 얼마나 허망한 것임을 지적하여 보여주며, 내세를 상실한 현대인들에게 그리스도의 재림으로 완성될 내세의 천국관을 분명하게 제시해야 할 시대적 사명을 가지고 있다. 올바른 종말 신앙이야말로 현세를 도피하게 하는 것이 아니라 정반대로 현세에 대한 보다 책임 있고 적극적인 문화 창조적 삶을 살게 만든다는 하나님 중심적 삶의 신학을 바로 정립하고 제시하는 것이 시급한 일이라고 하겠다.

한국 교회의 보수적 복음주의 신학

　유동식 교수는 한국의 신학사상을 구성하는 3대 광맥이 있다고 지적하면서, 그 첫째로, 길선주와 박형룡으로 대표되는 "보수적 근본주의 신학사상"이 있고, 둘째로, 유치호, 김재준, 그리고 오늘날의 기독교 장로교회로 대표되는 "진보적 사회 참여의 신학"이요, 셋째는 최병헌과 정경옥 그리고 오늘의 감리교로 대표되는 "문화적 자유주의 신학사상"이라고 기술하였다.1) 그러나 간하배 교수가 지적한 대로, 길선주, 박형룡으로 이어진 한국 장로교회의 신학사상은 보수적 근본주의적인 신학사상인 동시에 칼빈주의 신학사상과 복음주의 신학사상이 혼성되어 구성된 보수적 복음주의 신학사상(conservative, evangelical Christianity)이라고 하겠다.2) 필자는 여기서 한국 기독교 사상을, 주로 길선주, 박형룡, 그리고 박윤선 등으로 이어지고 대표되는 보수적 복음주의 신학사상을 한국 교회의 일반적 신학사상으로 이해하여, 이를 이미 상술한 성경적 개혁사상에 비추어 기술하려고 한다.

1. 하나님 중심적 신학사상

　길선주로 대표되고 시작되었다고 볼 수 있는 한국의 보수적 복음적인 신학사상은 하나님의 초월성과 절대성을 강조하는 하나님 중심의

---

1) 유동식, 『한국 신학의 광맥』(서울: 전망사, 1982), pp. 29~30.
2) Harvie M. Conn, *Studies in the Theology of Korean Presbyterian Church* (서울: 총회신학대학, 1976), p. 3.

신학사상이라고 하겠다. 따라서 교회와 그리스도인의 신앙의 중심은 하나님의 전지 전능, 그리고 절대성이 강조되었고, 나라의 역경 가운데서 늘 하나님의 도우심을 기원하였다. 나라 잃은 민족적 절망과 일제의 신사참배의 강요로 기독교에 대한 심각한 박해가 있었을 때, 보수적 복음적인 기독교 지도자들은 다음과 같은 입장을 표명하였다.

> 여호와 신은 천지만물을 창조하고 또한 지배 통괄하는 최고 유일 절대의 전지전능의 신이라 하는 반면에 다른 신이라고 칭하는 것은 모두가 위신 내지는 우상이라고 판단하여 천조대신을 위시하여 역대천황은 여호와 신의 피조물인 아담 하와의 자손이다.[3]

그들에게는 비록 신이라 칭하는 그 어떠한 인간도 절대적일 수 없고, 단지 여호와 하나님만이 창조주요, 지배자요, 전능하신 하나님이었다. 그러므로 일제 및 공산 치하의 박해와 고난 가운데서도 한국 교회가 달려가 붙잡은 것은 세상이나, 정치력이나, 금권이 아니라 전능하신 하나님과 그의 능력의 손이었다. 나라를 찾는 길도 개인의 영적 만족을 누리는 길도 하나님께 나아가 하나님과 교제하며 그의 은혜와 능력을 받는 길이었다. 곧 구령운동을 통한 민족의 구원이었다.[4] 그러므로 한국교회는 부흥 사경회와 기도운동을 강조하게 되었고 이것은 보수적 복음주의적인 한국 교회의 전통이 되었다.

그러나 시간이 흐름과 동시에 하나님만을 추구한 하나님 중심의 신앙이, 계속되는 적대적 정치세력으로 인하여, 그리고 세대주의적 근본주의신학의 영향으로, 현세 도피적 내지 내세 지향적 특성을 지니게 되었다. 따라서 사회, 문화적인 현실 문제에 대하여 무관심으로 대응하게 되었다. 이와 같은 보수적 기독교의 비사회적 또는 비정치성에 대한 반발로 하나님을 초월적이 아닌 내재적인 하나님으로 이해하려는 경향

---

3) 민경배, 『순교자 주기철 목사』(서울: 대한기독교출판사, 1984), p. 223.
4) 유동식의 『한국 신학의 광맥』에 나오는 1901년 10월 3일에 「그리스도 신문」에 실린 장로회공의회의 결의를 참고할 것.

이 나타나기 시작하였다. 즉, 하나님을 자연과 역사와 인간 안에 내재하며 활동하는 범신론적인 과정 신학의 역사 신 또는 세계정신으로 이해하고 투쟁하려는 역사 참여의 자유주의 신학이 형성되게 되었고 그것은 결국 민중신학의 형태로 나타나고 말았다.

우리는 지금 성경적 개혁사상의 올바른 조명을 받아 우리의 자세를 가다듬어야 할 때이다. 그래서 인간의 이해를 초월하시면서도 인류 가운데 내재하시는 하나님, 곧 성경과 성령의 조명을 통해 만나고 섬겨지는 인격적인 하나님을 바로 찾아야 하겠다. 그리고 인류와 역사를 섭리하시고 주장하시는 하나님의 절대주권에 모든 것을 맡기고 하나님 앞에서 그의 뜻을 겸손히 받들어 섬기는, 그래서 그에게만 오직 영광을 돌리는 기도와 예배와 봉사의 경건 생활을 되찾아야 할 것이다.

2. 성경 중심적 신학사상

길선주, 박형룡, 그리고 박윤선으로 이어지는 한국의 보수적 복음주의 신학의 또 하나의 두드러진 특징은 성경 중심적 신학사상이라고 하겠다. 초월적이면서도 절대적인 하나님을 신앙하는 그리스도인들에게는 하나님의 말씀 역시 절대적인 권위를 갖는다. 그러므로 그리스도인들은 성경공부를 강조하였고, 성경공부였던 사경회를 통하여 교회의 부흥이 이루어졌다. 길선주 목사가 주력한 것은 기도와 성경공부였다. "그는 새벽마다 일찍 일어나서 교회에 나가 기도를 하고 묵시록을 암송하는 것으로써 하루의 생활을 시작했다."[5] 이러한 그의 경건 훈련을 통하여 한국 교회에 새벽기도회가 시작되었다. 길선주 목사의 성경연구 또한 대단하였다. 그는 요한계시록을 일만 번이나 읽었고, 요한일서를 오백 번이나 읽었다고 한다.[6] 그는 성경의 절대성과 무오성을 믿으며 자유주의적인 성경해석을 결코 용납하지 않았다. 1935년 장로회 총회에서 어빙돈 단권 주석을 정죄하고 나선 이가 바로 길선주 목사였다.

---

5) *Ibid.*, p. 57.
6) *Ibid.*, p. 58.

박형룡 박사 역시 성경의 절대 권위와 완전 영감을 주장하여 김재준 목사의 성경을 허는 자유주의적 신학 행위를 용납하지 않았다. 한국 교회 목회자의 목회와 설교에 광범한 영향을 미친 박윤선 박사 역시 성경 중심적인 신학자이다. 그에게 성경은 그리스도인의 신앙과 생활의 규범이요, 교회의 예배, 교리, 그리고 교회행정, 심지어는 목회사역의 기초였다. 이러한 성경연구의 전통과 성경중심적인 신학자들의 전통 위에 세워진 교회가 바로 한국 장로교회요, 한국 장로교회만큼 성경의 중요성을 강조하는 교회를 현대에서 찾아볼 수 없을 것이다.

그러나 한국의 교회에서는 성경 중심주의가 성경의 문자적인 지식을 강조하는 지식 위주의 형식주의와 율법주의로 변질 내지는 포용하여, "나"의 성경해석은 절대시하고 남의 성경 해석을 정죄하는 정죄의식과 배타적 분파주의적 특성을 나타내기도 하였다. 또한 텍스트(text)에 치중한 나머지 콘텍스트(context)를 무시하는 결과를 초래하기도 하였다. 이와 같은 성경의 문자 또는 성경해석 절대화에 대한 반발로 성경의 주관적 해석 내지는 상황적으로 해석하려는 운동들이 일어나고 있는 형편이다. 그러므로 우리는 성경적 개혁사상의 올바른 조명을 받아 살아 계신 하나님으로서의 성경의 절대권위와 능력을 강조하여야 하는 동시에 그 말씀을 우리의 생활영역에 적용하여야 할 것이다. 그리고 성경 자체의 권위와 무오함을 인정하면서도 "나"의 성경해석의 제한성과 불완전성을 겸허하게 인정하여야 할 것이다.

3. 기도 중심적 신학사상

길선주로 대표되고 시작된 한국의 보수적 복음주의 신학사상의 또하나의 두드러진 특성은 기도 중심적 신학사상이라고 하겠다. 한국 교회의 "오순절"이라고 할 수 있는 1907년의 부흥운동을 비롯하여 그 후 거듭된 부흥운동들은 성경 공부와 함께 일어난 회개 기도, 그리고 중보의 기도운동이었다. 길선주, 주기철, 손양원, 김익두, 이대영, 그리고 박윤선 목사는 말씀의 사람인 동시에 무엇보다 기도의 사람들로서 한국 교회를 기도하는 교회로 만들어 놓았다. 이러한 영향을 통하여, 새벽기도, 산기도, 철야기도, 금식기도는 어느덧 한국 교회의 독특한 모습으로 되어버렸다.7)

　　그런데 1950년대와 1960년대의 기도는 정치, 경제, 그리고 사회의 불안한 환경 가운데서 한국 전통적인 무속신앙과 박태선과 나운몽을 중심한 신비적 사이비 부흥운동으로 감정적이고, 무속적이고, 신비적이며, 현세 도피적인 형태로 변모하기 시작하였다. 이러한 현상이 1970년대와 1980년대에 접어들어 사회와 경제가 점차로 안정되어 가면서 조용기 목사를 중심한 오순절 계통, 그리고 일부 감리교회 목사들의 영향으로 빈센트 필과 그의 제자인 로버트 슐러의 인위적인 적극적 사고(positive thinking) 신앙이 한국에 소개되면서 현세 기복적인 기도가 나타나기 시작하였다. 이와 같은 기도의 무속화, 현세 도피화 내지 기복수단화에 대한 반발로 기도운동에 대한 비판과 더불어 기도무용론이 나타나거나, 사회와 정치참여 일변도의 행동신학 사상이 나타나기도 하였다. 또한 교회의 세속화, 사업화 및 전문화의 결과로 기도를 소홀히 하고 전문적인 기술을 중시하는 교회 성장술이 유행하게 되었다. 그러나 우리는 지금 기도를 중시했고 실천했던 종교개혁자들과 한국 교회의 신앙선배들의 기도를 통해 기도를 새롭게 배우고 개발하고 실천하되 성경적 개혁사상의 올바른 기도원리에 비추어 그렇게 하여야 할 것이다.

4. 교회 중심적 신학사상

　　한국 교회는 그 초기(1890년)부터 네비우스(Nevius)의 원리에 근거하여 자급(self supporting), 자전(self propagating), 그리고 자치(self governing)의 3자 원리에 입각하여 각기 독립적으로 활발히 발전했다. 많은 교회의 지도자들이 교회가 당한 환난들, 조선조 말기의 예수교회

---

7) 김명혁, "한국 교회의 기도의 습관," 『신앙과 현실』 (서울: 성광문화사, 1987), pp. 95~118을 참고할 것.

에 대한 박해, 일제에 의한 박해, 그리고 공산군에 의한 박해로부터 목숨을 초개처럼 버리고 교회를 지켜왔다. 주기철, 최권능, 손양원 등 헤아릴 수 없을 정도로 많은 교회를 지키고 사랑했던 순교자들의 터 위에 한국 교회는 서 있다. 그러나 환난이 지나고 교회가 점차적으로 팽창해지고 교회의 지위가 올라가면서 교회 안에서 교리확장을 통하여 자기 교파를 장자교단시하거나, 교회나 교파 안에서 우두머리 행사를 하려는 관료적이고 세속적이며 교권적인 운동이 일어나게 되었다. 이렇게 교권이 신장되자 이에 매력을 느낀 몰지각한 어떤 이들은 지연, 금권, 이해관계를 통하여 교권을 잡았고, 교권 투쟁에서 소외된 단체나 지역은 교권쟁취를 위하여 그 교단 안에 하나의 분파를 만들거나, 그 교파를 이탈하는 현상이 일어나게 되었다. 이와 같이 교권이 타락하여 세속화되고, 관료화되어 세상 군왕과 같은 권세를 휘두르게 되자 이에 대한 반발로 최근에는 탈교회 및 분파주의적인 개교회 운동까지 등장하게 되었다.

우리는 지금 성경적 개혁사상의 올바른 조명을 받아, 교권주의적 대교회주의 내지 대교파주의의 경향에 대해 교회의 항시적 불완전성과 항시적 개혁의 필요성을 인식하고, 교권주의나 대교회주의 운동을 불식하고 서로 돕고 위하여, 민족의 가슴 가운데 그리스도를 증거하고, 정치와 사회의 영역에 그리스도의 복음이 왕 노릇하며, 온 땅 끝까지 그리스도의 피묻은 복음이 증거되도록 힘써야 할 것이다. 더구나 우리는 지상 교회의 불완전성에도 불구하고 교회가 지상의 특유한 은혜의 수단이요 보배로운 창고라는 교회의 거룩성(holiness of the Church)과 교회의 분열에도 불구하고 교회의 표지를 유지하는 모든 교회가 그리스도의 몸(the body of Christ)이라는 교회의 보편성을 새롭게 인식하여야만 할 것이다.

5. 실제적 삶의 신학

한국에 전래된 기독교는 한민족의 영적 생활에 변화를 가져온 영적인 종교인 동시에 문화 개혁을 가져온 문화변혁적 종교였으며 나라 잃은 백성에게 애국정신을 고취한 민족주의적 종교였다. 뿌리 깊은 여성에 대한 차별, 양반과 상민의 이중적 사회 구조, 일하기 싫어하는 노동관을 갖게 한 사농공상제도, 통치자의 권위를 절대화하였던 그릇된 한국사상은 그리스도의 복음 증거와 평등사상과 함께 사라지게 되었다. 그러나 한국 교회의 신앙은 유교적 이중성, 하나님 신앙의 초월성 강조, 성경의 형식적인 이해, 기도의 무속 신비성, 교회의 교권화 등으로 인하여 점차 실제적인 삶과 윤리를 상실한 이원론적 모순성을 나타내게 되었다. 또한 기독교의 특성인 경건과 성결 및 섬김과 봉사의 삶이 결여되고 그 대신 세속화와 윤리적 부도덕이 교회 안에 만연하게 되었다.

우리는 지금 성경적 개혁사상의 올바른 조명을 받아 즉, 칼빈과 낙스와 청교도들의 경건의 삶과 문화변혁적 실제적 삶의 모본을 따라 우리 개인과 교회 안에 경건과 윤리의 삶을 회복하고 실천하는 일에 최선을 다하여야 할 것이다. 그것은 단순히 오늘날 유행하는 인본주의적 운동도 아니요, 사회, 정치, 경제의 영역에서 혁명(revolution)을 통해서 이루어지는 것이 아니라, 성경적 개혁주의 사상이 보여 주는 것처럼, 올바른 하나님 중심, 올바른 성경 중심, 올바른 기도 중심, 올바른 교회 중심적 신학사상에 근거해서 그리스도의 주권(sovereignty of Christ)을 모든 영역에서 회복하고, 개혁(reformation)하는 데서 이루어지는 것이다. 그것은 칼빈의 후예와 청교도들이 가는 곳마다 왕권신수설(divine right of prince)을 주장하여 폭정을 정당화하던 절대왕조의 정치구조가 민주정치체제로 개혁되었고, 경제, 사회와 문화의 모든 영역에서 불의, 부도덕과 강포가 제거되고 사랑과 공의와 진실과 봉사의 기독교 문화가 형성되었던 사실로 미루어 봐도 확실한 것이다. 그러므로 한국 교회의 신학사상은 부단히 말씀에 근거하여 그리스도의 주권을 모든 영역에서 회복하되, 칼빈과 청교도들에 의해 발전되어 온 개혁사상의 조명을 통하여 개혁되어야 하겠다.

하나님 중심적 목회자, 주기철 목사

1. 하나님 중심적 목회자, 예수 그리스도

예수님은 자기를 가리켜 선한 목자라고 부르셨다. 양들을 위하여 목숨을 버리는, 참으로 선한 목자였다. 그런데 그분의 목자 또는 목회의 삶은 근본적으로 그리고 궁극적으로 하나님의 뜻을 이루는 하나님 중심적 삶이요, 사역이었다. 예수 그리스도의 생애와 사역을 지배한 한 가지 원리가 있었다면 그것은 하나님 중심적 생애와 사역이었다고 말할 수 있다. 하나님 중심적 사역이란 첫째, 하나님의 뜻에 순복하며 하나님을 섬기고 둘째, 양무리들을 사랑하며 희생적으로 돌보는 사역이라고 정의할 수 있을 것이다.

하나님의 일보다는 자신의 일에 관심을 기울이고 있던 제자들을 향해 예수님은 다음과 같이 선언하셨다. "나의 양식은 나를 보내신 이의 뜻을 행하며 그의 일을 온전히 이루는 이것이니라"(요 4:34). 그러면서 목말라 하는 사마리아 여인 한 사람을 사랑으로 돌보셨다. 자기의 뜻과 소원대로 주님의 일을 하려고 하던 제자들을 향해 예수님은 "나는 나의 원대로 하지 않고 나를 보내신 이의 원대로 하노라"(요 5:20)고 지적하시기도 하셨다. "내가 하늘로서 내려온 것은 내 뜻을 행하려 함이 아니요 나를 보내신 이의 뜻을 행하려 함이니라"(요 6:38)고 말씀하시기도 하셨다. 예수님은 양들을 위한 대제사장적 사역을 다 이루시고 아버지께 보고하면서 그것은 "아버지께서 내게 하라고 주신 일을" 이룬 것이라고 말씀하셨고, 그것은 "아버지를 이 세상에서 영화롭게" 한 것이라고 보고하셨다. 겟세마네 동산에서 기도하실 때도 "내 원대로 마옵시고 아버지의 원대로 되기를 원하나이다"(눅 22:42)라고 간구하셨고, 십자가 위에서 마지막에 부르짖은 선언도 아버지의 뜻을 "다 이루었다"는 말씀이었다.

목회자로 부름 받은 우리들이 예수님의 제자들처럼 자신의 뜻과 소원에 따라 자신의 영광을 구하려는 자기 중심적 동기에서 목회하려고 할 때에 주님께서는 오늘도 우리들에게 같은 말씀을 반복하시며 우리의 목회가 하나님 중심적이 되어야 할 것을 가르치실 것이다. 한국 교회의 목회는 지금 목회자 중심적 또는 개교회 중심적으로 변해 가고 있다. 목회자의 특성과 명성에 그리고 개교회의 성장과 명성에 모든 초점이 모아지고 있다. 프로그램 중심으로 기울어져 가기도 하고 감각적 체험 중심으로 바뀌어 가기도 한다. 물론 목회자의 역할이 중요하고 개교회의 성장이 중요하며 프로그램 개발도 중요하고 감각적 체험도 중요하다. 그러나 이런 것들을 지나치게 강조하다가 보면 하나님 중심적 목회의 본질이 상실되는 경우가 허다하다.

2. 하나님 중심적 목회자, 주기철 목사(1887~1944)

우리는 한국 교회에 주기철 목사와 같은 하나님 중심적 목회자가 있었다는 것을 참으로 다행스럽고 감사하게 여긴다. 주기철 목사의 삶에는 예수님의 삶과 비슷한 모습들이 많았다. 예수님이 하나님께 절대 복종하고 헌신하며 하나님의 뜻을 이루었던 것처럼 주기철 목사도 하나님께만 절대 복종하고 헌신하며 하나님의 뜻을 이루려고 했다. 예수님이 겟세마네의 수난과 십자가의 죽음을 당하시며 아버지의 뜻을 이룬 것처럼 주기철 목사도 옥중에서 갖은 고초와 순교를 당하며 하나님의 뜻을 이루었다. 예수님이 온유하고 겸손하신 모습으로 양무리들을 사랑하시며 희생적으로 돌보셨던 것처럼 주기철 목사도 비단결같이 부드러운 목자의 성품으로 양무리들을 사랑하며 희생적으로 돌보았다. 예수님이 기도로 그의 사역을 일관했던 것처럼 주기철 목사도 기도로 그의 목회 사역을 일관했다. 예수님이 하나님께서 주신 말씀만 전파하셨던 것처럼 주기철 목사도 하나님의 말씀만 타협 없이 전파했다. 예수님의 생애가 성령으로 일관되었던 것처럼 주기철 목사의 생애도 성령으로 일관되었다. 주기철 목사는 한국 교회의 대표적인 설교자요, 목회자였는데 하나님 중심적 설교자요, 목회자였다.

　주기철 목사는 일본이 발악하던 1930년대에 일어나 신사 참배를 거부하고 이에 대항해서 싸우며 한국 교회를 지킨 신앙의 용사였다. 기미년 3월 1일 전국에 독립 만세 소리가 울려 퍼질 무렵 부흥사 김익두 목사가 마산 교회에 와서 부흥회를 열었다. "성신을 받으라"는 그의 외침에 큰 감동을 받은 주기철은 1921년 평양신학교에 입학하여 1925년에 졸업했다. 그는 평양 신학교 19회 졸업생으로 30세 때 목사로 안수 받았다. 주기철 목사는 1926~1931년까지 6년 동안 초량교회에서 사역하며 교회를 크게 부흥시켰다. 그 기간에 진주 성경 학교와 경남 성경 학원에서 성경을 가르치는 교수의 일을 겸했다. 1931년 7월 주기철 목사는 임지를 마산 문창교회로 옮겼는데 거기서도 6년간 목회하며 교회를 크게 부흥시켰다. 목회 성공자로서 알려지자 전국 각지에서 사경 부흥회를 인도해 달라는 요청을 받았고 그가 가는 곳곳마다 성령의 역사가 크게 일어났다. 평양 산정현 교회는 길선주 목사의 뒤를 이어 한국 교회를 이끌고 갈 지도자로 주기철 목사를 담임 목사로 청빙했다. 주기철 목사는 1936년 7월 하순 평양 산정현 교회로 부임하여 1937년에 교회당을 신축하고 교회를 크게 부흥시켰다. 주기철 목사는 신사 참배를 선봉에 서서 반대하다가 1938년 2월 8일 경찰에 1차 검속되었다가 27일만에 석방되었고, 1938년 8월 제 27회 장로회 총회를 전후하여 2차 검속되어 6개월간 대구 경찰서에 수감되어 있다가 1939년 2월 석방되었으며, 1939년 8월 3차 검속되었다가 9개월 후인 1940년 4월 20일 석방되었고, 1940년 9월 다시 4차 검속되어 평양 경찰서와 형무소에서 4년간 옥중 생활을 하다가 1944년 4월 21일 밤 9시 30분 경 49세를 일기로 순교의 제물이 되어 주님의 품에 안겼다.

3. 기도와 말씀의 사람, 주기철 목사

주기철 목사의 부산 초량교회의 목회는 기도와 설교에 주력한 목회였는데 그의 설교는 기도의 동산에서 엮근 설교였다. 주 목사는 구덕산에 올라가 종종 철야 기도를 하였다. 그는 금요일과 토요일에는 월요일부터 목요일까지 준비한 메시지를 놓고 특별 기도를 하며 지냈고 설교 원고를 작성하다가도 가끔 산에 올라갔다. "주 목사는 비상한 고심과 정성으로 설교 원고를 작성했다. 산에 가서 철야 기도를 하고 이슬에 젖은 몸으로 새벽에 집으로 돌아올 때가 한두 번이 아니었다."8)

주 목사는 초량교회에서 목회할 때 이미 신사 참배 반대 운동을 전개하기 시작했는데 이로 인해 경남노회에서 신사 참배 거절 안이 1931년에 가결되었다.9)

"교회를 끌고 가는 엔진도 고장이 없어야 교회는 전진이 되는데 그의 기계 정비실은 기도실이었다. 그것도 건성으로 하는 기도가 아니었다. 겟세마네의 피와 땀의 기도가 있고 나서 완전한 승리가 이루어진 것같이 주 목사의 목회 생활도 이러한 기도가 있고 나서 비로소 가능했던 것이다."10)

"주 목사는 고요히 부산 부민이 잠든 새벽에 구덕산 위에 올라갈 때마다 예수님이 매일같이 감람산 위에서 하나님 앞에 기도하시던 때를 생각해 보기도 했다…… '우리 한국 사람은 종교로 성공해야 된다. 그것마저 없으면 아무 것도 볼 게 없다.' 이러한 생각을 하며 기도와 성경 읽기 외에는 딴 생각을 하지 않았다."11)

주기철 목사의 마산 문창교회의 목회도 기도와 설교에 주력한 목회였다. 무학산에서 기도를 하다가 축축하게 밤이슬에 젖어서 내려오는 때가 종종 있었다. "무학산에는 주 목사가 오르내리는 길이 빤질하게

---

8) 민경배, 『순교자 주기철 목사』(서울: 대한 기독교 출판사, 1985), pp. 89~90.
9) 김충남, 『순교자 주기철 목사의 생애』(서울: 백합 출판사, 1970), p. 132.
10) *Ibid.*, pp. 133~134.
11) *Ibid.*, p. 135.

닦아지게 되었다…… 주 목사의 설교 하나하나는 모두가 피땀나는 기도와 체험의 소산으로 이룩된 공든 탑 아닌 것이 없었다. 그의 설교는 천근 만근의 무게를 가지고 청중의 마음을 두드리고 저쪽 하늘 나라의 영광을 똑똑하게 보여주는 망원경이 되었다."12)

주 목사는 교인들에게 새벽 기도를 권면했다. "새벽 시간은 은혜가 많은 시간입니다"라고 자주 말했다. 그리고 자기 자신은 한 번도 새벽 기도를 빼먹는 일이 없었다. 마산 문창교회는 오랫동안의 분쟁으로 상처를 입은 교회였다. "그러나 기도와 성경에 열중하고 구제에도 열성이 있는 주 목사의 관후하고 온유한 인격은 전 신도에게 만족을 주었다. 나날이 주 목사는 마산 문창교회의 태양이 되었다."13)

"말썽 많은 마산 문창교회의 혼란을 놀라운 목회력으로 진압하여 명망이 높아 간 주 목사지만 더욱 더욱 하나님 앞에서 자기의 죄인 됨을 깊이 깨닫고 기도와 성경 읽기에 더욱 주력을 하는 것이었다."14) 주기철 목사의 마지막 목회였던 평양 산정현교회의 목회도 일사 각오의 기도와 설교에 주력한 목회였다. 주 목사는 1936년 7월 하순 평양 산정현교회에 부임한 후 흐트러진 신앙의 분위기를 기도와 성경으로 일신하므로 산정현교회의 교인들은 영적으로 모두 건강을 회복하게 되었다.15)

주 목사는 신사 참배 강요에 대항해서 죽기를 각오하고 투쟁할 것을 작정하고 기도와 목회에 전력을 다했다. 하나님께 대한 결연한 충성과 헌신의 자세로 강단에 나설 때마다 주 목사의 태도에는 무슨 광채라도 나는 것만 같았다. 1937년 3월 7일 교회당 신축 헌금을 위한 설교를 하면서 동양에서도 가장 은혜 받은 평양의 산정형교회가 가장 으뜸가는 교회당을 지어 하나님께 드리자고 호소했을 때 교인들은 큰 감동과

---

12) *Ibid.*, pp. 157~158.
13) *Ibid.*, p. 153.
14) *Ibid.*, p. 161.
15) *Ibid.*, p. 169.

감격에 사로잡혔다. 그날 주 목사의 "많이 준 자에게 많이 취한다"는 제목의 설교를 들은 사람 가운데 이유택 목사, 박윤선 강도사, 김인서 장로가 있었는데 그들은 손에 땀이 날 정도로 감동했다.16) 여섯 달 안에 동양에서 첫째 가는 새 예배당을 눈 깜짝 할 사이에 지어 1937년 9월 5일 입당 예배를 드렸고, 1938년 2월 8일에는 새로 지은 산정현교회의 헌당 예배를 드렸다. 산정현교회는 "주기철 목사 취임 후 현저히 진흥했다"고 김인서가 그 당시의 상황을 기록했다. "교회가 더워지고 교인이 증가하는 비방을 주 목사에게 찾아보니 기도와 전도와 설교였다"고 지적하기도 했다.17)

신사참배의 강요가 더 심해지자 1938년 6월 주기철 목사는 김화식 목사, 이유택 목사와 함께 묘향산에 들어가 10일간 기도했는데 5일간은 금식했다. 주 목사는 다 넘어진 한국 교회를 홀로 버티어 세우기 위해 죽음의 준비를 하면서 주 목사는 다 넘어진 한국 교회를 홀로 버티어 세우기 위해 죽음의 준비를 하면서 비장한 각오를 다짐했다. "피와 땀나는 기도로 밤을 새우는 일도 있었다. 기도를 할 때마다 가끔 느끼는 것은 만물 가운데 인간의 마음이 가장 부패했다는 사실이 떠오르곤 했다. 소위 목사란 사람의 대부분이 신사 참배에 가담했을 뿐 아니라 동지를 경찰서에 넘겨서 검속하는 일에 열을 올리는 것을 볼 때에 비분강개하지 않을 수 없었다…… 주 목사는 기도하는 마음속에 여러 가지 계시의 광선이 심령으로부터 비쳐 들어옴을 느끼는 것이었다. 이렇게 산에서 기도에 열중하는 가운데 무아지경에 들어가서 불 솟듯이 때로는 마음속에서 기도가 강물처럼 흘러나옴을 느낄 때가 있었다. 너무나 감격에 휩싸여서 30분이나 혹은 그 이상으로 다른 말은 없이 아버지란 말만 되풀이해서 부를 때도 있었다. 성신이 마음속에서 무한한 탄식으로 대신 기도하는 시간인 줄을 알게 되면서부터 확실히 살아 계신 하나님을 느끼는 것이었다."18)

---

16) *Ibid*, pp. 172~173.
17) 민경배, *op.cit*, p. 156.

1938년 9월에 모일 제 27회 장로회 총회시 신사참배 안을 가결시키기 위해서 일본 경찰이 장애인물들을 총회 전에 미리 경찰서에 가두어 두었는데 이 때 주기철 목사는 이기선 목사, 채정민 목사와 함께 검속되었다. 1938년 8월 주기철 목사는 농우회 사건의 혐의로 경북 의성 경찰서에 검속되었고 그 후 대구로 이송되어 6개월간 옥고를 치르다가 석방되어 1939년 2월 첫 주일 아침 평양역에 도착했다. "그 길로 주 목사는 교회로 가서 엎디어 보는 것만도 감격에 넘치는 것이었다. 주 목사의 마음속에는 여호와 하나님을 믿는 신념의 불길이 타오르고 있었다. 주 목사는 성전에 와서 엎디어서 기도하는 동안에 한국 교회를 위해서 자기 자신 저 나라에 가서도 기도를 계속하겠다는 생각이 떠오르는 것이었다. 그는 다시금 새로운 결심을 가다듬고 예배를 인도했다. 엄숙한 얼굴로 목사의 설교를 듣고자 앉아 있는 많은 교우들의 얼굴을 내려다 볼 때 주 목사의 간장은 녹는 것만 같았다. 조만식, 유계준, 김동원, 방계성 같은 장로들과 백인숙 전도사, 안이숙 선생도 있었다. 주 목사는 마태복음 5:11~12과 로마서 8:18, 31~39을 봉독한 후 '다섯 종목의 나의 기도'란 제목으로 설교를 했다."[19]

다섯 가지 종목의 기도 제목은 다음과 같았다. ① 죽음의 권세를 이기게 하여 주옵소서 ② 장기간 고난을 견디게 하여 주옵소서 ③ 노모와 처자를 주님께 부탁합니다 ④ 의에 살고 의에 죽도록 하여 주옵소서 ⑤ 내 영혼을 주님께 부탁합니다.

주기철 목사의 목회는 일사 각오의 기도와 설교를 삶과 죽음으로 나타내 보여준 삶과 죽음의 목회였다. 그의 기도와 설교 그리고 그의 삶과 죽음으로 인하여 한국 교회의 남은 자들은 그 생명을 유지할 수 있었다.

4. 성령으로 기도하고 설교한 성령의 사람, 주기철 목사

주기철 목사는 기도와 설교에 주력하되 성령 안에서 기도하고 성령

---

18) 김충남, *op.cit.*, pp. 189~190.
19) *Ibid*, pp. 199~200.

안에서 설교한 성령의 사람이었다. 주 목사는 "성신과 기도"라는 설교에서 성신의 도움을 받아야만 바로 기도할 수 있다고 지적하면서 성신은 바로 기도의 신이라고 강조했다.

"오직 성신이 말할 수 없는 탄식으로 우리를 위하여 기도하시느니라(롬 8:26). ① 성신은 우리에게 간절한 마음으로 기도하게 하신다. 우리가 하나님을 아는 것이나 죄를 회개하는 것이나 신생케 되는 것이 모두 성신이 하시는 일이다. 성신은 우리 마음에 기도할 생각을 일으키신다. 그리하여 우리 중생한 심령으로 천국의 공기와 광명에 접촉케 하신다. 성신은 곧 기도의 신이다. 성신이 역사하시는 교회나 개인은 기도하지 않을 수 없는 것이다. ② 성신은 정당한 기도를 하게 하신다. 우리는 이 세상에 과대한 욕망 때문에 하나님에게 정당한 것을 구하기 어렵다. 우리는 철없는 어린 자식같이 하나님 앞에 앞뒤를 가리지 않고 그저 내 표준만 말하고 또 욕심에만 끌리어 사실 내게 무익한 것을 허락해 달라고 조르는 반면에 진정 내게 유익한 것은 구하지 않는 때가 퍽도 많은 것이다. 이 때에 성신은 우리의 혼미한 마음을 열어 하나님 뜻대로 성도를 위하여 기도하시는 것이다. ③ 아바 아버지를 부르게 하신다. 기도는 조용하고 침착한 가운데서 하는 것만이 아니다. 우리 마음이 큰 고민이나 공포와 암담한 가운데 휩싸이든지 또는 대사상에 부딪힐 때, 형언할 수 없는 난경을 직면할 때 다른 말은 나오지 않고 오직 아바라 하는 아버지만을 연발하게 되는 일이 있으니 이것도 역시 기도인 것이다. 이도 또한 성신이 말할 수 없는 탄식으로 우리를 대신하여 기도하시는 시간이니 이 때는 과연 만감이 잠재해 있는 의미심장한 때이다. 성신을 알지 못하는 자로서 기도를 말한다는 것은 일종의 거짓이다. 우리는 성신과 동거하고 또 기도하는 성신을 받아 많은 은혜를 받도록 힘쓰자."[20]

주기철 목사는 "성신을 받으라"는 설교에서 신자가 성령을 받아야만

---

20) 김인서, 『주기철 목사의 순교사와 설교집』(서울: 신앙생활사, 1958), pp. 212~216.

주님 말씀대로 행할 수도 있고, 설교나 전도할 수도 있고, 환난 날에 승리할 수도 있다고 강조했다. 주기철 목사는 강단에 서서 설교할 때 그의 얼굴에서 광채가 났고 평양 경찰서 유치장에 고문을 받고 있을 때도 그의 얼굴에서 광채가 났다고 한다. "1937년 3월 7일 주일날 산정현교회에는 교인들이 빽빽이 찼다. 강단에 나설 때의 주기철 목사의 태도에는 무슨 광채라도 나는 것만 같았다."[21]

"평양 경찰서 유치장에서 며칠간을 취조 받는 사이에 1941년 8월 25일엔 수감자 대부분이 평양 형무소로 넘겨지게 되었다. 주기철 목사는 이 날 따라 진리 투쟁 동지들을 볼 겸 쇠창살 가까이 다가앉아 있었다. 모두들 호송되어 가면서 복도에서 마주보게 되었다. 주기철 목사의 얼굴이 쇠창살 너머 보이는데 얼굴에 광채가 났다. "주 목사님 얼굴에 광채가 납니다." 최상림 목사가 자기도 모르게 감탄한 나머지 소리를 질렀다. 딴 사람도 너도나도 하고 쳐다봤는데 과연 얼굴에 광채가 나는 것이었다."[22]

"성신을 받으라"는 설교의 일부는 다음과 같다.

"저희들을 향하여 기운을 부시며 가라사대 성신을 받으라(요 20:22). 하나님 아버지께서 성신 주시기를 이미 허락하셨고 예수께서도 또한 제자들에게 보혜사 성신 주시기를 언약하시고 부활하신 후 오순절에 과연 성신이 강림하시어 제자들이 권능 얻어 전도하므로 예루살렘을 위시하여 온 천하에 예수의 교회가 설립되었고 성신은 지금도 신자에게 충만하시고 교회 안에서 역사하신다. 성신을 받으면 각양 은혜를 받는 중에 특히 예수의 교훈을 실천하고 전도하여 사람의 영혼을 구원하며 모든 환난에서 이기는 것이다. ① 주님 명하신 대로 행하려면 성신을 받아야 한다. 우리는 이 세상에서 하나님의 뜻대로 행하려면 성신을 받아야 한다. 우리는 이 세상에서 하나님의 뜻대로 행하려면 성신의

---

21) 김충남, *op.cit.*, p. 172.
22) *Ibid*, p. 224.

지시를 받아야 하나님의 뜻을 알 수 있고 예수의 교훈대로 행하려면 성신의 힘을 받아야 한다. 예수는 하늘 법을 반포하실 뿐 아니라 행할 능력까지 주시는 것이다. 성신 받지 못한 사람은 예배당에까지 나올 수는 있으나 예수의 교훈을 실행할 수는 없는 것이다. ② 사람의 영혼을 구원하려면 성신을 받아야 한다. 전도한 사람에게 하나님을 알게 하고 부활하신 예수를 증거하는 일이니 인력으로 못하고 성신으로 하는 일이다. 전도란 한갓 사람에게 윤리도덕을 가르치는 데 그치는 것이 아니요, 악신 마귀를 따라가는 사람으로 하여금 하나님께 돌아오게 하고 죽은 사람을 살리는 일이니 사람의 재주로 못하고 성신의 권능으로 하는 것이다. ③ 악한 날에 승리하려면 성신을 받아야 한다. 에베소서 6:10에 악한 날에 성신으로 무장하라고 경고하였다. '악한 날'이란 주 재림 때 뿐 아니라 최종 말일이 오기 전에도 악한 날에 성신으로 무장하여야 승리할 수 있는 것이다. 성신을 받아야 까부는 환난을 이길 수 있는 것이다. 10년, 20년을 예수를 믿노라 하여도 성신을 받지 못하고 사람 앞에서 예수를 부인하면 지옥에 갈 것이니 그 얼마나 비참한 일인가? 깨어 기도하여 성신을 받으라. 악한 시험을 이기라. 성신이여 강림하사 나를 감화하시고 애통하며 회개할 말 충만하게 합소서."23)

5. 주기철 목사의 삶과 설교에 나타난 하나님 중심 사상

주기철 목사의 삶과 설교를 지배한 원리는 하나님 중심적 사상이었다. 부산 초량교회를 떠나 마산으로 옮길 때나 마산 문창교회를 떠나 평양으로 옮길 때 주기철 목사의 마음을 지배한 것은 하나님의 뜻에 순복하려는 하나님 중심 사상이었다. "주기철이 거기로 향한 까닭은 고귀한 동기 이외에 무엇이 따로 있을 수 없었다. 그것이 하나님의 뜻이라 믿은 주기철은 '하나님의 영광만을 위하여'의 칼빈이즘 이외 다른 동기없이 마산을 향해 떠났다."24)

---

23) 김인서, *op.cit.,* pp. 187~194.
24) 민경배, *op.cit.,* p. 92.

"이러한 꿈도 있고 해서 주 목사는 하나님의 뜻이 평양 산정현교회로 가는 데 있다는 결정을 내리게 되었다. '하나님이 주시는 잔을 어찌 피하겠나이까?' 그러한 각오가 다 되었다. 문창교회에서는 이렇게 되니 어쩔 수가 없었다. 하나님의 뜻이라고 하는데는 항거할 수가 없었다. 주 목사도 울면서 축복 기도를 해 주었다."[25]

하나님께 절대 순복하는 주기철 목사의 하나님 중심 사상은 그로 하여금 성경에 위배되는 어떠한 사상도 용납할 수 없게 만들었다. 마산 문창교회 목회 시절 주기철 목사는 신령 신비주의나 무교회주의 등 비성경적 사상을 따르는 사람들을 단호히 정죄하고 처벌했다. "이단과 신신학을 심판으로 연결시킨 주기철의 소박하고 순결한 신앙은 타협을 거절하였고 외길 진리대로의 결단의 길을 의연히 걸어갔을 뿐이었다…… '두려울진저! 죄의 값은 사망이다. 네 죄를 회개하라.' 이단 사설, 진리에 대한 도전에 주기철의 반발과 의분은 그러했다. 주기철은 마침내 경남노회장으로 노회의 의결을 거쳐 1933년 7월 3일 전도사, 장로 10여명을 해직하여 그들을 처벌하였다."[26]

정성구 교수가 지적한 대로 주기철 목사의 설교 가운데 가장 뚜렷이 나타난 신앙은 일사 각오의 하나님 중심 사상이었다. "그가 일제의 신사참배 정책을 생명을 바쳐서 공격하고 신앙을 지킨 것도 따지고 보면 그의 하나님 중심 사상의 신앙이다."[27] 주기철 목사는 그의 설교에서 하나님에 대한 절대 충성과 헌신의 신앙, 하나님 앞에서 사는 하나님 존전의 신앙, 하나님을 두려워하는 하나님 경외의 신앙, 하나님을 높이는 찬양의 신앙, 하나님을 사랑하는 하나님 열애의 신앙 등을 고백적으로 나타내 보였다. 이제 그의 설교에 나타난 하나님 중심 사상을 살펴보면 다음과 같다.

주기철 목사의 마지막 설교라고 할 수 있는 1939년 2월 첫 주일 산정

---

25) 김충남, *op.cit.,* p. 167.
26) 민경배, *op.cit.,* p. 108.
27) 정성구, 『한국교회 설교사』(서울: 총신대학 출판부, 1986), pp. 283~284.

현교회에서 한 그의 설교 "다섯 종목의 나의 기도"에는 하나님께 대한 절대 충성과 헌신이 생생하게 나타나 있다. "죽음의 권세를 이기게 하여 주옵소서…… 주님을 위하여 열 번 죽고 백 번 죽어도 좋지만 주님을 버리고 백 년 살고 천 년 살면 무엇합니까? 오 주여! 이 목숨을 아끼어 주님께 욕되지 않게 하시옵소서. 이 몸이 부서져 가루가 된다 하여도 주님의 계명을 지키게 하옵소서…… 주님 나 위하여 죽으셨거늘 내 어찌 죽음을 무서워하겠습니까? 다만 일사 각오가 있을 뿐이올시다…… 의에 살고 의에 죽도록 하여 주옵소서…… 못합니다. 못합니다. 그리스도의 신부는 다른 신에게 정절을 깨뜨리지 못합니다. 그리스도의 신부는 신사에 절하지 못합니다…… 아! 내 주여! 예수의 이름이 땅에 떨어지는구나. 평양아! 평양아! 예의 동방의 내 예루살렘아! 영광이 네게서 떠났도다. 모란봉아 통곡하라. 대동강아 천백 세에 흘러가며 나와 함께 울자! 드리리다. 드리리다. 이 목숨이나마 주님께 드리리다. 칼날이 나를 기다리느냐? 나는 저 칼날을 향하여 나아가리라…… 내 영혼을 받으시옵소서. 옥중에서나 사형장에서나 내 목숨 끊어질 때 내 영혼을 부탁하나이다. 아멘."28)

주기철 목사는 1937년 6월 20일 평양 산정현교회에서 "하나님 앞에서 완전하라"라는 제목의 설교를 했는데 이 설교에서 성도의 삶이 하나님 앞에서 사는 경건하고 정직하고 태연한 삶인 것을 강조했다. "사람 앞에서도 완전하기는 어렵거늘 하나님 앞에서 완전하기는 생래의 인간으로서는 불가능한 것이다. 그러나 예수의 속죄하심을 입어 죄를 청산하고 성신이 주시는 힘으로 완전한 인격을 이룰 수 있는 것이다…… 우리에게 절대 완전을 요구하시는 것은 아니다. 하나님은 하나님으로서 조그마한 부족도 없으신 하나님이신 것처럼 우리는 사람으로서 완전한 사람이 되라 하심이다…… 하나님 앞에서 경건함으로 완전하라…… 마음도 경건하고, 육도 경건하고, 또한 발도 경건하여야 하나니

---

28) 민경배, "주기철 목사 설교모음," 『순교자 주기철 목사』 (서울; 대한 기독교 출판사, 1985), pp. 275~282.

이는 경건의 실천이다…… 하나님 앞에서 정직함으로 완전하라. 거짓은 최대의 불완전이라 하면 참된 것은 완전의 본질이라 하겠다. 아무리 좋은 말 아무리 훌륭한 행위라도 그것이 중심에서 우러나오는 참이 아니면 안 된다…… 하나님 앞에서 태연함으로 완전하라…… 만군의 여호와 하나님을 믿는 자는 환난에도 불구하고 백 번 죽어도 그 지조를 변치 않는 것이다…… 어떻게 완전하여질 수 있을까? 성경은 그리스도로 인하여 하나님이 친히 너희들로 하여금 잠간 고난을 받은 후에 완전케 하시며 견고케 하시며 강하게 하시리라(벧전 5:10)고 말씀했다."29)

주기철 목사는 1937년 8월 평양 노회의 사경회에서 "하나님을 두려워하라"는 제목의 설교를 했는데 이 설교에서 하나님 경외의 신앙을 강조해서 나타내 보였다. "하나님은 사랑이신 동시에 또한 엄위하심…… 여러 성경 말씀을 상고하여 보면 하나님은 자비하신 동시에 또한 엄위하시다. 탕자의 아버지시요, 잃은 양의 목자인 동시에 죄인을 벌하시는 재판장이시다. 새끼를 업어 보호하는 독수리요, 태아의 어머니인 동시에 또한 진노하시는 하나님이시다. 다른 신을 섬기지 말라. 나 여호와는 진노하는 하나님이니 내 이름은 진노니라(출 34:14)…… 의를 근원한 사랑, 현대식 목사가 사람의 귀를 즐겁게 하기 위하여 하나님의 사랑만 말하고 하나님의 의와 거룩함을 말하지 않음은 마귀에 속하는 것이다. 사랑은 의와 진리가 함께 하지 않으면 참사랑이 아니다…… 하나님을 두려워하지 않을 자의 받을 벌, 하나님을 두려워하지 않는 자는 그 형벌을 면치 못한다. 아론의 두 아들 나답과 아비후는 제사장의 신분임에도 불구하고 술 취하여 거룩하지 못한 불을 제단에 드리다가 즉시 불에 타서 죽는 벌을 받았다(레 10:1, 2). 오늘 목사의 성직을 더럽히는 자는 없는가?…… 하나님을 두려워하는 자가 받을 것. 하나님을 두려워하여 완전히 행하는 자가 의인이라 그 후손에게 복이 있느니라(잠 20:7). 내 경험으로 보면 중생한 자는 다 하나님을 두려워

---

29) *Ibid.*, pp. 315~317.

하는 자요 그에게 복음의 은혜가 풍성하나 거짓 선생은 두려워하지 아니하여 그 행동이 흉악하다. 오늘 하나님을 두려워하지 않는 찬양대, 집사, 장로, 교인들아 너희 받을 형벌을 생각하여 보라. 사람이 보지 못하게 숨어서 행하는 일을 하나님은 보고 계시니라. 사랑의 하나님을 알기 전에 먼저 의의 하나님을 알라"[30]

주기철 목사는 1937년 9월 5일 산정현교회 입당 예배 때 "새 예배당 입당 예배의 기원"이라는 설교에서 하나님에 대한 뜨거운 찬양의 심정을 간절하게 표현했다. 그의 설교는 차라리 하나님께 드린 기도였다. "푸른 하늘 보좌되고 땅은 발의 등상이니 어찌 이 산정현에 주님을 모시리요. 그러나 주님 우리 중에 거하시옵소서…… 우리로 하여금 당신의 영광을 찬송케 하옵소서. 영광일세 영광일세 내가 누릴 영광일세…… 주여! 이 강단에서 하나님의 복음이 들리사 온 조선, 온 세계에 전파케 하옵소서. 성신의 생명 강수여, 이 강단에서 흐르고 또 흘러 온 교회에 충만케 하시옵고, 이 백성을 살려주시옵소서…… 주님 일찍 성전을 가리켜 아버지의 집, 기도하는 집이라 하셨으니 이 예배당은 아버지의 집, 기도의 지성소 되게 하옵소서…… 이 강단에는 언제나 하나님의 진리를 말하고 복음을 전파하게 되기를 원합니다…… 주님! 여기에 계시어 우리의 기도를 들으시고 끝날까지 우리와 함께 하옵소서"[31]

주기철 목사는 1938년 2월에 한 것으로 알려진 "하나님을 열애하라"는 제목의 설교에서 하나님 사랑의 신앙을 다음과 같이 강조했다. "나는 구약성경 중에서 특히 신명기와 시편을 좋아한다. 그 두 권은 특별히 그 기자들이 하나님을 열애한 기록인 때문이다. 하나님께 대한 깊은 정서의 발로이기 때문이다. 그들은 실로 하나님을 사모하여 갈급함이 사슴이 시냇물을 찾으려고 갈급함과 같았다. 모든 예언서를 보아도 그 모든 예언자가 불같은 의분으로 인간을 통책한 것은 저들이 하나님에게 대하여 아무 각성이 없고 순정이 없고 성의가 없고 열의가 없기 때

---

30) *Ibid.*, pp. 325~328.
31) *Ibid.,* pp. 321~324.

문이었다…… 부자 사이의 사랑도 크고 깊은 사랑이요, 연인과 애인 사이의 사랑도 강하고 뜨거운 사랑이지만, 자고로 신인 성자 예수가 보이지 않는 하나님을 사랑하는 것은 현실계에서는 그 유래를 찾을 수 없을 만큼 깊고도 뜨거운 사랑이었다. 우리 주님의 마음에 끓고 있던 것이 무엇이었던가? 곧 아버지 하나님께 대한 열애였다…… 인생은 어 떠하냐? 비조(飛鳥)는 하나님의 선덕을 노래하고 소화(小花)는 하나님 의 신비를 찬미하건만 하나님과 같은 의식을 가진 인생은 도리어 하나 님을 거역하고 만물에 비하여 특은으로 주신 자유의지를 가지고 도리 어 이 하나님이 미워하시는 죄악의 도구로 쓰고 있다…… 본래 세계의 억조 창생 중에 하나님을 열애로 섬기는 자 몇이나 있느냐…… 하나님 이 안 계시냐? 그러면 우리는 나가서 무신론자가 되자. 그러나 하나님 이 참으로 계시냐? 그러면 우리는 정성으로 섬기고 뜨거운 사랑으로 섬기자!"32)

6. 사람들을 사랑한 겸손하고 소박한 사람, 주기철 목사

주기철 목사는 하나님에 대한 일사 각오의 충성과 헌신에서는 사자 같이 단호하고 강했으나 목양지의 성도들에 대해서는 비둘기같이 순수 하고 부드러웠다. 김충남 목사는 평양 산정현교회에서의 주기철 목사 의 목회를 "비단결같이 부드러운 교역"이라고 묘사했다. "주 목사의 단 호한 태도와 비단결같이 부드러운 교역으로 인해서 그 동안 이지러지 기 시작한 영적 상처가 낫고 다시 건전한 교회 질서가 잡히기 시작했 다."33)

주기철 목사는 부드러운 성품을 가진 소박한 사람으로 사람들에게 는 한없이 부드러웠다. 고등계 형사들까지도 그의 사랑과 인격에 감동 했다. 주기철 목사가 부산 초량교회를 시무할 때 어느 날 경관 정복을 입은 순사 하나가 찾아왔다. 주기철 목사는 그에게 복음을 가르치며

---

32) *Ibid*, pp. 333~336.
33) 김충남, *op.cit.*, p. 172.

그를 위해서 성심 성의껏 기도했다. 그 김석진이라는 순사는 회개하고 예수를 믿었으며 나중에는 목사까지 되었다. 그와 같은 개인 접촉의 방식으로 예수 믿고 목사나 교육자가 된 사람들이 다수였다.[34] 주기철 목사는 사람에 대한 정도 많았다. 마산 문창교회에서 목회할 때 사모님 안갑수 여사가 병으로 죽었는데 그 때 주기철 목사는 방성 통곡하며 슬퍼했다. "아내의 무덤 앞에서 한명동과 이약신 두 사람만이 남아 있을 때 그제사 주기철 목사는 방성 통곡을 했다. 주기철 목사의 울음소리는 간장을 녹이듯 했다. 한명동과 이약신은 몸부림치며 슬피 우는 주기철 목사를 모시고 산을 내려왔다."[35]

주기철 목사는 후에 오정모와 재혼을 하고 서로 뜨겁게 사랑하면서도 때로 안갑수 사모를 생각하며 눈물을 흘렸다. "오면서 생각하니 안갑수와 결혼할 때 생각이 나서 눈물이 났다. 무상한 것이 인생이었다. 새 아내를 곁에다 두고 죽은 부인을 생각한다는 것이 미안한 일 같기도 했다. 그러나 어쩔 수 없는 일이었다."[36]

주기철 목사는 분쟁으로 상처 입은 마산의 문창교회를 기도와 말씀, 사랑의 구제, 그리고 그의 관후하고 온유한 인격으로 치료하고 부흥 발전시켰다. "여러 가지 어려운 문제로 난항을 기도했다. 그러나 기도와 성경에만 열중하고 구제에도 열성이 있는 주 목사의 관후하고 온유한 인격은 전 신도들에게 언제나 만족을 주었다. 그들이 요구하는 사랑도 또 그들이 요구하는 학식도 다 구비되어 있었다. 나날이 주 목사는 마산 문창교회의 태양이 되었다."[37]

주기철 목사는 마산 문창교회에서 목회할 때 이웃 성결교회와 친밀한 교제를 유지했고 심지어는 문창교회에서 갈라져 나간 독립교회와도 친밀한 교제를 증진시켰는데 독립 교회와의 제직 연합 간친회를 개최

---

34) *Ibid.*, p. 141.
35) *Ibid.*, p. 150.
36) *Ibid.*, pp. 159~160.
37) *Ibid.*, p. 153.

하기도 했다. 그래서 민경배 교수는 주기철 목사에게 "정신의 높이와 심령의 광활함"을 본다고 지적했다. "타협을 거절하고 외곬으로 물불을 가리지 않고 돌진한 심리의 남다른 과격성을 가진 인간이 아니었다. 그는 우리 주변에서 너무나 자주 만날 수 있는 형의 한 인간일 따름이었다."38)

위에서 지적한 대로 평양 산정현교회에서의 주기철 목사의 목회는 "비단결같이 부드러운 교역"으로 인해 영적 상처가 낫고 교회가 힘있게 부흥 발전한 목회였다. 1939년 2월 첫 주일 산정현 교회의 교인들 앞에서 한 그의 설교 "5종목의 나의 기도"에서 주기철 목사는 그의 노모와 처자와 양떼들에 대한 애끓는 사랑을 다음과 같이 표현했다. 성모 마리아와 남겨 두고 가는 제자들에 대한 예수님의 마음과도 같았다. "노모와 처자를 주님께 부탁하나이다. 나는 80이 넘은 어머님이 계시고 병든 아내가 있고 어린 자식들이 있습니다. 아들로서의 의무도 지중하고 가장과 아비 된 책임도 무겁습니다…… 나의 어머님도 주님께 부탁하나이다. 나의 병든 아내도 주님 손에 부탁하는 것이 이 못난 사람의 도움보다 좋은 줄로 압니다. 나의 어린 자식들도 자비하신 주님 품에 두는 것이 변변치 못한 아비의 손으로 기르는 것보다 복될 줄 믿습니다. 나의 양떼도 선한 목자 주님께 부탁합니다. 병들고 상한 자를 주님이 싸매어 주시고, 길 잃고 헤매이는 자를 주님 손수 인도하여 주시고, 낙심하고 범죄한 자를 주님 보혈로 사유하여 주옵소서, 악하고 험한 세상에 양떼를 두고 가는 이내 마음 참아 못할 일이올시다. 저들이 사망의 음침한 골짜기로 지날 때 주님 지켜 주옵소서." 이렇게 설교할 때 주기철 목사의 음성은 울음으로 떨렸고 그 눈에는 눈물이 괴었다. 만당의 교우들이 흐느끼는 것은 말할 것도 없었다.39) 주기철 목사는 순교의 잔을 마시기 며칠 전 유서를 남기었는데 그 유서에는 아내와 어린 아들과 어머니에 대한 한 인간의 진솔한 마음이 그대로 나타나

---

38) 민경배, *op.cit.,* pp. 116~117.
39) 김충남, *op.cit.,* pp. 205~207.

있었다. "여드레 후에는 아무래도 소천 될 것 같습니다. 지금까지 몸이 부어 올랐습니다. 막내 광조에게 생명 보험을 든 200원으로 공부를 시키십시오. 어머님께 봉양 잘 해 드리고…… 어머님께는 죄송합니다."40)

주기철 목사는 평양 경찰서와 형무소에서 옥중 생활을 할 때 같은 방의 동료들에게는 물론 자기를 고문하던 형사들에게까지 온유한 사랑으로 대하므로 그들에게 깊은 감화를 주곤 했다. "목포 사람으로 공산당 사건으로 들어온 김복동이란 사람이 있었다. 그는 늘 주 목사만을 입에 침이 마르도록 칭찬을 하는 것이었다. '주 목사님만은 참으로 훌륭한 어른입니다.' 주 목사는 다른 죄수의 옷의 이도 잡아주고 좋은 말로 옥중 고생을 이겨 나가도록 권면을 하며 주님의 말씀을 가르쳐 주었다."41)

공산당 주영하도 주 목사만은 존경했다. "주 목사는 주먹밥 한 개도 반만 먹고 배고프다는 같은 감방에 있는 자에게 나눠주는 것은 보통으로 하는 일이었다. 그의 이러한 사랑엔 불량배들마저 그 앞에서는 어린 아이처럼 순진해지는 신적 권능을 가지고 있었던 것이다."42) "그의 사랑은 감옥에서도 모든 출옥 동지는 물론 공산당에까지도 눈물로써 마음의 때를 씻게 했다. 주 목사, 그의 옥중 생활은 그냥 그대로 예수 그리스도가 제자들의 발을 씻긴 겸손과 통한 것이었다."43)

양떼들과 죄인들을 뜨겁고 부드럽게 사랑한 겸손한 목회자, 겸손을 사모하고 추구한 그 분의 겸손한 모습이 그의 설교 "겸손하기 위하여"에 애절하게 나타나 있다. "오! 주여! 나로 하여금 당신의 낮아지신 것을 깨닫게 하여 주옵소서. 당신은 지극히 높으시고 지극히 영화로우신 하늘의 보좌 위에서 천군과 천사와 하늘의 모든 영물과 천천만 성도에게서 경배와 찬송을 받으시던 만유의 주재로서 낮고 천한 삶이 되어

---

40) 민경배, *op.cit.,* p. 244.
41) 김충남, *op.cit.,* p. 223.
42) *Ibid,* p. 234.
43) *Ibid,* p. 255.

티끌 세상에 오셨나이다. 오시되 왕후 장상으로 금전 옥루에 오시지 않고 지극히 미천한 사람으로 말구유에 오셨나이다. 사람이 다 싫어하는 세리와 창녀의 친구가 되셨고 어린아이의 동무가 되셨고 걸인과 문둥이의 벗이 되었나이다. 마침내 벌거벗은 몸으로 강도의 틈에서 저주의 십자가에 달리시고 음부에까지 내려가셨나이다. 오! 당신이 이같이 낮아지신 것을 생각할 때 나는 어떻게 하오리이까? 나는 나를 어디까지 낮추어야 당신 앞에서 합당하겠습니까? 당신이 제자의 발을 씻기셨으니 나는 문둥이의 발을 핥게 하여 주옵소서. 당신이 세리의 집에 들어가셨으니 나는 모든 사람의 발 앞에 짓밟히는 먼지와 티끌이 되게 하여 주옵소서. 오 주여! 나는 아나이다 나의 속에는 여전히 나라는 것이 남아 있습니다. 당신이 좌정하실 자리에 이 놈이 앉아 있습니다. 그리하여 당신이 받으실 영광과 찬송을 이 놈이 받고자 하는 때가 종종 있습니다. 남이 나를 대접함이 소홀하다 싶을 때에 이 놈이 속에서 불평을 발하고 남이 나에게 모욕과 멸시를 가할 때에 이 놈이 속에는 노를 발하나이다…… 오 주여! 나로 하여금 이 외람 된 오만에서 구원하여 주소서. 성신의 방망이로, 이 나라는 놈을 마정방종으로 때려 주시사 당신과 같이 무아의 경지에까지 내 마음을 비워 주옵소서…… 오 주여! 나는 당신의 겸손을 사모하옵고 당신과 같이 되기를 원하나이다. 아멘"44)

이 설교와 간곡한 기도 가운데서 우리는 주기철 목사의 하나님 중심적 목회자의 모습을 가장 분명하게 발견한다. 하나님 중심적 목회자의 모형인 우리 주님의 모습이 바로 "마음이 온유하고 겸손한" 자의 모습이었기 때문이다.

---

44) 민경배, *op.cit.,* pp. 303~304.

이성봉 목사의 삶과 신앙에 대한 신학적 조명

한국 교회가 낳은 위대한 부흥사 이성봉 목사(1900~1965)는 우리 곁을 떠나 주님의 품으로 간지 어언 35여년이 지났지만 그분이 한국 교회와 우리들의 가슴에 남기고 간 주님 사랑의 뜨거움은 아직도 냉랭해진 우리들의 가슴에 모닥불을 피우는 영원한 불꽃이 되고 있다. 그분은 한 평생을 편안하게 살지 않았으므로 장수하지 못하고 65세의 비교적 짧은 생애를 살았다. 그러나 사도 바울처럼 주님을 위하여 다른 사역자들보다 더 많이 수고한 값진 삶을 산 것이었다. 하나님은 한 세기에 십여 명씩 당신이 크게 쓰시는 마음에 합한 종들을 이 땅에 보내시곤 한다. 하나님께서 황폐해진 이 땅을 긍휼히 여기사 길선주, 김익두, 이성봉, 주기철, 손양원, 박윤선, 한경직 목사들과 같은 충성된 종들을 다시 보내 주시기를 기원한다.

나는 중학생 시절인 1951년부터 1953년까지 대구에서 피난 생활을 하던 때 이성봉 목사님이 인도하시는 부흥회에 자주 참석하며 은혜를 받곤 했다. 사실 나는 그때 이성봉 목사님이 부흥회를 인도하신다고 하면 어느 곳이나 찾아가서 부흥회에 참석하곤 했다. 그분의 설교는 중학생인 나에게 너무 재미있었고, 감동적이었고, 은혜로웠다. 나는 부흥회 도중 이성봉 목사님이 찾아서 읽으라는 성경 구절을 미리 암송했다가 다른 사람들보다 먼저 성경을 찾지 않고 즉시 암송하므로 이 목사님의 칭찬을 받곤 했다. 그때 이 목사님이 자주 찾아 읽으라고 하시던 말씀 중에는 시편 50:15과 시편 37:4~6과 시편 81:10, 예레미아 33:3 등이 있었다. 금요일 밤에는 철야기도를 하고 토요일 새벽에는 이 목사님의 안수기도를 받으며 목사가 될 것을 굳게 다짐하곤 했다. "나도 이성봉 목사님 같은 부흥사가 될 수는 없을까?" 이와 같은 생각과 소원을 품기도 했다. 나는 고등학생 시절 서울로 돌아와서 공부할 때 종로 거리 악기점 스피커에서 흘러나오는 음악 소리를 들으면서 "저 스피커에서 유행가 대신 이성봉 목사님의 재미있고 은혜로운 "천로역정" 강화가 흘러 나오면 얼마나 좋을까"라는 생각을 하면서 지나가곤 했다. 그만큼 나는 이성봉 목사님을 좋아하고 존경하는 이 목사님의 팬이었다. 나는 여기서 "이성봉 목사의 삶과 신앙에 대한 신학적 조명"을 시도해 보려고 한다.

1. 이성봉 목사의 삶은 은혜 체험적 삶이었다.

한 사람의 삶은 교육과 지식과 기술 습득에 의해 형성되는 면도 없지 않으나 청소년 시절에 받았던 신앙적 감화와 은혜 체험들에 의해서 형성되며 한 평생 계속되는 영적 체험에 의해서 완성된다. 기독교적 삶은 교육과 지식에 의해 형성되는 삶이기도 하지만 본질적으로는 신앙적 감화와 은혜 체험 즉, 영적 체험들에 의해 형성되고 완성되는 삶이다.

이성봉 목사의 삶은 신앙적 감화와 은혜 체험에 의해서 형성되고 완성된 삶이었다. 소년 시절 이성봉은 어머니로부터 신앙의 훈련과 감화를 받았다. 1900년 7월 4일 평남 강동군 간리에서 이인실 씨와 김진실씨의 장남으로 태어난 이성봉은 복음이 간리에 전해진 해인 1905년(6살때)부터 어머니의 철저한 신앙의 훈련과 감화를 받으며 자랐다. 평양 근교 중화읍으로 이사한 후 온 가족은 평양 선교리 감리교회에 다니며 신앙생활을 기쁘게 했고 어머니는 아들 성봉에게 기도를 가르치고 성경을 읽게 했다. 성봉은 6살 때 이미 신약을 일독했고 예배당에서 "누구든지 성신이 인도하시는 대로 기도하시오" 하면 즉시 기도를 해서 칭찬을 받기도 했다.1) 소년 이성봉은 어머니를 따라서 김익두 목사가 운영하던 황해도 신천의 경신소학교에 들어갔는데 그곳에서 김익두 목사의 신앙적 감화를 받으며 김익두 목사를 존경하게 되었다.2)

청년 시절 이성봉은 질병과 죽음의 고통을 통해 하나님의 은혜와 치유의 손길을 체험했다. 청년 이성봉은 17세 경부터 한 동안 반항과 타락의 생활을 했다.3) 결혼 생활도 행복하지 못했다. 1920년 6월 24일 주일 교회에 가서 예배 드리는 대신 과수원에서 과일을 싣고 평양에 가서 팔아 가지고 그날 밤 술집에서 진탕 술을 마시고 밤 늦게 "노자 노자"를 부르며 돌아 오던 중 기자묘 앞길에서 오른쪽 넓적다리에 통증을 느끼고 쓰러졌다. 골막염으로 다리를 절단할지도 모른다는 말을 듣고 철저히 회개하며 하나님께 매달렸다. 그로부터 그의 삶은 변하기 시작했다. 3년 동안의 투병생활은 청년 이성봉으로 하여금 기도와 말씀에 사로 잡히게 했고 하나님의 은혜와 사랑의 손길에 붙잡히게 만들었다.4)

그 후 이성봉은 1925년 동양선교회 성서신학원(현 서울신학대학)에 입학하여 3년 동안 신앙 훈련을 받았는데 그곳에서 깊은 회개와 은혜를 체험했다.5) 14살 때 기차를 타면서 12살이라고 속인 죄까지 회개했

---

1) 이성봉, 『자서전: 말로 못하면 죽음으로』 (서울: 생명의 말씀사, 1997), pp. 17~21.
2) "그 당시 나는 김목사님께 많은 감화를 받고 나도 이 다음 김익두 목사님처럼 부흥사가 되겠다는 꿈을 늘 가지고 있었던 때였다"(이성봉, 『말로 못하면 죽음으로』, p. 24).
3) "18세로부터 21세까지 나는 말할 수 없이 타락한 인간이 되었다. 마부생활로 하류층의 인간들과 상종하게 되니 담배를 배우고 술을 마시게 되었다. 또한 화투, 투전, 노름에 미치게도 되었다. 죄라는 죄는 고루고루 다 지었다."(이성봉, 『말로 못하면 죽음으로』, p. 27).
4) 이성봉, 『말로 못하면 죽음으로』, pp. 29~35.
5) "그곳에서는 나를 3년간 불가마에서 빚어내는데, 지적으로는 별것 없었으나 영적으로는 부흥과 말씀과 신앙을 통하여 깊은 지도를 받았다. 특히 이명직 목사님은 나의 잊지 못할 은사이니 그의 성경 강의와 설교 때는 시간시간 은혜로웠다."(이성봉, 『말로 못하면 죽음으로』, p. 38).

다. 당시의 성서신학원이 회개를 철두철미하게 강조했기 때문이었다. 신학교 시절에 가진 은혜의 체험은 한 평생 이어진다. 성서신학원을 졸업하자 이성봉 전도사는 목회와 부흥 사역에 투신했다. 1928년부터 3년 동안 계속한 수원에서의 목회사역과 부흥사역에 회개의 역사와 함께 기사와 이적이 많이 나타났고 이성봉 전도사 자신은 신비한 영적 체험을 했다.

수원 목회 기간 중 주일 예배를 마친 후 과로로 쓰러져 있는 가운데 다음과 같은 영적 체험을 했다. "그 때 하늘로부터 참 십자가가 나타났다. 나는 분명히 주님이 달리신 그 십자가를 보았다. 감격하여 붙들고 애통하며 나의 모든 죄를 자복하였다. 그는 나를 어루만져 주시며 천국으로 가자고 올라가시는 것이었다. 어디로 한없이 한없이 갔다. 한참 가다 보니 수정 같이 맑은 요단 강물이 흐르고 저편에서 화려하고 찬란한 천성이 보였다. 그런데 어디서 찬송소리가 들렸다. 갑자기 정신이 회복되며 온 몸에서 식은 땀이 쭉 쏟아졌다. 아프던 내 몸이 거짓말같이 완전히 나았다. 바울 사도가 '몸 안에 있었는지 몸 밖에 있었는지'라고 한 것 같이 그 후로 항상 그 환상이 나의 신앙생활을 격려하여 주고 소망 중에 살게 하고, 현실보다 영원한 내세를 더욱 그리워하게 했다."[6] 1931년부터 6년 동안 계속한 목포에서의 목회사역과 부흥사역에도 회개의 역사와 함께 기사와 이적이 많이 나타났다. 그렇다고 이성봉 목사가(1932년에 목사 안수) 신비주의를 주창한 것은 아니었다. 오히려 목포교회에서 목회할 때 신비주의로 나가는 여신도를 책벌한 일이 있는데 앙심을 품은 그 여신도의 아들에게 폭행과 모욕을 당하기도 했다.[7]

이성봉 목사는 1936년 신의주 동부교회에서 목회를 시작하면서부터 본격적인 부흥사로 활동하게 되는데, 1937년 서울에서 모인 성결교 총회 기간 동안 이성봉 목사는 성령의 뜨거운 불세례를 체험했다. 총회 기간 동안 피곤한 몸을 잠깐 쉬고 있는데 당시 유명한 부흥 목사인 김

---

6) 이성봉, 『말로 못하면 죽음으로』, p. 48.
7) *Ibid,* p. 55.

익두 목사가 다가와 그의 오른쪽 옆구리에 손을 얹고 기도를 했는데 그의 손이 닿자마자 너무나 뜨거워 깜짝 놀라 침대에서 뛰어 올랐다가 떨어지니 꿈이었다. 전신은 땀으로 흠뻑 젖어 있었으나 심령은 매우 상쾌했다. 그런데 그날 밤 총회 회의에서 그는 전국 부흥사로 임명되었다.8) 이성봉 목사는 "때때로 그 때의 체험을 생각하여 새 힘을 얻곤 했다"고 기술했다. 1937년부터 이성봉 목사는 능력의 사자로 가는 곳마다 강한 성령의 역사를 일으켰다. 1937년 용정에서 부흥회를 인도할 때는 2,000여명이 회개하여 자복하는 운동이 일어났고, 1938년에는 한 해 동안에 50여회 이상 부흥회를 인도하며 회개 운동을 일으켰다. 이성봉 목사는 1928년 수원에서 목회와 부흥사역을 시작한 후 1965년 7월 23일 성결교 합동총회에서 "주를 사랑하자"라는 제목으로 마지막 설교를 하고 8월 2일 주님 품으로 돌아가기까지 37년 동안 한국과 만주와 일본과 미국 등지에서 수 많은 부흥회를 인도하는 동안 자기 스스로 수 많은 영적 체험을 계속하며 기사와 이적을 동반하는 회개와 부흥의 역사를 많이 일으켰다. 그러나 신비주의는 항상 경계했다. 가슴은 뜨거워야 하지만 머리까지 뜨거워지면 안 된다고 항상 경고했다.9)

지식과 기술과 경영 및 정보 습득에 치중하고 있는 현대 목회 사역자들의 삶의 동향에 비추어 볼 때 은혜 체험과 성령의 역사에 붙잡혀서 한 평생을 살며 사역한 이성봉 목사의 삶은 우리들에게 뜨거운 도전을

---

8) 이성봉, 『말로 못하면 죽음으로』, p. 62; 김진환, 『한국교회부흥운동사』 (서울: 크리스찬비젼사, 1976), p. 196.

9) "속죄와 부활이 없고 말라진 교리만 붙잡고 있고, 윤곽과 터만 닦고 그 심령의 안방에 산 그리스도를 모시지 못한 소위 교직자와 신도들은 반성하여야 할 것이다. …… 인본주의자들은 이지적인 머리만 발달하고 영적 체험이 없으니 살았으나 실상은 죽은 해골 떼들이다. …… 은혜의 체험은 있으되 성경의 지식이 없고 [성경의 지식은 있되] 체험적 교리가 없는 역사는 악령에 속기 쉬운 것이다. 극단은 이단이다. 가슴이 뜨겁다가 머리까지 뜨거워져 사신에 속아 미신의 불행을 불러들이느니라."[이성봉, 『사랑의 강단』(서울: 생명의 말씀사, 1993), pp. 172~173].

주고 있다.

2. 이성봉 목사의 삶은 구령과 교회부흥에 헌신한 삶이었다.

이성봉 목사의 삶은 구령의 열정에 불타서 한 영혼이라도 더 구원하고자 방방 곳곳을 찾아 다니며 복음을 전파한 복음 전도자의 삶이요, 잠자는 교회를 일깨우기 위해 농어촌 교회까지 찾아가서 부흥회를 인도한 부흥사의 삶이었다. 이성봉 목사는 모든 기회를 전도의 기회로 삼았다. 심지어 청주에서 있었든 셋째 딸의 결혼식에 인사하러 올라가서도 몇 마디 인사를 하고는 "이렇게 많이 모인 호기를 노칠 세라" 생각하며 곧 이어 전도 강연을 했다는 것이다.10) 이성봉 목사는 복음전파와 교회부흥 이외에 다른 것에는 관심이 없었다. "그의 눈 앞에는 세상의 부귀영화는 아랑곳 없었고 명예 지위도 거들떠 볼 새도 없이 다만 한 영혼에게라도 더 많이 전도 구령하겠다는 일념에 붙잡힌 사람이었습니다." 그는 지방회나 총회를 무시하지 않았지만 전도하는 것이 자신의 유일한 사명으로 알고 평생 감찰장 하나도 하지 않았다. 그는 자신의 사명 완수를 위해서 그의 온 정력, 그의 모든 시간과 물질과 심지어 가족까지 다 희생의 제물로 주님께 바쳤다. 순회 집회하는 부흥 목사로 불가피하게 가족을 위해서 작은 집 한 채를 준비했던 일이 있는데 얼마 안가서 어떤 교회 건축에 딱한 사정을 듣고 근근히 장만한 그 집을 선뜻 팔아 전도사의 손에 들려주고 가족은 셋방으로 옮겨 간 일도 있었다고 한다.11) 만주에서 집회를 인도하던 중 어머니 병환이 위급하다는 소식을 듣고 이 목사는 고민하며 기도하다가 결국 어머니를 주님께 맡기고 집회를 계속했다. "생전의 어머니를 뵈오려 가자니 불일듯 일어나는 집회를 내버리고, 굶주리고 목말라 허덕이는 양떼를 버리고 갈 수도 없고 어머님께 가자니 불효 막심하고 어떻게 할까? 그러나 전쟁에 나간 사람이 부모 병들었다고 돌아갈 수 있느냐? 할 수 없다는 판단을

---

10) 정승일, "산 신앙의 증인 이성봉 목사," 「활천」(1997년 7월호): 50.
11) *Ibid.*, pp. 50~51.

내렸다. 그저 어머니를 주님께 맡기고 기도하며 집회를 계속했다.”12)

이성봉 목사는 한 영혼이라도 더 구하고 한 교회라도 더 부흥시키기 위해서 그의 한 평생을 모두 불 사르고 말았다. 이성봉 목사는 6·25 동란 이후에는 무너진 성결교회 제단 하나하나를 다시 세우는 교회 재건 운동을 일으켰고 1961년부터 1년 5개월간 “1일 1교” 운동에 나서서 500 여 교회를 순회하며 교회 재건과 교단 합동에 전념했다. 마지막에는 일체의 큰 집회나 외부 집회를 단절하고 매일 수 십리씩 걸어 다니며 농어촌 교회들을 돌아보았다. “어떤 곳에서는 소 구루마로 덜커덩 덜커덩 돌아다니기도 하고 어떤 곳에서는 리어카를 가지고 와서 타기도 하고 어떤 곳에서는 자전거를 타라고 하여 자전거 꽁무니에 타고 가다가 험한 길에 넘어져서 한참동안 버드럭 거리기도 하고 어떤 데서는 잘 곳이 없어서 소 외양간에서 한 밤을 지내기도 했다.”13) 이성봉 목사는 이렇게 회고했다. “때로는 트럭 신세도 졌습니다. 장마통에 지게로 전도 기구를 짊어지고 걷기도 했습니다. 고장 난 차를 떠밀고 대관령에서 비를 흠뻑 맞아가며 넘기도 했습니다. 새벽차를 타고 종일 차 속에서 시달려 정신을 못 차리고 허덕일 때도 한두 번이 아니었습니다. 밤낮 침식을 잊고 하루에 천여리를 차 속에서 산 때도 드문드문 있는 일이었습니다.”14) 이성봉 목사는 때로는 1년에 82곳의 집회를 인도했고 때로는 하루에 5, 6회의 집회를 인도하다가 과로로 쓰러지기도 했다. 1959년 12월 8개월 간의 미국 순회전도집회를 마치고 귀국하고 나서 이성봉 목사는 이렇게 그의 심정을 술회했다. “기회를 민첩하게 사용하여 영혼 구원하는 일밖에는 나에게는 아무 취미가 없었다.”15) 영혼 사랑과 교회 사랑의 복음적 열정이 그의 전 생애를 불 태운 것이었다.

---

12) 이성봉, 『말로 못하면 죽음으로』, p. 86.
13) 정승일, *op.cit.*, p. 52.
14) 이성봉, 『말로 못하면 죽음으로』, p. 185.
15) *Ibid,* p. 226.

복음 전파보다는 "사업"확장에, 희생보다는 대우 받음에 치중하고 있는 현대 목회 사역자들의 삶의 동향에 비추어 볼 때 영혼 사랑과 교회 사랑에 사로잡혀 복음 전파에 한 평생을 헌신하여 다 바친 이성봉 목사의 삶은 우리들에게 강력한 도전을 주고 있다.

3. 이성봉 목사의 삶은 현세를 초월한 청빈의 삶이었다.

이성봉 목사는 청년 시절부터 철저한 회개에 기초를 둔 성결하고 깨끗한 청빈의 삶을 살았다. 그는 자신이나 세상에 대한 어떤 애착을 두지 않고 살았다. 이성의 정욕과 물질의 탐욕을 항상 경계하는 금욕적 삶을 살았다. 돈과 이성의 유혹에 빠지면 목회자의 삶은 끝장이란 말을 거듭거듭 강조했다. 세상이나 세상에 있는 것들을 사랑하지 말라고 경고했다.

따라서 그에게는 일종의 염세주의 또는 허무주의적 정서가 나타나 있었다. 이성봉 목사는 부흥회 때마다 "허사가"를 즐겨 부르곤 했다. "꿈결같은 이 세상에 산다면 늘 살까 일생의 향락 좋대도 바람을 잡누나 험한 세월 고난 풍파 일장 춘몽이 아닌가 슬프도다 인생들아 어디로 달려 가느냐" "세상만사 살피니 참 헛되구나 부귀영화 장수는 무엇하리요 고대광실 높은 집 문전 옥답도 우리 한 번 죽으면 일장의 춘몽" 그래서 정성구 교수는 이성봉 목사의 설교에 허무주의와 냉소주의적인 요소가 보인다고 평가하며 "성경으로 시작해서 허무주의로 마감하는 느낌이다"라고 혹평했다. "복음으로 시작해서 율법으로 끝맺음 하는 느낌이다. 성경으로 시작해서 허무주의로 마감하는 느낌이다."16)

그러나 필자는 이성봉 목사의 "허무주의적 정서"를 비판적으로만 보지 않고 긍정적으로 보고 싶다. 우선 기독교 신앙은 현세 부정을 통한 현세 긍정적 신앙이지만 궁극적으로는 현세 부정을 통한 내세 긍정적 신앙이기 때문이다. 성경에는 분명히 현세 부정적 요소가 나타나 있다.

---

16) 정성구, "한국 교회와 설교운동," 「신학지남」 201(1984, 3~6): 174.

"헛되고 헛되며 헛되고 헛되니 모든 것이 헛되도다"(전 1:2). "그러나 무엇이든지 내게 유익하던 것을 내가 그리스도를 위하여 다 해로 여길 뿐더러 또한 모든 것을 해로 여김은 …… 내가 그를 위하여 모든 것을 잃어버리고 배설물로 여김은"(빌 4:7~8). "이 세상이나 세상에 있는 것들을 사랑치 말라. …… 세상에 있는 모든 것이 육신의 정욕과 안목의 정욕과 이생의 자랑이니 다 아버지께로 좇아 온 것이 아니요 세상으로 좇아 온 것이라"(요일 2:15~16). "그 날에는 하늘이 큰 소리로 떠나가고 체질이 뜨거운 불에 풀어지고 땅과 그 중에 있는 모든 일이 드러나리로다[타지리라]"(벧후 3:10).

이성봉 목사의 신앙과 설교에 일종의 염세주의 또는 허무주의적 정서가 나타나 있기는 했지만 그렇다고 현실 교회와 사회에 대해 아주 무관심하고 무책임한 것은 아니었다. 그는 교회개혁을 외쳤으며 일제의 만용과 무지를 공격하면서 일제의 멸망을 외치다가 체포되고 구속되기도 했다. 이성봉 목사는 또한 염세주의나 허무주의를 비판하기도 했다. "영안이 밝은 사람은 인생의 존귀를 발견하는 한편에 또한 세상이 헛되다는 것을 알게 된다. 그렇다고 세상을 비관하는 염세주의도 아니요, 세상을 무시하는 허무주의도 아니다. 아브라함이 자기 땅에 있으면서 외국인이요, 나그네라고 한 것은 더욱 아름다운 본향을 사모함이니 이 말은 천국에 목적을 두고 세상에 목적을 두지 않는 건전한 인생관을 말한다."17) 그는 세상에 대한 애착을 부정한 것이지 세상 안에서의 믿음의 삶 자체를 부정한 것은 아니었다.

필자는 물론 어거스틴과 칼빈의 문화변혁주의적 입장을 견지하며 정치, 사회, 문화 참여적 삶을 제창한다. 그러나 현대 교회는, 과거의 교회도 마찬가지였지만, 말로는 문화변혁주의적 개혁주의 신학이나 순교적 신앙을 주창하면서도 실제로는 세상과 돈을 너무 좋아하는 세속주의에 깊이 빠져 있다고 생각한다. 1970년대 이후 한국 교회는 더욱

---

17) 이성봉, 『임마누엘 강단』(서울: 생명의 말씀사, 1993), pp. 145, 146.

더 그렇다. 필자는 중세의 금욕주의의 잘못도 잘 알고, 요한 번연의 현세 부정주의의 잘못도 잘 안다. 그러나 지금 우리는 차라리 그들로부터 어떻게 세상에 대해서 죽고 자신을 비우는 청빈과 순결의 삶을 살 수 있는지를 겸허하게 배워야 할 것이다.

세상과 돈과 명예를 좋아하는 세속주의에 깊이 빠져 들어가고 있는 현대 목회 사역자들의 삶의 동향에 비추어 볼 때 이성봉 목사의 "허무주의적 정서"가 깃들어 있는 현세 초월적 청빈의 삶은 우리들에게 심각한 도전을 주고 있다.

4. 이성봉 목사의 신앙은 하나님 제일주의 신앙이었다.

이성봉 목사의 좌우명은 다음과 같았다. "임마누엘 하나님 제일주의 예수중심주의 성결과 사랑 순간순간 주로 호흡하고 일보일보 주와 동행하라." 이성봉 목사는 이와 같은 좌우명을 1962년 5월 8일 친필로 써서 남겼다.

이성봉 목사의 신앙은 하나님 제일주의 신앙이었다. "그는 어떤 상황에서도 인간적인 동기에 따라서 행동하지 않았고, 또 인간적인 방법을 동원하여 상황을 자신에게 유리하게 끌어 가려고 하지도 않았다. 오직 하나님의 뜻이 무엇인가를 순종하는 마음으로 기다릴 뿐이었다."[18] 수원교회를 사임하고 목포로 내려가라는 교단의 지시를 받았을 때 이성봉 전도사는 "정신이 아뜩함을"느끼며 "안 가려고 많이 발버둥을 쳤"으나 결국 "내 뜻대로 마옵시고 아버지 뜻대로 하옵소서 하고 곧 순종하는 마음으로 정든 교회를 떠났다."[19] 신의주교회가 1,000여명의 신자를 가진 대교회로 부흥하던 때 갑자기 총회로부터 전국 부흥사로 임명 받았다. 신의주 목회는 이 목사에게 있어서 "제일 부흥되고 제일 재미있게 일한" 목회였다. "정으로 생각하면 차마 떠나기 힘든 곳"이었다. 헌당식을 한지 사흘 만에 떠나려고 하니 발 길이 떨어지지 않았다.

---

18) 정인교, 『이성봉 목사의 생애와 설교』 (안양: 성결교신학연구소, 1998), p. 45.
19) 이성봉, 『말로 못하면 죽음으로』, p. 49.

그러나 이성봉 목사는 그것을 하나님의 뜻으로 받아드리고 사랑하는 목양지를 떠나 우리 밖의 양들을 찾아 험하고 먼 길을 떠났다.

전국 부흥사로 임명을 받고 이성봉 목사는 그의 심정을 다음과 같이 피력했다. 하나님의 주권에 전적으로 순복하는 헌신의 글이었다. "일을 일으키시는 이도 여호와요 일을 그대로 이루게 하시는 이도 여호와시니라. 창세 전에 나를 아시고 모태로부터 나를 택하시고 출생 후 지금까지 거룩하신 품 안에 영육을 보존하시고 전지전능의 손에 붙잡으사 작은 일에서 큰 일에 이르기까지 만사 합동하여 거룩한 뜻이 이루어지게 하심을 감사할 뿐이로소이다. 금번에 귀중한 사명은 벌써 만세 전에 예정하신 주님의 계획이요, 4년 전에 보여 주신 이상의 감동이 오늘에 성취될 때 일희일비의 정을 금할 길 어렵도다. 주님의 거룩한 뜻은 언제든지 이루어지는 것을 생각할 때 한 번 더 기뻐하고 감사하며, 중대한 책임을 생각할 때 황송하고 떨리지 않을 수 없노라. 나는 벌레요 사람이 아니며 티끌 같은 미말의 자신을 돌아볼 때 이 사명의 말씀이 참으로 어려워 미디안 광야의 모세가 내게 거울이 되도다. 오, 주의 권능으로 없던 내가 이 시대에 생겨나서 주의 영광 다 뵈옵고, 필요한 일을 알리어 주시는 그 사랑의 품에 있는 것은 웬일인가. 물질이나 정신이나 영이나 육이나 우리 전부가 주께로 오고, 주로 말미암고, 주께로 돌아가는 도상에 순간순간 최후 숨결까지 그 안에서 사라짐을 나타내겠노라. 어제나 오늘이나 영원토록 변함없는 불타는 주님의 사랑, 그의 가슴을 내가 알고 나를 불러 세우신 그 뜻을 알려 주시는 힘, 임하는 말씀, 인도하시는 성령에 끌리어 순종하고 복종하리니 그 잎 길에 장애와 사탄의 오묘도 무수할 터이나 그 염려와 불신앙의 죄악을 다 태워버리고 힘써 매진하겠노라. 각처에 한 핏줄 한 몸으로 지음 받은 형제 자매여, 한 순간이라도 이 그림자, 이 질그릇을 기억하시사 합심 동정의 기도를 드려 주소서. 주여 나의 믿음의 부족함을 도우소서."[20)

---

20) *Ibid.*, pp. 64~65.

우리는 이 글에서 이성봉 목사의 하나님 제일주의 신앙을 분명하게 접한다. 하나님의 예정과 주권에 전적으로 순복하는 칼빈주의적 신앙과 그 하나님의 섭리의 손길과 품을 친밀하게 체험하고 의지하며 그 사랑의 품에 안기면서 고난의 길을 흔쾌히 그리고 겸허하게 걸어 가는 복음주의적 신앙을 생생하게 접한다. 이성봉 목사의 하나님 제일주의 신앙의 특징은 하나님의 주권에 대한 절대 순종과 함께 하나님의 은혜와 섭리의 손길에 대한 뜨거운 사랑이었다. 이성봉 목사가 행한 수많은 설교 특히 미국 순회전도 집회 때 행한 수많은 설교의 주제가 하나님의 사랑이었다. 이성봉 목사에게 있어서 하나님은 무엇보다 사랑의 하나님이었다. 정인교 교수는 이성봉 목사의 하나님 제일주의 신앙을 높이 평가하며 이렇게 기술했다. "여기서 우리는 철저히 사업의 논리와 사업가의 계산으로 오염된 현대 교회와 목회자들을 향한 진정한 광야의 소리를 듣게 된다."21)

5. 이성봉 목사의 신앙은 예수 중심주의 신앙이었다.

이성봉 목사의 설교의 본문과 주제와 내용을 분석한 정인교 교수는 이성봉 목사의 설교가 신약 중심적이고, 복음서 중심적이며, 예수 중심적이라고 지적했다. 이성봉 목사는 "신본주의적, 그리스도 중심적 사고를 갖고서 모든 본문을 풀어간다."22) 이성봉 목사의 사명이 하나님의 부르심에 순종하며 예수 그리스도로 말미암는 구원의 복음을 전하는 것이었기 때문이기도 하지만 무엇보다 이성봉 목사의 가슴에 예수 그리스도의 사랑이 뜨겁게 부어져서 불타고 있었기 때문이었다.

이성봉 목사는 대부분의 설교에서 설교의 목표를 패역한 인간에 대한 하나님의 무조건적 사랑과 예수 그리스도의 십자가의 역설적 사랑에 두고 있다. 이성봉 목사가 자주 사용하던 예화 중의 하나는 "어떤 술주정뱅이가 만취하여 기차 레일을 베고 잠을 자고 있었다"는 예화였

---

21) 정인교, *op.cit.*, p. 52.
22) *Ibid,* p. 88.

다. 필자가 중학생 때 여러 번 들은 예화이다. 급행열차가 고동을 틀면서 달려 왔을 때 한 자비로운 사람이 고함을 치면서 일어나라고 외쳤지만 그 술주정뱅이는 들은 척도 않했다. 결국 그 자비로운 사람이 달려가서 그 술주정뱅이의 다리를 끌어 철둑 아래로 내동댕이쳤고 그대신 그는 목이 잘리고 다리가 끊어지고 팔이 잘리고 창자가 나와서 즉사했다는 것이다. 기차가 정거를 한 후 술주정뱅이는 그제서야 비틀거리며 일어나서 즉사한 사람이 조심하지 않다가 변을 당했다고 중얼거리다가 따귀를 맞았다는 것이다. "이 자식아! 이 사람은 너 때문에 이렇게 되었어." 이 이야기는 패역한 죄인대신 비참하게 죽으신 예수 그리스도를 가리키는 것이라고 이성봉 목사는 역설했다. "기차 레일을 베고 잠자는 사람은 누구이겠는가? 이 설교를 하는 사람부터 온 세상 사람들인 것이다. 이 이야기는 멸망의 기적은 고동을 틀면서 오는데 죄악의 술을 마시고 취생몽사로 허영의 꿈만 꾸는 것을 살리기 위하여 하나님의 성자가 33년간 외치시다 못하여 우리가 죽을 대신, 멸망 받을 대신에 죽으신 십자가의 대속을 말하는 것이다. 성자 예수 그 머리에 가시관 쓰고 십자가에 못박혀서 돌아가셨네. 이와 같이 넓고 크신 사랑에 아직 감복 않는 자야 사람이랄까."23)

이성봉 목사는 또 다시 아기를 위해서 자신을 희생한 어머니의 이야기를 소개한다. 모스크바에 흉년이 들어 어떤 아기 어머니가 며칠을 굶고 풀 뿌리라도 캐어 먹으려고 들에 나왔는데 등에 업힌 어린 애기가 젖을 먹겠다고 졸랐다. 그러나 삼 일간을 굶은 어머니 가슴에서 젖이 나올 리가 없었다. 그만 그 어머니는 주머니에서 장도를 꺼내어 젖꼭지를 찢어 피를 내어 어린 아이에게 물리니 어린 것은 피를 빨고 있고 어머니는 기절을 하였다는 이야기였다. 이 이야기는 비참한 죄인을 살리시기 위해 대신 희생의 피를 흘리며 죽으신 예수 그리스도를 가리키는 것이라고 이성봉 목사는 지적했다. "우리 주님은 목마르고 굶주린

---

23) 이성봉, 『사랑의 강단』, pp. 94~95.

우리들을 위해 희생의 피를 흘려 주셨으니 우리도 그 십자가를 지는 것은 주님을 위하여, 남을 위하여 희생의 생활을 하는 것이다."[24]

이성봉 목사는 패역하여 비참하게 된 죄인들이 구원을 얻을 수 있는 가능성은 아무 것도 없다고 거듭해서 강조했다. 오직 예수 그리스도를 믿고 의지하고 바라고 좇는 데서만 가능하다. "참 신앙은 예수를 통하여 신구약의 3만여 가지의 약속을 그 피로 인쳐 우리에게 주시고 성신으로 알게 하시는 지각으로 이 말씀 전부를 다 나 위하여 주신 줄 그대로 받고 그대로 의지하며 그대로 바라고 그대로 좇고 그대로 증거하는 것이다."[25] "기독교는 구원의 종교이다. 예수란 뜻이 구원이란 뜻이다. 사람에게 제일 급선무는 구원이다. 예수는 우리를 죄에서 구원하시고, 환난에서 구원하시고 사망에서 구원하신다. 주 예수를 믿으라 너와 네 집이 구원 받으리라 한 것은 예수는 생명의 근원이요, 생명의 본체요, 생명의 자본주가 되시기 때문이다. 그 생명을 받는 자는 영원히 죽지 않고 영생을 얻는 것이다."[26] 그리고 십자가를 자랑하고 사랑하자고 호소했다. "대속의 십자가의 참된 사랑에 녹아져서 항상 감사 찬송으로 십자가를 자랑하고, 십자가를 지고 날마다 말마다 그가 가신 자취를 따라 승리의 개선가를 부를 때까지 십자가를 사랑할 것이다."[27]

예수 사랑에 녹아진 가슴, 그리고 그 예수 사랑만을 전하는 입술과 몸을 가졌던 이성봉 목사의 신앙은 갖가지 불순한 것으로 오염되고 변질된 신앙을 붙잡고 있는 현대 그리스도인들에게 참신한 도전을 주고 있다.

6. 이성봉 목사의 신앙은 회개와 중생의 복음 신앙이었다.

이성봉 목사는 교파를 초월한 넓은 시야와 안목을 가진 폭 넓은 신앙

---

24) *Ibid,* p. 99.
25) *Ibid,* p. 63.
26) *Ibid,* pp. 149~156.
27) *Ibid,* p. 101.

과 신학을 가진 분이었지만 성결교의 사중 복음인 중생과 성결과 신유와 재림의 복음을 충실하게 신종했다.[28] 이성봉 목사의 신앙과 설교와 사역은 무엇보다 먼저 회개를 통한 중생의 은혜를 강조하는 것이었다. 특히 새벽기도회의 시간은 추상같은 권위로 죄를 책망하는 시간이었으며 수많은 사람들은 죄를 자복하며 회개했다. 자신의 삶이 철저한 회개에 기초한 삶이었기 때문에 이성봉 목사는 항상 죄를 무섭게 지적하며 회개할 것을 강하게 촉구했다. 이것은 바로 예수님의 메시지와 사역의 기초와 출발점이었다. 예수님의 첫 메시지는 "회개하라"는 것이었고 "거듭 나지 않으면 하나님 나라를 볼 수 없다"는 것이었다.

이성봉 목사에게는 대중들에게 아부하는 설교는 있을 수 없었다. 철저한 회개를 강조했다. 이성봉 목사 자신이 오직 하나님 앞에서 성결하게 살려는 뜨거운 소원을 가지고 평생토록 스스로 크고 작은 일들을 회개하면서 살았기 때문이었다. 신의주에서 목회할 때 12월 마지막 토요일 임신한 사모님이 목사님더러 닭을 좀 잡아 달라고 부탁했다. 그러나 이 목사는 거절했다. 때 마침 집에 찾아 온 박동형 군에게 닭을 좀 잡아 달라고 말했다. 그도 싫다고 하다가 할 수 없이 닭을 잡아 주었다. 이 목사는, 닭은 잡지 않았지만 닭고기 국은 잘 먹었다. 그 이튿날 주일 아침 이 목사가 설교 준비를 하고 있는데 사모님이 "저 수탉을 좀 잡아 매 주세요"라고 부탁했다. 이 목사는 마지 못해 나가서 수탉을 잡다가 그만 엄지 손가락이 찢어져서 피가 흘러내렸다. 눈물이 왈칵 쏟아지면서 사모님을 실컷 원망했다. 손 가락도 아프고 머리까지 아팠다. "주일날 아침 이거 무슨 일입니까?"라고 기도하던 중 마태복음 23장이 번개같이 떠 올랐다. "화 있을진저 바리새인과 서기관 같은 자여. 무거운 짐은 남에게 지우고 자기는 손 가락 하나 움직이기 싫어하는 자여. 어제 일을 생각해 보라. 닭 죽이기 싫다고 아내에게 미루고 박군에게 미

---

28) 이성봉 목사는 "복음의 종교"라는 제목의 설교에서 기독교의 복음에는 구원의 복음과 성결의 복음과 신유의 복음과 재림의 복음이 있다고 설교했다(이성봉, 『사랑의 강단』, pp. 61~66).

루고 그러면서도 닭국은 잘 먹었지. 바리새인 손 가락 같은 것 찍어 버려 마땅하겠지만 그만큼 둔 것도 감사해라. 너 그런 심보 가지고 강단에서 무슨 설교를 할 작정이냐? 바로 너를 잘 알아 회개하고 설교하라." 이성봉 목사는 그날 아침 하나님과 온 교우들 앞에서 자기의 잘못을 회개하며 설교했다. "주여 감사합니다. 만 번 죽어 마땅한 자식 이만큼 징계하여 깨닫게 하시니 감사합니다. 다시는 나 하기 싫은 일 남에게 마루지 않겠습니다. 사랑의 채찍 감사합니다."29) 이 목사의 회개의 간증에 온 교우들이 큰 은혜를 받았다.

이성봉 목사는 설교 때마다 회개를 강조했다. 회개를 통해서만 죄인이 중생하고 구원 얻어 천국 간다고 강조했다. 그리고 성경에 나타난 인물들과 실제로 만난 수많은 사람들이 회개한 이야기들을 항상 소개했다. "주여 보시옵소서. 주님 보시는 앞에서 삭개오는 철저한 회개를 했다. 회개는 천국 가는 길이요 제이의 무죄라고 하였다. 죄 지은 사람이 지옥 가는 것이 아니요, 회개하지 못한 사람이 지옥에 간다. 개인이나 국가나 사회가 회개하고 돌아오면 하나님께서는 회개할 것 없는 의인 아흔 아홉을 인하여 기뻐하는 것보다 더 기뻐하신다. 회개는 방향 전환이다. 회개는 또한 숨은 부끄러움 곧 속에 있는 더러운 것을 다 들추어내는 것이니 법률상으로 지은 죄, 도덕상으로 지은 죄를 다 하나님 앞에 고백하며 사람과 관련된 것은 또한 사람과 해결 지어야 한다."30)

이성봉 목사는 "회개하라"는 제목의 설교에서 회개는 주님의 명령이요 소원이며 회개란 지, 정, 의, 행의 전폭적인 변화라고 폭 넓게 설명했다. "회개는 주님의 지상 명령이요 주의 소원이며 뜻이다. 회개는 구원의 입문이요 기초이니, 복음의 대지가 회개요, 저주와 멸망을 막는 요새가 되는 것이다. 어떤 성도는 말하기를 회개는 제이의 무죄요 향상의 별명이라 하였다. 죄 지은 사람이 지옥 가는 것이 아니라 회개하지 않는 사람이 지옥에 간다. 그러면 우리는 어떻게 회개할 것인가? 그것은

---

29) 이성봉, 『말로 못하면 죽음으로』, p. 60.
30) 이성봉, 『임마누엘 강단』 (서울: 생명의 말씀사, 1993), p. 26.

지, 정, 의, 행으로 나타낼 수 있다. ① 회개는 지적으로 죄를 깨닫는 것이다. ② 회개는 정적으로 슬퍼하는 것이다. ③ 회개는 의지적으로 죄를 고백하는 것이다. ④ 회개는 행위적으로 열매를 맺어야 할 것이다. 그런고로 철두철미하게 회개하라.”31)

이성봉 목사는 회개와 믿음으로 말미암는 중생이 구원의 첫 단계요 현재적 단계라고 설명하며 중생이 기독교의 기초임을 강조한다.32) 중생은 죄를 회개하고 예수를 구주로 믿어 새롭게 태어 나는 것이다. 이성봉 목사는 구원이란 말을 중생이란 말과 같은 뜻으로 사용하곤 했다. “기독교는 구원의 종교이다. 사람에게 제일 급선무는 구원이다. 정치가도 먼저 구원을 받아야 하고, 과학자도, 철학가도, 예술가도 먼저 구원을 받아야 한다. 모든 인물들의 급선무가 구원을 받는 것이다. 오늘날 이 세계, 이 사회는 구원 받지 못한 사람들이 지배하여 멸망의 구덩이로 몰아가는 것이다.”33)

이성봉 목사는 “사람이 거듭 나지 않으면 하나님 나라를 볼 수 없느니라”(요 3:3)는 말씀과 다음 말씀들에 근거하여 중생을 필요성을 다음과 같이 지적했다. 사람이 거듭나서 중생하여야 하나님의 자녀가 되고(요 1:12), 천국을 보고(요 3:3), 악한 자가 저를 만지지 못하고(요일 5:18), 의를 행하고(요일 2:29), 죄를 범치 않고(요일 3:9), 서로 사랑하고(요일 4:7), 세상을 이기고(요일 5:4), 산 소망을 가지고(벧전 1:3), 하나님을 알고(요일 4:7), 천국에 들어가서 후사가 된다(요 3:5). 그리고 물과 성령으로 중생한 성도는 흑암에서 나아와 광명으로(요일 2:8), 죽음에서 나아와 생명으로(요일 5:24), 슬픔에서 나아와 기쁨으로(롬 14:17), 자기 중심에서 떠나 하나님 중심으로 산다고 했다.34)

---

31) *Ibid,* pp. 44~49.
32) “구원을 세 단계로 본다. 과거적 구원은 ① 의롭다 하심을 받고 ② 중생하고 ③ 후사가 됨이고; 현재적 구원은 ① 생명이 자라고 ② 생활이 거룩해 지고 ③ 능력을 얻음이며; 미래적 구원은 ① 몸이 변화되고 ② 보상 심판을 받고 ③ 영광의 왕이 됨이다”(이성봉, 『부흥의 비결』, p. 107).
33) 이성봉, 『사랑의 강단』, pp. 149~150.

회개와 중생의 메시지가 점점 사라져 가는 오늘에 비추어 볼 때 회개와 중생의 복음을 강조한 이성봉 목사의 신앙과 메시지는 우리들에게 심각한 경종이 되고 있다.

7. 이성봉 목사의 신앙은 성결의 복음 신앙이었다.

이성봉 목사는 평생 성결을 추구하며 성결의 메시지를 전했다. 성결은 구원의 둘째 단계 즉 현재적 단계이다.[35] 이성봉 목사는 "성결의 복음"이란 설교에서 다음과 같이 외쳤다. "성결은 성결교회의 전매 특허가 아니다. 그리스도인이라면 누구나 이 복음을 그대로 받아 체득하지 않으면 안 될 것이다. 이것 없으면 주를 보지 못하기 때문이다(히 12:14). 성결은 하나님의 지상 명령이다. '내가 거룩하니 너희도 거룩하라'(벧전 1:15). 이 하나님의 말씀은 결정적이다. 이 말씀 들어야 살고 듣지 않으면 죽는다. 이 말씀 들어야 복 받고 듣지 않으면 화 받는다. 이 말씀은 시금석이다. 성결은 하나님 아버지의 뜻이다. 거룩하여 음란을 버리는 것이 아버지의 뜻이라. 성결은 천국민의 자격이다. 성결은 그리스도 신부의 단장이다. 성결한 사람은 하나님이 귀히 쓰는 그릇이 된다. 이 중대하고 귀한 성결은 무엇으로 되는가? 말씀과 성신과 그리스도의 피와 징계의 채찍으로 된다. 하나님은 이 강산을 다 불태우고 이 강산을 온통 피바다로 만들고라도 당신의 택한 민족, 택한 종들, 택한 신도들 한 사람이라도 깨달아 성결해지면 그것으로 위로를 받으신다. 왜 그런가? 한 사람의 영혼이 온 천하보다 귀한 까닭이다."[36]

이성봉 목사는 "거룩하고 깨끗하라"는 제목의 설교에서 성도들이 성결해야 하는 이유는 성부 하나님이 거룩하시고 성자 예수님이 거룩하시고 성신이 거룩하시고 천국이 거룩한 곳이기 때문이라고 설명했고, 손과 마음과 사상과 입술과 눈동자와 감정과 몸과 영과 혼이 정결해야

---

34) 이성봉, 『부흥의 비결』, pp. 38~39.
35) *Ibid*, p. 107.
36) 이성봉, 『임마누엘 강단』, pp. 70~74.

한다고 지적했다.37) 즉, 성결은 하나님 앞과 사람 앞에서 모든 삶의 영역에서 순결해야 한다는 것이다. "성결의 필요"라는 설교에서는 성결할 때 하나님을 보게 되고, 재림 주를 보게 되고, 귀히 쓰는 그릇이 되고, 그리스도와 혼연 일체가 되고, 사랑의 사람이 되고, 순종하는 능력을 얻고 환난 고통에서 승리한다고 지적했다.38)

정성구 교수는 이성봉 목사가 전한 성결의 복음을 오직 은혜와 오직 신앙의 복음을 전하지 못한 율법주의적인 복음이라고 비판했다. "그는 성결에다 그의 메시지를 매달아 놓고 있다. 하나님의 거저 주시는 은총의 복음 즉 오직 은혜만(Sola Gratia)의 복음보다는 하나님 앞에 깨끗하고 순결해 은혜와 구원과 축복을 받은 것이라고 했다. 그는 여기서 오직 믿음으로(Sola Fidei)의 진리를 말하지 못하고 율법주의적인 것으로 결론짓고 있다. 성결하지 않으면 징계를 면할 길이 없으니 알아서 하라는 것이다."39)

그러나 여기 정성구 교수의 비판은 정당하지 못하다. 이성봉 목사가 중생한 신자와 사역자의 현재적 삶에서 성결의 중요성을 강조한 것이지 삶이 깨끗하고 순결해야 은혜와 구원을 받게 된다고 말하지는 않았고, 이성봉 목사가 오직 믿음의 진리를 말하지 않은 것도 아니기 때문이다. 신자와 복음 사역자가 성결을 상실할 때 하나님의 축복의 손이 떠나게 되고 하나님의 징계의 채찍이 임한다고 말하는 것이 결코 율법주의라고 말할 수도 없다. 하나님은 성결을 상실한 다윗을 징계하여 회복하셨다. 성결이 천국시민의 자격이 된다는 말도 오직 믿음으로 구원 얻는다는 진리와 결코 상치되지 않는다. 요한 웨슬레 뿐 아니라 요한 칼빈도 경건과 성결의 중요성을 강조했다.

한 가지 흥미로운 것은 평생 칼빈만을 신봉해 오는 한철하 박사가 최근 수년 동안 경건보다는 성결이란 단어를 선호하고 있으며, 칼빈과

---

37) 이성봉, 『부흥의 비결』, pp. 39~40.
38) *Ibid.,* pp. 40~41.
39) 정성구, "한국교회와 설교운동," 「신학지남」 201(1984, 3~6): 172.

아울러 웨슬레의 중요성을 강조하고 있다는 사실이다. 이것은 "오직 믿음만"을 강조한 나머지 인간적 책임을 간과하다가 이중적이고 모순된 신자의 허상을 드러내 보이게 된 한국 교회에 대한 자성의 결과로 나타난 소리가 아닌가 생각해 본다. 그렇다. 한국 교회는 성결을 상실하고 있다. "오직 믿음"은 있는지 모르겠지만 분명 하나님 앞과 사람 앞에서 모든 삶의 영역에서 순결을 유지하고 나타내는 삶은 사라지고 있다. 평생 성결을 추구하고 실천하면서 성결의 메시지를 전한 이성봉 목사의 삶과 신앙은 우리들에게 커다란 도전이 되고 있다.

8. 이성봉 목사의 신앙은 신유의 복음 신앙이었다.

신유는 이성봉 목사가 23세 청년 시절부터 한 평생 친히 체험한 은혜요, 그의 목회 및 부흥 사역에서 수없이 많이 나타난 은혜였다. 이성봉 목사는 의약을 쓰는 것을 죄라고 생각하지 않았지만 질병의 어려움을 많이 겪으면서도 한 평생 의약을 쓰지 않고 신유의 신앙으로 살았다. 그것은 모든 것을 하나님께 맡기고 하나님만을 의지하는 하나님 제일주의 신앙 때문이었다. 이성봉 목사는 그의 자서전에서 신유의 체험을 다음과 같이 기술했다. "성결교회 4중 복음을 그대로 받고, 그대로 의지하고, 그대로 체험하고, 그대로 전함을 나의 사명으로 알았다. 그래서 신유의 체험을 많이 하였다. 본시 나 자신이 폐디스토마로 오래 고생하여 어릴 때 별명이 깔다귀였다. 신학공부할 때에도 심히 쇠약하고 수원서 교역할 때에도 쇠약하여 몇 달 휴양하는 중 주야에 기도로 나음을 얻고 복막염에서도 나음을 얻었는데 나의 몸은 22관까지 나가는 뚱뚱보가 되었다. 특별히 황해도 송화읍 무초교회 부흥회를 인도하다가 화단이 일어나 머리부터 전신이 붓고 열이 과하여 집회를 중지하게 되었으나 …… 참고 기도할 때에 신기한 이적이 나타나 그 밤으로 거짓말 같이 나아서 그 집회를 승리로 마쳤다. …… 나는 또 맹장염에서 구원받았다. 해남에서 부흥회 하다가 맹장염으로 아프기 시작했다. 그러나 고통 중에도 집회를 결사적으로 하였다. 너무나 고통을 당하니 송의사

가 와 보고는 급성 맹장염인데 24시간 안에 수술을 해야 되겠다는 것이
었다. 나는 결사적으로 기도만 했는데 그날 밤 너무도 고통스러워 죽는
줄 알았다. 그러나 아침에 이상하게 씻은 듯 나음을 주시었다."40)

이성봉 목사는 그의 신유에 대한 소신을 다음과 같이 정리했다. "예
수 그리스도는 어제나 오늘이나 영원토록 변치 않기 때문에 오늘도 그
권능, 그 사랑으로 치료하시는 여호와시니라. 그래서 나는 신유의 신앙
으로 30년간 의약을 의지하지 않고 그의 손에 치료를 받아 오늘까지
나왔다. 물론 의약을 쓰는 것이 죄가 되거나 구원 문제는 아니다. 의약
으로 치료하는 것은 자연의 요법이요 신유로 구원 받는 것은 초자연의
요법이다."41) 그렇다고 이성봉 목사가 무분별하게 기사와 이적을 예찬
한 것은 아니다. 그는 항상 신비주의를 경계하며 말씀에 기초한 신앙을
유지할 것을 강조했다. "성경은 천국을 바라보는 망원경이요, 나의 진
상을 살피는 거울이다. 이 말씀은 금보다 더 사모할 것이요 꿀보다 더
달고 꿀 송이보다 더욱 달게 여겨야겠는데, 많은 신자들이 이 말씀을
등한히 하여 은혜를 저버린다. 성신 충만은 말씀 충만이다. 우리의 신
앙이 감정과 기분으로 좌우되지 말고 이 말씀에 건전히 굳게 서야 될
것이요, 기사와 이적에 관심을 두지 말고 말씀의 지식으로 이단과 사설
을 퇴치해야 할 것이다."42) 물론 이성봉 목사가 한 평생 의약을 쓰지
않고 신유의 은사만 의지한 것은 독특한 입장이지만 그것은 그분 개인
의 신앙적 소신에 속한 것이므로 우리는 그분의 신앙을 다만 존중할
뿐이다. 이 목사는 신유의 복음을 믿는 자는 행복하다고 말하며 신유의
은혜를 받기 위해 기도하라고 권면했다. "나는 너를 치료하는 여호와란
말씀(출 15:26)을 보시라. 질병으로 신음하는 교우들이여, 죄를 고하고
병 낫기를 위하여 기도하사이다. 환난 날에 나를 불러라. 내가 너를 건
지리니 네가 나를 영화롭게 하리로다(시 50:15). 신유의 복음을 믿는

---

40) 이성봉, 『말로 못하면 죽음으로』, pp. 100~102.
41) 이성봉, 『사랑의 강단』, pp. 154~5.
42) *Ibid,* pp. 209~210.

자는 참으로 행복하도다."43)

이성봉 목사뿐 아니라 한국 교회는 그 초창기부터 회개와 기도 그리고 성령의 역사로 말미암는 치유의 은사를 인정하며 신유의 은사를 통해 많은 전도와 부흥의 역사를 이루었다. 그러면서도 신유와 이적 중심으로 나가는 신비주의와 이단을 경계했다. 오늘날 한 편에서는 성령의 현재적 은사들을 모조리 부인하고, 다른 한 편에서는 신유와 이적의 은사를 지나치게 강조하는 양극화된 현실에 비추어 볼 때 이성봉 목사의 균형잡힌 신유 복음 신앙은 우리들에게 신중한 자기 성찰을 하게 만든다.

9. 이성봉 목사의 신앙은 재림의 복음 신앙이었다.

이성봉 목사는 다시 오시는 주님의 재림을 사모하며 기다리는 재림 신앙을 가지고 한 평생을 살았다. 이성봉 목사는 밤에 자다가 옆 집 방아간에서 방아 찧는 소리만 들어도 주님이 오시지 않나 하고 밖으로 나가서 하늘을 처다보곤 했다는 간증을 나는 중학생 때 직접 들었다. 이 세상은 잠간 지나는 허무한 과정이기 때문에 우리는 분명한 재림 신앙을 가져야 하며, 재림이 있기 때문에 우리는 무상하고 허무한 이 세상에서 성결하게 살아야 한다. 이것은 신약 성도들의 신앙이요 초대 교회 성도들이 신앙이었다.

이성봉 목사에게 있어서 재림은 구원의 셋째 단계 즉, 미래적 단계이다. 재림은 기독교 신앙의 목적이다. "예수의 재림은 하나님의 최대 계획이요, 성도의 최대 소망이다. 만물이 고대하는 소망이요 마귀를 진멸하고 세상을 심판하고 성도의 눈물을 씻어 주시고 당신의 신부들을 영접하시는 주의 날이다."44) 그리고 재림의 날이 임박했음을 지적했다. "오리라, 도적같이 오리라는 약속을 굳게 잡고 요제인가 고제인가 눈물로 기다리는 주의 재림, 천지는 변하여도 그 약속은 변치 않으시리라. 아무리 보아도 시대는 점점 절박하여 간다. 자연의 징조를 보든지, 국

---

43) *Ibid,* p. 66.
44) *Ibid,* p. 66.

제 사회의 징조를 보든지, 교회와 인심의 징조를 보든지, 유대나라 독립하는 무화과 잎이 나는 것을 보면 재림의 복음을 믿는 자들의 가슴은 뛰는 것이다."45) 그러므로 성도들은 깨어서 재림을 준비하여야 한다. "깨어라. 허리에 띠를 띠고 등불 밝게 켜 들고 거룩함과 인애로 신혼신을 단장하고 공중 혼연을 고대하는 신부들은 복이 있으리라."46) "사랑하는 나의 주님 언제나 오시렵니까? 택한 신부 맞으시려 언제나 오시렵니까? 일구 월심 오래도록 주님 생각 간절합니다. 사모하는 나의 주님 속속히 오시옵소서."47)

얼마 전에 김삼환 목사가 오늘날 한국 교회의 문제점은 종말신앙을 상실한 것이라고 지적한 일이 있다. 목회자의 설교에서나 삶에서 종말 신앙이 사라져 가고 있다는 것이다. 그렇다. 언제부터인가 우리에게서 종말 신앙과 재림 신앙이 사라져 가기 시작했다. 현세가 전부인 것처럼 살고 있다. 몰트만이 지적한 대로 미래에 대한 분명한 종말 신앙은 적극적이고 책임 있는 현재적 삶을 살게 만든다. 이런 맥락에서 이성봉 목사의 재림 신앙은 현재와 미래에 대해 둔탁해진 우리들의 신앙을 일깨우는 청량제가 된다.

10. 맺는 말

필자는 위에서 이성봉 목사의 삶과 신앙에 대한 신학적 조명을 시도하면서 이성봉 목사의 삶과 신앙은 철저하게 성경적이고, 철저하게 복음적이고, 철저하게 한국 교회적인 것을 발견했다. 이성봉 목사가 물려준 신앙의 유산과 삶의 모습은 바로 우리 한국 교회 신앙의 선배들이 물려준 신앙의 유산이요 삶의 모습이었다. 우리는 우리 신앙의 선배들이 보여 주고 물려준 성결한 삶과 성경적이고 복음적인 신앙의 유산을 고이 간직하고 배우고 개발하여 새 시대에 하나님께서 우리들에게 맡

---

45) *Ibid.*, p. 66.
46) *Ibid.*, pp. 66, 161~168.
47) *Ibid.*, p. 168.

겨 주신 하나님 사랑과 이웃 사랑의 복음 사명과 하나님 나라 확장의 선교 사명을 성실하게 수행해 나아가야 할 것이다. "하나님 아버지, 우리를 불쌍히 여기시고, 회개와 부흥과 성결과 사랑의 영을 부어 주시옵소서! 먼저 주의 나라와 주의 의를 구하게 하시고, '주 예수여 오시옵소서'라고 하늘을 바라보며 부르짖게 하옵소서."

교회 연합운동의 허와 실

1. 연합과 협력의 성경적 당위성

성경은 신자들간의 연합과 협력의 당위성과 필연성을 분명히 하고 있다. 예수님은 그를 따르는 제자들이 하나가 될 것을 누누이 당부하고 기도했으며(요 17장), 사도 바울도 신자들과 교회들이 연합하고 협력할 것을 거듭 권면하고 당부했다(고전 12:12~31; 엡 4:1~16; 빌 4:2 등). 성경이 경계한 것은 불신자들이나 이단들과의 연합과 협력이지 신자들 및 교회들간의 연합과 협력은 당연한 것이고 필연적인 것이라고 분명히 가르쳤다.

그것은 첫째, 그리스도인들이 그리스도를 머리로 하는 하나의 유기체를 이루고 있기 때문이며 둘째로, 이를 세상에 나타내고 확장하는 선교적 목적을 달성하기 위함이라고 했다. 물론 성경은 개체의 다양성을 무시하는 획일주의를 강요하지는 않는다. 개인은 개인으로서의 독특성을 유지하고 개교회를 개단체로서의 독특성과 다양성을 유지하면서 상호간의 연합과 협력을 모색하고 유지하는 유기체적 조화를 가르치고 있다.

2. 연합과 협력에 대한 교회사적 교훈

성경이 교회들간의 연합과 협력의 당위성을 분명히 가르쳤지만 교회는 예루살렘 교회 이후 2000년 동안 분쟁과 분열을 거듭해 왔다. 따라서 참된 교회의 지도자들은 교회의 연합과 협력의 필요성을 거듭 강조해 왔다. 라틴 신학의 교부 키프리안은『교회의 일체성』이라는 책을 저술하여 교회의 연합과 일체성을 강조했는데, 교회 밖에는 구원이 없다고 단정하기까지 했다.

종교개혁의 완성자 요한 칼빈 역시 교회의 연합과 협력을 강조했다. 칼빈은 그의『기독교 강요』제 4권에서 교회 분열의 죄악과 교회 연합의 당위성을 분명히 지적했다. 교회가 하나님의 말씀을 전파하고 성례를 옳게 시행할 때 "아무도 그 권위를 무시하든가 경히 여기지 말 것이며, 더군다나 교회를 떠나거나 교회의 일체성을 파괴하는 일이 없어야 할 것이다"고 말했다.[1] 그리고 "교회로부터 분리하는 것은 곧 하나님과 그리스도를 부인하는 것이다"고 단정했다.[2] 비록 교회들간에 비본질적인 문제들(예를 들면, 죽은 후 영혼이 곧 하늘로 날아간다고 믿든지, 혹은 영혼이 가는 장소에 대해 말하지 않든지)에 대해 서로 다른 견해를 가지고 있다고 할지라도 그것 때문에 교회들이 분열할 수는 없다고 했다.[3] 또한 당시의 재세례파들이 옛날의 카타리파나 도나티스트파들처럼 스스로 영적으로 우월하고 거룩하다고 생각하며 불완전한 교회들로부터의 분리를 당연하게 생각했는데, 이는 저들이 교회는 본질적으로 섞인 무리들로 구성되어 있다는 주님의 교훈을 간과한데서 온 잘못이라고 지적하면서 비록 교회 안에 도덕적 오류가 존재한다할지라도 "아무도 교회로부터 분리를 결정할 권한이 없다"고 했다.[4] "이 세상에서 살면서 자기자신이 완전하다고 확신하는 것은 마귀가 만들어낸 생각이다"고까지 말하며,[5] 칼빈은 재세례파들의 완전주의적 분파주의를 맹렬히 공격했다.

그 이후 독일의 필립 야곱 슈페너를 비롯하여 18, 19세기 영미각성운

---

1) *Inst.* IV.1.10.
2) *Inst.* IV.1.10.
3) *Inst.* IV.1.12.
4) *Inst.* IV.1.15.
5) *Inst.* IV.1.20.

동의 주역들과 선교지도자들은 교회의 연합과 선교사역 협력의 필요성을 내세우며 이를 실천했다. 1884년 인천항에 입항한 미국의 장로교 선교사 언더우드 목사와 감리교 선교사 아펜젤라 목사는 연합과 협력의 정신을 아름답게 발휘하여 내한 후 "지역할당제"를 실천했다.

3. 한국 교회의 실상

한국 사람들의 장점의 하나는 열심이 극심한 것이라고 할 수 있다. 미국에 이민 간 한국 사람들이 돈을 벌기 위해서는 극성스러울 정도로 열심히 일한다. 결국 흑인들을 쫓아버리고 한국 사람들이 슈퍼마켓을 비롯한 상점들을 차지하고 있다. 싱가폴의 수상 이광요 씨는 싱가폴 국민들에게 한국 사람들처럼 열심히 일하라고 권면한다. 한국 노동자들의 열심이 온 세계에 잘 알려진 사실이 되었다. 또한 한국 사람들처럼 공부를 지독히 열심히 하는 사람들도 별로 없을 것이다. 그런데 그 열심히 무엇을 위한 열심인가? 그것은 자기 자신의 유익을 위한 열심이다.

한국 교회의 장점도 열심이라고 하겠다. 한국 교회만큼 극성스러울 정도로 열심히 기도하고, 열심히 전도하고, 열심히 봉사하는 교회도 별로 없을 것이다. 교회를 성장시키기 위한 열심에 있어서 한국 교회는 단연 세계 제일이라고 하겠다. 그런데 그 열심이 무엇을 위한 열심인가라고 물을 때 그 열심은 자기 자신 또는 자기 교회를 위한 열심이라고 말할 수 있을 것이다. 따라서 한국 교회의 약점의 하나는 개인 중심주의 또는 개교회 중심주의라고 하겠다. 한국 교회는 세계 제1위로 교회를 급성장 시켰으나, 한국 교회만큼 개교회 중심주의와 분파적 경쟁을 노출한 교회도 별로 없을 것이다.

다시 말해서, 한국 교회는 교회는 성장시켰지만 보편적 교회관을 정립하지는 못했다고 하겠다. 한국 교회는 협력할 줄 모르는 교회로 발전하고 말았다. 한국 교회는 내 교회가 하는 일이면 재산을 모두 바치는 열심도 내지만 다른 교회들과 협력하는 일에는 극도로 인색하다. 한국 교회는 교육과 선교와 봉사에 열심을 가지고 투자하면서도 어떤 의미에서 교육과 선교와 봉사 자체를 위해서 투자한다기보다는 그것을 내 교회가 하기 때문에 그것에 열심히 투자한다고 하겠다.

대교회주의는 이와 같은 개교회 중심적 경쟁의식을 조장했다고 할 수 있다. 한 지역에 대교회가 세워질 때 그 교회는 그 주변의 다수의 소교회들을 흡수하고 만다. 마치 대기업이 중소기업들을 흡수하는 것과 같다. 따라서 대교회는 양적으로 성장하고 소교회들은 몰락하고 만다. 이때 대교회의 신자수는 증가했다고 말할 수 있으나 보편적 하나님의 교회의 구성원의 숫자에는 별 변동이 없다고 말할 수 있다. 소교회들을 흡수하므로 급성장한 대교회들은 다른 교회들과 협력 없이 교육과 선교와 봉사사역을 얼마든지 힘있게 수행할 수 있다. 따라서 협력의 필요성을 느끼지도 않는다.

개교회주의 및 분파주의를 조장한 근본적 요소는 무엇보다 먼저 한국민족의 정치, 사회, 문화, 역사적 전통에서 비롯한 파벌주의라고 지적할 수 있을 것이다. 이와 같은 파벌주의는 정치계를 비롯한 한국 사회의 모든 분야에 현저히 나타나고 있다. 미국이 극도로 다양한 유럽의 종교, 문화, 인종적 다양성을 신대륙이란 개척지에서 포용하고 수용하는 과정에서 "다양성을 바탕으로 하는 조화의 전통"을 형성한 데 비해 조선은 단일민족과 단일전통을 물려받았음에도 불구하고 그것을 한반도 안에서 포용하고 수용하여 조화를 이루는 데 실패하고 말았다. 그것은 결국 남북 분단 비극의 중요한 내적 원인이 되기까지 했다.

개교회주의와 분파주의를 조장한 또 하나의 요소는 기독교 선교 초기에 전래된 근본주의적 배타성이라고 지적할 수 있을 것이다. 19세기 말 미국에서 일어난 근본주의 운동은 자유주의에 대항해 기독교의 근본진리들을 수호하는 데 지나친 정열을 쏟은 나머지 공격적 배타성과 자기수호적 편협성을 조성했는데 이것이 한국 교회에 깊은 영향을 미쳤다. 성경적 진리를 수호하기 위해서 프린스턴신학교에서 나온 메이천 교수와 반틸 교수 등이 웨스트민스터신학교를 설립한 것은 얼마든지 타당한 일이지만 웨스트민스터신학교로부터 페이스신학교가 갈라져 나왔고 또 다시 페이스신학교에서 카버넌트신학교가 갈라져 나온 것은 근본주의적 분파성에 기인한 바람직하지 못한 결과였다고 하겠다. 그리고 이와 같은 전통적 맥락에서 한국 교회의 분파주의를 조장한 또 하나의 요소는 1970년대 이후부터 한국에서 일어난 교회 밖 선교단체 운동이라고 하겠다. 교회 밖의 선교단체들은 암암리에 기성교회들에 대한 비판의식을 조성하며 그룹의식을 격려했다고 하겠다. 교육도, 선교도, 봉사도 우리 그룹만이 올바로 할 수 있다는 그룹의식을 형성했는데 이는 한국 교회 안에 개교회주의 또는 반교회주의를 초래했다고 하겠다.

4. 연합과 협력을 실천할 때

한국 교회는 이제 협력을 시도하고 협력을 실천할 때가 되었다. 그것은 교계적 요청일 뿐 아니라 사회적 요청이고 남북통일의 민족적 숙원을 앞에 둔 민족적 요청이며, 나아가서는 세계 선교의 과업을 함께 짊어지고 있는 세계 교회의 요청이기 때문이다. 한국 교회는 이제 교회의 사명들을 힘있게 수행할 만한 저력을 갖추게 되었다. 사회적으로, 민족적으로, 그리고 세계적으로 공헌할 만한 영적, 인적, 재정적 저력을 갖추게 되었다. 이제는 협력하는 일만이 남아있다.

1989년 1월 4일부터 8일까지 싱가폴에서 모인 "2000년대 세계복음화 대회"에서 거듭거듭 강조된 과제는 "협력과 동반자" 관계 수립의 과제였다. 선언문의 일부는 다음과 같이 협력의 필요성을 표현했다(필자는 5인 선언문 초안 위원의 한 사람으로 참여하여 협력의 불가피성을 함께 토의했음). "우리는 우리의 자기중심적 교만과 편견과 비협력으로 인해 주님의 대위임령을 수행하지 못한 데대해 겸손히 뉘우치며 함께 모였다. …… 우리는 의도적으로 서로서로 마음을 열고 그리고 성령의 인도하심에 마음을 연다. 우리는 또한 대위임령을 2000년까지 수행하기 위해서는 세계복음화를 위한 선교에 있어서 협력과 동반자 사역이 필수적임을 인정한다."

한국복음주의협의회는 그동안 한국 교회 안에 복음주의적 연합 운동을 조용히 시도해 왔다. 그리고 어떤 의미에서 "강남지역 연합 신앙 강좌"도 같은 목적과 소원을 가지고 개최되어 왔다. 한국복음주의협의회는 여러 교단의 목회자들과 평신도들이 함께 모여 기도하고 교제하고 사역하는 장을 마련해 왔다. 지난 수년 동안 방글라데시 난민과 서부아프리카 부르키나 파소 난민을 위한 구제운동을 협력하여 실천했는데, 1989년 한 해 동안 8만여 달러의 구제비를 보낼 수 있었고, 1990년 1월 중에는 방글라데시에 1억 1,800만원, 부르키나 파소에 500만원을 보낼 수 있었다. 1988년 1월에 조직된 "한국동반자 선교협의회"는 분산되어 경쟁적으로 수행되어온 선교사역을 앞으로 협력하여 수행하도록 상호 연결하고 상호 격려하는 장을 마련했다고 하겠다. 이와 같은 협력의 시도는 앞으로 보다 과감하고 보다 적극적으로 시도되고 실천되어야 할 것이다.

이와 같은 협력은 한국 교회 상호간에 시도되어야 할 것이다. 오늘의 세계 교회는(새로 일어나는 동구 교회를 포함하여) 한국 교회와의 협력을 갈망하고 있고 한국 교회의 공헌을 고대하고 있다. 그런데·한국 교회는 한국 교회 상호간의 협력도 적극적으로 시도하지 않을 뿐 아니라 세계 교회 상호간의 협력도 시도하지 못하고 있다. 독립교회가 여기저기에 일어나고 있으며 개교회주의는 여전히 존속되고 있다. WCC 계통의 한국 교계 인사들은 비교적 세계 교회와의 협력을 적극적으로 시도하고 있는 반면, 복음주의 계통의 인사들은 이 면에 있어 극히 소극적이다.

지난 십 수년 동안 필자가 국제대회에 참석해 오면서 한국 교회의 참여가 극히 소극적임을 절감하고 있다. 언어의 장애도 중요한 원인이지만 보다 근본적인 원인은 한국의 복음주의 지도자들이 내 교회, 내 기관에 정신적으로, 시간적으로, 전적으로 얽매어 있기 때문이라고 생각한다. 필자는 때로 개인적인 "희생"을 감수하면서도 한국 교회와 세

계교회와의 협력관계 수립과 증진에 미력의 도움이 되기를 바라면서
시간과 정력을 투자하고 있다. 그러나 이 일을 보다 적극적으로 수행할
동료들과 후배들이 나타나야만 한다.

5. 교회 연합과 협력의 필요성과 그 구체적 방안들

위에서 지적한대로 교회의 연합과 협력은 첫째, 하나의 유기체인 교
회 자체의 건강한 발전을 위해 필요하다고 하겠다. 오늘의 한국 교회와
세계 교회는 점차 복음의 중심에서 이탈하여 가고 있다. 따라서 복음주
의적 신앙을 공고히 하기 위해서는 연합과 협력이 절실히 요청된다.
오늘날 세계 교회는 한편으로는 사회, 정치, 경제 및 상황 문제에 지나
치게 치중하고 있고, 다른 한편으로는 인간의 문화 종교적 체험에 지나
치게 치중하고 있다. 이와 같은 경향이 WCC계의 급진주의 교회 안에
서 뿐 아니라 소위 세계의 복음주의 교회 안에도 나타나고 있다. 뜻
있는 세계복음주의 지도자들은 한국 교회의 복음주의적 격려와 공헌을
갈망하고 있다. 말씀의 능력과 기도의 능력에 기초한 복음주의적 신앙
의 유산을 물려받은 교회가 한국 교회밖에 없다고 생각하기 때문이다.
몇몇 아시아의 복음주의 지도자들은 이 과업을 효과적으로 수행하기
위해서는 비슷한 복음주의 신앙의 전통에 서 있는 한국 교회와 중국
교회와 일본 교회가 유대관계를 공고히 하고 연합전선을 이루어야 한
다고 주장한다. 한국 교회가 물려받은 복음주의적 신앙 유산을 아시아
와 세계에 확산하기 위해서는 한국 교회 안에서와 한 · 중 · 일 및 아시
아 교회 안에서의 복음주의 연합운동이 절실히 요청되고 있다고 하겠
다.

둘째, 교회의 지상 과제인 전도와 선교사역의 효과적인 수행을 위해
연합과 협력운동이 시급히 요청되고 있다. 세계 선교의 주역이 점차
서양으로부터 동양으로 옮겨지고 있다. 한국 교회가 점차 선교적 저력
을 보유하게 되는 데 비해 선교의 역사와 경험은 극히 빈약하다. 따라
서 지금까지의 선교는 거의 서양 선교단체를 의존해 오거나 개교회 또

는 개교단 단위의 산발적 선교를 수행해 왔다고 하겠다. 지난 6, 7년 동안 몇몇 교단의 선교부와 몇몇 선교단체들이 선교정보 수집과 선교사 훈련에 새로운 관심을 가지게 되었고, 협력선교를 시도하게 된 것이 고무적인 일이라고 할 수 있으나 그 수준과 범위는 극히 빈약하다고 하겠다.

따라서 한국 교회가 세계 선교의 과업을 효과적으로 수행하기 위해서는 ① 교단간 및 교단과 선교 단체간의 협력선교의 장을 여는 것이 필요하고, ② 한국 교회와 서양 선교단체와의 협력 및 동반자 선교의 장을 여는 것이 필요하며, ③ 한국 교회와 선교지 교회 또는 선교지 선교단체와의 협력 및 동반자 선교의 장을 여는 것이 필요하다고 하겠다. 혹자는 연합과 협력의 강요는 선교의 정열을 식힐 우려가 있다고 지적하나 단독적인 선교는 그만큼 제한성을 극복할 수는 없을 것이다. 한국 교회는 이제 선교정보의 수집과 제공, 선교 후보자 훈련, 선교 단체들과의 교류, 선교 현지와의 연결, 선교사 자녀교육, 선교사의 안식년 사역 등을 공동적으로 다루기 위한 "한국 교회 선교 센터"의 건립을 교단 공동적으로 추진하여야 할 것이다. 그리고 서양 의존적 피동적 선교도 극복하여야 할 것이며 반서양적 민족주의적 제 3세계 위주의 선교도 극복해야 할 것이다. 서양의 선교 경험을 배우려는 겸손의 자세와 함께 새시대에 맞는 한국 교회의 자주적 선교정책을 개발하려는 창의적 정열을 겸비해야 할 것이다. 또한 오늘날 대다수의 한국 선교사들은 선교 현지교회의 지도와 관할을 받지 않고 독립적으로 사역한다. 심지어 가부장적 자세를 취하는 경우도 없지 않다. 선교사의 목적은 현지교회를 돕는 데 있지, 선교사가 속한 교단이나 단체 확장에 있지 않다. 한국 교회는 이제 선교 현지 교회와의 밀접한 유대관계를 맺는 데 적극적인 관심을 기울여야 할 것이다. 그러기 위해서는 한국 교회 복음주의 지도자들이 아시아 교회의 복음주의 지도자들과 밀접한 협력과 연합관계를 증진시켜야 할 것이다.

끝으로, 연합과 협력의 증진을 위한 구체적 방안들을 생각해 본다.

첫째, 보편적 교회관을 정립하도록 힘써야 할 것이다. 내 교회만이 하나님의 교회가 아니라 성경을 하나님의 말씀으로 받아들이고 그리스도를 주님으로 고백하는 교회는 비록 교파가 다를지라도 다 같은 하나님의 교회라는 보편적 교회관을 가르치고 배우는 데 힘써야 할 것이다. 하나님은 그리스도에 대한 한 믿음을 요구하시면서도 인간의 다양성을 용납하시는 "민주적"이고 보편적인 하나님이시다. 하나님은 유대인 베드로도 받으셨고 이방인 고넬료도 받으셨으며, 예루살렘 교회 뿐 아니라 안디옥 교회와 빌립보 교회와 그리고 문제투성이인 고린도 교회도 하나님의 교회로 세우시고 같은 은혜를 베푸셨다. 그래서 사도 바울은 이렇게 외쳤다. "너희는 유대인이나 헬라인이나 종이나 자주자나 남자나 여자 없이 다 그리스도 예수 안에서 하나이니라"(갈 3:28). 둘째, 보편적 교회관을 실천하기 위해서 우선은 교단내의 그리고 나아가서 교단 밖의 복음주의적 신앙에 서 있는 설교자들간의 강단 교류를 적극적으로 시도해야 할 것이다. 지금 합동신학대학원대학교는 채플의 설교자로서 개혁 교단의 인사들 뿐 아니라 합동 교단, 고신 교단, 통합 교단, 침례 교단의 인사들을 초청하고 있다. 셋째, 보편적 교회관을 실천하기 위해서 개교회의 목회자들과 신자들이 바람직한 연합집회(예: 케직사경회, 교단내 목사, 장로 기도회, 나라를 위한 연합기도회, 이단 저지를 위한 연합집회 등)에 적극 참여토록 권장해야 할 것이다. 넷째, 전도, 선교, 구제, 봉사 등 교회의 주요 사역을 개교회적으로만 수행하는 것을 지양하고 연합적으로 하도록 힘써야 할 것이다.

6. 교회 연합운동의 허

교회의 본질의 불가분적, 양면적 특성은 성결과 연합이라고 하겠다. "화평함과 거룩함을 좇으라. 이것이 없이는 아무도 주를 보지 못하리라"(히 12:14).

세계교회협의회(WCC)를 중심으로 하는 교회 연합운동은 진리와 성결을 상실한 혼합주의적 및 인본주의적 연합운동으로 전락해 가는 것을 우리는 잘 알고 있다. 교회의 신자들이 때로 어떤 정치, 사회적인 입장을 중심으로 연합할 수는 있으나 교회가 비성경적인 입장을 수용하며 교리적 성결을 잃으면서까지 연합을 시도할 때 교회는 이미 교회로서의 본질을 상실하고 만다.

교회는, 로마 카톨릭 교회처럼, 이 세상에서 획일적인 하나의 거대한 조직을 추구할 것이 아니라 문화 및 지역적 특성에 기초한 다양한 개교회의 조직을 인정하면서 하나의 보편적 조화와 연합을 추구하는 것이 바람직하다고 하겠다. 억지로 몇 교단을 해체하고 성급하게 하나의 커다란 교단을 만드는 것보다는 몇 교단을 있는 그대로 두고 교단간의 교류와 협력을 시도하는 것이 보다 바람직할 것이다. 그러나 때로 교권적 확장의 목적으로 획일적인 하나의 거대한 조직을 구성하는 허구적 연합운동이 빈번히 있어왔다.

7. 맺는말

개혁주의 신학자 루이스 벌코프는 교회의 세 가지 속성을 통일성, 성성, 보편성이라고 했다. 교회는 분명히 세상에서 구별된 거룩한 존재이다. 그러나 구별된 성도로서의 그리스도인들은 함께 유기적 일체성을 이루고 있으며 따라서 그리스도인들로 구성된 하나님의 교회는 통일성과 보편성을 지니고 있다. 그러나 통일성과 보편성은 범죄한 인간의 본성과 어긋난다. 범죄한 인간 속에는 하나님과 이웃으로부터 떠나 자신에게로 집착하려는 자기 중심적, 이기적 성향이 작용하고 있다. 그 결과 지난 2000여 년 동안의 교회의 역사는 연합과 통일의 역사라기보다는 분열과 분쟁의 역사였다고 해도 과언이 아니다. 교회는 이 땅 위에서 완전한 연합과 통일을 이룰 수는 없을 것이다. 그럼에도 불구하고 예수 그리스도는 지상교회의 연합과 통일을 위해서 기도하셨고(요 17장), 사도 바울은 그리스도 안에서 모든 것이 통일되게 하시는 것이 하나님의 경륜이라고 분명히 말했다(엡 1:10).

기독교 문화에 대한 사적 고찰

기독교 문화에 대한 사적 고찰을 시도할 때 개신교회 역사 및 문화신학자 R. H. 니버의『그리스도와 문화』(1961)와 로마 카톨릭의 문화 역사가 크리스토퍼 도슨의『기독교 문화의 역사적 실재』(1960)와 칼빈주의 문화신학자 H. R. 반틸의『문화와 칼빈주의의 개념』(1959)을 참고하는 것이 도움이 될 것이다. 세 사람은 모두 기독교와 문화와의 불가분적 관계를 강조하면서 기독교와 문화와의 관계에 대한 역사적 고찰을 시도했고, 기독교 문화의 위기를 경험하고 있는 현대에 있어서 기독교의 기독교 문화 육성의 사명을 고취했다.1)

필자는 여기서 기독교와 문화와의 관계에 대한 사적 고찰을 시도하는 것보다는 기독교가 이룩한 다양한 형태의 "기독교 문화"에 대한 역사적 고찰을 시도한 후, 현대의 기독교가 이루고 육성하여야 할 "기독교 문화" 형성의 과업을 생각해 보고자 한다.

1. 문화에 대한 정의

니버는 문화를 "인간 활동의 모든 과정과 그와 같은 활동으로 나타난 모든 결과" 또는 "인간이 자연 위에 부여한 이차적인 환경"이라고

---

1) 니버는 결론에서 기독교와 문화와의 관계에 대한 기독교적 해답을 제시하기를 주저하면서 문화에 대해서 내리는 그리스도인의 결단은 상대적이고 실존적인 성격을 가진다고 지적했다. See H. Richard Niebuhr, *Christ and Culture* (N.Y.: Harper, 1951), pp. 230~256.

포괄적으로 정의했다.2) 그리고 그것은 구체적으로 언어, 습관, 이념, 신앙, 관습, 사회적 조직, 전수된 예술, 전문화 과정 그리고 가치 등을 포함하는데, 문화는 사회적 특성, 인위적 성취의 특성, 가치 추구의 특성, 실용적 추구의 특성, 가치의 현세적 실현의 특성, 가치 보존의 특성, 다양성의 특성 등을 지닌다고 설명했다.3)

도슨은 문화를 "인간의 사회적 생활 양식"이라고 간단히 정의하고, 그것은 "전통을 가지고 있으며 제도들로 구체화되고 도덕적 기준과 원리들을 포함한다"고 설명했다.4)

헨리 반틸은 문화를 "창조주의 뜻에 따라 자연을 다스리는 인간의 활동" 또는 "하나님의 창조 의지를 완성하기 위해 땅을 다스리고 개발하는 인간의 모든 노력"5)이라고 정의하고, 문화는 항상 인간적, 사회적, 도덕적 및 종교적 특성을 지니는데, 문화가 정당한 문화가 되기 위해서는 인간의 존재를 부요케 하고 하나님께 영광을 돌리는 것이 되어야 한다고 지적했다.6)

우리는 위의 세 사람의 문화에 대한 정의를 참고하여, 문화를 다음과 같이 정의할 수 있을 것이다. 문화는 인간이 자연을 다스리고 개발하는 모든 노력과 활동으로, 그것은 인간적, 사회적, 도덕적 및 종교적 특성을 지니는데, 그것은 전통을 가지며 제도와 사회적 생활 양식으로 구체화되고 도덕적 및 종교적 이념과 목적을 추구한다.

2. 기독교 문화에 대한 정의

도슨은 기독교 문화를 "기독교 신앙이 사회적 생활 양식으로 나타난

---

2) *Ibid,* p. 32.
3) See *ibid.,* pp. 32~39.
4) Christopher Dawson, *The Historic Reality of Culture* (London: Routledge and Kegan Paul LTD, 1960) p. 13. See also *ibid.,* p. 33.
5) Henry R. Van Til, *The Clavinistic Concept of Culture* (Grand Rapids: Baker, 1959), pp. 27, 29.
6) See *ibid.,* pp. 30~35.

것” 또는 기독교 신앙이 사회 안에서 “새 삶으로 꽃 핀 것”이라고 정의했다.7) 그리고 기독교 신앙이 처음 유럽에 소개되었을 때 그것은 미미하게 보였으나, 자주천 장사하던 여인 한 사람과 점쟁이 소녀 한 사람과 간수 한 사람의 개종과 신앙고백으로 서양의 생활 양식이 변화되는 기독교 문화의 형성을 초래했다고 지적했다.8)

반틸은 종교와 문화와의 불가분적 관계를 강조하며 다음과 같이 기술했다. 틸리히가 정확히 지적한대로, 종교는 문화의 본질이요 문화는 종교의 형태이다. 종교는 인간의 문화를 인간의 종교적 경험에서 유래한다고 말할 수 있다. 종교를 문화와 구별할 수는 있으나 문화와 분리할 수는 없다. 종교는 인간의 문화를 결정한다.9) 그리고 반틸은 문화를 언급할 때 기독교 문화 또는 칼빈주의적 문화의 의미로 언급하며, 문화 즉 [기독교] 문화란 “하나님의 형상대로 지음 받은 인간이 창조의 위임령을 완성하기 위해 땅을 경작하고 다스리고 정복(subdue)하는 인간의 활동”이라고 정의한다.10)

니버도 종교와 문화와의 불가분적 관계를 인정하면서 기독교 문화를 기독교 신앙의 문화적 표현으로 이해했다. 그리고 역사적으로 그리스도와 기독교에 대한 다양한 신앙이 존재하여 온대로 다양한 기독교 문화가 형성되어 왔는데, 문화를 적대시하는 도피적 기독교 문화, 문화와 동일시하는 적응적 기독교 문화, 문화를 완성시키려는 종합적 기독교 문화, 문화와의 갈등을 느끼면서 하나님께 순종하려는 이원론적 기독교 문화, 문화를 개종시키려는 변혁적 기독교 문화 등이 형성되었다고 기술했다.11)

우리는 위의 세 사람의 기독교 문화에 대한 정의를 참고하여, 기독교

---

7) Dawson, *op.cit.*, pp. 14.
8) See *ibid.*, pp. 15~17.
9) See Van Til, *op.cit.*, pp. 37~44.
10) *Ibid.*, preface.
11) See Niebuhr, *op.cit.*

문화를 다음과 같이 정의할 수 있을 것이다. 기독교 문화는 인간이 기독교적 신앙 이념과 목적을 가지고 자연을 다스리고 개발하는 모든 사회적 활동과 그 결과이다.

3. 기독교 문화에 대한 역사적 고찰

도슨은 역사적으로 형성된 기독교 문화를 여섯 시기와 종류로 구분하여 기술했다.[12] 첫째로 나타난 기독교 문화는 오순절로부터 시작하여 3세기까지 이르는 사도시대의 문화로, 기독교 신앙으로 로마 사회와 문화를 침투하여 변혁시킨 문화였다. 둘째로 나타난 기독교 문화는 콘스탄틴 황제의 개종으로 시작하여 모슬렘의 침입까지 이르는 330여 년 동안 계속된 교부시대의 문화로, 기독교의 세력으로 정치적 승리와 더불어 교부 신학과 기독교 예술의 형성 및 비잔틴 문화의 형성을 이룩한 문화였다. 셋째로 나타난 기독교 문화는 7세기로부터 시작하여 9세기까지 이르는 중세시대 또는 암흑시대의 문화로, 기독교가 모슬렘과 이교도 민족 등에 의해 사방에서 공격을 당하던 때 북구에 대한 선교와 수도원 운동으로 교육과 학문활동을 유지했던 문화였다. 넷째로 나타난 기독교 문화는 10세기로부터 시작하여 15세기까지 이르는 수도원 개혁 및 교회 개혁 시대의 문화로, 중세와 수도원과 교회가 물질적 및 정치적 세속화의 속박에서 벗어나려는 영적 개혁을 시도했으나 결국 실패하고 만 시대의 문화였다. 다섯째로 나타난 기독교 문화는 16세기로부터 시작하여 18세기까지 이르는 소위 위기 시대의 문화로, 카톨릭 교회의 입장에서 본대로 개신교 종교개혁의 도전, 르네상스의 문화적 도전 그리고 터키의 공격을 받아 카톨릭 교회가 개혁과 선교와 바로크 문화의 부흥을 시도했으나 프랑스 혁명으로 모든 시도가 몰락하고 만 시대의 문화였다. 여섯째로 나타난 기독교 문화는 19세기와 20세기의 문화로, 기독교가 쇠퇴와 몰락으로부터 재건과 부흥을 시도했으나 여

---

12) See Dawson, *op.cit.*, pp. 47~59.

전히 안일과 세속화의 위협을 당하고 있는 시대의 문화였다.

　도슨은 기독교의 문화를 여섯 시기와 종류로 구분하여 기술하고 나서 기독교 문화의 상대성을 지적하여 "모든 형태의 기독교 문화는 하나의 살아 있는 전체의 일부를 구성하고 있는 것 뿐"이라고 기술했다.13)

　니버는 역사적으로 형성된 기독교 문화를 다섯 가지 유형으로 분류하여 서술한다. 첫째로 나타난 기독교 문화는 문화를 적대시하는 도피적 기독교 문화로, 초대교회의 터툴리안, 중세의 수도원주의, 종교개혁시대의 메노나이트 그리고 근세의 톨스토이 등에 의해 표현된 반문화적 기독교 문화였다.14) 둘째로 나타난 기독교 문화는 기독교의 이념과 문화의 이념을 동일시하는 적응적 기독교 문화로, 초대교회의 노스틱주의, 중세의 아벨라르 그리고 근세의 릿츨에 의해 표현된 문화 긍정적 기독교 문화였다.15) 셋째로 나타난 기독교 문화는 문화를 완성시키려는 종합적 기독교 문화로, 초대교회의 져스틴과 클레멘트(알렉산드리아의), 중세의 토마스 아퀴나스 그리고 근세의 조셉 버틀러 등에 의해 표현된 자연주의적 종합적 기독교 문화였다.16) 넷째로 나타난 기독교 문화는 기독교의 이념과 문화의 이념을 역설적으로 보는 이원론적 기독교 문화로, 초대교회의 말시온, 중세의 옥캄, 종교개혁시대의 루터 그리고 근세의 키엘케골 등에 의해 표현된 역설적 기독교 문화였다.17) 다섯째로 나타난 기독교 문화는 문화를 개종시키려는 변혁주의적 기독교 문화로, 초대교회의 어거스틴, 종교개혁시대의 칼빈, 근세의 요나단 에드워즈와 마우리스 등에 의해 표현된 역동적 기독교 문화였다.18)

　반틸은 역사적으로 형성된 기독교 문화 중 변혁주의적 기독교 문화의 이념을 주창했던 어거스틴, 칼빈, 카이퍼 및 스킬더의 문화관을 역

---

13) *Ibid.*, p. 58.
14) See Niebuhr, *op.cit.*, pp. 45~82.
15) See *ibid.*, pp. 83~115.
16) See *ibid.*, pp. 116~148.
17) See *ibid.*, pp. 149~189.
18) See *ibid.*, pp. 190~229.

사적으로 기술했다.19) 어거스틴 자신이 개종으로 말미암아 로마의 수
사학자로부터 기독교의 감독과 설교자로 바뀌어졌던 것처럼, 어거스틴
은 로마의 고전 문화가 복음의 능력으로 말미암아 기독교 문화로 변혁
을 이루는 산파의 역할을 한 변혁주의적 기독교 문화의 고전적 대변자
였다. 어거스틴으로 말미암아 황제 중심적 로마 사회와 문화가 교회중
심적 기독교 사회와 문화로 바뀌어졌다. 이와 같은 변혁은 타락한 이교
문화에 대한 하나님의 심판을 거쳐서 이루어진 것이었다.20) 최고의 문
화신학자라고 할 수 있는 칼빈 자신도 갑작스런 개종으로 말미암아 명
예를 추구하던 인문주의자로부터 하나님의 영광을 추구하는 복음의 사
역자와 교회의 개혁자로 바뀌어졌던 것처럼, 칼빈은 문화의 활동이 중
생과 성화의 과정을 통하여 교회나 국가의 속박으로부터 벗어나 하나
님 앞에서 하나님의 영광을 위하여 자유롭게 수행될 수 있게 만든 변혁
주의적 기독교 문화의 창설자였다. 칼빈의 문화관으로 인하여 그리스
도인들은 그들의 문화활동을 하나님의 왕국을 위해 자유롭게 수행해
나아갈 수 있게 되었다.21) 아브라함 카이퍼(Abraham Kuyper)는 보다
포괄적인 칼빈주의 문화신학자로 그의 문화이념을 몸소 실천했다. 그
는 인간존재의 모든 영역에서 그리스도의 주권이 미치지 않는 곳은 한
구석도 없다고 선언하면서, 그의 신앙을 신학활동에서 뿐 아니라 교육,
예술, 사회 및 정치 분야에서 실현하려고 노력했다. 그는 신학교수의
직무와 더불어 수상의 직무도 충실히 수행했다. 그는 문화는 일반은총
의 선물이라고 지적하면서, 일반은총 때문에 신자 뿐 아니라 불신자도
문화활동에 참여한다고 주장했으며 문화활동의 본질은 현세 뿐 아니라
내세에서도 영속된다고 주장했다. 그러나 문화가 기독교 문화가 되기
위해서는 일반은총이 특별은총에 의해 세례를 받아야 한다고 지적하
며, 기독교 문화에 대한 기독교 신앙의 필수성을 강조했다.22) 클라스

---

19) See Van Til, *op.cit.*, pp. 67~154.
20) See *ibid*, pp. 67~88.
21) See *ibid*, pp. 89~116.

스킬더(Klass Schilder)는 그리스도 중심적 문화관을 제시했다. 카이퍼가 일반은총을 문화의 근거로 본데 비해 스킬더는 그리스도를 문화의 열쇠와 근거로 보았다. 그리고 그리스도는 참되고 온전한 인간을 만듦으로 문화를 회복시킨다고 지적했다. 하나님은 그리스도 안에서 특별은총으로 말미암아 죽은 자를 살리시고 일반 은총으로 말미암아 문화활동을 가능케 하신다. 즉 그리스도인의 탄생으로 말미암아 영적 갱신과 더불어 문화적 개혁이 초래된다. 결국 스킬더는 종교의 총체적 목적이 인간의 회복과 아울러 문화활동의 완성에 있음을 강조했는데, 문화활동의 완성은 하나님의 문화 위임령에 순종하는 봉사사역이라고 지적했다.[23]

우리는 위의 세 사람의 기독교 문화에 대한 역사적 고찰을 참고하여, 역사적으로 형성된 기독교 문화를 시기 및 종류별로 다음과 같이 구분하여 기술할 수 있을 것이다.

1) 초대교회 시대에 형성된 초기 기독교 문화

초대교회는 처음 300여년 동안 로마제국 및 로마의 이교 문화와 생사를 가름하는 투쟁의 과정을 지나면서 그 존재를 확립해 갔고 그 고유한 기독교적 생활양식을 형성해 갔다. 즉, 3세기 동안의 투쟁의 결과 승리를 거두었고, 기독교 세력을 헬레니즘 문화 속에 깊이 침투시켜 로마세계 안에 새로운 생활양식과 새로운 문화형태를 형성해 놓았다. 기독교가 아직 로마의 기존 질서 밖에 위치하고 있었고 법적 혜택을 누리지는 못했지만, 그럼에도 불구하고 기독교는 가장 강력한 창조적 세력을 발휘하여 로마세계 안에 새로운 사회와 문화를 형성할 수 있었다. 기독교는 새로운 기독교 문화와 예술을 창조했다. 이와 같은 문화적 성취가 3세기 초 즉, 동방에서는 클레멘트와 오리겐의 시대, 서방에서는 터툴리안과 키프리안의 시대에 이루어졌다.[24]

---

22) See *ibid*, pp. 117~136.
23) See *ibid*, pp. 137~154.

초대교회가 이룩한 도덕적 및 문화적 성취의 업적을 『초대교회와 세계』(*The Early Church and the World*, 1925)의 저자인 카두(Cecil John Cadoux)는 다음과 같이 높이 평가했다. "콘스탄틴 이전의 교회의 사역 중 가장 특기할 만한 것은 전무후무한 도덕적 개혁을 이룩한 것이다."[25] 예를 들면, 초대교회는 로마 사회에 높은 수준의 성적 순결과 생활 양식을 선물로 제공했고, 인간의 부에 대한 욕구와 사치에 대한 욕망을 억제하게 만들었다. 많은 사람들로 하여금 보다 높은 차원의 삶과 그 가치를 추구하게 만들었다. 그래서 육체적 고통이나 고문을 참고 무시할 수 있게 했다. 고통과 슬픔을 당한 사람들에게 사랑을 베풀 수 있게 만들었고, 인간 생명의 가치와 존엄성을 인식하며 구제사역을 힘쓰게 했다.[26] 카두는 그의 방대한 초대교회사 연구에서 초대교회가 세상에 대해 취했던 태도와 세상에서 이룩했던 문화적 업적을 다음과 같이 구분하여 기술했다. 첫째, 초대교회는 세상을 어둡고, 무지하고, 거짓되고, 악하고, 부패하고, 무익하고, 비열하고, 불경건하고, 불신앙적인 것으로 보았다. 둘째, 초대교회는 종말이 임박하고 현세가 오래 계속되지 않는 것으로 보았다. 셋째, 초대교회는 이교 사회에 대해 사랑과 진실과 겸손과 근신의 생활양식을 나타내 보였다. 넷째, 초대교회는 국가에 대해서 부정적 내지 적대적 태도를 취하면서도 반항적 또는 혁명적 태도보다는 불관여 또는 불순종의 태도를 취했고 때로는 긍정적 내지 협조적 태도를 취하기도 했다. 다섯째, 초대교회는 보다 높은 차원의 가치관에 입각하여 성과 가정과 재물과 학문과 사회제도에 대하여 새로운 기독교적 생활양식을 형성했다. 초대교회는 결국 쇠퇴해 가는 로마 사회와 문화를 파멸에서 구원했고 로마세계 안에 새로운 사회와 문화를 이룩했다.[27]

---

24) See Dawson, *op.cit.,* pp. 48f.
25) Cecil John Cadoux, *The Early Chruch and the World* (Edinburgh: T. & T. Clark, 1925), pp. 611f.
26) *Ibid,* pp. 611f.

2) 중세교회 시대에 형성된 중세 기독교 문화

중세를 교회사적인 관점에서 볼 때 교황 그레고리 1세가 즉위한 590년부터 시작한다고 볼 수 있으나 기독교 문화사적인 관점에서 볼 때 콘스탄틴 대제가 종교 자유 칙령을 선포한 313년부터 시작한다고 볼 수도 있다. 이때부터 기독교와 세상과의 관계가 획기적으로 바뀌어졌기 때문이다. 콘스탄틴 대제 이전의 기독교 교회는 로마 제국과 이교 문화에 의해 박해를 받는 수동적 자세를 취했으나 그 이후의 교회는 로마제국과 이교문화에 대해 동등한 정치, 사회적 자유와 권리를 행사하는 능동적 자세를 취했다. 교회와 제국과의 관계는 점차 밀착되었다.

그러나 교회가 전에는 로마제국과 이교문화를 기독교의 이념으로 변혁시켜 나아가서는 창조적 역할을 수행했으나 콘스탄틴 대제 이후에는 로마사회와 이교문화에 의해 차츰 영향을 받는 세속화의 과정을 걷게 되었다. 동방에서는 카파도기아의 신학자들과 서방에서는 어거스틴과 제롬 등이 신학적 활동을 자유롭고 활발하게 수행해 나아갔으며 특히 유스티니안 황제는 기독교 정책을 강요하므로 기독교의 영향이 이교사회와 문화에 미치도록 했으나 기독교의 생동력은 차츰 쇠약해졌고 유세비우스나 어거스틴이 지적한대로 교회 안에서는 위선자들이 많아지게 되었고 교회의 도덕적 수준은 날로 저하되었다. 그리고 교회와 제국과의 관계가 밀착되면서(서방에서는 교회의 권위가 우세했고 동방에서는 제국의 권위가 우세했음) 교회는 점차 정치적 영향을 받아 정치와 타협하며 세속화 되어갔다. 교회는 때로 정치력을 의존하여 그 힘을 행사하기도 했고 때로는 정치력의 지배를 받으며 그에 예속되기도 했다. 특히 가울 지방에 세워진 프랑크 왕국은 그 통치자들이 클로비스(Clovis) 아래 기독교 이념을 내세우며 기독교 왕국 건설을 지향했으나 프랑크 왕국 안의 신앙 규범은 무질서했고 그 도덕적 수준은 만족의 저속한 수준을 크게 능가하지 못했다. 교권과 세속권은 각기 나름대

---

27) See *ibid.*, and also Igino Giordani, *The Social Message of the Early Church Father* (Paterson, N. J.: St. Anthony Guild, 1944).

로의 이해관계에 얽매여 깊이 밀착되었고 따라서 중세의 기독교 이념은 철저하게 세속화되었다.

이와 같은 도덕적 타락에 대한 반발로 수도원적 금욕운동과 켈틱 선교운동이 일어났다. 수도원 운동은 만족의 침입 등으로 초래된 정치, 문화적 격동 및 혼란기에 종교와 문화와 유산을 지켜 육성하는 건설적 역할을 수행하기도 했으나 극단적이고 비정상적인 종교생활양식을 초래하기도 했다. 수도원 운동과 그 개혁운동으로 말미암아 중세의 암흑시대에 기독교적 학문과 예술 활동이 유지되고 육성된 것이 사실이지만 또한 인위적으로 억제된 인간의 탐욕과 위선의 발로로 인해 탐욕과 위선의 양상이 더욱 어둡고 극심하게 나타나기도 했다.

결국 중세시대에 형성된 기독교 생활양식과 기독교 문화는 복음의 능력과 감화에 의해 자발적으로 변화를 받은 사람들의 높은 수준의 영적 및 도덕적 삶에 기초했다기보다는 정치적 또는 종교의식적 구조에 의해 인위적으로 묶여진 사람들과 제도에 기초했다고 하겠다. 중세의 기독교 문화는 은혜보다는 자연에 기초하고 있었다고 하겠다.

3) 종교개혁 이후에 형성된 개신교 문화

종교개혁운동은 카톨릭 교회와 신성로마제국이 하나라는 교회와 국가간의 밀착된 관계를 깨뜨려 놓았다. 국가는 교회의 예속에서 벗어났고 교회도 국가의 예속에서 벗어났다. 그리고 종교개혁운동과 문예부흥운동은 교회나 국가의 절대권위에 항거하여 개인의 자유와 개인의 문화활동의 자유를 선양했다. 칼빈은 아퀴나스의 "자연과 은총"의 이중구조 개념을 거부했다. 아퀴나스에 의하면 종교, 윤리, 신학, 교회는 은혜에 속하고 문화와 인간의 자연활동은 자연에 속하므로 문화의 모든 영역은 교회의 지배 아래 있는 것으로 간주되었다. 이에 반해서 옥캄은 두 영역이 서로 상반되는 것으로 간주하고 예술과 농업과 상업을 교황의 지배에서 구조하여 군주들과 제왕들의 지배 아래 두게 했다. 즉, 옥캄은 국가 통제 문화의 시초가 되었다. 그런데 칼빈은 교회와 국가의 영역과 함께 제3의 영역인 소위 adiaphor의 영역 즉, 중립의 영역을 설정했다. 그것은 양심이 지배하는 영역이었다. 그 영역은 음악, 건축, 학문, 사회활동 등 모든 문화활동을 수행함에 있어서 교회나 국가의 지배를 받으며 하나님께만 책임을 지게 된다고 주장했다.28) 그리고 그 자유는 영적인 성격의 자유로 율법의 억압과 지배에서 벗어나 하나님의 뜻에 자발적으로 복종하는 자유라고 했다.

크리스찬의 자유의 개념은 개신교 문화형성의 초석이 되었다. 크리스찬은 하나님에 의해 의롭다함을 받은 자유인으로 세상과 세상의 모든 것들을 자유롭게 사용한다. 세상의 것들은 그 자체가 죄악 된 것이 아니므로 그것들을 소유할 수 있고, 부의 축적이나 문화적 성취는 그 자체가 죄악 된 것이 아니므로 그것들을 얼마든지 자유롭게 추구할 수 있다. 그러나 크리스찬은 그의 자유를 행사함에 있어서 사랑과 인내와 절제를 실천하므로 이웃의 유익을 도모하고 하나님의 영광을 추구한다. 만약 인간의 부의 추구나 문화성취의 행위가 이기적이고 육체적 쾌락 추구에 의해 지배를 받는다면 그 행위는 하나님의 심판을 받게 된다. 즉, 칼빈에게 있어서 문화성취의 행위는 개인의 신앙에 따라 선한 것이 될 수도 있고 악한 것이 될 수도 있다. 칼빈에게 있어서 자신의 유익과 자신의 영광을 추구하는 모든 행위는 악한 것이 된다. 칼빈은 또한 내세를 명상하면서 크리스찬은 현세의 세상을 멸시할 줄 알아야 한다고 권면했다. 현세의 집착은 우리로 하여금 우리의 소명에서 벗어나게 하기 때문이다. 이와 같은 경우에 선한 것 자체가 악해질 수 있으므로 크리스찬은 모든 것을 바라볼 때 영원의 관점에서 보아야 한다고 했다.29) 그러므로 칼빈의 문화의 개념은 종말론적이라고 하겠다. 모든 인간이 하나님으로부터 문화성취의 소명을 받았지만 문화성취 자체가 목적은 아니다. 학문과 예술과 그리고 모든 형태의 문화 성취는 하나님을 봉사하고 하나님의 영광을 나타내기 위한 수단과 방법으로 사용된다.

---

28) See Van Til, *op.cit.,* pp. 98f.
29) See *ibid.,* p. 100.

하나님 앞에서의 개인의 자유를 선양한 개신교는 개인의 문화활동을 장려했고 그 결과 자본의 축적과 자본주의의 형성을 가져왔으며 산업의 발전을 초래했다고 하겠다. 특히 칼빈주의 및 청교도적 개신교는 근세의 자본주의 및 상업주의적 기독교 문화형성에 큰 공헌을 했다고 하겠다. 이와 같은 공헌이 영국이나 미국에서의 개신교의 확장이 18세기의 산업혁명과 때를 같이 했기 때문에 가능했다고 할 수도 있으나, 위에서 지적한대로 개신교의 삶의 원리와 문화관이 자본주의 및 상업주의적 생활양식을 초래했다고 하겠다. 막스 웨버는 그의 저서 『개신교의 윤리와 자본주의 정신』에서 칼빈주의 또는 청교도주의의 "현세적 금욕주의"가 자본의 축적과 산업의 발전을 초래했다고 주장했다.30) 즉 칼빈주의적 개신교는 세상에서 하나님께 영광을 돌리는 것은 수도사의 금욕생활 보다는 각 자의 소명에 충실하여 열심히 일하며 절제생활을 하는 것이라고 가르쳤는데 그것은 결국 근면생활과 자본의 축적을 가져왔다. 그리고 축적된 부를 자신의 쾌락을 위해서 사용하는 것은 잘못이라고 가르쳤다. 요한 웨슬레도 가르치기를, 크리스찬의 사명은 할 수 있는 한 많이 벌고, 할 수 있는 한 많이 저축하고 그리고 부에 의해 타락되지 않기 위해서 할 수 있는 한 많이 주라고 했다.31) 그런데 청교도들은 축적된 부를 자선을 위해 사용하는 데만 그치지 않고 사업을 경영하는데 투자했다. 그리고 청교도들은 훈련된 규칙 생활 양식은 기술과 산업의 발전을 크게 촉진시켰다.

4) 근세 및 현대에 형성된 현대 "기독교" 문화

개신교의 전통 위에 서서 형성되고 발전된 현대의 자본주의 및 산업주의 생활양식은 그 가치의 초점을 점차 하나님의 영광 추구로부터 개

---

30) See Max Weber, *Protestant Ethics and the Spirit of Capitalism* (N.Y.: Screbner's, 1931).
31) See Winthrop S. Hudson, *Religion in America* (N.Y.: Charles Scribner's, 1965), p. 304.

인의 행복추구로 바꾸어 놓았다. 현대의 서구사회는 기독교 전통의 틀에 서 있으면서도 점차 기독교적 가치관에서 떠나 경제적 소득과 자산의 축적을 삶의 궁극적 목적으로 삼게 되었다. 개신교가 그 초기에는 기독교 생활 양식과 기독교 문화형성 과정에 결정적이고 창조적인 형성요인의 역할을 했으나 차츰 그 자체가 무력해지면서 세속적 세력의 침해를 당하게 되었다.

특히 북미주에 형성된 현대 기독교 문화 변천 과정에서 그 변화의 현상이 뚜렷하게 나타났다. 미국 역사의 초기에 개신교는 시민의 생활양식과 사회정치제도를 형성하는 데 주도적 역할을 했다. 개신교는 국가와 구분되어 있으면서도 정치, 사회적 생활영역에 강력한 영향을 발휘했다. 그러나 18세기 중엽부터 개신교의 영향이 감소되기 시작했고 (대각성 운동으로 그 영향력을 회복하곤 했지만) 따라서 교육과 정치는 차츰 세속적 인사들에 의해 조정되기 시작했다.

특히 미국의 독립선언과 미국 헌법의 개정으로 초기의 청교도적 개신교 정신은 자연신교적 인본주의 정신으로 바뀌어져갔다. 그것의 교리적 입장은 창조주의 존재와 함께 인간의 자유와 평등을 선양하는 것에 지나지 않았다. 이때부터 미국의 공립학교에서 가르쳐진 종교는 하나님의 사랑과 개인의 인권을 선양하는 18세기의 자연 종교였다고 할 수 있으며, 이때부터 개인주의적 민주주의 원리가 종교적 신앙의 원리로 상승했다고 하겠다. "하나님의 영광을 추구하던 청교도의 이상과 개인의 행복을 추구하는 인본주의의 이상은 판이한 것이었다."32) 미국의 문화는 차츰 청교도적 하나님 영광추구로부터 인본주의적 행복추구로 그 방향을 바꾸어갔다. 19세기의 각성운동들이 물질주의적 개인주의의 위험성을 거듭 경고했으나 그와 같은 경고가 문화변천의 방향을 바꾸어놓지는 못했다. 기독교 대학의 설립이 기독교 이념을 미국 사회 안에 실현시키는 중요한 역할을 하기는 했으나 대학 역시 세속주의적

---

32) See Walter M. Horton, *Can Christianity Save Civilization?* (N.Y.: Harper, 1940), pp. 97f.

공격을 면치 못했고 차츰 기독교 이념에 무관심하게 되었다. 기독교의 전통 위에 서서 형성된 현대의 서구 기독교 문화는 물질주의적 세속주의에 의해 침식된 결과 윤리와 도덕의 타락을 초래하고 말았다.

4. 현대 "기독교" 문화의 위기

찰스 고어(Charles Gore)는 1926년 런던에서 행한 Halley Stewart Lectures에서 "그리스도와 사회"란 주제로 강연한 후 그 결론에서 현대 기독교 문화의 위기를 다음과 같이 지적했다. "우리는 르네상스와 산업혁명의 시기를 다루면서 그 시기가 인간 기능의 광범한 발전과 확장의 시기인 동시에 실패와 후퇴의 시기인 것을 발견했다. 광범한 물질적 발전이 이루어졌지만 심각한 영적 실패가 동반된 시기였다. 이 시기의 모든 성공적 발전은 영국 국민을 극도로 세속화 및 물질화시키고 말았다. 이 시기에 물질적 세계는 팽창했으나 영적 세계는 축소되었다. 즉, 이 시기의 실패는 깊고도 광범한 것이었다. 이 시기는 영적 인간을 경제적 및 물질적 인간으로 대치한 시기였다. 18세기의 정신은 결국 자본주의와 국가주의의 사회조직을 초래했는데 우리는 지금 그 조직 안에서 살고 있다. 그 조직은 지금 심각한 위험을 당하고 있는데, 그 종말이 도래했다고 볼 수도 있다."[33]

크리스토퍼 도슨도 현대 기독교 문화의 위기를 다음과 같이 기술했다. "우리는 현대 문명의 세속적 특성을 당연한 것으로 취급하게 되었다. 그러나 그것은 비정상적인 것이고 독특한 것이라고 하겠다."[34] "고대의 모든 위대한 문명들은 초월적인 신적 질서를 믿었다. 현대는 이와 같은 고대의 지혜를 망각하고 말았다. 오늘의 습관과 전통과 법과 권위는 종교적 성스러움과 도덕적 권위를 상실했다. 그것들은 모두 여론의 노예가 되었고 사회의 뜻에 복종하게 되었다. 그것들은 모두 인간화 및 세속화되었고 동시에 불안정하고 유동적이 되었다. 문명이 물질적

---

33) Charles Gore, *Christ and Society* (N.Y.: Charles Scribner's, 1928), pp. 175f.
34) Dawson, *op.cit.,* p. 79.

으로 부요하여지고 더욱 더 강력해지면서 영적 및 종교적으로는 약해지고 빈곤해졌다. 18, 19세기의 유럽과 그리고 현대의 미국에서 이와 같은 상태가 긍정적인 성취로 간주되고 환영되었다. 개인적 자유와 정치적 민주주의와 경제적 발전 그 자체가 목적으로 간주되었고 문제의 해결을 제공할 것으로 간주되었다. 문화의 세속화가 인간의 자유에 도움이 될 것으로 믿었다. 그러나 실제로는 과학기술의 발전이 힘의 집중화를 초래하고 말았다."35) "과거의 기독교 세계는 영적 실재에 접근하는 방편들을 훌륭하게 제공했다. 오늘날 이와 같은 통로들이 불신앙으로 닫혀졌고 무지함으로 막혀버렸다. 결국 기독교는 외적 표현과 의사소통의 방편들을 빼앗겨버렸다."36) "문화와 종교의 분리야말로 현대의 병폐라고 하겠다. 그리고 그것은 오늘의 사회에 치명적인 것이 될 수도 있을 것이다. 지금은 방향전환의 운동이 일어나야 할 때가 되었다. 주변의 것으로부터 중심으로 향하는 운동이 일어나야 할 때가 되었다. 기술적 활동의 외적 세계와 영적 경험의 내적 세계간의 조화를 회복시킬 새로운 운동이 일어나야 할 때가 되었다."37) "종교와 문화의 분열은 서구 문화의 가장 큰 비극이다. 기독교 문화가 존속하기 위해서는 이 문제가 해결되어야 한다. 그리고 기독교 문화의 존속과 회복은 우리 국민과 우리 문명과만 상관될 뿐 아니라 인류의 운명과 세계의 미래와도 상관된다."38)

미국의 현대교회사가 클레브쉬(William A. Clebsch)는 그의 저서 『신성한 미국이 속화된 미국으로』에서 현대 미국 기독교 문화의 획기적인 세속화를 다음과 같이 기술했다. "미국의 이상은 본래 국민의 종교적 관심에 의해 형성되었으나 그것은 결국 성전 밖에서 실현되었다. 즉, 미국인의 열망이 본래는 신성한 것이었는데 그 결과적 성취는 속화

---

35) *Ibid.,* p. 80.
36) *Ibid.,* p. 90.
37) *Ibid.,* p. 94.
38) *Ibid.,* p. 113.

된 것이었다. …… 많은 사람들은 오늘의 미국사회를 과거의 종교적 유대관계에서 벗어난 세속적 기관들의 집합체로 해석한다. 그리고 이와 같은 이탈을 어떤 사람들은 기뻐하고, 어떤 사람들은 통탄한다.”39) 클레브쉬는 그의 저서에서 초기의 미국의 이상은 개신교 또는 칼빈주의적 이상을 미국 안에 실현시키는 것이었으나 결국은 미국이란 역사적 상황의 특성으로 인해 종교적 다원주의(religious pluralism)를 초래했다고 기술했다. 클레브쉬는 “다도시적”(polypolitan) 미국의 종교와 문화를 긍정적으로 받아들이면서, 기독교가 다양한 인간의 여러 도시 중 하나로 머물러 있는 것이 당연하다고 말하면서도 “종교를 현대 미국의 여러 도시들과 연관시키는 것은 중요하고 바람직하다”고 말하며 기독교 문화형성의 과업에 대한 소극적인 견해를 나타냈다.40)

현대의 복음주의 기독교 사상가 프랜시스 쉐퍼(Francis A. Schaeffer)는 그의 저서 『그러면 우리는 어떻게 살 것인가?』(1976)에서 서구의 문화 변천을 역사적으로 고찰한 후 현대문화의 위기를 다음과 같이 기술했다. “사회 총체적 가치관에 미치던 기독교의 영향력이 약화되자 대부분의 현대인들은 두 가지 빈곤한 가치관을 채택했다. 그것은 개인적 평안과 부요함이었다. 개인적 평안은 남의 간섭을 받지 않고 홀로 사는 것을 뜻하고 개인적 부요함은 끝없는 물질적 번영의 추구를 의미한다.”41) 따라서 교육의 목적을 더 많은 돈을 벌기 위한 수단으로 간주하게 되었고 돈을 많이 버는 목적은 또다시 자녀들을 대학에 보내기 위한 방편으로 삼게 되었다. 결국 인생의 의미와 교육의 의미가 모두 상실되었다. 노동의 윤리가 기독교적인 관점에서는 의미가 있었지만 수치스러운 것으로 되고 말았다.42)

---

39) William A. Clebsch, *From Sacred to Profane America: the Role of Religion in American History* (N.Y.: Harper, 1968), pp. ix.

40) See *ibid.*, pp. 207~218.

41) Francis A. Schaeffer, *How Should We Then Live! in The Complete Works of Schaeffer,* Vol. 5 (Westchester, III: Crossway, 1982), p. 211.

42) See *ibid.*, p. 212.

1960년대 이후의 미국 젊은이들은 이와 같은 가치관에 반항하여 삶의 의미를 마약의 복용과 록음악에서 찾으려고 했다. 마약복용으로 현대 문명의 문제들을 해결할 수 있을 것이라 생각하기까지 했다. 그러나 마약 문화 역시 수치스런 실패로 끝났다. 마약 문화의 몰락으로 나타난 것이 1970년대에 팽배한 무관심과 냉소의 풍조였다. 젊은이들은 투표를 거부했고 희망을 갖기를 포기했다. 1970년대와 1980년대에 마약 복용이 감소된 것은 아니다. 마약은 현실 도피의 수단으로 더 많이 복용되었다. 젊은이들은 결국 희망을 포기하고 기성세대의 가치관인 개인적 평안과 개인적 부요를 또다시 받아들일 수밖에 없었다. 그리고 기성세대의 알콜 중독을 따라 알콜과 마약을 복용하고 기성세대의 간음행위를 따라 문란한 성행위를 자행하게 되었다.43)

1973년 1월 22일 미국의 대법원이 미국의 모든 여성은 임신 3개월 안에 낙태할 권리가 있다고 선언했는데 그와 같은 선언은 독단적인 절대권을 행사한 부당한 선언이었다. 그와 같은 독단적 선언은 과거의 기독교적 가치관과 완전히 상치되는 것이었다. 이교적 로마제국이 낙태를 자유화했을 때 기독교는 그것을 반대하고 나섰다. 오늘날 기독교의 가치관이 거부되면서 그 대신 행복추구의 윤리가 등장했다. 모든 사람은 매사를 자기 마음대로 하게 되었다. 그러나 행복추구 위에 건설하는 사회는 필히 혼란에 빠지고 만다.44)

기독교의 가치관이 사라지면서 나타난 또 하나의 현상은 51%의 득표가 절대성을 행사하게 된 것이다. 기독교 문화 시대에는 윤리와 법률의 절대성이 존재했으나 현대에 이르러서는 반수 이상의 득표를 얻으므로 절대권을 행사하게 되었다. 옳고 그름의 표준이 통계에 의존하게 되었다. 가치와 의미의 상실은 결국 도덕적 타락과 아울러 소수 엘리트에 의한 독단적 지배체계를 가져왔다. 침묵의 대중은 개인적 평안과 부요가 침해되지 않는 한 독단적 지배체계에 의해 인간의 근본적 자유

---

43) See *ibid.*, pp. 212~215.
44) See *ibid.*, pp. 212~213.

가 침해되어도 큰 소리를 지르지 않는다. 따라서 정치도 자유와 진리에 대한 이념의 문제로부터 평안과 부요를 공급하는 현실 문제로 전락했다. 에드워드 기본(Edward Gibbon)은 그의『로마제국의 쇠퇴와 멸망』에서 로마제국 말기의 다섯 가지 특징을 다음과 같이 기술했다. 그것은 첫째, 쇼와 사치에 대한 열망(부요함), 둘째, 빈부의 격차, 셋째, 성에 대한 탐닉, 넷째, 예술에 대한 비정상적 집착, 다섯째, 국가로부터 유리된 삶이었다. 이 모든 특징들은 현대의 익숙한 특징들이 되었다. 우리는 먼길을 걸어서 로마로 돌아온 것이다.45)

5. 기독교의 기독교문화 형성의 과업

우리는 위에서 기독교 문화의 형성과정을 역사적으로 개관했다. 즉, 기독교의 신앙과 이념이 인간의 생활양식에 영향을 미치므로 형성된 기독교 문화의 형태를 살펴보았다. 그런데 초대교회 시대에 형성된 초기의 기독교 문화를 제외하고는 기독교의 기독교 문화 형성의 과업이 긴 안목으로 볼 때 성공적으로 이루어지지 못한 것을 발견했다. 종교개혁 시대와 그리고 그 이후의 각성운동시대에 기독교의 신앙이 그 시대 생활양식과 문화에 주목할 만한 영향을 미친 것이 사실이지만 조만간 기독교적 이념이 인본주의와 세속주의에 의해 침식되고 따라서 기독교 문화가 정치, 경제적 구조와 세속적 생활양식과 타협하여 변질된 것을 보았다. 특히 근세와 현대에 이르러 기독교 문화가 심각한 정도로 세속화된 것을 발견했다.

그러면 이제 기독교는 기독교 문화형성의 과업을 어떻게 수행할 것인가? 도대체 현대에 있어서 기독교가 기독교 문화형성의 과업을 수행하는 것이 가능하고 바람직한 것인가? 대부분의 현대인들은 기독교의 세속화를 기뻐하고 예찬한다. 기독교의 기독교적 문화형성의 노력은 민주주의적 개인의 자유의 이념에 어긋나는 것이라고 지적한다. 그러

---

45) See *ibid.*, pp. 213~217.

면 과연 우리는 무엇을 어떻게 할 것인가?

첫째, 필자는 기독교 실재론적 입장이나 종말론적 역사주의 또는 비관주의적 낙관주의의 입장에 서서 현세에서 기독교적 신앙과 이념이 온전하게 실현되는 기독교 문화를 이룩하는 것은 불가능하다고 생각한다.

둘째, 그럼에도 불구하고 기독교는 그 신앙과 이념을 인간의 생활과 그 문화구조 안에 실현해 나아가야 하는 기독교 문화창조의 사명을 지니고 있다. 기독교는 역사의 종말에 이를 때까지 인간 자신의 탐욕과 부단히 싸워가야 하는 운명에 처해 있으며 인간의 탐욕이 만들어낸 인본주의적 세속적 문화를 기독교의 신앙과 이념으로 변혁시켜 나아가야 할 사명을 부여받고 있다고 하겠다.

셋째, 그러면 우리는 어떻게 이 불가능한 그러면서도 계속 추진하여야만 하는 기독교 문화창조의 과업을 올바로 수행할 수 있는가? 기독교를 국가종교로 만들고 제도와 법을 기독교적으로 개혁하므로 이를 효과적으로 수행할 수 있는가? 다양성을 존중하는 현대 민주주의적 내지 개인주의적 사회에서 그와 같은 방법은 가능하지도 바람직하지도 않다.

넷째, 결국 오늘의 기독교가 기독교의 본래적 자질과 기능을 회복하는 것이 현대문화의 위기를 극복하고 기독교 문화를 형성하는 급선무이다. 카톨릭 문화역사가 크리스토퍼 도슨은 "지금은 어느 때 보다도 기독교가 본래적인 신적 동력을 회복하여 사람들을 개종시키고 문화들을 변혁시켜야 할 때"라고 강조했다.46) 개신교의 복음주의 사상가 프랜시스 쉐퍼도 현대문화의 위기를 극복하는 길은 기독교의 가치관, 즉 "성경 안에 그리스도를 통해 주어진 하나님의 계시를 다시 한 번 확인하는 길"이라고 강조했다. 그리고 기독교의 가치관은 하나의 보다 우월한 실용주의적 가치관이 되어서는 안 되고 그리스도를 주님으로 고백

---

46) Dawson, *op.cit.,* p. 119.

하고 하나님의 계시 앞에서 사는 삶과 그리고 인간에 대한 윤리와 가치와 의미를 긍정하는 가치라고 부언했다.[47] 오늘의 기독교가 초대교회처럼 변화된 삶의 자질과 진정한 전도의 기능을 회복하는 것이 급선무이다. 오늘의 사회와 문화에 진정한 감화를 줄 수 있는 영적 각성운동을 새롭게 일으키는 것이 무엇보다 선행되어야 할 것이다.

다섯째, 오늘의 기독교는 변화되고 구별된 삶의 기초 위에 서서 현대 문화의 가치관을 분명하고 올바르게 분석하고 비판하는 평가의 과업을 수행하여야 할 것이다. 성공추구의 가치관이 기독교적인 것인지, 이교적인 것인지, 또는 순전히 세속적인 것인지를 분명히 분석하고 평가해야 할 것이다. 부의 남용과 인권의 유린, 자연환경의 파괴 그리고 독재적 정권이 어떻게 기독교적 가치관과 자연법적 원리에 위배되는 것인지를 분명히 제시하여야 할 것이다. 그리고 기독교적 삶의 가치관과 생활양식을 구체적으로 보여주어야 할 것이다.

여섯째 비판과 계몽 그리고 새로운 가치관 제시와 형성의 방법은 우선적으로 삶을 통한 간증과 아울러 저술, 서신, 발표, 강연 등 대중매체를 통한 제시의 방법이 있고 나아가서는 간접적인 방법으로 정치 및 입법활동에 영향력을 행사하는 방법이 있을 수 있다.

기독교는 두 가지 사명을 부여받고 있다. 그 하나는 십자가의 복음을 땅 끝까지 전파하는 선교위임령이고 다른 하나는 온 땅을 하나님의 사랑과 공의의 원리로 다스리는 문화위임령이다. 두 가지 위임령의 완수가 현세에서는 불가능함을 알면서도 두 가지 위임령을 충실히 수행해 나아가는 것이 주님을 따르는 그리스도인들의 바른 모습이라고 하겠다.

---

47) See Schaeffer, *op.cit.*, p. 251.

교회와 국가의 관계에 대한 사적 고찰

1. 두 정부

마틴 루터가 지적한 대로 그리스도인들은 세상에서 살아갈 때, 두 정부에 속해 있고 두 정부 밑에서 살아가고 있다고 하겠다. 하나는 영적인 정부이고 또 하나는 정치적인 정부이다. "이와 같은 이유로 하나님께서는 두 정부(two governments)를 세우셨다. 영적 정부와 세속적 정부인 바, 전자는 성령께서 그리스도 안에서 그리스도인들과 의인들을 산출하고 후자는 비그리스도인들과 악인들을 억제하여 외적 평화를 유지하게 한다."1)

루터는 세속적 정부를 법과 무력으로 통치하는 국가기관으로, 영적 정부를 말씀과 사랑의 영으로 통치하는 교회기관으로 이해했다.

초대교회 교부들도 그렇게 가르쳤고 어거스틴과 칼빈도 그렇게 가르쳤으며 바울과 예수 그리스도도 그렇게 가르쳤다. 교부들의 작품들 가운데 "디오그네투스에게 보낸 편지"에 보면 그리스도인들은 천국의 시민인 동시에 그가 속한 세상 나라의 시민으로 살아간다고 하였다. "저들은 저들 각자의 나라에서 살고 있으나 외인으로 살고 있는 것입니다. 저들은 지상에서 바쁘게 지내나 저들의 시민권은 하늘에 있습니다."2)

---

1) T. G. Tappert, ed., *Temporal Authority, To What Extent It Should Be Obeyed*, p. 281 in *Selected Writings of Martin Ruther 1520~1523* (Phila.: Fortress, 1967).
2) E. R. Hardy, ed., "Letter to Diognetus," 5, in *Library of Christian Classics*, Vol, 1 (Phila.: Westminster Press, 1953), p. 217.

어거스틴은 그의『신의 도성』에서 그리스도인들은 "신의 도성"의 상징적 지상 기관인 교회에 속해 살면서(교회 밖에 존재할 수도 있으나) 동시에 "지상의 도성"(또는 "마귀의 도성"이라고도 칭함)과 동일시 될 수는 없으나 대표할 수는 있는 국가에 속해 산다고 지적했다. 그리고 그리스도인들은 교회 안에서 이미 그리스도와 함께 다스리는 천국의 시민인 동시에 국가의 시민으로 살아간다고 말했다.

칼빈도 그의『기독교 강요』에서 그리스도인들은 이 세상에서 영적 정부와 정치적 정부, 즉 두 정부에 속해서 살아간다고 지적한다. "인간에게는 이중적 정부가 있는데 하나는 영적인 정부요, 다른 하나는 정치적인 정부이다. 전자는 영혼에 관한 삶이요, 후자는 세상에 관한 삶이다. 전자는 내적인 정신을 규제하며, 후자는 외적인 행동을 규제한다. 우리는 전자를 영적인 왕국이라 부르고 후자를 정치적 왕국이라 부른다. 이와 같이 하여 사람은 누구나 한 편으로 정치적 통치 밑에 있는 동시에, 또 한 편으로는 종교적으로 하나님의 통치 아래 있게 된다."[3]

이렇듯 그리스도인들은 세상에서 두 종류의 시민권을 가지고 살아간다. 우리는 영적인 왕국의 시민이며 그 영적 왕국의 대표기관인 교회의 일원인 동시에 정치적 왕국의 시민으로 살아간다. 그래서 사도 바울은 "우리의 시민권은 하늘에 있다"(빌 2:20)고 고백하면서도 로마의 시민권도 행사하였다(행 22:28). 예수 그리스도도 이 사실을 인정하시면서 "가이사의 것은 가이사에게, 하나님의 것은 하나님께 바치라"(마 22:21)고 하셨다.

2. 교회와 국가의 관계

교회와 국가가 처한 역사적 상황에 따라 양자는 상이한 관계를 유지했다. 역사적으로 볼 때 때로는 교회가 통치계급의 이데올로기에 불순종 내지 반항하는 부정적 내지 혁명적 태도를 취하기도 했고, 또는 교

---

3) *Inst.* III.19.15.

회가 통치계급의 이데올로기를 정당화하는 긍정적 내지 협조적 태도를 취하기도 했으며, 때로는 양자의 태도를 함께 취하면서 역동적인 긴장 관계를 유지하기도 했다.4)

구약의 전통 가운데서도 이러한 교회와 국가간의 상이한 관계의 유형들을 찾아볼 수 있다. 하나님의 백성과 교회를 대표하는 모세는 하나님을 적대하는 불신 정치체제인 폭군 바로의 정부에 대하여 불순종 내지 반항적 태도를 취했다. 그러나 신정정치의 형태를 사사시대 이후에도 계속 유지했던 다윗 왕국과 남부 유다왕국에서는 교회를 대표하는 제사장과 선지자들이 다윗왕국과 유다왕국에 대해서 때때로 비판적인 입장을 취하기도 했으나, 전체적으로 볼 때는 긍정적 내지 협조적 태도를 취했다고 하겠다. 이는 그들이 다윗왕국이나 유다왕국을 하나님의 특별한 섭리 가운데 세워진 예표적 의미의 기관으로 보았기 때문이었다.

신약의 전통 가운데서도 이와 같은 상이한 관계의 유형들을 찾아볼 수 있다. 오순절 이후 초대교회의 대표인 베드로와 요한은 당시 유대 나라의 정치기관인 산헤드린 공회에 대해 불순종의 태도를 취했다. 산헤드린 공회가 초대교회의 신앙과 선교의 자유를 억압했기 때문이었다. 산헤드린 공회가 사도들에게 선교의 활동을 중지할 것을 명했을 때, 베드로와 요한은 다음과 같이 답변하며 그 명령에 불복했다. "하나님 앞에서 너희 말 듣는 것이 하나님 말씀 듣는 것보다 옳은가 판단하라. 우리는 보고들은 것을 말하지 아니할 수 없다"(행 4:19, 20).

그러나 초대교회를 대표하는 또 하나의 사도인 바울은 국가의 통치자들에 대해 긍정적 내지 협조적 태도를 취하라고 권면했다. 그 이유는 나라들의 경계나 통치자들의 즉위가 하나님의 섭리와 통치 가운데서 정해지며 국가의 통치자들을 세우신 목적인 권선징악으로 인한 질서 유지에 있다고 믿었기 때문이었다(행 17:26; 롬 13:3~4).

그래서 사도 바울은 그리스도인들이 "권세들에게 굴복"하고 "국세

---

4) See Charles Villa-Vicencio, *Between Christ and Caesar* (Grand Rapids: Eerdmans, 1986), pp. xv~xxv.

를 바치고"(롬 13:1, 7) 한 걸음 더 나아가서 "임금들과 높은 지위에 있는 모든 사람을 위하여" 간구와 기도와 도고와 감사를 하라고 권면했다(딤전 2:1, 2). 그렇게 함으로 나라의 평안이 유지되고 선교의 활동을 자유롭게 할 수 있게 된다고 부연했다(딤전 2:2~4).

사도 베드로 역시 신앙과 선교의 자유를 억압하는 산헤드린 공회에 대해서는 불순종의 태도를 취했으나, 국가의 통치자 일반에 대해서는 바울과 같은 긍정적이고 협조적인 태도를 취하기도 했다(벧전 2:13~17).

3. 초대교회

처음 300여 년 동안의 초대교회는 신약교회와 마찬가지로 로마정부의 박해를 받아오면서 국가에 대하여 부정적 태도를 취했다. 신앙과 선교의 자유를 억압하는 로마정부에 대해서 초대교회가 취할 수 있는 태도는 불순종과 불관여 내지는 박해와 순교를 당하는 일이었다. 바울과 베드로가 로마에서 순교를 당했고, 서머나와 안디옥의 감독들이 서머나와 로마에서 순교를 당했으며, 그 이후 수많은 그리스도인들이 신앙을 지키기 위해 순교를 당했다. 박해를 당했고 순교를 당하는 것이 오히려 그리스도의 참 제자가 되는 것이라고 생각하기까지 했다.

초대교회 신앙의 초석인 절대 유일신 신앙은 초대교회로 하여금 반기독교적 로마정부와 타협할 수 없게 만들었다. 로마정부가 황제 숭배를 강요했을 때 초대교회는 이에 굴할 수 없었다. "내 나라는 이 세상에 속한 것이 아니라"(요 18:36)고 선언했던 그리스도의 가르침을 따라 초대교회는 영적인 나라와 세속적인 나라와 구분되는 것으로 믿었으며 그리스도의 임박한 재림으로 완성될 하나님의 나라에 대해 절대적인 충성을 나타내는 것이 참 그리스도인들이 취해야 할 자세라고 믿었다. 바울의 가르침에 따라 통치자들을 위해서 기도는 하면서도 참된 그리스도의 제자들은 정치에 참여하지 않는 것이 바람직하다고 믿었다. 교회는 정치적인 압력을 가하려고 시도하지도 않았다. 그러나 교회는 정치적인 방법이 아닌 도덕적인 방법으로 로마 사회를 근본적으로 변혁시키고 있었다.

서머나의 감독 폴리캅(Polycarp, 69~155)은 국가에 대해서 취한 초대교회의 비타협적 자세를 가장 분명히 표명한 속사도 교부들 중의 한 사람이었다.

폴리캅은 그리스도를 부인하고 로마 황제에 대한 충성을 표명하라고 강요하는 로마 총독을 향해 다음과 같이 그의 유일신 신앙을 분명하게 고백했다. "나는 86년 동안 나를 구원하신 나의 왕을 섬겨왔소. 그리고, 그분은 나에게 한 번도 잘못하신 일이 없소. 그런데 어떻게 내가 그분을 모독할 수 있겠소?…… 당신이 내가 황제의 이름으로 맹세할 것이라고 쓸데없이 생각한다면, 그리고 내가 누구인지 모르는 체 한다면, 똑똑히 들으시오. 나는 그리스도인이요. 그리고 만약 당신이 기독교의 가르침을 배우기를 원한다면 하루를 정해서 내 말을 들으시오."5)

폴리캅은 순교하기 직전 하늘을 향해 다음과 같이 기도하며 그의 유일신 신앙을 거듭 표명한다. "전능하신 주 하나님, 나는 당신을 찬양하며, 당신을 송축하며, 당신께 영광을 올립니다. 당신의 사랑하시는 종이시며, 영원한 하늘의 대제사장이신 예수 그리스도를 통하여, 아들과 성령과 함께 당신에게 지금으로부터 세세토록 영광을 돌립니다. 아멘!"6)

라틴 신학의 대변자 터툴리안(Tertullian, 160~220)은 하나님에 대한 절대신앙에 기초하여 로마정부에 대해 비타협 내지 부정적 입장을 표명한 대표적 인물이라고 하겠다. 그는 교회와 국가와는 아무 상관이 없다고 지적하며, 그리스도인들이 국가에 의해 정죄를 받을 때 그들은 전능자에 의해 무죄선언을 받는다고 주장했다. 그는 다음과 같이 말했다. "하나님께 충성하겠다는 서약과 사람에게 충성하겠다는 서약은 서로 양립할 수 없으며 그리스도의 기치와 마귀의 기치는 서로 일치할

---

5) *The Martyrdom of Saint Polycarp*, 9~10, in *Library of Christian Classics*,
   Vol. 1 (Phila.: Westminster Press, 1953), pp. 152f.
6) *Ibid.*, p. 14.

수 없으며, 빛의 진영과 어두움의 진영이 서로 화해할 수 없다. 한 사람의 생애가 하나님과 가이사 두 주인에게 예속될 수 없다."[7]

또한 터툴리안은 말하기를 "우리는 당신들의 공공회집에 참여할 필요가 없으며 국사에 관여할 필요가 없소.…… 우리는 당신들의 쾌락을 거부하고 당신들은 우리들의 기쁨을 맛보지 못하오."[8]라고 했다.

이처럼 터툴리안은 초대교회의 배타적 신앙의 전통에 서서 적대적인 로마 정치체제 아래서 그리스도인들이 취할 수 있는 태도는 박해와 순교를 당하는 것이라고 분명히 지적했다. 그는 또 주장하기를 "하나님께서 우리로 하여금 고난을 당하게 하셨다.…… 그러나 당신들의 잔인함이 아무 것도 이루어 놓을 수 없소. 왜냐하면 그리스도인들의 피는 '교회의 씨'가 되기 때문이오"[9]라고 했다.

그러나 터툴리안은 바울과 베드로의 권면을 따라 로마의 통치자들을 위해서 기도한다고 말했다. "우리들은 황제들을 위해서 기도하며, 그들의 장관들을 위해서 기도하고, 권세를 가진 모든 사람들을 위해서 기도하며, 세계의 안녕과 평화의 증진을 위해서 기도하며, 최후 심판의 지연을 위해서 기도한다."[10]

터툴리안의 예언적 선언대로 박해와 순교를 당하던 초대교회는 313년에 이르면서 이교적 로마제국을 정복하고 말았다.

그 당시 로마의 황제였던 콘스탄틴 황제가 313년에 기독교 신앙을 받아들였고, 그는 또한 기독교에 대해 혜택을 부여하기 시작했다. 교회의 감독들은 황제의 초청을 받아 궁중 만찬에 참석하면서 마치 하나님의 나라가 로마제국 안에 실현되고 있는 듯한 느낌을 가지기도 했다.

---

7) John Baillie, John T. McNeill & Henry P. Van Dusen, "On Idolatry," 19, in *The Library of Christian Classics*, Vol. V (Philadelphia: The Westminster Press, 1953), p. 105(이하 LCC라 한다).
8) *Apology*, 38, in *Latin Christianity*. ed. by A. C. Coxe, Vol. III of *The Ante-Nicene Fathers* (Grand Rapids: Eerdmans, 1950).
9) *Ibid.*, p. 50.
10) *Ibid.*, p. 39.

상상할 수 없던 일이 실현된 것이었다. 따라서 교회와 국가와의 관계에 대한 획기적인 변화가 일어났다. 적대적인 관계가 변하여 협조적인 관계가 되었다.

궁중신학자요 교회사가였던 유세비우스(Eusebius, 260~340)는 335년 콘스탄틴 황제의 치세를 찬양하는 찬사의 글을 썼다. 그의 치세 30년을 기념하는 찬양의 글이었다. 유세비우스는 그의 찬사에서 콘스탄틴 황제를 "하나님의 친구"로, 그리고 "하나님의 말씀의 해석자"로 묘사했다.

유세비우스는 말하기를 "우리의 황제는 하나님의 친구로 하나님의 말씀을 해석하면서 모든 인류를 하나님의 지식으로 인도하신다.…… 우리의 황제는 하나님을 열심히 본받아 그의 지상왕국을 모든 불경건한 오류로부터 청결케 한 후 거룩하고 경건한 예배자들을 그의 궁중으로 초대했다. 그 만이 높으신 하나님의 은혜를 30년을 통치했고 지금 이 축제를 기념하게 되었다"[11]고 했다.

콘스탄틴 황제 이후 국가는 교회에 대해 적대적인 존재가 아닌 우호적인 존재로 바뀌었다. 교회와 국가는 이제는 적대적인 관계가 아닌 상부상조하는 관계로 바뀌었다. 교회와 국가는 하나님이 세상을 다스리시는 통치의 두 가지 형태로 이해하게 되었다. 교회는 인간의 영혼을 다스리고 국가는 인간의 육체를 다스리는 것으로 이해하게 되었다.

그러나 교회와 국가간의 상부상조적 동맹은 그 이후 많은 불행을 초래했다. 교회는 국가를 예찬하고 정당화하며 하나님과 복음의 능력만을 의존하던 신앙적 자세로부터 국가의 도움을 구하는 정치적 자세를 취하게 되었고, 그것은 결국 역사적으로 국가가 교회를 지배할 수 있는 근거를 마련해 주었다. 교회가 정치에 지나친 관심을 가지면서부터 정치의 지배를 받게 되었다. 시자로 페이피즘(Caesaro-papism), 즉

---

11) Philip Schaff, "The Oration in Praise of the Emperor Constantine Pronounced on the 30th Anniversary of His Reign, 2" in *Nicene and PostNicene Fathers*, 2nd series, Vol. 1 (Grand Rapids: Eerdmans, 1982), p. 583.

황제가 교회를 다스리는 정치 형태가 나타나게 되었다.

4. 중세교회

중세교회는 암브로스와 어거스틴의 신학에 근거하여 교회를 정치의 지배에서 벗어나게 했고, 한 걸음 더 나아가서 교회가 정치에 직접 개입하여 국가를 지배하는 교황주의의 정치 형태를 실현시켰다. 암브로스(Ambrose, 339~397)는 콘스탄틴 황제 이후에 형성된 황제가 교회를 다스리는 정치 형태의 잘못을 시정하려고 노력했다. 황제 발렌티니안 2세(Valentinian Ⅱ)가 밀란에 있는 성당 하나를 아리우스(Arius)파에게 양도하도록 암브로스에게 명령했을 때 암브로스는 이것을 단호히 거절했다.

발렌티니안 황제에게 보낸 편지에서 암브로스는 다음과 같이 말했다. "폐하께서는 이제까지 신앙의 문제에 있어서 평신도가 감독을 심판하였다는 일을 들어 본 일이 있나이까?…… 성경에 비추어 보든지 신앙의 문제에 있어서 감독들이 기독교 황제들을 판단하는 것이 관례였고, 황제들이 감독들을 판단한 것이 아니었음을 부인할 수 없나이다."[12]

암브로스는 데오도시우스(Theodosius) 황제가 데살로니가 시민 7천 명을 학살했을 때는 그에게 수찬을 거부하며 공적 참회를 요구하는 더욱 더 단호한 입장을 표명했다. 그리고 황제는 교회 안에 있으며 교회 위에 올라 설 수 없는 존재라고 주장했다.[13]

어거스틴(Augustine, 354~430)은 유세비우스가 주장했던 낙관적 정치 신학 이론을 거부하고 종말론적이고 실재론적인 역사이론을 전개했다. 하나님의 나라가 실현되고 있는 "영원의 도성"이라고 간주되던 로마시가 410년 고트족(Goths)의 알라릭(Alaric)에 의해 함락되자 콘스탄틴 황제 이후 형성된 유세비우스적 낙관론이 흔들리게 되었다.

하나님의 나라가 로마제국이라는 정치제체 안에 실현될 수 있다고

---

12) Letter 21, 4, in "Early Latin Theology," in *LCC*, Vol. V, p. 204.
13) Letter 51 on Massacre at Thessalonica, in *LCC*, Vol. V, pp. 253~258.

믿던 낙관적 정치신학이 더 이상 받아들여질 수 없게 되었다. 이와 같은 상황에서 어거스틴은 교회의 관심을 정치적 현실로부터 영적 종말로 돌리려고 했다. 어거스틴은 도성과 집과 재산을 잃은 피난민들에게 나라나 재산이나 심지어 생명을 잃는 것이 궁극적 손실이 아니라고 권면했다. 또한 그는 그리스도인들의 궁극적인 관심은 영적이고 종말론적인 "신의 도성"에 두어야 한다고 주장했다.

어거스틴은 그의 역사신학을 전개한『신의 도성』을 저술하면서 독자들의 관심을 과거의 로마의 영광으로부터 미래의 가장 영광스런 "신의 도성"으로 돌리려고 했다. 어거스틴의 궁극적 관심이 정치에 있지 않았고 종말론적 "신의 도성"에 있었지만, "신의 도성"은 지금 부분적으로 역사 안에 실현되고 있으므로 그리스도인들은 그들이 속해 있는 지상의 나라가 "신의 도성"을 닮도록 노력할 책임이 있다고 권면하기도 했다.

따라서 어거스틴은 지상의 나라가 의를 상실할 때 도적의 떼가 되지만 신의 도성을 모방할 때 신의 도성과 가까워질 수 있다고 지적했다. 결국 교회는 세상과 국가를 새롭게 하고 변혁시킬 사명이 있다고 주장했다.

국가에 대한 교회의 사명은 타협이나 복종이나 적극적인 참여가 아니라 비판과 감화를 통한 갱신과 변혁이라고 규정했다. 갱신과 변혁이 제한적이고 잠정적임에도 불구하고 교회는 그 사명을 꾸준히 수행해 나아가는 것이라고 했다.14)

어거스틴은 "신의 도성"과 그 시민의 지상의 생애를 나그네의 생애라고 다음과 같이 묘사했다. "신의 도성은 땅 위에서 사는 동안 자기의 시민들을 모든 나라들로부터 불러모아 모든 언어로 구성된 나그네의

---

14) 필자의 다음 글들을 참조. "초대교회에 나타난 하나님의 나라에 대한 개념" (『신학지남』, 1976.3); "어거스틴의 두 도성에 대한 개념,"(『신학정론』, 1983. 3); "어거스틴의 교회관과 국가관"(『신학지남』, 1976. 6); "어거스틴의 세속관"(『총신』, 1976. 11).

공동체를 만든다. 그것은 나라들의 다양한 습관이나 법이나 제도들을 꺼리지 않을 뿐 아니라 그것들이 지상의 평화를 유지하기 위한 것임을 인정한다. 그러므로 그 공동체는 이 다양성들을 폐기하거나 파괴하지 않고 오히려 그것들을 보존하고 채용한다. 물론 그와 같은 것들이 가장 높으시고 참 되신 한 분 하나님을 예배하는 데 방해가 되지 않을 때 그렇게 한다. 그러므로 신의 도성은 순례의 과정에 있는 동안 지상의 평화를 유용하며, 그리고 이 지상의 평화가 하늘의 평화를 모방하고 나타내도록 한다."15)

중세 신학의 완성자 토마스 아퀴나스(Thomas Aquinas, 1225~ 1274)는 중세의 정치 형태인 신정정치의 원리를 수립했다. 아퀴나스는 이층 구조적 자연신학의 관점에서 국가를 자연 질서에 속하는 것으로 긍정적으로 이해하며 그것은 궁극적으로 하나님의 통치 아래 있다고 가르쳤다. 그러나 그리스도인들이 궁극적으로 복종하여야 할 통치 형태는 국가적 통치형태가 아니라, 하나님이 왕이 되시는 영적 통치 형태인 중세의 교회라고 지적하며, 국가의 절대적 권위를 부인했다.

따라서 그리스도인들은 하나님의 통치의 대리기관인 교회에 대해서 절대 복종하여야 하지만 국가에 대해서는 소란과 반항의 태도를 취할 수 있다고 했다. 곧 교회만이 절대적 권위를 행사하며 국가를 지배할 수 있다는 것이다.

아퀴나스에 의하면, 이상적인 국가는 왕권이 제한되고 백성들이 정치에 참여함으로 그들의 욕구가 충족되도록 운영되는 정치 형태를 가진 국가인데, 만약 국가가 통치자 한 사람이나 통치자들 소수의 개인적 유익만을 채우는 독재의 형태로 운영될 때는 그와 같은 정부 형태에 대해 국민은 반항할 수 있다고 주장했다.16)

"독재적 정부는 불의하다. 왜냐하면 그것은 대중의 유익을 위하지

---

15) *The City of God*. XIX, 17.
16) See Dino Bigongiari, ed. *The Political Ideas of St. Thomas Aquinas* (N.Y.: Hafner, 1969), pp. vii~xi.

않고 통치자의 개인적 유익을 위하기 때문이다. 따라서 그와 같은 정부를 소란시키는 것은 안보를 해치는 것이 아니다. 물론 소란이 지나쳐서 백성들의 독재적 통치로 인한 고통보다 더 큰 고통을 받게 되면 안 된다. 사실 안보를 해치는 교란의 책임이 독재자에게 있다. 왜냐하면 그가 백성들간의 불화와 분열을 조장했기 때문이다. 즉, 독재란 백성들에게 해를 끼치면서까지 통치자의 개인적 이익을 위해 통치하는 것이다.”17)

아퀴나스는 계속해서 백성이 통치자에게 불복종할 수 있는 경우는 통치자가 자기보다 높은 하나님의 계명에 어긋나는 명령을 내릴 때라고 지적했다. 이와 같은 신학적 전통과 근거 위에서 중세교회는 신앙에 관한 문제뿐 아니라 정치에 관한 문제까지도 모두 다스리는 교황주의적 신정정치의 통치 형태를 실현시켰다. 교황청 안의 중앙집권적 정치적 권한은 거의 절대적이었다. 13세기의 교황 인노센트 3세는 유럽 모든 나라의 왕들과 그들의 왕후들까지도 마음대로 갈아치울 정도였다. 따라서 중세교회의 그리스도인들은 그리스도의 대리자로 자처하는 교황과 로마교회에 절대복종하여야만 했다.

5. 종교개혁시대의 교회

교황이 교회는 물론 국가까지 다스리는 교황주의적 신정정치의 통치 형태는 결국 교황과 성직자들을 타락시키고 말았다. 교황이 유럽 각국에 무거운 세금을 징수하며 그 돈을 사치와 정욕을 채우기 위해 낭비했을 때, 교황에 대한 반발이 곳곳에서 일어났다. 유럽의 통치자들은 민족주의와 국가주의를 내세우며 교황청에 반발하기 시작했다.

민족주의와 국가주의가 교황권에 대하여 반발하기 시작하는 역사적 상황에서 종교개혁자들은 두 왕국의 개념과 계약 사상에 근거하여 정교의 분리와 아울러 교회개혁운동을 전개했다. 개혁자들은 국가에 예속되지도 않고 국가를 지배하지도 않는 독립된 형태의 교회의 이상을

---

17) Thomas Auinas, *Summa Thelolgica* (London: R & T Washbourne, Ltd., 1914), 2a 2ae. 42, 2.

내세우며 교회는 정치적인 방법이 아닌 영적인 방법으로 사회와 국가에 영향을 미쳐야 한다고 주장했다.

마틴 루터(Martin Luther, 1483~1546)는 지상의 두 통치 기관인 교회와 국가의 기능과 영역을 혼돈하는 것은 커다란 오류를 범하는 일이라고 했다. 세상을 복음으로 통치하려는 것도 잘못이고 그리스도인들을 무력으로 통치하려는 것도 잘못이라고 했다. 두 기관은 율법과 복음처럼 분명히 구분되어야 한다고 주장했다.

루터는 중세교회가 스스로를 신의 도성과 동일시하며 세속 통치권까지 행사하려고 했던 교황주의를 반박하면 교권의 한계를 주장했으며, 찰스 5세와 독일의 영주들이 루터의 개혁운동에 적대적 입장을 취하며 종교에 간섭하려고 했을 때, 이를 반박하며 세속권의 한계를 주장했다. "마귀는 이 두 왕국을 하나로 섞으려고 항상 힘쓰고 있다. 세속 통치자들은 마귀의 이름을 의지하여 그리스도의 주인이 되기를 원하며 그리스도가 그의 교회를 어떻게 운영해야 할 것을 가르치기를 원한다. 마찬가지로 거짓 승려들과 분파주의자들은 항상 주인이 되기를 원하며 세상 사람들이 세속 통치 기관을 어떻게 조직해야 할 것을 가르치기를 원한다. 이처럼 마귀는 양편에서 일하기가 매우 바쁘다."18)

루터가 두 통치기관의 기능과 목적의 차이를 너무 강조해서 주장했으므로 마치 그가 한 영역은 오직 그리스도인들에게만 관련되고, 다른 영역은 오직 불신자들에게만 관련된다고 말하는 것처럼 들리기도 했다. 루터는 세상의 법과 무기가 그리스도인들에게 필요하지 않으며, 따라서 세속통치기관은 오직 악인들을 위해서 세워진 것이라고 거듭 강조해서 말했기 때문이다.19)

---

18) J. Pelikan, ed., "Psalm, 101:5" in *Selected Psalm* II, Vol. 13 of *Luther's Works* (Saint Louis: Coneordia, 1956), pp. 194f.

19) See T. G. Tappert, ed., "Temporal Authority, To What Extent It Should Be Obeyed," in *Selected Writings of Martin Luther 1520~1523* (Phila.: Fortress Press), pp. 307f.

사실 루터에게 있어서 이상적인 세계는 그리스도인들만이 사는 세계였고, 그와 같은 세계에는 세속적 통치권이 필요 없었다. 그러나 세상의 실제적 모습은 그렇지 않았다. 인류의 대부분은 불신자이고 그리스도인들은 불신자들 가운데서 살며 죄악의 영향 아래서 살고 있다. 이 세상에 하나님의 통치와 질서가 이루어지기 위해서는 죄악을 억제하는 세속 통치권이 필요한데, 그리스도인들은 이를 존중히 여기고 그 필요성을 인식해야 한다고 했다.

"만약 그리스도인들에게 세속 통치권이나 법률이 필요 없다면 왜 바울이 로마서 13:1에서 '각 사람은 위에 있는 권세들에게 굴복하라'고 했고, 베드로는 '인간에 세운 모든 제도를 순복하라'(벧전 1:13)고 했는가? 그리스도인들은 자신들을 위해서는 법률이나 처벌이 필요 없다.…… 그것은 온 세상을 위하여, 즉 평화를 유지하고 죄를 처벌하고 악인을 견제하기 위하여 필요하다. 그러므로 그리스도인들은 자발적으로 세속 통치권을 복종하고 세금을 지불하며, 통치자들을 존경하고 통치권을 돕기 위해 모든 봉사를 제공한다.[20]

루터는 한 걸음 더 나아가서 그리스도인들은 성령에 의해서 지배받는 의인들인 동시에 아직 옛 성품에 의해 지배받는 죄인들이기 때문에, 즉 그리스도인들도 윤리적인 잘못을 얼마든지 범할 수 있기 때문에, 그리스도인들은 자기 자신들을 위하여 세속 통치권에 의해 견제를 받음이 필요하다고 지적했다.

결국 루터는 두 통치기관이 모두 세상을 다스리기 위한 목적으로 하나님이 세우신 기관이기 때문에 서로 긴밀한 연관이 있다고 했다. 루터에 의하면, 두 통치기관은 마치 하나님의 '오른손'과 '왼손'에 비교할 수 있다는 것이다. 그것은 하나님이 세상을 다스리시는 두 가지 방법이기도 하다. "세속 통치는 하나님의 왼손의 왕국이라고 할 수 있다. 하나님이 친히 다스리시고 그 안에서 통치하시는 하나님의 오른손의

---

20) *Ibid.*, pp. 283f.

왕국은 복음이 가난한 자들에게 전파되는 왕국이다."21)

위에서 살핀 대로 루터는 세속 통치기관에 대하여 소극적이지만 긍정적 평가를 내렸다. 그러나 그는 주장하기를 경우에 따라서 그리스도인들은 세속권을 비판하고 불순종할 권리가 있다고 했다.

그가 번역한 독일어 성경이 통치자들에 의해 압수 당하고 개혁운동이 위협을 받게 되었을 때, 루터는 국가에 대해 비판적 입장을 취했다. 세속권이 옳게 쓰여질 때 그리스도인들은 자발적으로, 그리고 더 높은 내적 사랑의 동기에서부터 세속권의 요구에 복종하지만, 세속권이 신앙과 영적생활을 침해하려 할 때는 결코 복종할 수 없다고 했다. "귀하여! 나의 육체와 재산에 관한 한, 나는 귀하에게 복종할 의무가 있고. 땅에 관한 당신의 권위의 한계 안에서 나를 명하시오. 그러면 복종할 것이요. 그러나 만약 귀하가 나더러 믿으라고 명하거나 어떤 책들을 없애 버리라고 한다면 나는 복종하지 않겠소."22) 즉, 여기서 루터는 그리스도인들이 세금을 지불하는 것 같은 세상사에 관한 '외적' 사항들과 관련해서는 세속권에 복종하지만 신앙에 관한 '내적' 사항들과 관련해서는 세속권에 복종하여야 할 의무가 없다고 했다. 따라서 로마서 13:1과 베드로전서 2:13에 언급된 통치권에 대한 복종은 외적 사항들에만 해당된다고 했다.23)

루터는 이와 같은 불순종의 타당성을 이미 1520년 그의 『선행론』 가운데 분명히 나타냈다. 제 2계명을 해설하면서 그리스도인들은 하나님의 이름과 명예를 높이기 위해서 모든 사람의 미움을 받을 각오를 해야 한다고 했다. 루터는 말하기를 "우리는 영적 통치권 또는 세속적 통치권과 대항해서 싸워야 하며 불순종한다는 비난도 받아야 한다.…… 그리고 이것은 특히 하나님의 말씀을 맡은 설교자들의 의무이지만, 때

---

21) *Hauspostille*(1544), *Weimar Ausgabe*, 52, 26, quoted by G. Ebeling, *Luther*
    (Phila.: Fortress, 1970), p. 189.
22) *Temporal Authority*, p. 189.
23) See *ibid.*, pp. 130.

와 장소에 따라 모든 그리스도인들이 감수해야 할 의무이기도 하다"고 했다.24)

　루터에게 불순종의 타당성을 인정하는 것이 곧 혁명적 반항이나 법적 투쟁을 정당화하는 것은 아니었다. 개혁운동의 초기 독일 민중의 지도자 후텐(Ulrich von Hutten)과 지킨겐(Franz von Sickingen)이 루터에게 무력적 원조를 제공하려 했을 때, 루터는 고맙게 여기면서도 그것을 단호히 거부했다. 왜냐하면 개혁은 무력에 의해 이루어지는 것이 아니라 말씀의 능력에 의해 이루어지기 때문이라고 했다. 루터는 1521년 1월, 슈팔라틴(Spalatin)에게 보낸 편지에서 그의 심정을 다음과 같이 토로했다. "후텐의 요청이 무엇인지 자네도 알 것이오. 나는 피를 흘리면서까지 복음을 위해 싸우려고 하지는 않소. 이런 뜻으로 그에게 편지를 보냈소. 세상은 말씀으로 정복되며, 말씀으로 교회는 섬김을 받아 재건되는 법이오."25)

　루터는 1522년에 저술한 그의『폭동 반박론』에서도 그의 입장을 다음과 같이 밝혔다. "나는 폭동을 일으키는 자들을 반대한다. 동기와 이유가 아무리 정당하다 할지라도 폭동은 무죄한 자들을 해치고 그들의 피를 흘리게 하기 때문이다."26) 1522년 말경, 루터가 번역한 신약성경이 독일 여러 지역에서 압수 당하고 있을 때, 루터는 백성들에게 책 한 페이지라도 수사관에게 내어주면 안 된다고 권하면서도 저항은 피해야 한다고 했다. "만약 가옥을 강제로 수사하고 책들이나 재산을 몰수하게 될 때, 그대로 참아야 한다. 폭행은 저항으로 대할 것이 아니라 참음으로 대하여야 한다."27)

---

24) *Treatise on Good Works*, p. 132 in *Selected Writings* 1517~1520, ed. T. G. Tappert.

25) See R. H. Bainton, *Here I Stand: A Life of Martin Luther* (N.Y.: Abingdon Press, 1950), p. 135.

26) *A sincere Admonition To All Christians to Guard Against Insurrection and Rebellion*(1522), p. 63 in *The Christian in Society* II, Vol. 45 of *Luther's Work*, ed. H. T. Lehmann (Philadelphia: Muhlenberg Press, 1962).

이와 같은 입장은 그리스도인들이 그리스도와 함께 모든 악함과 불의를 감수하여야 한다는 루터의 '십자가의 신학'의 중요한 요소라고 하겠다. 박해를 당할 경우 다른 나라로 피할 수 있을지언정 반항을 하지 말아야 한다고 했다. 그리고 자신의 유익을 위해서 법정투쟁은 삼가야 한다고 했다. "결국 우리는 그리스도가 마태복음 5:9에서 '악한 자를 대적지 말라'는 말씀의 참 뜻을 알게 된다. 그리고 그리스도인이 원한의 마음을 품지 않고 모든 악함과 불의를 감수해야 함을 의미한다. 그것은 또한 그리스도인이 자기의 유익을 위하여 법정에서 법적 유익을 추구하지 않음을 뜻한다. 물론 다른 사람들의 유익을 위해서 그는 처벌과 공의와 보호를 추구할 수는 있다."28)

그리스도인들은 세속 통치기관에 대하여 저항을 피하고 불의를 감수하는 소극적 자세를 취하는 데 그치고 마는가? 루터는 비판과 봉사를 통한 적극적 참여를 권장했다. 기독교 지도자들, 특히 설교자들은 세속 통치자들의 비행을 비판하고 충고하여야 할 의무가 있다고 했다. "이런 방법으로 통치자들을 책망하는 것은 찬양할 만한 일이고 고상한 일이며 보기 드문 덕행이고, 또한 하나님께 대한 커다란 봉사라 하겠다.…… 만약 설교자가 통치자들의 죄악을 책망하지 않는다면 이것이야말로 치안을 방해하는 일 이상의 잘못을 범하는 것이 될 것이다."29)

그리고 이와 같은 책망은 '하나님의 말씀을 통하여, 그리고 공개적으로 담대하고 솔직하게' 진술하여야 한다고 지적했다.30)

요한 칼빈(John Calvin, 1509~1564)은 루터와 마찬가지로 두 왕국의 개념에 근거하여 교회와 국가와의 관계를 이해했다. 그러나 칼빈에게 보다 깊은 영향을 미친 것은 하나님의 주권과 계약사상이었다. 칼빈

---

27) *Temporal Authority*, p. 302.
28) *Ibid.*, p. 291.
29) *Psalm*, 82:2, p. 50 in *Selected Psalms* II, Vol. 13 of *Luther's Work*, ed. J. Pelikan (Saint Louis: Concordia, 1956).
30) *Ibid*

은 하나님께서 신자를 물론 불신자도 통치하시며, 신자는 물론 불신자에게도 율법을 주셨다고 했다. 교회는 물론 국가도 하나님이 세우셨고 하나님이 다스리신다. 그리스도인들은 하나님과의 계약 백성으로 그들의 삶의 모든 영역에서 하나님께 순복하여야 할 의무가 있다.

칼빈은 이 세상에 두 정부가 있다고 말하면서 영적인 정부는 물론 세속적인 정부도 하나님이 세우셨다고 했다. 그리고 하나님이 세우신 세속적 정부는 두 가지 목적과 기능을 가지고 있는데, 그 첫째는 참된 종교를 보호하고 하나님의 의를 증진시키는 일이요, 그 둘째는 백성의 사회복지를 도모하고 증진시키는 것이라고 했다. "정부의 역할은 우리가 땅 위에 살고 있는 한 하나님에 대한 외적인 예배를 소중히 여기고 보호해 주며, 경건의 교리와 교회를 방어하고, 우리 그리스도인의 삶을 믿지 않는 사람들의 사회와 연결시키며, 우리의 사회적 행동이 시민적 의에 이르게 하고, 우리들 상호간에 화해를 도모케 하며, 평화와 안정을 진척시키는 것이다."31) "정부의 기능은 빵과 물과 태양과 공기처럼 필요한 역할을 한다. 즉, 공공 질서를 유지하고, 각 개인인 재산 소유의 권리를 갖도록 하며, 인간 상호간에 건전한 사귐을 갖게 하여 정직함과 겸손의 덕을 유지하게 하는 데 있다."32) "한 마디로 말해서 정부의 기능은 참 종교를 공적으로 보존케 하며 인간성을 증진시키는 것이다."33)

칼빈에 의하면, 통치자와 공직자들은 하나님의 대리자였다. 하나님의 대리자로서의 통치자는 스스로 자기의 위치와 사명을 심각하게 생각해 보아야 한다. 이들은 하나님의 의를 증진시키는 일과 백성들의 복지를 도모하는 일이 자기의 사명임을 겸허하게 인식하여야 한다. 위임을 맡은 사람이 할 수 있는 것은 섬기는 일이요 봉사이다. 정권쟁탈을 위해서 정권을 소유한 사람은 백성들 위에 군림하고 착취할 수밖에 없지만, 하나님의 대리자로서의 자기의 사명을 바로 인식하는 자는 백

---

31) *Inst.* IV.20.2.
32) *Inst.* IV.20.3.
33) *Inst.* IV.20.3.

성의 복지를 도모하는 봉사의 자세를 가지게 된다. 칼빈은 백성의 복지에 대해서 설명하다가 구체적으로 빈민과 피난민에게 공채를 대부하는 일, 세금의 처리가 잘 되어 있는가 되어 있지 않은가를 통계적으로 조사하는 일, 곡물 값이 잘 매겨졌는가 매겨지지 않았는가 조사하고 그렇게 조성하는 일, 그리고 이율이 정당한가를 조사하는 일 등을 해야 한다고 했다.

따라서 칼빈은 하나님에 의해서 세움을 받은 정당한 정부의 통치자들에게 순종하는 것이 그리스도인들의 의무라고 가르쳤다. 순종의 근거는 통치자들이 하나님에 의해 세움을 받은 하나님의 대리자라는 사실이다. 칼빈은 로마서 13:1, 2에 근거해서 정부의 기원이 하나님께로부터 온 것이요, 통치자는 하나님께서 제정한 직분이라고 했다.34)

칼빈은 로마서 13:5과 베드로전서 2:12~14; 디도서 3:1 등에 근거하여 그리스도인과 온 국민을 하나님에 의해 위임받은 두 가지 기능을 수행해 나아가는 정부의 공직자들을 존경하라고 가르쳤다.35)

그러나 칼빈은 주장하기를, 통치자에게 순종할 때 거기에는 조건과 예외가 있다고 하였다. 즉, 정치적 정부의 공직자가 하나님의 대리자로서 그에게 맡겨진 직책을 수행할 때에 순종이 타당한 것이지, 만약 공직자가 하나님의 뜻을 거스려 어떤 명령을 내릴 때 그리스도인은 그 명령에 순종할 필요가 없다고 하였다. 정부가 합법적으로 하는 일에 있어서 국민들은 순응해야 되지만 그렇지 않은 경우에는 불순종이 타당하다는 것이다.

"통치자에 대한 순종에 있어서 우리는 한 가지를 항상 예외로 삼으며 그것을 우선적으로 지킨다. 그것은 통치자에 대한 순종이 하나님에 대한 순종을 떠나서는 안 된다는 것이다. 주님은 왕중의 왕이시므로 그가 거룩한 입을 여실 때에는 누구나 다 순종해야 한다. 그 다음으로 우리는 통치자에게 순종해야 하는데, 그것은 오직 주님 안에서 그렇게

---

34) See *Inst.* IV.20.4.
35) See *Inst.* IV.20.22~29.

해야 한다. 만약 이 통치자들이 하나님을 거스려 명할 때에는 순종할 필요가 없다."36)

　우리 나라의 경우를 예로 들면, 그리스도인들에게 충무공에 대한 참배를 하라고 하든지 단군전을 만들어 놓고 거기에 의식적인 참배를 하라고 하든지 주일 성수가 침해를 받게 되는 경우, 즉 공무원으로서 공무를 수행해야 하는데 주일에 수행하라는 임무가 내릴 때에는 불순종해도 된다는 것이다. 특히 칼빈에게 중요한 것은 국가가 경배의 대상이 되거나 신격화되어서는 안 된다는 점이다. 왜냐하면 국가는 하나님에 의해 세워졌고, 또한 통치자의 권리가 하나님에 의해서 주어졌으므로 국가나 통치자가 하나님이 받아야 될 경배를 하나님을 대신하여 받으려 한다면 하나님의 영광을 가로채는 것이 되므로 그런 정부와 그런 통치자에게 그리스도인들은 결코 순종해서는 안 되기 때문이다.

　한 걸음 더 나아가 칼빈은 만약 통치자가 독재자가 되어 포악하고 방자하게 되어 백성의 자유를 억압하는 행위를 자행하면 백성의 공직자들(magistrates of the people)은 포악한 통치자들에게 항거해야 한다고 까지 말했다(루터도 마찬가지였다). "만약에 왕들의 독재적 고집을 제압하기 위하여 백성 중에서 공직자로 선출된 사람들이 있다면, 나는 이들이 이들의 의무를 따라 왕들의 횡포와 방자함에 항거해야 된다는 데에 결코 반대하지 않겠다. 만약 그들이 낮은 평민들을 착취하고 백성의 자유를 억압하는 포악한 왕들을 묵과한다면 그들은 악한 불성실을 자행하는 것이다."37) 즉, 칼빈은 독재를 막을 수 있는 제도적 장치를 제안했다고 하겠다. 그래서 칼빈은 독재를 막을 수 있는 백성들의 공직자들로, 스파르타의 5인 정치위원회(해마다 백성들이 선출), 로마 제국의 호민관(평민의 권리를 보호하기 위하여 평민들이 선출한 10명의 관리), 아테네의 시구제도, 그리고 칼빈 당시의 시의회 등을 예로 제시했다.

---

36) *Inst.* IV.20.32.
37) *Inst.* IV.20.31.

칼빈의 이와 같은 제안은 후세에 깊은 영향을 미쳐 칼빈주의가 가는 곳마다 강력한 "정치개혁"과 "정치혁명"이 일어났다. 쯔빙글리(Zwingli, 1484~1531)는 교회의 지도자들인 목사들이 독재를 막을 수 있는 "백성의 공직자들"의 역할을 감당할 수 있다고 했고, 크롬웰(Oliver Cromwell, 1599~1658)은 의회의 의원들이 그 역할을 할 수 있다고 주장하면서 정치혁명을 수행하였다.

여기서 한 가지 지적할 것이 있다. 그것은 칼빈이 독재에 대해 항거해야 한다고 할 때, 그 항거가 개인적 차원에서 수행하는 것은 바람직하지 않다고 지적한 점이다. 왜냐하면 대중 중심의 정치는 폭동을 낳은 위험이 있기 때문이라고 했다(루터도 마찬가지였다).[38] 평민들이 함부로 공직자들을 무시하고 항거하는 것을 경계해야 된다고 했다. 다시 말해서, 평민들이 공직자들을 무시하고 함부로 항거하는 것은 경계해야 한다고 했는데 이것은 우리가 심각하게 생각해 보아야 할 것이라고 생각한다.

칼빈은 단순한 인본주의적 차원에서 정부를 논하지 않았다. 그는 언제나 하나님 주권사상에 의해서 논하기 때문에 그리스도인들, 또는 모든 국민들은 때때로 폭군들까지도 하나님이 쓰시는 도구임을 인식해야 한다고 했다. 그래서 "그들의 명령과 그들의 말에 귀기울이고 순종해야 한다"고 주장했다.[39] 이것은 구약을 비롯해서 성경이 우리에게 가르치는 교훈이다. 구약의 예를 보면, 하나님이 때로는 폭군을 세우시기도 하는 것을 볼 수 있다. 폭군을 세우시는 것은 백성을 심판하시기 위함이었다. 그러므로 백성이 폭군에 대항하는 것은 하나님의 뜻을 따르는 것이 아니라 하나님께 대항하는 것이 된다. 그러나 오늘날 민중신학과 해방신학은 이런 차원을 간과한다. 칼빈은 백성들이 악한 통치자의 지배하에서 수난을 당할 때, 통치자에 대한 항거만 할 뿐 아니라, 그 수난이 하나님이 주시는 회초리로 알고 자신들의 잘못을 뉘우쳐야 한다고

---

38) See *Inst.* IV.20.8.
39) *Inst.* IV.20.26.

했다. 오직 악한 통치자를 심판하실 분은 하나님이시라고 했다.[40]

즉, 하나님께서 악한 폭군을 어느 정도 사용하신 다음에는 그의 종들 가운데서 공공연한 복수자를 일으켜 악한 정부를 심판하도록 무장시키시고 불의 아래서 억압받는 백성을 구해내신다고 했다. 하나님은 모세를 통해서 이스라엘 백성을 바로의 폭정에서 건져내셨고, 옷니엘을 통하여 시리아왕 구산에게서 구원해 내셨다고 했다.[41] 여기서 칼빈은 정치적 혁명이 하나님의 섭리 가운데서 일어날 수 있음을 시인했다.

국가에 대한 칼빈의 태도가 비판적이거나 "혁명적"인데 그친 것은 결코 아니었다. 칼빈은 하나님의 전 포괄적인 주권사상에 근거하여 하나님의 주권과 통치가 신자와 교회 안에 뿐 아니라 사회와 정치의 모든 영역에 구체적으로 반영되고 실현되기를 소원하며 이를 적극적으로 추구했다. 칼빈은 문화변혁적인 개혁운동을 통하여 제네바 시를 교회사상 가장 신성했던 도시들 가운데 하나로 만들려고 했다. 그는 "제네바 시의 건물 벽들에서는 복음의 소리가 울려나고 제네바시의 행길들에는 하나님의 진리의 흔적들이 나타나 보이게 되기를" 소원하며[42] 사회, 문화, 정치적 개혁의 과업을 평생토록 수행해 나아갔다.

영국의 퓨리탄 운동(Puritanism)은 국가가 교회를 다스리려고 했던 엘리자베스 여왕(Elizageth, 1558~1603)의 국가교회 정책에 반기를 들고 성경적 자유교회의 형태를 주장하고 일어난 교회개혁 운동이었다. 따라서 퓨리탄 운동은 그 시초부터 교회론적 성격과 아울러 정치적 성격을 띠고 있었다. 그리고 퓨리탄 운동은 칼빈주의의 영향을 받아 교회뿐 아니라 정치, 사회의 모든 영역에 개혁운동을 펴 나아가고자 하는 정열을 겸하고 있다.

엘리자베스 치세 말기에 이르면서 퓨리탄 운동은 더욱 강력한 영향

---

40) See *Inst.* IV.20.29.
41) See *Inst.* IV.20.30.
42) *Sermons on Deuteronomy* quoted by Ronald H. Bainton, *The Age of Reformation* (Princeton: Van Nostrand, 1956), p. 134.

을 미치기 시작했다. 런던의 퓨리탄들은 토마스 카트라이트(Thomas Cartwright)의 지도하에 1572년 "제 1탄원"(First Admonition)을 의회에 제출했는데, 그 내용은 목사들이 여왕에 의해 선출되는 대신 회중에 의해 자유롭게 선출되어야 하며 목사는 감독의 자리를 대신하여야 한다고 했다.

여왕은 이와 같은 탄원이 국가의 안정성을 허물어뜨린다고 생각하여 이 운동을 억압했으나 영국 의회는 차츰 퓨리탄 편으로 기울어지고 있었다. 엘리자베스 여왕 사후 스코틀랜드의 제임스 6세가 영국의 제임스 1세(James 1, 1603~1625)로 즉위했으나 그도 퓨리탄 운동을 억압했다. 퓨리탄들이 카트라이트의 지도하에 1603년 다시 "일천의 탄원"(Millenary Petition)을 제출했으나 제임스 1세는 이를 거부했다. 제임스 1세는 왕권 신수설(Divine right of Kings)을 내세우며 왕권과 아울러 감독의 권위를 변호했다. 퓨리탄들은 이에 굴하지 않고 정교의 분리와 아울러 자유교회의 이념과 신적 소명의식을 내세웠는데, 이와 같은 퓨리탄의 이념이 신대륙에서 더 구체적으로 발전되었다.43)

제임스 1세 사후 찰스 1세(Charles 1, 1625~1649)가 즉위하자 그는 퓨리탄에 대한 박해를 강화하며 종교의식의 통일로 영국과 스코틀랜드를 하나의 국가로 만들려고 하였다. 그래서 그는 성공회의 예배의식을 영국 교회뿐 아니라 스코틀랜드의 장로교회 안에서도 시행할 것을 강요하였다. 그때 영국의 퓨리탄들과 스코틀랜드의 장로교인들은 찰스 1세의 종교정책에 반항하여 봉기했다. 스코틀랜드의 장로교인들은 1638년 에딘버러의 한 교회에 모여 만일 찰스왕이 스코틀랜드 안에서 장로교회를 탄압하고 성공회를 국교로 강요한다면 찰스왕에 대하여 전쟁을 불사할 것을 서약하는 국가계약(national couenant)을 맺었다. 찰스 1세는 스코틀랜드 장로교회가 그의 교회정책에 반대하여 불복종 운동을 전개하자 스코틀랜드와 전쟁하기 위하여 영국의 의회를 소집했

---

43) See George Lee Haskins, *Law and Authority in Early Massachusetts* (New York: MacMillan Company, 1960).

다. 그러나 의회는 찰스의 기대와는 달리 퓨리탄들이 대거 참여하게 되었다. 그리고, 찰스의 종교정책에 비판적이었다. 이렇게 되자 찰스는 의회를 해산하고 다시 새로운 의회를 소집하였다.

새로이 구성된 의회는 이전보다도 더 많은 퓨리탄들이 참여하여 마치 퓨리탄 의회 같았다. 퓨리탄들은 찰스 1세의 뜻과는 달리 영국 교회를 보다 더 개혁하려고 하였다. 그들은 영국 교회를 개혁하기보다 초대 교회에 가까운 자유로운 형태의 교회, 예배, 교리를 확정하기 위하여 웨스트민스터 사원에 영국의 대표적인 청교도 목사 120여 명을 초청하여 웨스트민스터 총회를 소집하였다. 1643년 7월 1일, 찰스 왕의 위협과 경고 가운데 퓨리탄들은 윌리암 트윗세(William Twisse)의 설교로 총회를 열었고 1,100번 이상의 회의를 통하여 웨스트민스터 신앙고백서와 대소요리 문답서를 작성하게 되었다.

찰스 1세는 퓨리탄 중심의 의회가 그의 뜻을 반대하여 계속하여 영국교회를 개혁하려고 하자 무력으로 의회를 해산하려고 하였다. 결국 찰스의 무력 사용은 퓨리탄들을 무장케 했고, 찰스 1세는 1649년 퓨리탄들에 의하여 처형당하게 되었다.44)

스코틀랜드의 장로교인들은 요한 낙스(John Knox, 1514~1572)의 지도하에 스코틀랜드의 여왕 매리(Mary, Queen of Scots)의 카톨릭 교회 정책에 반기를 들고 민주주의적 자유교회 운동을 성공적으로 펴 나아갔다.

스코틀랜드의 매리 여왕이 프랑스와 동맹을 맺으며 카톨릭 신앙을 옹호하려 하자 스코틀랜드의 귀족들과 국민들은 요한 낙스를 중심으로 개신교적 국가주의 운동을 일으켰다.

그래서 1560년에는 스코틀랜드의 독립이 확인되고 칼빈주의적 신앙고백인 "스코틀랜드 신앙고백"(The Scots Confession)이 작성되었는데, 그 신앙고백서는 통치자의 그 직무의 한계를 벗어날 때는 그에게

---

44) D. H. Pennington, *Seventeenth Century Europe* (London: Longman Group Ltd., 1970), p. 460.

복종할 필요가 없다고 밝혔다.

낙스는 매리 여왕 앞에서 한 걸음도 양보하지 않으며 그녀의 미사와 예배행위를 단호히 통박했다.45) 낙스는 불의한 통치자를 공박하는 데 있어서 칼빈보다 한 걸음 더 나아갔다. 칼빈이 통치자에 대한 반항의 책임이 합법적으로 구성된 공직자에게 부여되어 있다고 주장한 데 비해 낙스는 그와 같은 책임이 모든 그리스도인들에게 부여되어 있다고 주장했다. 실로 독재자 앞에서 침묵을 지키는 것은 독재와 공모하는 것과 같다고 지적했다.46)

스코틀랜드의 개혁운동에 공헌한 대표적인 또 한 사람은 사무엘 러더포드(Samuel Rutherford, 1617~1661)였다. 러더포드는 통치자와 백성의 관계를 계약의 관계에서 이해하였다. 그에 의하면 통치자는 백성, 그리고 하나님과의 이중계약을 맺고 있는데, 통치자와 하나님과의 계약이라 함은 세상에서 죄를 억제하고 선인을 악인으로부터 보호하여 하나님의 영광을 드러낼 것을 조건으로 통치권을 하나님으로부터 받은 것이요, 백성과의 계약이란 통치자는 백성을 돌보고 보호하며 백성은 그러한 통치자에게 경외와 공세를 드려야 할 의무가 있다는 것이다.

그러나 만약 계약 당사자 가운데 한 사람이 계약을 파기할 경우에는 다른 편의 사람은 그 계약의 대상자에 대하여 더 이상 복종할 의무가 없다는 것이다. 곧 통치자가 권선징악을 행하지 않고 대신 권악징선을 행한다면 백성들은 그 통치자에게 순종해서는 안 된다는 것이다. 왜냐하면 하나님께 순종하는 것이 사람을 기쁘게 하는 것보다 옳기 때문이다.47)

러더포드에 의하면 통치자의 권리는 이와 같이 절대적이 아니라 상

---

45) John Knox, *The Reformation in Scotland* (Edinburgh: The Banner of Truth Trust, 1982), pp. 269, 270.
46) See Charles Villa-Vicencio, *Between Christ and Caesar*, p. 69.
47) See Samuel Rutherford, *Lex, Rex, or The Law and the Prince* (Harrisonburg, Virginia: Sprinkle Publications, 1982), pp. 54f.

대적이며 무제한적이 아니라 법에 의하여 제한적인 것이다. 그러므로 러더포드는 찰스 1세가 스코틀랜드의 법을 어기면서 성공회 예배의식을 스코틀랜드에 심으려 하는 것은 부당한 일이며, 그에 대항한 전쟁은 자기 방어를 위한 것이므로 정당하다고 주장했다.48) 러더포드는 그 후 스코틀랜드를 대표하여 웨스트민스터 총회에 참석하여 웨스트민스터 신앙고백서 작성에 크게 공헌하였다.

6. 현대의 교회

퓨리탄 사상에 기초하여 이루어진 미국 교회는 처음에는 영국 교회의 전통에 서서 교회와 국가간의 협력 및 지배의 관계를 유지했으나(국가가 교회를 지원하며 이단을 억압했다) 문제점을 인식하면서 차츰 정교분리의 원칙과 "자유로운 국가 안에서 자유롭게 존재하는" 형태의 교회와 국가 관계를 수립해 나아갔다. 정교분리의 원리가 채택되는 데 영향을 미친 요소들로는 개인의 존엄성을 강조하는 칼빈주의와 신대륙에 이주한 교파들의 다양성 등이었다. 장로교와 침례교와 퀘이커파들은 정교연맹의 관계를 반대했다.

그리고 세 번째 요소는 대각성 운동(1734~)이었다. 정교분리의 원리가 1789년에 채택된 미국 헌법에 명시되었는데, "의회는 종교를 설립하는 법을 만들 수 없으면 종교의 자유로운 행사를 금하는 법도 만들 수 없다"고 지적했으며 "공직에 대한 자격으로 종교적인 심사를 요구할 수 없다"고 규정했다. 이와 같은 헌법이 채택된 후 교회와 국가간의 사법 행정상의 갈등은 별로 심하게 나타나지 않았고 문제가 발생할 때마다 대법원이 이를 해결했다. 대법원은 공직과 관련된 종교적 자격, 공립학교에서 성경 읽기, 피임 사용, 안식일 법 등을 다루었다. 헌법 채택 후 처음 50여 년 동안 교회는 정치문제에 별로 개입하지 않았다. 그래서 프랑스의 정치평론가 토끄비으(Alexis de Tocqueville)는 19세

---

48) See *ibid.*, pp. 143f.

기말 미국을 시찰하고 다음과 같이 평했다. "미국의 종교는 정치에 직접 관여하지 않는다. 그럼에도 불구하고, 미국에서 종교는 첫째가는 정치기관으로 간주해야 할 것이다. 왜냐하면 그것은 자유에 대한 추구를 부여하거나 자유로운 기관들을 사용하는 것을 용이하게 하기 때문이다."49) 그럼에도 불구하고, "기독교가 인간의 영혼 위에 더 큰 영향을 미치는 나라는 미국 외에 아무 나라도 없다"고 지적했다. 즉, 초기의 미국 교회는 정치에 직접 개입하거나 정치적인 압력을 가하지 않고 영적 영역에 관여하여 복음의 능력을 구사하므로 미국 사회에 깊은 영향을 미치는 강력한 기관이 되었다.

그러나 노예제도의 문제는 교회의 태도에 변화를 초래했다. 교회는 노예제도 폐지를 위한 입법활동을 벌이며 정치에 참여하기 시작했다. 또 하나의 정치 참여의 문제는 20세기 초 금주법을 위한 입법활동을 벌이는 데서 일어났다. 정치적 노력의 결과로 헌법 제 18조항이 수정되어 금주법을 채택했으나 그것은 잠시뿐 오래가지 못했다. 이와 같은 역사는 교회로 하여금 도덕적 개혁이 입법활동으로 성취될 수 없음을 깨닫게 했다. 그럼에도 불구하고, 미국의 많은 교파들은 정치적인 압력을 가함으로 사회개혁을 시도하려고 계속 노력했다. 그리고 20세기 중엽부터는 교회가 정치, 경제 문제에 더욱 적극적으로 관여하게 되었는데, 이는 미국 미국 NCC의 사회 및 정치신학의 영향으로 나타난 현상이라고 하겠다. 결국 미국 NCC는 정교분리의 전통을 거부하고 보다 적극적이고 직접적인 정치 참여를 격려했다. 이와 같은 적극적 정치 참여의 신학적 입장을 브라운(William C. Brown)은 그의 저서『교회와 국가』(*Church and State*)에서 다음과 같이 천명했다.

"상당수의 교회의 신자들이 윤리문제가 정치와 관련됨을 발견할 때 그들은 의심할 여지없이 교회의 영향력을 발휘하여 그들이 신념을 입

---

49) *Democracy in America*, p. 319 quoted by J. Marcellus Kik, *Church and State in The Mew Testament* (Phila.: Presbyterian and Reformed Pub. Co., 1962), p. 10.

법화하도록 노력하여야 할 것이다. 현존하는 법이 불의와 억압을 가능케 하며 인간 생존에 부적합한 생활 기준을 영구화 할 여지가 있다면 교회는 분명한 목소리를 발해야 할 것이다. 만약 그리스도인들이 믿는 대로 공의가 개인적 삶에서뿐만 아니라 인간의 사회적 관계에서도 실현되는 것이 하나님의 뜻이라면 그들은 그들의 신념이 입법으로 표현되도록 노력을 경주해야 할 것이다. 왜냐하면 입법은 사회적 이상이 더 큰 영역에 실제적인 영향을 미치는 길이기 때문이다"50)

결국 영적인 중생이나 도덕적인 설득의 방법이 아닌 정치 참여와 입법화가 기독교 이념을 실현하는 첩경이라고 주장했다. 브라운은 계속해서 교회의 정치참여의 방법 세 가지를 다음과 같이 제시했다. "첫째로 교회가 정치적인 영역에 영향을 미칠 수 있는 한 방법은 제안된 정책에 대한 일반적 입장을 설명하는 공식 선언을 발표하는 것이고, 둘째로, 보다 직접적인 방법은 구체적인 입법 제안을 지지하는 것이다. 그리고 세 번째 방법은 제안된 입법에 책임있는 사람들과 비공식적인 회의를 가지는 것이다."51)

교회의 적극적인 정치참여는 그 이후 계속 강하게 주장되었는데 베넬(J. C. Bennett)이나 밴 두센(Henry P. Van Dusen)은 개신교의 정교분리의 전통적 입장은 잘못된 입장이라고 주장했다. 밴 두센은 "교회가 원하는 목적을 달성하기 위해서는 대개의 경우 입법 활동이 요구되며 입법을 실행하고 수행하는 것은 국가의 가장 분명한 기능이다"라고 지적했다.52)

마르셀루스 킥(Marcellus Kik)은 이와 같은 적극적 정치 참여의 입장을 비판하며 이 같은 입장은 교회가 그의 목적을 달성하기 위해 국가

---

50) William C. Brown, *Church and State in Contemporary America* (New York: Octagon Books, 1972), pp. 263~264 quoted by Marcellus Kik, *op.cit.*, p. 11.
51) *Ibid.*, pp. 267~268.
52) Henry P. Van Dusen, *Church and State in the Modern World*, p. 162 quoted by Marcellus Kik, *op.cit.,* p. 13.

의 강제적 도움을 필요로 함을 시인하는 것인데, 이는 국가가 종교문제와 관련하여 무력을 행사할 수 있다고 믿던 지난날의 교회의 입장으로 되돌아가는 것이라고 평했다.53) 이와 같은 적극적인 정치참여를 주장하는 현대 교회는 그 주장의 근거를 하나님의 주권과 그리스도의 주 되심에 두고 있다.

미국 NCC는 "정치, 경제, 사회적 문제들이 아무리 논쟁적이라 할지라도 교회가 그 문제들을 연구하고 평가하는 것은 그의 권리요 의무인데, 교회가 예수 그리스도를 주님과 구주로 믿기 때문이다"라고 했다.54)

마르셀루스 킥은 20세기 교회의 사명을 다음과 같이 제시했다. "20세기에 절대적으로 요청되는 것은 교회가 교회되어 교회의 영적 능력을 나타내는 것이다. 교회는 예수 그리스도의 복음으로 인간의 양심을 정화하고 계몽함으로 사회를 침투하고 정화하고 향상시킨다. 교회가 정치와 경제사에 개입하면 교회의 본질적 특성을 상실하고 그의 내적 능력을 포기하고 만다.…… 기독교 신앙이야말로 사회를 더 고상한 수준과 도덕으로 향상시키는 가장 강력하고 가장 포괄적이고 가장 오래 지속하는 요소이다."55)

남미의 교회는 20세기 초엽부터 획기적인 변화를 경험하기 시작했다. 특히 1930년대 남미가 경험한 경제공황은 남미 교회로 하여금 식민 정치에 의해 부과된 정치, 경제 구조에 대한 비판적인 입장을 취하게 했다.

교회의 갱신을 추구하는 제 1회 남미교회연합총회(General Conference of the Latin America Episcopacy)가 1955년에 개최되었고 제 2회 연합총회가 1968년 메델린(Medellin)에서 개최되었다. 남미의 교회들은 영적 개종 뿐 아닌 전 인격적, 즉 육체적 및 사회적 개종을 주장

---

53) See Marcellus Kik, *ibid.*, p. 13.
54) See *ibid.*, p. 14.
55) *Ibid.*, p. 46.

하기 시작했고, "개발"이 아닌 "해방"을 주장하기 시작했다.

이와 같은 변화의 신학적 근거를 제공한 것이 메델린에서 개최된 제 2회 남미교회연합총회(CELAM)였다. 교황 바울 6세는 1968년 메델린 총회에 참석하여 개회사를 통해 남미교회는 사회정의를 증진하며 가난한 사람들을 사랑하고 보호하여야 한다고 역설했다. 그러나 이와 같은 목적이 비폭력적인 방법으로 수행되어야 한다고 부언했다. "라틴 아메리카의 문제가 폭력 이외의 방법으로는 해결될 수 없다고 결론을 내리는 사람들도 있으나 폭력은 결코 복음적이 아니며 기독교적이 아니라고 말해야만 하고 재천명해야만 한다."56)

메델린 대회는 교황의 입장을 받아들여 비폭력적 방법으로 정의 추구를 시도해야 한다고 시인하면서도, 그리고 폭력은 새로운 불의를 초래할 수 있다고 경고하면서도, 경우에 따라서는 폭력이 정당화 될 수도 있다는 입장을 취했다.

메델린 대회가 채택한 메델린 문서는 폭력의 문제를 다음과 같이 진술했다. "이것이 우리의 기독교적 이상이다. 즉, 폭력은 기독교적인 것도 아니고 복음적인 것도 아니라는 것이다. 그리스도인은 평화로운 사람이며 그것을 부끄러워하지 않는다. 그는 단순한 평화주의자가 아니므로 싸울 수는 있으나 전쟁보다는 평화를 사랑한다. 그는 폭력적인 구조의 변화가 잘못된 것이고 효과적이 아님을 알고 있으며 인간의 존엄성에 부합하지도 아니함을 알고 있다.…… 분명한 장기독재가 인간의 기본권과 국가의 유익을 심각하게 침해할 경우 혁명적 폭동이 정당화 될 수도 있으나, 폭력이나 무장혁명이 일반적으로 새로운 불의를 초래하고 새로운 불균형을 조성하고 새로운 재난을 낳는 것이 또한 확실하다."57)

제 2바티칸 신학과 교황 바울 6세의 사상과 그리고 메델린 문서는

---

56) See Charles Villa-Vicencio, *Between Christ and Caesar*, p. 130.
57) *Medellin Document*, "the problem of violence," in Charles Villa-Vicencio, *ibid.*, pp. 140f.

남미 해방신학의 기초가 되었다. 메델린 문서는 "국내적 식민정책"과 "국외적 신식민정책"에 의한 억압을 통박하며, 남미의 가난한 민중이 안으로는 몇몇 지도계층에 의해 착취를 당하고 밖으로는 국제적 금융 제국주의에 의해 착취를 당한다고 지적했다. 그리고 메델린 문서는 가난한 민중이 억압으로부터 해방되어야 하는 근거는 창조주 하나님의 보편성과 공의성 및 예수 그리스도의 해방의 복음에서 발견된다고 지적했다.

메델린 문서는 공의의 교리적 기초를 진술하는 첫 부분에서 다음과 같이 기술했다. "남미의 교회는 공의를 갈망하는 이 대륙의 모든 사람들에게 다음과 같은 메시지를 보낸다. 인간을 그의 형상대로 창조하신 하나님께서 지구와 그 가운데 있는 모든 것을 창조하시되 지음을 받은 모든 것들이 보다 공정한 방법으로 모든 사람들에게 전달되도록, 즉 모든 사람과 모든 나라가 함께 사용하도록 창조하셨다.

그리고 하나님께서는 인간으로 하여금 공동적으로 세계를 변혁시키고 완성시키도록 하셨다. 그리고 그 하나님께서 때가 찰 때 아들을 육체 가운데 보내시므로 모든 인간을 죄악의 노예로부터 해방시키게 하셨다. 즉, 인간을 가난과 비참과 억압과 무지, 다시 말해서 인간의 이기심에서 기원하는 불의와 증오로부터 해방시키게 하셨다.58)

메델린 문서의 주요 관심사는 해방이었다. 낙관적인 자유주의 신학의 발전이 정치, 경제적 억압의 구조를 거부하는 급진적 투쟁의 실천으로 바뀌어졌다고 하겠다. 메델린 문서는 결국 사회정의를 실천하기 위해 교회는 정치, 사회, 경제적 개혁의 방법을 사용해야 한다고 지적했다. 그리스도인들은 가난한 사람들과 일치하여야 한다(solidarity with the poor)고 했다. "우리는 가난한 사람들과 일치하여야 한다는 의무감을 새롭게 하여야 한다. 여기서 일치(solidarity)란 그들의 문제들과 그들의 투쟁을 우리의 것으로 삼으므로 그들과 더불어 어떻게 이야기 할

---

58) *Medellin Document*, "Justice, doctrinal bases," in *ibid.*, p. 137.

것을 알게 되는 것을 의미한다."

교회는 또한 정의 실현의 목적을 달성하기 위해 교육 프로그램을 통한 의식화 작업(conscientization)을 하여야 한다고 했다. 교회는 대중 매체를 사용하여야 하며 민중이 그들의 전조직을 할 수 있도록 기본적 단체들을 조직하여야 한다고 했다. "남미의 전폭적 변화를 가져오기 위해서는 정치적 개혁이 선행되어야 한다.…… 남미 각국의 정치의식의 결여는 교회의 교육적 활동을 절대 필수적으로 만든다. 교회는 그리스도인들로 하여금 국가의 정치 생활에 참여하도록 지도하여야 한다.…… 우리는 사회의 모든 계층과 직업인들 가운데 사회의식과 공동체적 관습이 형성되도록 해야만 한다. 이와 같은 의식화의 작업과 사회교육은 각 계층의 목회활동의 필수적인 요소가 되어야 한다."[59]

1979년 푸에블라(Puebla)에서 개최된 제 3회 남미교회연합대회 때에는 해방신학에 대한 보수주의자들의 비판과 교황 바울 2세의 조심스런 논평이 있었으나, 메델린 대회에서 형성된 해방신학의 입장이 대체로 견지되었다고 하겠다.

7. 맺는 말

위에서 개관한 대로 교회와 국가와의 관계는 어떤 고정된 관계라기보다는 오히려 시대와 상황에 따라 변할 수 있는 것이라고 하겠다. 정부 또는 통치자가 자기에게 주어진 임무, 곧 참 종교를 돌보고 권선징악을 행함으로 나라의 질서와 평화를 유지할 때에 교회는 정부 또는 통치자에게 복종하거나 협력하였고, 통치자가 정치 본연의 자세를 떠나 종교 본연의 문제에 관여하거나 폭군으로 변신하여 신앙을 침해할 때에 교회는 그러한 통치자에 대하여 불순종하거나 순교로 항거하는 것을 주저하지 않았다.

통치자에 대한 순종 또는 불순종, 협력 또는 항거의 태도를 결정하게

---

59) *Ibid.*, pp. 138f.

한 두 가지 요소는 통치자가 하나님의 주권을 인정하며 계약을 제대로 수행하느냐의 여부였다. 바로가 하나님의 주권을 무시하고 이스라엘 백성에 대해 폭군으로 나서서 그들의 신앙을 침해했을 때, 모세와 이스라엘 백성은 바로에게 항거하고 나섰다. 이스라엘 통치자가 하나님의 주권을 존중하고 하나님과 그리고 백성과 맺은 계약에 충실할 때, 선지자들과 이스라엘 백성들은 통치자에게 복종하고 그의 정책을 옹호하였으나, 만약 통치자가 하나님의 주권을 무시하고 하나님 앞에서 세운 계약을 파기했을 때 선지자들은 왕에 대하여 비판하거나 항거했다. 로마의 통치자들이 하나님의 주권을 무시하여 교회의 신앙을 침해했을 때, 교회는 정부에 대해 불순종의 자세를 취하며 순교로 항거했다. 그러나 적극적인 불복종운동이나 항거운동을 전개하지 않은 것은 기독교가 소수 세력이기도 했지만, 당시 이방 세계에서 백성과 통치자와의 어떤 계약의 틀이 없었기 때문이었다고 하겠다.

칼빈이나 루터 당시, 그리고 17세기의 청교도들이 통치자에게 불복종하며 항거운동을 전개한 것은 그 당시의 통치자들의 하나님의 주권을 무시하며 백성과의 계약을 파기했기 때문이었다고 하겠다. 그러나 칼빈이나 청교도들 그리고 신대륙으로 이주한 퓨리탄들이 불의한 정부를 항거한 데 그치지 않고 하나님의 주권과 통치가 정치를 포함한 삶의 모든 영역에 실현되게 하기 위해 모든 정력을 쏟아바친 적극적 문화변혁주의자들이었던 것을 간과할 수 없다.

우리 그리스도인들은 지금 두 정부에 속해 있고 두 정부 아래서 살고 있다. 우리는 두 정부에 대한 우리의 책임과 사명을 혼돈하면 안 될 것이다. 우리의 우선적이고 궁극적이고 본질적인 책임과 사명이 영적 정부인 하나님 나라에 충성하며 하나님의 뜻과 의를 선포하고 증진시키는 하나님 나라의 시민임을 분명히 알아야 할 것이다. 그러나 동시에 우리 그리스도인들은 칼빈처럼 정치적인 정부에 적극적인 자세를 취해야 할 것이다.

정치는 더러운 것이라고 관여하지 않는다면 그것은 마귀에게 주는 것이 된다. 그것도 하나님의 주권 아래 있는 우리의 영역이다. 우리의 영적인 정부의 영토가 거기까지 확장되어 침투되도록 힘을 써야 한다. 교회 안에서만 찬송을 부를 것이 아니라 국회와 정부청사에서도 찬송이 울려 나올 수 있도록 적극적인 자세를 가져야 한다. 칼빈은 제네바의 교회당 안에서 뿐 아니라 제네바시의 모든 길거리에 하나님의 통치가 이루어지기를 소원했다.

청교도들은 신대륙에 건너와서 그들이 세워 놓은 교회당 안에서 뿐 아니라 신대륙 구석구석에 하나님의 통치가 이루어지기를 소원했고 또 그것을 어느 정도 이루었다. 청교도들의 정치에 대한 관심은 마치 오리가 물에 대해 갖는 관심과 같다고 할 정도로 컸었다. 그래서 칼빈주의적 청교도들은 놀랍고 무서운 변혁을 이루어 놓았다. 우리도 이상적인 정부가 이 땅에 이루어지도록 적극적인 방법을 강구하여야 할 것이다.

이것이 우리의 소원이지만 지금의 정부를 향해서 기독교적으로 하라고 강요할 수는 없다. 종교적으로 다원화되어 있고 국민 윤리적으로 미성숙한 단계에 있는 오늘의 현실에서 이와 같은 요구를 성급하게 강요할 수는 없다. 미국이 미국이 되는 데는 수 백년이 걸렸다. 우리의 정부가 기독교적 이념에 가까워지도록 한 가지 두 가지 힘써 나아가야 할 것이다.

즉, 우리 정부가 우선 종교와 신앙의 자유를 침해하지 않도록 해야 하고, 또 국민의 기본권을 침해하거나 제한하지 않도록 해야 한다. 그리고 차츰 기독교의 자유와 평등, 사랑과 공의의 원리들이 정치, 사회, 교육, 문화 등 모든 분야에 실현되도록 힘써야 할 것이다. 어떤 방법으로 할 것인가? 정치적 세력을 형성해서 압력을 가하는 방법인가? "기독교 민주당" 같은 기독교 정당을 형성하는 방법은 어떠한가? 그래서 그 정당 뒤에 온 기독교가 초교파적으로 밀어주면 되지 않겠는가?

그러나 교회가 정치세력을 형성하여 정치적인 압력을 가해 이루는 것에는 문제점들이 있다. 그것은 첫째로 교회 일 하는 데도 교단이 20개, 30개 이상으로 나뉘어지게 되는데 타협과 싸움이 불가피한 정치에는 더욱 더 심각한 분열이 초래될 것이기 때문이다. 정치적 문제와 해결 방안은 신앙이나 교리 문제보다 더 복잡하고 다양하다. 그래서 어떤 기독교 정당이 정책을 정할 때 교인들 사이에 분열이 생기게 된다. 이것은 월남 전쟁에 군인을 파견하느냐 않느냐에 대해 자유주의적인 사람과 보수주의적인 사람의 의견이 분리되는 것과 마찬가지이다. 또 정치는 큰 악을 제거하기 위해서 조그만 악을 용납할 수 있는데, 만약 기독교 정당이 조그만 악이라도 용납하게 되면 이미 그 정당은 교회의 공신력을 잃게 된다.

모든 일이 잘 되어서 기독교 정당이 득세하여 표를 많이 차지하고 정권을 장악하게 되어도 큰 일이다. 그것은 정교분리의 개신교 전통에 반하여 콘스탄틴 황제 이후의 유세비우스 전통을 따르게 되는 것이므로, 결국 국가는 물론 교회에 부패와 치명상을 초래하게 될 것이다. 그러므로 교회가 정당을 조직한다든가 또는 정치 세력을 형성하는 것은 바람직하지 못하다.

오늘날 우리 그리스도인들이 정치에 참여할 수 있는 가장 효과적이고 바람직한 방법은 역사상으로 청교도들의 본을 따르는 것이다. 즉, 신앙이 철저한 사람을 실장으로 내보내고, 또 생활에 본이 되는 사람을 과장으로 내세워, 다시 말해서 신앙과 생활이 철저한 사람, 기독교적인 가치관이 뚜렷한 사람을 모든 분야에 내보내어, 기독교적인 이념을 그 현장에 반영하고 구현시키는 방법이다. 역사가 이를 말해 주고 있는데, 청교도들과 그 후예들이 열심히 노력한 결과 노예제도가 폐지되고, 노동법이 개선되고, 사회법과 보건법이 개정되고, 또 사회제도와 정치 법안까지 고쳐진 것을 본다.

국무회의에서 모두가 부정을 자행해야 한다고 주장할 때 아니라고 말할 수 있는 사람이 있다면, 또 국방부에서 일요일을 공휴일로 하는 대신 목요일이나 금요일을 공휴일로 하자고 할 때 군부의 기독교 장교가 안 된다고 말할 수 있다면 그것이 결국 우리가 정치에 공헌할 수 있는 방법이 되는 것이다. 교회가 진실과 청렴의 생활 원리를 바로 가졌던들 오늘날 국회에서, 정부 안에서 폭력과 부정부패가 이렇게까지 심각해지지는 않았을 것이다.

그렇기 때문에 우리 그리스도인들이 입법부, 사법부, 행정부 등 각부에 들어가서 구체적인 기독교의 이념을 나타내야 하는 것이다.

오늘날 그리스도인들이 정치에 참여할 수 있는 또 하나의 방법은 칼빈이나 루터의 가르침을 따라 하나님의 공의와 사랑의 법에 위배되는 정부 정책에 불복종하는 방법이다. 칼빈은 만약 통치자들이 하나님의 뜻을 거스려 다스릴 때에는 그리스도인들은 그들에게 복종할 필요가 없다고 했고, 루터도 세속권이 옳게 쓰여질 때 그리스도인들은 자발적으로, 그리고 더 높은 내적 사랑의 동기에서 세속권의 요구에 복종하지만 세속권이 신앙와 영적 생활을 침해하려고 할 때에는 희생을 각오하고라도 결코 복종할 수 없다고 했다.

불복종할 때 누가 방향을 제시할 것인가? 루터는 기독교 지도자들과 설교자들이 세속 통치자들의 비행을 비판하고 충고하여야 할 의무가 있다고 했다. 그것은 찬양할 만한 일이며 하나님께 대한 커다란 봉사의 일이라고 했다.

오늘날도 한국 교회의 존경을 받는 지도자들이 모여서 사회, 정치, 윤리적인 문제에 대해 정확히 분석 비판 후 그 문제에 대한 올바른 평가와 방향을 제시하는 것이 바람직하다고 생각한다.

인권이 무참히 유린된 사례를 발견할 때, 책임의 소재를 분명히 규명하고 납득할 만한 시정을 촉구하며 정치적인 결단을 유도할 수도 있을 것이다. 권력이 남용되어 불의와 부정이 자행된 사례가 발견될 때, 책임의 소재를 분명히 규명하고 납득할 만한 시정을 촉구할 수도 있을 것이다. 사회, 정치 구조 안에 만연되고 있는 비윤리적 사치, 투기, 퇴폐 현상들을 날카롭게 지적하고 공개적으로 고발하여, 이와 같은 활동에 관련된 개인이나 기업이 압력을 받게 함으로 사회 부도덕의 현상을 다소 방지할 수도 있고 정치적인 결단을 유도할 수도 있을 것이다. 그러나 한 가지 주의하여야 할 것은 이와 같은 기독교 지도 인사들로 구성된 협의 모임이 정당의 역할을 대행해서는 안 된다. 정치적 의견 발표가 아닌 기독교의 공의와 사랑의 원리에 입각한 정치, 경제, 사회, 윤리 문제의 분석과 개선을 위한 도덕적 제언이 되어야 할 것이다. 그리고 그와 같은 제언들은 필히 제사장적 눈물을 동반하는 선지자적 제언이 되어야 할 것이다. 이와 같은 의견 발표는 기독교적 여론을 조성할 수 있고, 그것은 결국 정치적 결단과 개혁을 유도할 수 있을 것이다.

▣ 참고 문헌 ▣

1. 원서들

Ahlstrom, Sydney E. *Theology in America.* Indianapolis: Boffs Merrill Co., 1967.

Aquinas, Thomas. *Summa Thelolgica.* London: R & T Washbourne, Ltd., 1914.

Baillie, John. & McNeill, John T. and Henry, P. Van Dusen. ed. *The Library of Christian Classics.* Philadelphia: The Westminster Press, 1953

Bainton, R. H. *Here I Stand: A Life of Martin Luther.* New York: Abingdon Press, 1950.

Bainton, Ronald H. *The Age of Reformation.* Princeton: Van Nostrand, 1956.

Berkhof, Louis. *Introductory volume to Systematic Theology.* Grand Rapids: William B. Eerdmans Publishing Company, 1932.

Bigongiari, Dino ed. *The Political Ideas of St. Thomas Aquinas.* New York: Hafner, 1969.

Bloesch, D. G. *Essentials of Evangelical Theology.* New York: Haper & Row, 1978.

Bonnet, Jules ed. *Letters of John Calvin.* Philadelphia: Presbyterian Board of Pub., 1858.

Brigance, William N. ed. *A History and Criticism of American Public Address.* New York: Russell & Russell, 1943.

Brown, Colin. *Philosophy and the Christian Faith.* London: Tyndale Publishing, 1968.

Brown, William C. *Church and State in Contemporary America.* New York: Octagon Books, 1972.

Cadoux, Cecil John. *The Early Chruch and the World.* Edinburgh: T. & T. Clark, 1925.

Calvin, John. *Commentaries on John.* Grand Rapids: Wm. B. Eerdmans Publishing Company, 1950.

Calvin, John. *Commentaries on Psalm.* Grand Rapids: Wm. B. Eerdmans Publishing Company, 1950.

Calvin, John. *Commentaries on the Prophet Jeremiah.* Grand Rapids: Wm. B. Eerdmans Publishing Company, 1950.

Calvin, John. *Institutes of the Christian Religion.* Edited by McNeilll, John T. Translated by Battles, Ford Lewis. Philadelphia: Westminster Press, 1960.

Clebsch, William A. *From Sacred to Profane America: the Role of Religion in American History.* New York: Harper & Row, 1968.

Coxe, A. C. ed. *Latin Christianity. The Ante-Nicene Fathers.* Grand Rapids: Eerdmans, 1950.

Cragg, C. R. *The Church and the Age of Reason 1648~1789.* Harmondsworth: Penguin Books, 1960.

Dawson, Christopher. *The Historic Reality of Culture.* London: Routledge and Kegan Paul LTD, 1960.

Dillenberger, John & Welch, Clava. *Protestant Christianity.* New York: Charles Seribner's Sons, 1954.

Ebeling, G. *Luther.* Philadelphia: Fortress, 1970.

Gausted, Edwin S. *The Great Awakening in New England.* N.Y.: Times Books, 1957.

Giordani, Igino. *The Social Message of the Early Church Father.* Paterson, N. J.: St. Anthony Guild, 1944.

Gore, Charles. *Christ and Society.* N.Y.: Charles Scribner's, 1928.

Hardy, E. R. ed. *Library of Christian Classics.* Philadelphia: Westminster Press, 1953.

Haskins, George Lee. *Law and Authority in Early Massachusetts.* New York: MacMillan Company, 1960.

Hickman, Edward. ed. *The works of Jonathan Edwards.* Edinburgh: Banner of Truth, 1976.

Horton, Walter M. *Can Christianity Save Civilization?.* N.Y.: Harper, 1940.

Hudson, Winthrop S. *Religion in America.* N.Y.: Charles Scribner's, 1965.

Kik, J. Marcellus. *Church and State in The Mew Testament.* Philadelphia: Presbyterian and Reformed Pub. Co., 1962.

Knox, John. *The Reformation in Scotland.* Edinburgh: The Banner of Truth Trust, 1982.

Lehmann, H. T. ed. *Luther's Work.* Philadelphia: Muhlenberg Press, 1962.

McNeill, John T. *Modern Christian Movements.* Philadelphia: Westminster Press, 1954.

Nichols, James Hastings. *History of Christianity(1650~1950).* New York: Ronald Press Company, 1956.

Niebuhr, H. Richard. *Christ and Culture.* N.Y.: Harper, 1951.

Orr, J. Edwin. *The Light of the Nations: Evangelical Renewal and Advance in the Nineteenth Century.* London: Paternoster Press, 1965.

Pelikan, J. ed. *Selected Psalm Luther's Works.* Saint Louis: Coneordia, 1956.

Pennington, D. H. *Seventeenth Century Europe.* London: Longman Group Ltd., 1970.

Perret, Edmond. *Seoul 1989: Proceedings of the 22nd General Council of the World Alliance of Reformed Churches(Presbyterian and Congregational).* Geneva: WARC, 1990.

Pradervand, Marcel. *A Century of Service: A History of the World Alliance of Reformed Churches 1875~1975.* Edinburgh: St. Andrews Press, 1975.

Rauschenbush, W. *A Theology for the Social Gospel.* Louisville: Westminster John Knox, 1917

Rutherford, Samuel. *Lex, Rex, or The Law and the Prince.* Harrisonburg, Virginia: Sprinkle Publications, 1982.

Schaeffer, Francis A. *How Should We Then Live! in The Complete Works of Schaeffer.* Westchester: Crossway, 1982.

Schaff, Philip. ed. "The Oration in Praise of the Emperor Constantine Pronounced on the 30th Anniversary of His Reign 2" in *Nicene and Post-Nicene Fathers.* 2nd series, Vol. 1. Grand Rapids: Eerdmans, 1982.

Scherer, James A. *Justinian Welz: Essays by an Early Prophet of Mission.* Grand Rapids: Eerdmans Publishing Co., 1969.

Stoeffler, F. Ernest. *The Rise of Evangelical Pietism.* Leiden: E. J. Brill, 1971.

Sweet, W. W. *The Story of Religion in America.* Grand Rapids: Baker Book House, 1975.

Tappert, T. G. ed. *Selected Writings of Martin Ruther 1520~1523* Philadelphia: Fortress, 1967.

Tappert, Theodore G. ed., *Pia Desideria.* Philadelphia: Fortress Press, 1964.

Tillich, Paul. *The Protestant Era.* Chicago: University of Chicago Press, 1948.

Troeltsch, Ernest. *The Social Teaching of the Christian Church.* New York: Harper & Row, 1960.

Van Til, Henry R. *The Clavinistic Concept of Culture.* Grand Rapids: Baker, 1959.

Villa-Vicencio, Charles. *Between Christ and Caesar.* Grand Rapids: Eerdmans, 1986.

Vischer, Lukas. *Towards a Common Testimony.* Geneva: John Knox International Reformed Center, 1986.

Walker, Williston. *A History of the Christian Church.* 3rd ed. New York: Charles Scribner's Sons, 1970.

Weber, Max. *Protestant Ethics and the Spirit of Capitalism.* N. Y.: Screbner's, 1931.

Wood, A. Skevington. *The Inextinguishable Blaze: Spiritual Renewal and Advance in the Eighteenth Century.* Grand Rapids: Eerdmans Publishing Company, 1960.

2. 한서 및 역서

Berkhof, Louis. 『기독교 신학개론』. 신복윤 역. 서울: 성광문화사, 1974.

Conn, Harvie M. *Studies in the Theology of Korean Presbyterian Church* 서울: 총회신학대학, 1976.

Henry, Carl F. H. 『20세기 구미신학』, 신복윤 역. 서울: 성암문화사, 1959.

McNeill, John T. 『칼빈주의 역사와 성격』. 정성구·양낙홍 공역. 서울: 크리스챤다이제스트, 1990.

Leith, John H. 『개혁주의란 무엇인가?』. 오창윤 옮김. 서울: 도서출판 풍만, 1989.

Watson, Richard.『현대세계 개혁신학의 현황과 그 문제점』. 서울: 기독교 학술원, 1993.

간하배.『현대신학 해설』. 서울: 개혁주의신행협회, 1973.

김명혁. "성경적 개혁사상과 한국기독교 신앙."『한국기독교와 신앙』. 서울: 한국 기독교 문화연구소, 1988.

______. "장신대의 신학성명에 대한 평가."『복음과 세상』. 서울: 성광문화사, 1990.

______.『신앙과 현실』. 서울: 성광문화사, 1987.

______.『현대교회의 동향』. 서울: 성광문화사, 1987.

김영재. "한국교회와 개혁신앙."『현대세계 개혁신학의 현황과 그 문제점』. 서울: 기독교 학술원, 1993.

김영한.『현대신학과 개혁신학』. 서울: 한국기독교사상 연구소, 1990.

______.『현대신학의 전망』. 서울: 대학기독교출판사, 1995.

김의환.『현대신학개설』. 서울: 개혁주의신행협회, 1989.

김인서.『주기철 목사의 순교사와 설교집』. 서울: 신앙생활사, 1958.

김진환.『한국교회부흥운동사』. 서울: 크리스찬비젼사, 1976.

김충남.『순교자 주기철 목사의 생애』. 서울: 백합 출판사, 1970.

민경배.『순교자 주기철 목사』. 서울: 대한기독교출판사, 1985.

박아론.『보수신학은 어디로 가고 있는가?』. 서울: 총신대학출판부, 1985.

박윤선.『응답되는 기도』. 서울: 영음사, 1997.

박용규.『한국 교회를 깨운 복음주의 운동』. 서울: 두란노, 1998.

유동식.『한국 신학의 광맥』. 서울: 전망사, 1982.

이성봉.『사랑의 강단』. 서울: 생명의 말씀사, 1993.

______.『임마누엘 강단』. 서울: 생명의 말씀사, 1993.

______.『자서전: 말로 못하면 죽음으로』. 서울: 생명의 말씀사, 1997.

정성구.『한국교회 설교사』. 서울: 총신대학출판부, 1986.

정인교.『이성봉 목사의 생애와 설교』. 안양: 성결교신학연구소, 1998.

풍만출판사 편.『칼빈의 성경관』. 서울: 도서출판 풍만, 1986.

3. 정간물

Conn, Harvie. M. "Studies in the Theology of the Korean Presbyterian Church." *Westminster Theological Journal* 29, No. 1(Nov., 1966): 26~31.

______________. "Studies in the Theology," *Westminster Theological Journal*, Vol. 29, No. 2 (May 1967): 138.

Ferguson, Sinclair. "개혁주의 신학과 개혁주의적 삶의 방식."「신학정론」. 16 (1990, 12): 354~389.

Klooster, Fred. "The Uniqueness of Reformed Theology." *Calvin Theological Journal.* Vol. 14, No.1(1979): 39~51.

Letham, R. "Is Evangelicalism Christian?," *Evangelical Quarterly* 67(1995): 4~16.

Sandeen, E. R. "Toward a Historical Interpretation of the Origins of Fundamentalism." *Church History* 36:1(March, 1967): 66~83.

김명혁 편. "한국복음주의협의회 발표문집."『복음의 소리』제1권. 서울: 엠마오, 1985.

______. "광복 50주년을 맞는 한국교회."「기독교보」. 1995. 8. 26.

______. "부흥은 인위적 산물인가."「신학정론」5(1985. 5): 159~166.

______. "어거스틴의 교회관과 국가관."「신학지남」(1976. 6).

______. "어거스틴의 두 도성에 대한 개념."「신학정론」1(1983. 3): 72~105.

______. "어거스틴의 세속관."「총신」(1976. 11).

______. "초대교회에 나타난 하나님의 나라에 대한 개념."「신학지남」(1976. 3).

______. "한국교회와 성령론."「신학정론」12권 1호(1994. 5): 173~243.

박윤선. "근본주의의 약점."「로고스」16권(1964. 12).

______. "근년 개혁주의 신학 동향."「파수꾼」102호(1960년 9월): 4~6.

장신대 교수회. "장로회신학대학의 신학의 좌표,"「장신논단」. 창간호(1985): 7~14.

정성구. "한국교회와 설교운동."「신학지남」201(1984. 3~6): 172~174.

정승일. "산 신앙의 증인 이성봉 목사."「활천」(1997년 7월호): 50~51.

주재용, "신학사상의 역사."「크리스챤 신문」. 1984. 1. 7.

총신대 교수회. "총신의 신학적 입장."「신학지남」. 46권 3집(1979, 가을호): 6~12.

근세교회사

- 초판발행 ——— 2002년 3월 15일
- 저자 ——— 윤영탁
- 발행인 ——— 박형용
- 발행처 ——— 합동신학대학원출판부
- 판권ⓒ ——— 합동신학대학원출판부 2002
- 등록 ——— 제 2-44호(1987. 11. 16)
  442-791·수원시 팔달구 원천동 산 42-3
  전화 ——— 031) 217-0629
  팩스 ——— 031) 212-6204
  homepage ——— www.hapdong.ac.kr
  e-mail ——— press@hapdong.ac.kr
- 총판 ——— (주)기독교출판유통
  전화 : 031) 906-9191
  Fax : 080-456-2580

값 13,000원

ISBN 89-86191-37-7-93230